MANUAL DE PRÁTICA DOS PRECEDENTES

No Processo Civil e do Trabalho

ATUALIZADO CONFORME
O CPC 2015 E REFORMA TRABALHISTA

CESAR ZUCATTI PRITSCH

Juiz do Trabalho na 4ª Região/RS e Juris Doctor pela Florida International University (FIU), EUA, laureado no grau magna cum laude, além de Especialista em Direito do Trabalho e Processo do Trabalho pela Universidade Gama Filho/RJ, e Bacharel em Direito pela Universidade Federal do Rio Grande do Sul. Todas as traduções a partir da língua inglesa são do autor. Contato com o Autor, comentários ou sugestões acerca da obra, por meio de manualdepraticadosprecedentes@gmail.com.

MANUAL DE PRÁTICA DOS PRECEDENTES

NO PROCESSO CIVIL E DO TRABALHO

ATUALIZADO CONFORME O CPC 2015 E REFORMA TRABALHISTA

LTr®

LTr®
EDITORA LTDA.

Rua Jaguaribe, 571
CEP 01224-003
São Paulo, SP — Brasil
Fone (11) 2167-1101
www.ltr.com.br
Março, 2018

Produção Gráfica e Editoração Eletrônica: RLUX
Projeto de capa: FABIO GIGLIO
Impressão: BOK2

Versão impressa — LTr 5905.9 — ISBN 978-85-361-9488-2
Versão digital — LTr 9343.5 — ISBN 978-85-361-9608-4

Dados Internacionais de Catalogação na Publicação (CIP)
(Câmara Brasileira do Livro, SP, Brasil)

Pritsch, Cesar Zucatti
Manual de prática dos precedentes no processo civil e do trabalho : atualizado conforme o CPC 2015 e reforma trabalhista — Cesar Zucatti Pritsch. — São Paulo : LTr, 2018.

Bibliografia.

1. Direito processual do trabalho 2. Direito processual do trabalho — Brasil 3. Precedentes (Direito) 4. Processo civil 5. Processo civil — Brasil 6. Processo civil — Leis e legislação — Brasil 7. Reforma constitucional I. Título.

17-10676 CDU-347.9:331

Índice para catálogo sistemático:

1. Precedentes : Direito processual do trabalho 347.9:331

SUMÁRIO

1. INTRODUÇÃO: POR QUE ESTUDAR PRECEDENTES? PRECISAMOS DE REFERÊNCIAS PRÁTICAS? PARA QUE INVESTIGAR O *COMMON LAW*?

Nos últimos anos tem aumentado de forma exponencial o interesse do operador do direito brasileiro pela instituição de técnicas que permitam a estabilização e uniformização de jurisprudência, dada a explosão de litigiosidade e massificação dos recursos, em contraste com a incapacidade do Judiciário — dentro das regras processuais até então vigentes — para absorver no mesmo ritmo o vertiginoso crescimento da demanda.

Embora a jurisprudência dos tribunais, notadamente dos superiores, sempre tenha sido observada de forma persuasiva, efetivamente dando um norte para a interpretação de uma determinada questão de direito nas instâncias inferiores, a falta de efeito vinculante ensejava contínua e resistente divergência de muitos juízes e tribunais, amparados na democrática garantia da independência funcional. Antagonistas dos precedentes vinculantes argumentam que o juiz decidir conforme sua própria interpretação da lei, ainda que divergindo daquela já firmada em instâncias superiores, é faculdade necessária à oxigenação jurisprudencial bem como para evitar excessiva concentração de poder em mãos de poucos juízes da cúpula. No entanto, a evolução legislativa das últimas duas décadas, culminando com a edição do Código de Processo Civil de 2015, mostra a opção do legislador no sentido de que o Judiciário possa unificar seus entendimentos, em algum momento dando-lhes a palavra final, visando à segurança jurídica, pacificação social, estabilidade das relações e desestímulo à litigiosidade.[(1)]

Para atingir tal desiderato, os proponentes do CPC 2015 buscaram inspiração no direito comparado, notadamente nas técnicas de precedentes vinculantes típicas dos sistemas jurídicos anglo-saxões ou de *common law*.[(2)] A "evolucionária"[(3)] introdução de técnicas de precedente vinculante no Código de Processo Civil de 2015, de inspiração nos sistemas jurídicos de *common law*, leva o Brasil a uma situação híbrida ou intermediária entre tal tradição e a do direito romano-germânico. Onde chegaremos com tal inovação é uma incógnita. Chegaremos à efetiva estabilização da jurisprudência? Chegaremos a uma racionalização da quantidade e qualidade dos recursos? Haverá maior respeito ao trabalho do primeiro grau de jurisdição, prejudicado pela quantidade de incidentes, requerimentos e recursos que exploram a dispersão da jurisprudência? Conseguirão os juízes, através da fixação de precedentes desenvolvidos em casos concretos, auxiliarem na evolução e aprimorarem o direito? A experiência de um país em que a vinculação a precedentes já funciona há séculos pode ser útil para que se possa compreender ou antever os efeitos de tal inovação no Brasil.

Embora o texto finalmente veiculado em nosso *codex* processual seja bastante diferente da praxe processual da tradição anglo-saxã, é nítida a importação de alguns de seus institutos, como a vinculação aos fundamentos determinantes (*ratio decidendi / holding*) de um

---

(1) Ver, de forma geral, Exposição de Motivos, Anteprojeto do Novo Código de Processo Civil. Disponível em: <http://www.senado.gov.br/senado/novocpc/pdf/anteprojeto.pdf>. Acesso em: 21 out. 2017.

(2) Especificamente no processo do trabalho, além da aplicação subsidiária e supletiva das regras do CPC, foram introduzidas regras próprias para os recursos de revista repetitivos e uniformização de jurisprudência, posteriormente alteradas pela Reforma Trabalhista de 2017, que revogou a referência ao regramento de uniformização de jurisprudência do CPC de 1973 e detalhou os critérios de transcendência para a admissibilidade dos recursos de revista.

(3) Evolucionária, e não revolucionária, já que a introdução limitada de técnicas do *common law* apenas solidifica uma tendência de fortificação da jurisprudência dos tribunais que já se tentava implantar há décadas.

precedente, bem como as técnicas de distinção e superação (*distinguishing, overruling*), apenas para citar alguns exemplos. Veremos que são maiores as similaridades que as diferenças dos dois grandes sistemas da tradição jurídica do mundo ocidental, os quais tiveram origem comum e em vários pontos da história sofreram influências recíprocas, como ainda ocorre atualmente.[4] A busca de informações e inspiração para reformas legais no sistema do *common law* não é algo novo, tendo havido o transporte de institutos jurídicos de um sistema para o outro em diversos momentos na história.[5]

Nosso novel sistema, os "precedentes à brasileira," como alguns doutrinadores têm referido, é um sistema de vinculação a precedentes mitigado, um híbrido, já que não importou integralmente o sistema de precedentes americano ou inglês — e isto nem seria possível, dada a gritante diferença da cultura e estrutura jurídica. Houve a busca de várias técnicas de tais sistemas, mas houve ainda a inspiração em um incidente de resolução de demandas em massa do direito alemão, o "procedimento-modelo" ou *Musterverfahren*,[6] a combinação com a tradicional técnica luso-brasileira das súmulas, e a limitação do efeito vinculante a certos tipos de precedentes, deixando de fora notadamente aqueles exarados pelos órgãos fracionários de tribunais. Ademais, nosso sistema híbrido estendeu a reclamação — originalmente criada apenas para impor o resultado de decisões em controle concentrado de constitucionalidade (e não presente na tradição do *common law*) — para vários tipos de precedentes.

Tendo em vista que a doutrina pátria recentemente já vem investigando diversos aspectos teóricos aplicáveis ao nosso novo sistema de precedentes, na presente obra a abordagem buscará o enfoque prático, na tentativa de auxiliar o estudante ou operador do direito a navegar por estas águas ainda pouco conhecidas. Apresentaremos a comparação da praxe dos precedentes em seu ambiente original, o *common law*, através do exame da dinâmica e estrutura de alguns casos notórios, facilitando a interpretação da dinâmica trazida pelo regramento do CPC de 2015. Analisaremos o caso *Brown v. Board of Education*, dissecando-o através de perguntas, à semelhança do que ocorre nas aulas de direito americanas, que utiliza o chamado método socrático. Repisaremos sucintamente o problema prático da dispersão jurisprudencial que sobrecarrega o sistema brasileiro e obrigou o legislador a buscar soluções com inspiração no sistema de precedentes do direito comparado. Abordaremos ainda os graus de vinculação dos precedentes no Brasil e alguns conceitos básicos aplicáveis a tal técnica. Enfatizaremos a

---

(4) Por exemplo, Montesquieu baseou em partes suas ideias sobre a tripartição de poderes em suas observações do sistema de governo inglês. Sua doutrina, por sua vez, influenciou fortemente a estruturação da Constituição americana, a qual por sua vez refletiu no constitucionalismo na Europa e América Latina. MERRYMAN, John Henry; PÉREZ-PERDOMO, Rogélio. *The Civil Law Tradition*. 3. ed., Stanford: Ed. Stanford University Press, 2007. p. 4.

(5) No direito brasileiro, o aporte de institutos oriundos da tradição do *common law* sempre existiu, como por exemplo quanto ao mandado de segurança e a desconsideração da personalidade jurídica. Sobre as importações a partir do *common law*, Barbosa Moreira leciona que *"Dos anos 80 em diante, a curva é sempre ascendente. A Constituição de 1988 assimilou conceitos como o de 'devido processo legal' (art. 5º, n. LIV), antes alheio à terminologia do ordenamento pátrio, se bem que já empregado em doutrina; e inclui expressamente no rol das garantias o direito do preso a guardar silêncio (art. 5º, n. LXIII), algo semelhante ao* privilege against self-incrimination *do direito constitucional norte-americano. [...] Incorporam-se figuras jurídicas que, pelo menos de início, são designadas entre nós pelas próprias expressões inglesas de origem; nem sempre se encontra (ou sequer se procura) para cada qual locução correspondente em nosso idioma, ou então acham dificuldade em firmar-se na linguagem usual as locuções correspondentes propostas. Para ilustrar a afirmativa, aí estão, entre tantos outros, termos como* leasing, factoring, franchising, hedging, joing venture, commercial paper, spread... *Uma das mais pitorescas é a expressão* green shoes, *usada para designar o plus de ações a serem lançadas no mercado, além do limite normal*". MOREIRA, José Carlos Barbosa. Importação de modelos jurídicos. *Temas de direito processual*: oitava série. São Paulo: Saraiva, 2004. p. 263, *apud* ANCHIETA, Natascha. Civil Law e Common Law: Aspectos Históricos. *Revista Eletrônica de Direito Processual* — REDP, v. XIII, jan./jun. 2014, disponível em: <http://www.redp.com.br/>.

(6) Originalmente pensado para as demandas repetitivas de lesados no mercado de capitais, mas a seguir incorporado ao processo civil alemão, ver a seguir 10.4.4.1 Inspiração alemã — procedimento-modelo (*Musterverfahren*).

centralidade dos fatos na argumentação jurídica em um contexto de precedentes vinculantes, por que e onde utilizá-los, bem como analisaremos um caso americano, como paradigma para demonstrar a importância dos fatos na utilização de precedentes. Finalmente, analisaremos a forma de fundamentação com precedentes, a peculiar posição das súmulas, reclamações, incidentes de resolução de demandas repetitivas e de uniformização de jurisprudência.

O escopo desta obra é lançar algumas bases teóricas e considerações práticas para orientar o uso inicial de nosso novel sistema de precedentes, dado que, em que pese já haja doutrina pátria em matéria de precedentes, poucas obras sugerem boas práticas para a sua imediata aplicação. Em tal contexto, é importante contar com a experiência de séculos de fundamentação com precedentes, oriunda dos sistemas de *common law*. Sem tal aporte prático, sem ideias sobre "como fazer", há risco de que pouco mude, de que tais novas importantes ferramentas passem despercebidas, subutilizadas, ou aplicadas distorcidamente, interpretando-se as novas regras sob o viés da tradição anterior, tão arraigada em nossa cultura jurídica. Naturalmente, não temos qualquer pretensão à exaustão do tema, satisfazendo-nos a crença de que contribuímos para o debate e para a efetiva utilização prática do novo sistema de precedentes.

2. PRECEDENTE?

2.1. Uma definição preliminar

Não é tarefa simples apresentar uma definição sintética do que seja precedente. Dedicar-nos-emos à tarefa com maior profundidade quando examinarmos as formas de identificação de sua parte vinculante, a *ratio decidendi*. Por ora, pensando-se em uma definição sintética, podemos dizer que precedente é a resposta a um questionamento jurídico dada em um processo anterior no contexto dos respectivos fatos tidos como necessários para amparar a decisão, e que pode servir de padrão decisório para a resolução de casos subsequentes com suficientes similaridades relevantes.(7)

2.2. O precedente está na lógica do dia a dia

Antes de quaisquer outras considerações, note-se que a observância de precedentes é uma questão de lógica, bem como de coerência ou isonomia e, em suma, uma questão de justiça. Afinal, se em um caso é decidido X, quando repetida exatamente mesma questão e circunstâncias, é natural que se espere que seja novamente decidido X (salvo se houver uma boa explicação para a mudança de entendimento). Está presente inclusive na linguagem popular. Como adjetivo, precedente é "aquilo acontece previamente, uma situação precedente a outra." Como substantivo, pode ser uma "ação que permite compreender outra semelhante e posterior; maneira comportamental utilizada como modelo ou referência para outra situação parecida," ou "ação, circunstância ou deliberação utilizada como parâmetro para futuras decisões."(8) Em tal senda, quando alguém decide de determinada forma pela primeira vez, diz-se que "abriu um precedente". A isonomia no trato de situações iguais ou equivalentes é tão intuitiva que se faz presente no âmbito familiar. Quem tem filhos sabe que, feita qualquer concessão a um deles, o outro, em situação igual ou equivalente, logo protestará pela percepção do mesmo tratamento ("eu também quero").

No âmbito judicial não é diferente, esperando o jurisdicionado ser tratado da mesma forma em situações idênticas, bem como, uma vez fixado um entendimento, que o Judiciário (que é visto como entidade una pelos cidadãos) não mude de ideia com frequência. Segundo Cross e Harris, quase de forma universal, juízes tendem a decidir de forma similar ao decidido em casos anteriores, residindo a diferença entre os sistemas de *civil law* e *common law* na força dessa tendência.(9) No sistema de precedentes do *common law*, esses podem ter natureza coercitiva, de observância obrigatória ou vinculante.

---

(7) Ver, a seguir, 7.3 *Ratio decidendi.*;

(8) Ver, e.g., Dicio, Dicionário Online de Português. Disponível em: <https://www.dicio.com.br/precedente/>.

(9) CROSS, Rupert; HARRIS, J. W. *Precedent in English Law*. 4. ed. New York: Oxford University Press, 1991 (reimpressão em 2014, Nova Deli), p. 3.

3. POR QUE PRECISAMOS DE PRECEDENTES?

Feito o exame de um caso concreto, com seus antecedentes jurídicos e históricos, o mesmo evidencia o poder ou alcance do precedente vinculante, assim como seu potencial para servir como ferramenta de evolução do direito e da sociedade como um todo. Mas será o precedente vinculante necessário em nosso ordenamento? Será que um país de tradição romano-germânica conseguirá absorver tamanha mudança? Será a alteração da norma processual suficiente para induzir os operadores do direito a abraçar essa nova sistemática, exótica ao ambiente jurídico pátrio? Será que a comunidade jurídica brasileira conseguirá dar ao precedente vinculante o alcance e a utilidade que lhe é típica nos países de *common law*? São perguntas sem respostas, que provavelmente apenas o tempo responderá. Temos, entretanto, que o ponto de sobrecarga a que chegou o sistema judiciário brasileiro revela um exaurimento da capacidade instalada, sem perspectiva de solução sem grandes investimentos em pessoal e estrutura (inviável, pois nunca acompanhará o crescimento exponencial da demanda), ou sem reformas processuais significativas que respondam à explosão de demanda e massificação do processo, dando aos juízes das várias instâncias ferramentas para julgar mais rápido e em maior quantidade. Um dos pontos centrais das reformas recentes, consolidadas e ampliadas com o novo Código de Processo Civil de 2015, foi a estabilização e uniformização de jurisprudência, notadamente através de algumas modalidades de precedentes vinculantes. Vejamos com mais detalhe.

3.1. Crise do sistema — explosão de recorribilidade — Poder Judiciário sobrecarregado e uma visão de processo exaurida

No Brasil, a elevadíssima recorribilidade sobrecarrega todo o sistema. A ampla maioria das decisões de primeiro grau são objeto de recurso, com elevada taxa de reforma. A elevada recorribilidade é decorrente de um complexo de causas. A ausência de limites mais estritos à reforma — permitindo que esta ocorra, e.g., pela mera divergência entre os juízos *a quo* e *ad quem* na valoração da prova sem clara indicação de um *error in judicando* — eleva sobremaneira as chances de reforma e encoraja a recorribilidade lotérica. Em contraste, na justiça federal americana, de 375.870 processos ajuizados em 2013, apenas 56.475 foram objeto de apelação (15%)[(10)] e, e.g., dentre as apelações não criminais opostas, apenas 12-14% das apelações foram providas (menos do que 2% do total)![(11)] Também contribuem para a sobrecarga do

(10) UNITED STATES COURTS, *Judicial Caseload Indicators*, 2013, disponível em: <http://www.uscourts.gov/statistics-reports/judicial-caseload-indicators-judicial-business-2013>. Acesso em: 6 dez. 2015.

(11) UNITED STATES COURTS, *Judicial Business*, 2014, disponível em: <http://www.uscourts.gov/statistics/table/b-5/judicial-business/2014/09/30>. Acesso em: 6 dez. 2015. Alerto, entretanto, que não é apenas a vinculação aos precedentes que contribui para a baixa recorribilidade nos EUA. Fazem parte de tal equação o maior respeito das decisões de primeiro grau em matérias que envolvam discricionariedade, especialmente em atos de direção do processo, bem como quanto à valoração da prova, que o magistrado ou júri ouviram com imediatidade. Além disso, as partes e patronos têm receio de aviar recursos protelatórios ou com frágeis fundamentos, ante a perspectiva de pesadas penalidades a partes. Veja-se em tal sentido a Regra 38 das *Federal Rules of Appellate Procedure* (FRAP), que o ajuizamento de recursos temerários (*frivolous*) com a condenação a pagar danos materiais e custos processuais (incluindo os honorários advocatícios da parte prejudicada, que nos EUA podem ser muito elevados) de forma simples ou dobrada. Ver <https://www.law.cornell.edu/rules/frap/rule_38>. Ademais, os advogados se credenciam em cada tribunal onde atuam e, em caso de desrespeito às normas processuais, podem sofrer sanções disciplinares aplicadas pelo próprio tribunal, inclusive a suspensão ou exclusão do rol de advogados habilitados a advogar perante aquele tribunal, conforme FRAP 46 (<https://www.law.cornell.edu/rules/frap/rule_46>).

sistema recursal a pletora de recursos permitida,[12] o relativamente baixo custo para recorrer, a rara e insuficiente imposição das penalidades por má-fé processual, uso predatório da justiça ou recursos protelatórios[13] e, notadamente, a falta de unidade da jurisprudência, permitindo que o recorrente explore os dissensos entre as cortes.[14]

A enorme dispersão jurisprudencial, típica de um sistema sem vinculação a precedentes, vem sendo enfrentada em "minirreformas" do CPC e da CLT há duas décadas, com instrumentos como as súmulas impeditivas de recursos, além da introdução na Constituição da figura da súmula vinculante do STF. Tais alterações não foram suficientes, ensejando a mecanização do trabalho de desembargadores e ministros de tribunais superiores, os quais enfrentam cargas desumanas de trabalho e se veem obrigados a liderar grandes equipes de assessores que lhes auxiliam na prolação em massa de votos em questões frequentemente repetitivas e que poderiam ter sido enfrentadas de forma unificada e com maior profundidade, se houvesse ferramentas processuais apropriadas para tanto. Em uma sessão de turma de um tribunal de segundo grau, os desembargadores costumam efetivamente escutar a sustentação oral em cerca de uma dezena de processos (que eventualmente podem lhes fazer alterar o voto que vieram preparados para prolatar) e acabam votando em bloco quanto às restantes duas ou três centenas de recursos em pauta no dia. Outrossim, cada ministro dos tribunais superiores costuma ter uma carga de processos (como relator) de 8.000 a 15.000 por ano, algo evidentemente impossível, que naturalmente enseja a delegação para grandes equipes de assessores.

Afinal, que tipo de Judiciário queremos? Que tipo de Judiciário é viável, em tempos de massificação do processo? Existe alguma chance de tratar com a devida profundidade e cuidado as questões mais relevantes submetidas ao Judiciário, se o trabalho continuar sem alguma forma de uniformização dos entendimentos, evitando que juízes sigam perdendo tempo decidindo de forma conflitante acerca das mesmas matérias já uniformizadas em instâncias superiores?

Ante as reiteradas reclamações de sobrecarga e morosidade do Poder Judiciário, o CPC de 2015 põe especial foco no fortalecimento da jurisprudência. O objetivo da mudança é evitar que as questões já pacificadas continuem sendo recorridas milhares ou milhões de vezes. Tal aumentaria a segurança jurídica e descongestionaria os tribunais, liberando-os para melhor investir seu tempo no refinamento e unificação do direito, bem como no uso dos precedentes de forma consistente, lógica e harmônica — exercendo um trabalho de elevada reflexão, mas em um número mais reduzido de acórdãos.

3.2. Precedentes vinculantes como solução emergencial

3.2.1. Contexto de aproximação dentre os sistemas do *common law* e *civil law*

Não é novidade a busca de inspiração no direito comparado, notadamente no direito italiano, alemão e português, mas também no direito inglês (*habeas corpus*, institutos de direito comercial) e americano (controle de constitucionalidade, sistema presidencialista e federativo, desconsideração da personalidade jurídica). Por outro lado, tem-se verificado um contexto de aproximação dos sistemas do *common law* e dos países da tradição romano-germânica ou

(12) CPC 2015, art. 994; CLT, art. 893.

(13) *C.f.* BARRAL, Welber; MACHADO, Rafael Bicca. Civil Procedure and Arbitration. In: *Introduction to Brazilian Law*, 2011, p. 183.

(14) Tal é historicamente um problema em nosso ordenamento, que vem sendo combatido com as últimas reformas no processo civil, as quais culminaram a edição do CPC 2015, bem como no âmbito trabalhista, com a edição da Lei n. 13.015/2014.

civil law, seja através da convivência forçada entre os sistemas nas cortes da União Europeia (até a efetiva saída da Inglaterra), seja pela progressiva codificação das leis nos sistemas de *common law*, seja pela busca nesses sistemas de ideias para resolver conflitos de massa em países de *civil law*, como é o caso do "procedimento-modelo" (*Musterverfahren*) alemão, que por sua vez inspirou o incidente de resolução de demandas repetitivas (IRDR) em nosso *codex* processual de 2015.(15)

3.2.2. Minirreformas processuais não lograram resultados suficientes

Os últimos vinte anos foram pródigos de alterações legislativas que tentaram limitar a excessiva recorribilidade e unificar a jurisprudência. Por exemplo, em 1995 o art. 557 do CPC 1973 foi alterado para que o relator de um recurso pudesse negar seguimento ao mesmo se "manifestamente inadmissível, improcedente, prejudicado *ou contrário à súmula do respectivo tribunal ou tribunal superior*".(16) Nova alteração do mesmo artigo, em 1998, determinou que o relator negue seguimento a recursos por contrariedade à *jurisprudência dominante* do respectivo tribunal ou Tribunal Superior,(17) bem como autorizou-o a dar provimento monocraticamente ao recurso se a decisão recorrida contrariar súmula ou jurisprudência dominante do STF ou de outro tribunal superior — mas não do próprio Tribunal Regional ou de Justiça.(18) Em 2004, com a Emenda Constitucional 45 foi introduzida a figura da *súmula vinculante*.(19) A mesma emenda, ainda, instituiu a obrigatoriedade de o recorrente demonstrar a *repercussão geral* do recurso extraordinário, condicionando sua admissibilidade a que a repercussão geral seja reconhecida por ao menos um terço dos Ministros do STF.(20) Não é diferente a situação no âmbito do processo do trabalho, em que a busca pela celeridade e simplicidade sempre foram preocupação central. Por exemplo, desde 1988, o recurso de revista contra decisão de Tribunal Regional que esteja em acordo com súmula do TST autoriza o ministro relator a negar seguimento ao correspondente recurso.(21) Entretanto, as diversas reformas pontuais exemplificadas acima não foram capazes de alterar o sistema de modo a munir o Judiciário de instrumentos que lhe permita enfrentar a crescente carga de trabalho em ritmo suficiente — como indica a pesquisa estatística "Justiça em Números", promovida pelo Conselho Nacional de Justiça(22) — tornando necessárias mudanças mais drásticas no sistema.

3.3. *Principais justificativas para adoção de precedentes vinculantes*

Dentro do contexto de exaurimento do modelo atual, mencionado acima, a primeira vantagem dos precedentes vinculantes que salta à vista é a economia processual, com a possibilidade de enormes ganhos em celeridade e eficiência da administração judiciária. Uma mesma questão de direito não precisará subir até os tribunais superiores dez mil, cem mil, ou

---

(15) Ver tópico específico quanto ao IRDR, a seguir, 10.4.4 Incidente de resolução de demandas repetitivas — IRDR.
(16) CPC 1973, art. 557, com redação dada pela Lei n. 9.139, de 1995, grifo nosso.
(17) CPC 1973, art. 557, com redação dada pela Lei n. 9.756, de 1998, grifo nosso.
(18) CPC 1973, art. 557, § 1-A com redação dada pela Lei n. 9.756, de 1998.
(19) CRFB 1988, art. 103-A, introduzido pela EC 45/2004. Trata-se do primeiro esboço brasileiro de precedente vinculante, notável desvio da tradição dos países de *civil law*, decorrente da constatação de que as reformas processuais até então implementadas ainda estavam longe de lograr a "razoável duração do processo," elevada à estatura de garantia constitucional por força da mesma emenda.
(20) CRFB 1988, art. 102, § 3º, introduzido pela EC n. 45/2004: "No recurso extraordinário o recorrente deverá demonstrar a repercussão geral das questões constitucionais discutidas no caso, nos termos da lei, a fim de que o Tribunal examine a admissão do recurso, somente podendo recusá-lo pela manifestação de dois terços de seus membros." Ver ainda CPC 1973, art. 543-A.
(21) CLT, art. 896, § 5º, na época com redação dada pela Lei n. 7.701, de 1988.
(22) Disponíveis em: <http://www.cnj.jus.br/programas-e-acoes/pj-justica-em-numeros>.

um milhão de vezes apenas para transitar em julgado, recebendo uma decisão que já se sabia de antemão seria prolatada em tal sentido, uma vez que já pacificada tal questão jurídica na mesma corte.

Com mecanismos impondo a observância de certos precedentes, a litigiosidade seria dramaticamente reduzida. Haveria segurança jurídica sobre o que o Judiciário diria sobre tal matéria, desencorajando o próprio ajuizamento da lide quanto àqueles casos que estivessem contrários ao entendimento vinculante. Caso ajuizada a lide, o entendimento fixado seria aplicado desde o primeiro grau, reduzindo a possibilidade de recursos ou autorizando sua rejeição sumária. Em caso de recursos aos tribunais superiores, se em desacordo com entendimento fixado, não seria necessário fazer subir milhares ou até milhões de recursos no mesmo sentido, apenas para "carimbar" sua rejeição, abarrotando a limitada estrutura de tais tribunais. Ademais, a segurança jurídica decorrente da uniformização dos entendimentos sobre as questões jurídicas controversas, com a resultante clareza das regras vigentes no país, são condições essenciais para um mercado próspero e que tenha confiança para investir e gerar mais empregos.

Além de segurança jurídica, o precedente vinculante é uma garantia de isonomia. O cidadão A, em caso idêntico ao de B, logicamente deve obter o mesmo resultado, sob pena de descrédito do próprio Poder Judiciário. No entanto, todos os operadores do direito conhecem situações em que casos idênticos, mesmo em varas ou turmas recursais contíguas em um mesmo foro ou tribunal, foram decididos de forma oposta, dada a pulverização dos entendimentos que a falta de vinculação a precedentes permite. Pode-se dizer que se trata de uma jurisprudência "lotérica".

Finalmente registre-se que o precedente vinculante serve como um elemento de preservação da cultura jurídica de uma sociedade, já que grandes debates e argumentos jurídicos ficam preservados e costumam ser revisitados em casos posteriores. Outrossim, dá à sociedade uma importante via para aprimoramento do direito ou mesmo de transformação social, já que é possível fixar entendimento jurídico importante de forma vinculante, a exemplo do que ocorreu em *Brown v. Board of Education*, conforme será abordado em capítulo subsequente. (Ver a seguir, 5 — Estudo de Caso — *Brown V. Board of Education*, 347 US 483-1954).

3.4. O novo CPC e o abandono parcial da tradição romano-germânica — regime híbrido entre o civil law e o common law

Insuficientes as tentativas anteriores, o legislador pátrio avançou na criação de dispositivos visando a um sistema em que as cortes estaduais ou regionais unifiquem sua própria jurisprudência, e que os tribunais superiores sirvam para uniformizar divergências entre os tribunais regionais, a fim de que, em qualquer parte do país, o jurisdicionado tenha o mesmo direito, em casos faticamente idênticos. Em um país de dimensões continentais, entretanto, para que o sistema tenha alguma utilidade, foi necessário dotá-lo de instrumentos para que a jurisprudência unificada pudesse ser imposta às instâncias inferiores — sob pena de continuarmos com a eternização dos entendimentos divergentes. Trata-se de um rompimento parcial com a tradição romano-germânica no direito brasileiro, já que em tal cultura jurídica se desvalorizam os precedentes, partindo-se da utópica ou ingênua premissa de que a aplicação estrita do texto da lei seria suficiente para garantir a uniformidade do direito e a segurança jurídica ao jurisdicionado — premissa falsa, já que, frequentemente, no mesmo andar de um tribunal, diferentes turmas recursais estão a decidir questões jurídicas idênticas de formas diametralmente opostas.[23]

---

(23) Em tal senda, MARINONI, Luiz Guilherme. *Precedentes Obrigatórios*. 4. ed. revista e ampliada. São Paulo: Revista dos Tribunais, 2016. p. 80.

Com o novo código, ainda que o Brasil não tenha aderido integralmente ao princípio do *stare decisis*, não é exagero afirmar que tenha se tornado um híbrido entre o *civil law* e o *common law*,[(24)] dada a proeminência atingida pelos precedentes, com diversas modalidades de decisões vinculantes, como os Incidentes de Assunção de Competência ou de Resolução de demandas Repetitivas (IAC — IRDR), bem como instrumentos jurídicos para impor a observância aos mesmos (como a reclamação ou a nulidade por falta de enfrentamento dos precedentes alegados pelas partes).[(25)] No processo do trabalho, a mudança é não menos clara, já que além de ser o próprio CPC aplicável supletiva e subsidiariamente ao processo do trabalho,[(26)] a Lei n. 13.015/2014 e a Lei n. 13.467/2017 implementaram instrumentos para fortalecer o papel do TST como uniformizador da jurisprudência trabalhista. A regulamentação atinente aos recursos especiais e extraordinários repetitivos foi estendida também aos recursos de revista[(27)] e finalmente foi positivada a regulamentação para a transcendência como pressuposto do recurso de revista.[(28)]

3.5. NÃO OBSTANTE AS CRÍTICAS, O PRECEDENTE VINCULANTE AGORA INTEGRA NOSSO ORDENAMENTO — UMA OPORTUNIDADE PARA AVANÇOS

Há quem questione a constitucionalidade das alterações, há quem as questione à vista do princípio da separação dos poderes, da independência funcional do juiz, do caráter "contramajoritário"[(29)] da inovação do direito por autoridades não eleitas pelo povo. Existe ainda quem não confie que os juízes da cúpula do Judiciário, mais sujeitos à influência político-partidária, farão as melhores escolhas nas questões que virão a vincular juízes de primeiro e segundo graus. Tais dúvidas são certamente relevantes, mas já se encontram enfrentadas de forma competente pela doutrina[(30)] e não constituem o foco desta sucinta obra. Certo é que, enquanto não revogadas as normas processuais em tela, ou declaradas inconstitucionais (do que duvidamos, já que o projeto de novo CPC tramitou com apoio e teve inclusive a participação de membros dos tribunais superiores), o regramento acerca dos precedentes vinculantes

---

(24) Conforme MELLO FILHO, Luiz Philippe Vieira de. *Considerações sobre a Lei n. 13.015/14*: uniformização da jurisprudência dos Tribunais Regionais. Palestra proferida na Escola Judicial do TRT da 4ª Região em 20.08.2015. Arquivada em vídeo na intranet da Escola Judicial do TRT da 4ª Região, <http://ead.trt4.jus.br/course/view.php?id=1106>. Acesso em: out. 2015.

(25) Conforme, e.g., arts. 489 e 926-928 do CPC de 2015.

(26) Art. do CPC de 2015.

(27) Art. 896-B da CLT: "Aplicam-se ao recurso de revista, no que couber, as normas da Lei n. 5.869, de 11 de janeiro de 1973 (Código de Processo Civil), relativas ao julgamento dos recursos extraordinário e especial repetitivos." Art. 896-C da CLT: "Quando houver multiplicidade de recursos de revista fundados em idêntica questão de direito, a questão poderá ser afetada à Seção Especializada em Dissídios Individuais ou ao Tribunal Pleno, por decisão da maioria simples de seus membros, mediante requerimento de um dos Ministros que compõem a Seção Especializada, considerando a relevância da matéria ou a existência de entendimentos divergentes entre os Ministros dessa Seção ou das Turmas do Tribunal."

(28) §§ 1º ao 6º do art. 896-A da CLT, incluídos pela Lei n. 13.467/2017.

(29) *Countermajoritarian* é o termo utilizado na doutrina anglo-saxã, como sinônimo de antidemocrático, para criticar o que chamam de ativismo judicial, ou decisões judiciais criando o direito em ambiente de vácuo legislativo ou mesmo restringindo a aplicação da lei, o que entendem que não estaria legitimado pelo sufrágio da maioria. Observe-se entretanto que o resultado de tal crítica é apenas o de servir como alerta para que os juízes tenham certa cautela para avançar sobre terreno não legislado, não os impedindo, entretanto, de criar o direito para o caso concreto. A observância de precedentes é parte inarredável da cultura jurídica do *common law*, assim como o é a liberdade frequentemente discricionária que o juiz anglo-saxão tem para cunhar a melhor solução para o caso concreto — que posteriormente terá sua *ratio* aplicada a casos futuros.

(30) E.g., MARINONI, Luiz Guilherme. *Precedentes obrigatórios*. 4. ed. revista e ampliada. São Paulo: Revista dos Tribunais, 2016. WAMBIER, Teresa Arruda Alvim (coordenadora). *Direito jurisprudencial*. São Paulo: Revista dos Tribunais, 2012. NOGUEIRA, Gustavo Santana. *Stare Decisis et Non Quieta Movere*: A Vinculação dos Precedentes no Direito Comparado e Brasileiro. Rio de Janeiro: Lumen Juris, 2011.

se encontra em vigor e parece ter chegado para ficar. Cabe aos operadores do direito buscar em tais normas uma oportunidade para aprimoramento do sistema.

Feitas tais observações sobre a adoção de precedentes vinculantes no Brasil como uma tentativa válida para descongestionar as cortes brasileiras, passemos a analisar o funcionamento dos precedentes vinculantes na praxe forense de uma jurisdição de *common law*, os Estados Unidos, para a seguir proceder a uma comparação com os instrumentos introduzidos em nosso sistema com as recentes alterações legislativas.

4. BEBENDO NA FONTE: EXAMINANDO O FUNCIONAMENTO DOS PRECEDENTES VINCULANTES NO *COMMON LAW*

4.1. COMMON LAW — *NEM TÃO DIFERENTE ASSIM — EVOLUÇÕES SEPARADAS A PARTIR DOS MESMOS INGREDIENTES*

Em que pese a hibridização de nosso sistema tenha trazido natural perplexidade — já que a consideração de precedentes como tendo normatividade cogente ou vinculante, fontes primárias de direito, se choca com o que aprendemos nos bancos escolares e em nossa prática profissional — devemos notar que tal sistema não é incompatível com o nosso, tendo sido formado a partir dos mesmos elementos que deram origem à tradição romano-germânica.[31]

4.1.1. INÍCIO SIMILAR

Há comparativistas que digam que o direito anglo-saxão é mais romano e mais germânico que o dos próprios países da tradição romano-germânica, afirmação que deixa de parecer surpreendente quando lembramos que a Inglaterra, após a evacuação das legiões romanas e a conquista pelos invasores germânicos (anglos, saxões e jutos) passou a ser regida por uma combinação dos costumes jurídicos germânicos e do direito romano-canônico trazido pelo clero católico (a partir da cristianização dos anglo-saxões, entre os séculos VI e VII). O clero, educado juridicamente sob tal sistema de normas, passou a auxiliar na orientação de reis e nobres, assim como na produção de documentos (registros, ordens, normas), geralmente em latim, naturalmente influenciando o direito medieval com institutos romanos. Com a tomada do poder na Inglaterra pelos normandos oriundos do norte da França em 1066, data geralmente aceita como início do *common law*, os mesmos elementos romano-germânicos foram mantidos. A elite normanda trouxe a língua francesa, que se tornou a língua dominante nas cortes da nobreza e nos tribunais pelos quatro séculos seguintes, mas manteve em regra o direito saxão — que não diferia muito daquele praticado no Reino Franco e no Ducado da Normandia (território vassalo do rei franco). A elite normanda trouxe ainda diversos elementos do clero franco-normando, que continuaram a propagar o direito romano-canônico, seja pelas cortes canônicas, seja pela influência junto a reis e nobres. Assim, a distinção entre o direito continental europeu e o *common law* não é tanto entre seus elementos formadores (ou ingredientes), mas sim a proporção ou combinação de suas influências na gestação dos modelos atuais.

Até a conquista pela Inglaterra pelos normandos, não havia diferenças abissais entre as regras praticadas nas ilhas britânicas e no continente europeu. Mesmo nas regiões mais fortemente romanizadas, como Espanha, Itália e sul da França, a invasão dos germânicos gerou a imposição de suas regras e, embora os conquistadores tolerassem que os romanos conquistados fossem julgados conforme seu estatuto pessoal, pelas regras romanas, o passar dos séculos e a desorganização decorrente de sucessivas guerras ou invasões (dos mouros pelo sul,

(31) Ademais, é de se ressaltar também que a importação foi apenas parcial, com uma reduzida quantidade de modalidades de decisão efetivamente vinculante, no mais apenas fortalecendo a tendência de unificação da jurisprudência, que já vinha sendo traçada nas últimas duas décadas.

dos vikings pelo norte, e dos húngaros pelo leste) fez com que por volta do século X, ao fim da alta Idade Média, toda a Europa estivesse mergulhada em situações similares de ruralização, fragmentação do poder e do direito.

Sendo o *common law* uma tradição jurídica marcada pela continuidade, com um milênio de desenvolvimento sem rupturas revolucionárias ou codificações abrogantes, seus traços mais marcantes são melhor compreendidos quando apresentadas suas raízes históricas. Quando os normandos radicados no norte da França atravessaram o Canal da Mancha para reclamar o trono da Inglaterra, em 1066, data comumente aceita como marco inicial do *common law*,(32) os habitantes das ilhas britânicas já se haviam regido pelo direito local (celta-bretão), pelo direito romano, e depois novamente pelo direito local, agora de origem germânica (anglo-saxão), situação análoga ao que ocorria na maior parte do continente.(33) Enquanto isso, na época da conquista normanda, na maior parte da Europa o fragmentado direito feudal local competia com a jurisdição da Igreja Católica — de crescente atuação em disputas cíveis, com o emergente direito comercial europeu e, logo a seguir, com o ressurgente direito romano.(34) Tal situação também passou a ocorrer na Inglaterra, embora em diferentes combinações de tais influências.

Assim, o *common law* surgiu em um ambiente onde não havia vácuo normativo nem um espaço óbvio para o surgimento de uma nova tradição jurídica. Pode o surgimento do *common law* ser atribuído a um acidente histórico, a conquista militar da Inglaterra pelos normandos em 1066, resultando em um dos primeiros Estados europeus modernos com fronteiras definidas e governo centralizado, que buscou nos 150 anos seguintes (a 1066 d.c.) alterar a ordem jurídica para legitimar e afirmar seu poder.(35) Vejamos as principais etapas da gestação do *common law*, como uma ilustração de que o que une tal sistema ao *civil law*, dentro da cultura jurídica do mundo ocidental, é bem maior do que o que separa tais sistemas — tendo em vista que cada vez mais as jurisdições de *common law* se baseiam em normas legisladas, e da mesma forma progressivamente os países de *civil law* impõem a fixação da jurisprudência.(36)

4.1.1.1. A desromanização da Britânia

Quando os romanos se retiraram das ilhas britânicas no século V, levaram em grande medida suas instituições consigo. Os bretões não haviam sido completamente "romanizados" mesmo após 350 anos de ocupação e administração romana, surgindo certo vácuo institucional com a retirada romana. Ademais, quase imediatamente começaram as invasões pelos povos germânicos jutos, anglos e saxões, respectivamente da Dinamarca e norte da Alemanha, levando cerca de um século para expulsar a maior parte dos bretões e recolonizar a Inglaterra, levando suas regras e costumes.(37)

---

(32) MERRYMAN, *op. cit.*, p. 3.

(33) GLENN, H. Patrick. *Legal traditions of the world*. 5. ed. Oxford: Oxford University Press, 2014. p. 236. Glenn utiliza a expressão "Direito Ctônico", no sentido de um direito nativo, desenvolvido a partir da tradição e peculiaridades locais, vindo das entranhas da terra. *Ibidem*, p. 60 e ss. A palavra ctônico ou ctoniano tem origem grega, relativa aos "deuses que residem nas cavidades da terra," e ao "culto desses deuses. (Etm. do grego: *khthon*)". Conforme <http://www.dicio.com.br/ctoniano/>. Acesso em: 23 dez. 2015.

(34) *Ibidem*, p. 236.

(35) CAENEGEN, R. Van. *Birth of Common Law*, 1988, p. 89, 106, 107 e 110, *apud* GLENN, p. 237.

(36) Para uma comparação mais direta da situação de desenvolvimento contínuo do *common law* em contraste com as rupturas que caracterizaram a evolução do *civil law*, ver 4.1 *Common law* — nem tão diferente assim — evoluções separadas a partir dos mesmos ingredientes.

(37) TUCKER JR., Charles E. Anglo-Saxon Law: Its Development and Impact on the English Legal System. *United States Air Force Academy Journal of Legal Studies*, v. 2, 1991, p. 127, 133-34. Para mais informações sobre a

O direito dos povos germânicos não era exclusivamente oral, nem na Inglaterra, nem no continente. Há vários exemplos de leis escritas, como o código do rei dos godos Euric, por volta do ano de 470 (que ocupava a Espanha e sul da França), e de leis similares de seus sucessores. Tais leis eram a consolidação do costume legal germânico (e não cópia do direito romano), constituídas principalmente do tarifamento de indenizações por ofensas e punições. Outro exemplo foi a *Lex Salica,* provavelmente editada entre 486 e 511, também com pouca influência romana e similar a outras leis germânicas. Tal norma regulava os francos, e provavelmente foi posteriormente observada pelos normandos que invadiram a Inglaterra.[(38)]

Quanto aos reinos anglo-saxões que se formaram na Inglaterra, o direito consuetudinário de origem germânica também foi ao menos parcialmente codificado em leis escritas editadas pelos reis por volta do início do século VII, presumivelmente por influência das primeiras missões enviadas pela Igreja Católica Romana, que buscavam a conversão dos anglo-saxões ao cristianismo.[(39)] Os reis anglo-saxões posteriores também editaram leis escritas. Por exemplo, entre os anos de 925 e 935, o rei Aethelstan editou algumas normas a respeito de assuntos eclesiásticos, administração da justiça, definições e penas por vários atos ilícitos, além de dividir o território em distritos (*shires*) para fins de administração e policiamento, a ser feito pelos *shire reeves* (mais tarde, *sheriffs*). Ainda, em uma norma relativa à "caridade" estatal, o rei determinava que os *reeves* providenciassem comida para os ingleses destituídos de sustento, e que libertassem anualmente ao menos um homem reduzido à escravidão penal. Havia pesada multa para o descumprimento, cujo valor deveria ser revertido para os pobres do distrito.[(40)]

4.1.1.2. A CHEGADA DOS NORMANDOS, CENTRALIZAÇÃO DO GOVERNO E A RECEPÇÃO DO DIREITO CONSUETUDINÁRIO E ESCRITO SAXÃO

Os normandos (*north men* ou homens do norte) que mais tarde conquistariam a Inglaterra faziam parte das hordas vikings que saqueavam as costas europeias desde o século IX. Um destes grupos firmou pacto com o rei da França em 911 para se estabelecer em um ducado na costa norte da França, como vassalo do rei, em troca de paz e defesa do reino contra outros grupos vikings. Com o passar de algumas gerações, tais normandos haviam adotado a língua francesa da população local e o cristianismo, a fim de se integrar à emergente sociedade francesa. Ademais, ante a constante ameaça dos hostis vizinhos bretões e francos em terras adjacentes, desprotegidas de quaisquer barreiras topográficas, os proprietários de terra e camponeses livres acabaram por se submeter à suserania da aristocracia guerreira em troca de proteção, levando a Normandia a um estrito feudalismo militar, similar ao então praticado pelos francos.[(41)] Em termos de direito, não há certeza se predominava o escandinavo ou o franco. É mais provável que seja o último, já que ao menos meio século antes da invasão, a língua falada era o francês, a escrita era o latim, os documentos se assemelhavam os da chancelaria francesa, e pouquíssimos termos legais tinham origem escandinava.[(42)]

Com a conquista da Inglaterra, em 1066, entretanto, não foi imposto diretamente o direito dos normandos. Não houve significativa ruptura com o direito anterior saxão, o qual

---

romanização e posterior retirada das forças romanas da Inglaterra, ver SPENCER, George. *The Equitable Jurisdiction of the Court of Chancery*. Londres, 1846, v. 1, p. 1-8.

(38) POLLOCK, Sir Frederick; MAITLAND, Frederic William. *The History of English Law Before the Time of Edward I*. 2. ed., v. 1, Ed. Cambridge University Press, reimpressão 1923, p. 66.

(39) BEDE, The Venerable. *Ecclesiastical History of England*, ed. J. A. Giles, Londres, 1892, prefácio v-xviii, *apud* TUCKER JR., p. 136.

(40) TUCKER JR, p. 172-73.

(41) THOMAS, David A. Summary of Property Rights Among the Pre-Conquest Normans. *Thompson on Real Property*, v. 1-4, 3ª ed., Thomas Editions, 2009, § 4.03.

(42) POLLOCK; MAITLAND, 1923, p. 65.

foi inicialmente recepcionado pelo governo normando, sendo adaptado progressivamente, conforme a necessidade.(43) Nem havia por que romper com as normas então praticadas na Inglaterra, uma vez que a influência normanda já se fazia sentir desde décadas anteriores, dada a forte ligação do rei anterior Eduardo e sua corte com a Normandia.(44) Não havia grande distância entre os sistemas que impedisse a imediata integração dos dirigentes normandos.(45) Outrossim, o Duque Guilherme II da Normandia (Guilherme I da Inglaterra, posteriormente chamado "O Conquistador") buscava se legitimar como sucessor ao trono (o qual alegava ter sido usurpado por outrem) e portanto almejava promover a continuidade da vida no reino o quanto antes, como um legítimo herdeiro faria, tanto que em sua coroação jurou "*elaborar e manter leis justas, e proibir toda a espoliação e julgamentos iníquos*".(46)

Poucos *writs* (mandados) e decretos reais da época do reinado de Guilherme são conhecidos, compilados sob o título "*The Laws of William the Conqueror.*" Tais decretos não introduziram alterações relevantes na tradição legal inglesa, antes pelo contrário expressamente asseguraram ao povo a manutenção do direito vigente à época do rei Eduardo, com as adições pelo novo rei decretadas.(47) Outrossim, a aridez de tais normas, e o baixo nível de atividade legislativa dos primeiros governantes normandos, que estavam mais focados em sua própria preservação, evidenciam que o antigo direito anglo-saxão constituiu a base primitiva do *common law*.(48)

No entanto, se a transformação jurídica inicialmente foi tímida, a transformação social foi brutal. Após a vitória na batalha de Hastings e sua coroação, em 1066, seguiram-se ainda várias revoltas dos nobres anglo-saxões, debeladas uma a uma, seguindo-se a expropriação e redistribuição das correspondentes terras aos seguidores de Guilherme, além da promoção de assentamentos normandos, restando ao final de duas décadas apenas dois fidalgos anglo-saxões de alta patente com suas propriedades. A propriedade alodial ou plena (*freehold*) de toda a terra passou para o rei, que concedia apenas a posse (*tenure*), aos seus mais valorosos colaboradores militares, geralmente condicionada à continuidade da prestação de serviço militar (feudo militar ou *knight's fee*), quando necessário, além do pagamento de uma série de incidentes feudais (e.g. quando da transmissão do feudo por herança ou casamento, quando da tutela e administração dos bens de herdeiros menores etc.). Com o tempo, a obrigação

---

(43) RICHARDSON, H. G.; SAYLES, G. O. *Law and Legislation from Aethelberht to Magna Carta*, Edinburgh University Press, 1966. p. 30. *Apud* TUCKER JR, p. 127.

(44) THOMAS, § 4.04(a)1-2. Eduardo "O Confessor" – que faleceu em 1066 dando origem a uma sangrenta luta pela sucessão, vencida por Guilherme – era filho do rei anglo-saxão Ethelred II, e de uma normanda, a tia de Guilherme. Eduardo passou 27 anos em exílio na Normandia, apoiado pela aristocracia local, enquanto a Inglaterra sofria invasões vikings e foi governada por dois reis dinamarqueses. Quando em 1040 Eduardo chegou ao trono inglês levou consigo diversos normandos, que se tornaram seus conselheiros e administradores mais próximos, e apontou ainda em vida o primo Guilherme, Duque da Normandia, como seu sucessor, escolha não foi respeitada pelo *witan* (conselho do rei) quando da morte de Eduardo. *Idem.*

(45) Para um excelente relato histórico acerca do direito anglo-saxão pré-conquista e sua recepção e alteração no primeiro século de domínio normando, ver SPENCER, George. *The Equitable Jurisdiction of the Court of Chancery*. Londres, 1846, v. 1, p. 8-108.

(46) "*...make and keep right law, and that he would utterly prohibit all spoliation and unrighteous judgments.*" *Select passages from the annals ascribed to Florence of Worcester. In English Historical Documents*, ed. D. C. Douglas, 1953, v. 2, p. 204, 214, *apud* THOMAS, § 4.04(b)4.

(47) "*This also I command and will, that all shall have and hold the law of King Edward in respect of their lands and all their possessions, with the addition of those decrees I have ordained for the welfare of the English people*." The Laws of William the Conqueror, *In English Historical Documents*, ed. D. C. Douglas, 1953, v. 2, p. 399-400, *apud* THOMAS, § 4.04(b)4. A carta de coroação do rei Henrique I, do ano de 1100, também preserva o direito da época do ultimo rei saxão, além de registrar vários compromissos assumidos pelo rei, documento que se acredita tenha influenciado a edição da Magna Carta. *The 'Coronation Charter' of Henry I* in (5 August 1100), *In English Historical Documents*, ed. D. C. Douglas, 1953, v. 2, p. 400-02, *apud* THOMAS, § 4.04(b)4.

(48) THOMAS, § 4.04(b)4.

pessoal de lutar pelo rei foi substituída pelo pagamento de tributos (*scutage)*, passando a predominarem os exércitos assalariados pelo rei. Uma transformação tão radical no topo da pirâmide social era necessária em uma época de fidelidade e serviço militar baseados em relações pessoais, transplantando-se à Inglaterra as relações feudais em termos de organização social, posse da terra e organização militar conforme prática do norte da França.(49) Assim, a principal transformação jurídica dos primeiros anos de dominação normanda foi a centralização de poder e a radical alteração do direito de propriedade, ramo do direito que até hoje conserva diversos resquícios do feudalismo em suas terminologias, bem distantes daquelas do direito romano.(50)

De um modo geral, a submersão do continente europeu no feudalismo com a desintegração social da Idade Média gerou a descentralização do governo, com a delegação da maior parte da administração da justiça e outras funções públicas aos grandes proprietários feudais.(51) Na Inglaterra, entretanto, a partir de sua unificação política com a conquista normanda, tal processo começou a ser revertido, com o fortalecimento da figura do rei e de suas instituições, que mantinham em cheque a nova aristocracia anglo-normanda pelo condicionamento da posse de terras à fidelidade e prestação de serviço militar ou tributos ao monarca. Guilherme recebeu as instituições do governo anglo-saxão intactas, mas em 1071 já tinha posto a administração local toda em mãos normandas, notadamente com o incremento das funções dos *sheriffs* (ou *shire reeves)* para que funcionassem para administração, arrecadação e fiscalização, mas mais dependentes do rei do que seus correspondentes na Normandia (os *vicecomes* ou viscondes) em razão da não transmissão hereditária do cargo de *sheriff*. Além das tradicionais funções de imposição de leis e ordens reais, os *sheriffs* anglo-normandos tiveram aumentada sua atuação judicial, cumprindo *writs* (mandados) reais para trazer as partes à corte real, ou eventualmente para eles próprios decidirem casos na localidade de origem.(52)

Quanto às cortes de justiça propriamente ditas, vejamos.

4.1.1.3. As primeiras cortes de justiça

Depois da invasão normanda, os primeiros juízes eram conselheiros próximos do rei (*King's Council*) que viajavam pelo país fiscalizando a administração local, ouvindo reclamações e decidindo litígios (inicialmente, acompanhando as peregrinações do próprio rei, mas logo a seguir com autonomia). Após, as funções jurisdicionais foram separadas das administrativas, criando-se os juízos reais (*Royal Courts*) que se reuniam como corte em Westminster e também de forma itinerante. Havia cortes locais que remontavam ao período saxão (*hundred courts* ou *county courts*) controladas pelos senhores feudais, que ainda decidiam a maior parte dos casos, mas os mais importantes passaram a ser levados às cortes reais. Em suas viagens, tais juízes reais adquiriram profundo conhecimento do direito costumeiro de cada local, o qual

---

(49) BROWN, R. Allen. *The Normans*, 1984, p. 71-73, *apud* THOMAS, § 4.04(a)3.

(50) Para o direito de propriedade que se formou sob os reis de origem normanda: SPENCER, George. *The Equitable Jurisdiction of the Court of Chancery*. Londres, 1846, v. 1, p. 135-178.

(51) THOMAS, §4.05(b) (2)(viii).

(52) DOUGLAS, D. C. *William the Conqueror*. 1964, p. 305-306, *apud* THOMAS, § 4.04(b) 1. Provavelmente o leitor vai lembrar da fábula de Robin Hood, ficção que se passa na época inicial dos primeiros reis normandos, tendo como pano de fundo histórico o poder e as arbitrariedades do *sheriff* do condado de Nottingham, o qual agia em nome do ilegítimo rei João "Sem-Terra" (John "Lackland", o mesmo a quem a nobreza impôs em 1215 limitações de poder registradas na *Magna Carta*). A estória evidencia algumas relações jurídicas importantes da época, como a cobrança de tributos e poder de polícia exercidos pelo impopular *sheriff*, e seus os atritos existentes tanto com a nobreza local quanto com os plebeus das vilas e daqueles que não se submetiam à relação de servidão feudal e se escondiam na floresta (como Sherwood), sendo portanto considerados "fora-da-lei" (por tal razão podendo ser presos e executados).

desenvolveram selecionando, combinando ou modificando tais costumes, gerando um corpo de direito nacional que veio a ser chamado de direito comum (*common law*). Tais cortes reais cresceram e o *common law* progressivamente suplantou a maior parte do direito local.[53]

Em termos políticos, o rei consolidava sua força localmente, colocando a administração da justiça progressivamente sob sua tutela, de forma inversa ao que ocorria ao mesmo tempo na Europa continental. Assim, além de influenciarem a as relações jurídicas nos condados e vilas através dos *sheriffs*, os reis normandos também gradualmente desenvolveram cortes reais. Inicialmente apenas um grupo de auxiliares do rei na corte desempenhavam funções administrativas e, ocasionalmente, funções judiciais.[54] Adicionalmente, havia reuniões com os membros da alta nobreza, companheiros e confidentes do rei, com quem este discutia as questões do reino. Ainda que não se tratasse formalmente de uma corte de justiça, emitiam ordens e julgamentos como corte real (apenas com comandos, sem maior fundamentação).[55] Alguns casos importantes eram também decididos em três festividades anuais nas quais se reuniam todos os principais nobres, o que viria a ser o ancestral do Parlamento inglês.[56]

A administração judiciária, porém, necessitava de maior regularidade. Inicialmente, foi criada a figura do *chief justiciar*, agente real que julgava questões financeiras, presidindo as reuniões da corte em que se reuniam os nobres para auditar as prestações de contas e pagamentos dos *sheriffs* e de outros agentes reais, além de julgar as contestações de tais contas pelos barões do *Exchequer* (erário público). À época de Guilherme II (1087-1100), já haviam sido designado *justiciars* para todos os condados, com funções judiciárias e fiscais.[57] Ademais, os *justiciars* passaram a receber delegações para conduzir uma espécie de júri em certos casos, reunindo em uma corte de condado homens (normandos ou anglo-saxões) que pudessem se pronunciar e esclarecer acerca das regras costumeiras locais e ainda dar um veredito sob juramento, situação precursora do atual júri.[58]

Foi Henrique II (1154-1189) entretanto, que consolidou a administração da justiça, lançando as bases do *common law*. Henrique II removeu os *justiciars* locais e os fez itinerantes, mais focados nas tarefas jurisdicionais, embora ainda envolvidos com o fisco. Importantes normas foram criadas através das instruções passadas aos juízes quando iniciavam seus Eyre (itinerários, circuitos),"[59] o que foi crucial para a formação do *common law*. Foi também incrementado o uso de *writs* e de júri.[60] Os *writs* já eram importantes na administração pelos anglo-saxões e tal experiência foi aproveitada pelos normandos a partir de funcionários (*clerks*) remanescentes do rei saxão, que eram dirigidos pelo *Chancellor* (responsável pelos serviços religiosos e pelos documentos escritos do rei). Os reis normandos expandiram o uso dos *writs*, como método de distribuir suas ordens rapidamente por todo o país.[61]

Ante reclamações quanto à atuação agressiva dos juízes itinerantes (*justices in Eyre*), Henrique escolheu cinco autoridades de seu círculo próximo para constituir uma corte permanente, que não se afastaria da corte real, inclusive viajando junto com o rei. Tal corte era exclusivamente jurisdicional, sem as atribuições fiscais que tornavam os juízes itinerantes tão impopulares. Essa corte veio a se tornar a Corte de Demandas Comuns (*Court of Common Pleas*). As ações

---

(53) BURNHAM, William. *Introduction to the Law and Legal System of The United States*. 4. ed. Ed. Thomson/ West, 2006. p. 42.
(54) THOMAS, § 5.02(a).
(55) LINDSAY, Jack. *The Normans and Their World*, 1974, p. 324-325, *apud* THOMAS, § 4.04(b)2.
(56) POLLOCK; MAITLAND, 1923, p. 198-200.
(57) WEST, Francis James. *The Justiciarship in England 1066-1232*, 1966, p. 10-13, *apud* THOMAS, § 4.04(b)3.
(58) LINDSAY, Jack Lindsay. *The Normans and Their World*, 1974, p. 328-29, *apud* THOMAS, § 4.04(b)3.
(59) PLUCKNETT, Theodore F. T. *A Concise History of the Common Law*, 5. ed., 1956. p. 145, *apud* THOMAS, § 4.04(b)3.
(60) POLLOCK; MAITLAND, 1923, p. 138-153.
(61) THOMAS, §4.04(b)(3)

mais importantes acabavam sendo direcionadas para os conselheiros mais próximos do rei. Tal corte era com regras procedimentais diferenciadas, o que mais tarde foi institucionalizado como a Corte do Banco do Rei (*Court of King's Bench* — a tradução literal de *bench*, banco, no jargão legal inglês significa o lugar onde sentavam os juízes, mas também serve para denotar coletivamente juízes).

4.1.1.4. Uso dos precedentes para guiar minimamente a atividade judicial

Com tamanha centralização da atividade judicante, estavam lançadas as bases para a formação de uma jurisprudência coesa e comum à toda Inglaterra, o *common law*. Ante a quase inexistência de normas escritas, era natural que os primeiros juízes do *common law* tentassem manter a coerência entre seus julgados, observando o que havia sido decidido em casos anteriores, o que bem mais tarde se tornou doutrina conhecida como *stare decisis*. Observe-se que, entretanto, o desenvolvimento de um sistema de precedentes era de difícil ocorrência sem um registro organizado das decisões anteriores. Entretanto, mesmo antes da invenção da imprensa, alguma ordem quanto aos precedentes era garantida pelo reduzido número de juízes e seu constante intercâmbio de experiências, decorrente de sua base centralizada em Westminster — o que ajudou a tornar possível manter certa uniformidade de entendimentos.[62]

4.1.2. Um direito sem rupturas — resistência à romanização e ao positivismo dos códigos

Embora durante séculos a evolução do direito inglês tenha em linhas gerais espelhado o que ocorria no continente europeu, a existência de um conjunto já relativamente sedimentado de precedentes amparou a recusa à recepção formal do direito romano — o que ocorreu em outros países da Europa notadamente a partir do século XV, ditando a organização de diversos sistemas jurídicos dos novos Estados nacionais que se formavam. Adicionalmente o *common law* resistiu a sucessivas tentativas de codificação, especialmente a partir da Revolução Francesa, que repugnava o direito criado pelas cortes, reduto da antiga aristocracia, interessada em distorcer e sabotar as leis elaboradas pela nova classe dominante.[63] Assim, embora leis escritas e códigos tenham posteriormente se espalhado pelos países da tradição do *common law*,[64] não houve ruptura significativa com o sistema progressivamente adotado desde o século XI. Remanesce o sistema de precedentes em posição de destaque, existindo ainda diversos institutos que podem ter suas origens rastreadas até o direito inglês medieval, ao contrário do que ocorre nos países de *civil law*, em que codificações substituíram e derrogaram ramos inteiros do direito a uma só vez.[65]

---

(62) *Ibidem*, p. 42-43. Além dos repositórios de jurisprudência impressos, que surgiram apenas por volta do século XVI, desde os primeiros reis anglo-normandos houve de tempos em tempos algumas iniciativas oficiais ou privadas de confeccionar tratados que compendiassem o direito unificado (*common law*) inglês, com seus princípios e exemplos de casos concretos julgados em tal sentido. Quanto aos registros oficiais (*plea rolls*), originalmente eram muito acanhados, contendo apenas a anotação dos fatos básicos, tipo de ação e resultado, em pergaminhos guardados em Londres e de difícil acesso para os advogados, inviabilizando seu uso como ferramenta para a citação de casos. Assim, durante séculos as principais ferramentas de trabalho do *common lawyer* foram os tratados e os *Year Books*. Estes últimos eram compêndios originalmente elaborados por advogados com extratos e resultados de casos, anotações e modelos de argumentações e de fórmulas de ações etc., mas que também podiam ser copiados e comercializados. Ver mais em 4.1.3 Recepção do *common law* e legislação positiva inglesa nos Estados Unidos — sem ruptura, a despeito da guerra de independência.

(63) *Ibidem*.

(64) Existindo atualmente em tais países em medida equivalente aos dos países de civil law. Ver adiante, quanto à atitude dos países de *common law* em relação à norma legislada, em 7.1 Relação entre leis e precedentes no *common law*.

(65) Para uma comparação mais direta da situação de desenvolvimento contínuo do *common law* em contraste com as rupturas que caracterizaram a evolução do *civil law*, ver 4.1 *Common law* — nem tão diferente assim — evoluções separadas a partir dos mesmos ingredientes.

4.1.2.1. Direito inglês marcado pela continuidade

A bifurcação evolutiva do *common law* e do direito continental passa a ocorrer mais nitidamente a partir do século XI. Em tal momento histórico houve a diminuição de invasões e dos conflitos internos (com a cristianização dos vikings e união dos europeus em torno de um inimigo comum nas cruzadas), passando a haver maior estabilidade interna, com o progressivo renascimento da vida urbana, comércio, artes, educação, e do direito.

Os caminhos percorridos a partir de então na Inglaterra e no continente foram diversos. De um lado, na Inglaterra, o fortalecimento de um poder político unitário a partir da conquista normanda viabilizou a criação se um embrionário sistema de administração de justiça unificado, vinculado ao rei (portanto "federal", menos sujeito às idiossincrasias e interesses dos senhores locais), com um pequeno grupo de juízes itinerantes baseados em Londres, que foram colecionando e acumulando um "direito comum" a todas as localidades do reino (por isso *common law* em contraposição a *local law* ou *municipal law*). Nada mais natural que se amparar nos casos já decididos, ante o princípio lógico de que situações idênticas devem ser tratadas da mesma forma. Ademais, ante a escassez de leis escritas, juízes e advogados catalogavam elementos, argumentos e resultados de cada tipo de ação, para uso futuro e para manutenção de uma certa coerência. Elementos de direito romano estavam presentes não como uma importação ou transplante, mas presumivelmente como fonte de inspiração e consulta,[(66)] servindo de referência para as decisões adaptadas ao costume e realidade locais, que forjaram o corpo jurídico conhecido como *common law*. Nunca houve uma radical rejeição ao que se entendia como correto antes, dividindo-se entre o antes e o depois de uma revolução, como por exemplo na França.[(67)] Séculos se passaram e não houve nenhuma ruptura significativa no sistema jurídico inglês, sendo sua marca a lenta evolução, o acúmulo de experiência, e a continuidade.

4.1.2.2. Direito continental marcado por rupturas

Em contraste, a tradição jurídica continental é marcada por rupturas. A primeira ruptura decorreu da redescoberta do *Corpus Juris Civilis* de Justiniano, e sua progressiva adoção, seja como fonte subsidiária, seja como diretamente vinculante, na maior parte da Europa continental. Tal verdadeira cápsula do tempo do direito romano,[(68)] embora permanecesse em vigor no

---

(66) Em que pese se encontrem muito menos referências ao direito romano no common law, em comparação com o direito continental, o direito romano seguramente é um de seus componentes. Veja-se que nos primeiros séculos do *common law*, todo o direito escrito era redigido em latim, e a língua forense falada foi o francês até por volta do século XVIII. Nos primeiros tratados de direito do *common law*, datados dos sécs. XII e XIII (Bracton e Glanvill), é nítida a comparação que seus autores fazem com o direito romano justinianeu, mostrando as diferenças do *common law* em relação a este, evidenciando que tinham o direito romano como ponto de referência. Ademais, as cortes de competência canônica aplicavam o direito romano, e as cortes de equidade ou chancelaria utilizavam as máximas de equidade do direito romano (que por sua vez depois evoluíram para um corpo jurisprudencial próprio). As universidades só passaram a ensinar o *common law* a partir do séc. XVIII, não sem antes haver veemente defesa do *common law* pelo eminente juiz Lord Blackstone, em Oxford. Até então, as universidades apenas ensinavam o direito romano, que era propagado pelo clero como um direito "universal" ou "superior", enquanto que o ensino do *common law* era feito nos *Inns of Court*, entidades que promoviam o treinamento em direito (em regime de internato), e fiscalizavam o exercício da profissão.

(67) CAENEGEM, R. C. Van. Judges, Legislators & Professors, Goodhart lectures, 1984-1985, *Chapters in European Legal History*, Cambridge University Press, 2006, p. 8, *apud* WAMBIER, Teresa Arruda Alvim. Estabilidade e adaptabilidade como objetivos do direito: *civil law* e *common law*. *Revista de processo*, v. 172, 2009.

(68) O *Corpus Juris Civilis* é o nome que foi atribuído ao conjunto de quatro obras jurídicas que conglobavam o melhor do direito romano vigente à época do Imperador Bizantino Justiniano. O *Codex*, ou Código Justiniano, cuja

Império Bizantino, encontrava-se esquecido no ocidente, até que começou a ser estudado nas nascentes universidades europeias a partir do séc. XII, a começar por Bolonha. Tal estudo era apoiado pela Igreja Católica que o combinava com o direito canônico, formando o que passaram a chamar de *jus commune*,[69] portanto com uma pretensão de universalidade, um direito atemporal, acima dos comandos dos príncipes de cada localidade. Teve fácil aceitação na Itália e sul da França, onde ainda havia maiores fragmentos do Direito Romano, em contraste com o norte da França, onde o direito costumeiro oriundo dos francos se sedimentara. Na Alemanha, em 1500, então formalmente no controle do Sacro Império Romano Germânico, o imperador adotou o direito romano em substituição ao direito costumeiro germânico, na esperança de obter alguma unidade em seu território fragmentado entre as suas cerca de 300 unidades políticas. Assim, fica evidenciado o caminho diferente adotado nos países do continente, que em regra não mantiveram seu direito em evolução contínua a partir do direito medieval, adotando direta ou subsidiariamente o direito romano. Enquanto isso, em que pese no continente houvesse a recepção maciça do direito romano (*jus commune*), ingleses não acataram a recepção do Direito Romano no atacado, pois já tinham seus precedentes, devidamente maturados e consolidados.[70]

A segunda ruptura do direito continental se deu com a Revolução Francesa, quando se pretendeu possível uma codificação perfeita e exaustiva do direito, de modo a dispensar sua interpretação por juízes, os quais deveriam limitar-se a aplicar sua literalidade, como mera "boca da lei". A revolução trazia a burguesia ao poder, assim como a necessidade de romper com o sistema anterior. Logo, os juízes franceses, então simpáticos ao *ancien régime*, teriam de estar estritamente vinculados às novas normas ditadas pela burguesia revolucionária, sem qualquer poder para lhe opor resistência à guisa de interpretação da norma. Ademais, ao par de necessidade de afirmação no poder pelo grupo revolucionário, havia a real necessidade de modernizar e unificar seu direito, fragmentado entre o sul onde aplicado o direito romano, e o norte onde cada região tinha seu próprio corpo de direito consuetudinário (em vias de codificação, mas ainda assim fragmentado). Até a revolução, o juiz francês da metade sul tinha a complexa tarefa de interpretar e conjugar o direito erudito (romano-canônico) com as normas locais, enquanto que o do norte aplicava maduros corpos de direito consuetudinário chancelados por reiteradas decisões judiciais, à semelhança do juiz inglês.[71] Com a revolução, as faculdades de direito foram abolidas, sendo reabertas apenas em 1808, sob rigorosa supervisão, numa atmosfera de extrema subordinação à lei positivada e desconfiança em

---

versão final foi editada em 534 d.C., reorganizou e consolidou toda a legislação vigente no Império, revogando todas as normas anteriores a sua promulgação. Digesto ou Pandectas era o nome latino ou grego dado ao compêndio dos trabalhos doutrinários dos melhores juristas romanos. Institutas era um curso destinado aos estudantes de direito. Finalmente, Novelas constituía das "novas" normas, editadas por Justiniano após a publicação do *Codex*, compêndio que foi publicado logo após a morte de Justiniano.

(69) Embora não possamos nos aprofundar em especulações históricas, não é possível deixar de notar a "coincidência" de nomes, *jus commune* para o direito romano-canônico, também presente na Inglaterra através das cortes eclesiásticas e nas universidades, e o termo *common law of England* (*jus commune Angliae*), em outros pontos chamado de *consuetude Angliae*. A coincidência de nomes parece proposital, a fim de deixar claro que o direito "comunitário" do continente europeu não se aplicaria à Inglaterra, que teria seu próprio direito comum.

(70) Sobre a adoção do direito romano justinianeu e quase descarte do direito medieval de origem germânica ou do direito romano "vulgar" ou "barbarizado" ver, e.g., MERRYMAN, John Henry; PÉREZ-PERDOMO, Rogélio. *The Civil Law Tradition*. 3. ed. Ed. Stanford University Press, 2007. p. 7-14. Sobre a redescoberta do *Corpus Juris Civilis* e progressiva popularidade, em detrimento do direito germânico medieval, ver CAENEGEM, R.C. van. *Uma Introdução Histórica ao Direito Privado*. Tradução de Carlos Eduardo Lima Machado. São Paulo: Martins Fontes, 2000. p. 65-67 e 95-118.

(71) Até a Revolução Francesa foram editados vários tratados compilando e explicando o direito consuetudinário da região de Paris, Normandia, Anjou, Champagne, Bretanha e outras regiões do norte, de forma similar ao que fizeram os juristas ingleses. Ver, e.g., CAENEGEM, R.C. van. *Uma Introdução Histórica ao Direito Privado*. Tradução de Carlos Eduardo Lima Machado. São Paulo: Martins Fontes, 2000. p. 55-59, 136-137.

relação à jurisprudência e à erudição, resultando em gerações de juristas que se limitavam à interpretação gramatical dos códigos, que ficou conhecida como Escola Exegética.(72) Os juízes franceses tiveram severo *capitis diminutio*, esperando-se dos mesmos que apenas aplicassem mecanicamente as soluções prontas previstas na norma supostamente exaustiva e suficiente. Tal sistemática se espalhou por diversos países, em maior ou menor grau, e foi posteriormente corroborada pelas doutrinas positivistas.

Tal ruptura ainda influencia profundamente os países de *civil law*, como o Brasil. Como já mencionamos, em que pese tais falácias (de dispensabilidade da atividade hermenêutica) já tenham sido de há muito desmentidas, causaram profundo impacto em nossa cultura e educação jurídica. Mesmo diante da tendência das últimas décadas de utilização de mais cláusulas abertas na legislação (já não mais se nutre a pretensão à completude), delegando maior espaço para atividade do intérprete, o jurista do *civil law* ainda tem injustificado pânico de transitar em caminhos não expressamente legislados.

Enquanto isso, na Inglaterra, inexistia necessidade de ruptura. Embora consuetudinário e jurisprudencial, o direito estava unificado nacionalmente e disciplinava com razoável eficiência as relações sociais. Ademais, os juízes não eram vistos como inimigos da aristocracia e da burguesia, que compartilhavam o poder à época. Antes pelo contrário, haviam sido aliados na vitoriosa luta contra o absolutismo real, gozando de prestígio por sua forma de atuar, inclusive no refinamento do direito, caso a caso. Tal poder criativo do direito pelos juízes existira antes mesmo da criação de um poder legiferante independente do monarca, razão pela qual era visto com tranquilidade. Ademais, ante o princípio da soberania do Parlamento, este poderia facilmente "cassar", através da edição de lei contrária, qualquer regra de direito expressada ou implícita em alguma decisão judicial vinculante, caso dela discordasse. Na revolução de independência americana tampouco foram os juízes alvo de restrições, até porque eventual desconfiança de ligações do magistrado com a metrópole era contrabalançada com o poder decisório do júri, composto de cidadãos locais.(73)

Logo, não houve na Inglaterra nem nos Estados Unidos tal necessidade de ruptura, evoluindo desde a Idade Média um sistema jurídico que catalogou nas decisões judiciais a conjugação do direito costumeiro não escrito e de suas leis esparsas, e em decorrência formou um coeso corpo de direito jurisprudencial, tendo como ferramenta de preservação a vinculação aos precedentes.(74) O direito continental teve a maior parte de tais ingredientes durante séculos, evoluindo por vias diversas a partir das rupturas mencionadas. Os contextos históricos de tais rupturas operadas no direito continental, entretanto, não mais existem ou não constituem motivo suficiente para rejeitar as ferramentas de vinculação a precedentes, ora introduzidas pelo legislador pátrio.

4.1.3. Recepção do *common law* e legislação positiva inglesa nos Estados Unidos — sem ruptura, a despeito da guerra de independência

Nos Estados Unidos — em que pese a independência ter custado uma sangrenta guerra contra a Inglaterra, bem como a despeito de ter ocorrido pouco antes da Revolução Francesa,

(72) *Ibidem*, p. 207-208.

(73) MERRYMAN, John Henry; PÉREZ-PERDOMO, Rogélio. *The Civil Law Tradition*. 3. ed. Stanford University Press, 2007, p. 15-19. Ver ainda SCHIOPPA, Antonio Padua. *História do Direito na Europa*: da Idade Média à Idade Contemporânea. Tradução de Marcos Marcionilo e Silvana Cobucci Leite. São Paulo: Martins Fontes, 2014. p. 305-334.

(74) Alertamos, entretanto, para o fato de que, nos últimos 150 anos, os países da tradição de *common law* codificaram a maior parte das suas áreas de direito, mas não aderiram à postura reducionista da Revolução Francesa relativa à figura do juiz. Em que pese a pletora atual de leis escritas, os acórdãos onde interpretadas tais normas ou colmatadas suas lacunas possuem efeito vinculante e, assim, continuam a expandir ou refinar o direito, como antes das codificações.

inspirada sob ideias similares — a cultura jurídica inglesa estava profundamente arraigada e funcionava bem, não tendo havido a necessidade de ruptura do sistema. Ao contrário do que ocorria na França, os juízes eram em regra vistos como autoridades legítimas, locais, e não defensores de uma aristocracia do velho regime (no caso a aristocracia da metrópole), além de terem seus poderes limitados pelo júri de cidadãos locais. Por tal razão, o direito construído pelos juízes localmente, a cada caso concreto, era bem visto e tal sistemática foi mantida. Ademais, embora o sistema inglês tenha sido mantido, a legislação e *case law* ingleses — em que pese recepcionados no novo país para evitar um vácuo normativo — não tardaram a ser reprocessados localmente e substituídos por leis e *case law* locais. Quanto à legislação, cada estado do novo país (e em grau bastante limitado, o legislativo federal) passou a ter competência para fazer leis, bem recebidas como manifestação da soberania local, mas nunca houve a pretensão de que tais leis fossem exaurientes, imobilizando os juízes, como na França. Em tal contexto, a vinculatividade dos precedentes emanados dos juízes nunca foi questionada, mesmo ante a separação dos poderes reconhecida na então inovadora Constituição americana.(75)

Esta foi uma brevíssima exposição acerca da rica história do desenvolvimento inicial do *common law* inglês e sua chegada aos Estados Unidos. Tendo em vista que o escopo desta obra não é histórico, procuramos manter estas notas introdutórias em caráter sucinto. Estaremos introduzindo outras considerações históricas junto a cada tópico, na medida em que for necessário para melhor compreensão de cada instituto.

4.2. Stare decisis — *por que no common law o precedente vincula?* Desenvolvimento *da ideia de vinculação atrelada à evolução do registro e publicação dos precedentes*

Stare decisis vem da máxima latina *stare decisis et non quieta movere*, algo como "mantenha-se a decisão e não se mexa no que está quieto".(76) Não há norma escrita que imponha sua observância, trata-se de uma regra que se construiu na cultura jurídica com a tradição dos séculos e foi recrudescendo com o tempo. Evoluiu em razão da necessidade. A falta ou insuficiência de leis escritas que regulassem as relações de forma completa levava à observância do direito não escrito, dos costumes, os quais eram filtrados e chancelados através de reiteradas decisões judiciais. Juízes e advogados catalogavam os elementos, argumentos e resultados de cada tipo de ação, para uso futuro e coerência. A acumulação dos julgados baseados em tais costumes e a necessidade de manter a coerência e isonomia entre casos similares, levou à observância dos precedentes. Mais recentemente, a doutrina aceitou a ideia de que o precedente possui força de fonte de direito *per se*, independente da referência a antiquíssimos costumes, já na prática desaparecidos. Como corolário, passou-se a aceitar que o precedente criava direito, e não apenas declarava um direito preexistente.(77)

Entretanto, embora parte dos juristas modernos tenha a doutrina do *stare decisis* como um elemento formativo do *common law*, tal não parece preciso em termos de evidência histórica. A doutrina de que decisões anteriores determinariam decisões futuras se firmou bem mais tarde, por volta dos séculos XVIII e XIX.(78) É que a citação a argumentações e resultados

(75) Ver ainda a situação quanto à recepção nos EUA do instituto do júri e sua atitude quanto à recepção da legislação inglesa, 7.1 Relação entre leis e precedentes no *Common Law*.

(76) NOGUEIRA, Gustavo Santana. *Stare Decisis et Non Quieta Movere*: a vinculação dos precedentes no direito comparado e brasileiro. Lumen Juris, 2011. p. 1, 163.

(77) Na mesma senda, Marinoni sintetiza de forma brilhante tal debate sobre as teorias declaratória e constitutiva da jurisdição no *common law*. MARINONI, Luiz Guilherme. *Precedentes obrigatórios*. 4. ed. revista e ampliada. São Paulo: Revista dos Tribunais, 2016. p. 24-29.

(78) ZYWICKI, Todd J. The Rise and Fall of Efficiency in the Common Law: A Supply-Side Analysis. *Northwestern*

de precedentes evoluiu aos poucos, pois dependia de um registro confiável. Não havia nos séculos XII e XIII um conceito bem desenvolvido de precedente. Dos juristas ingleses da época, apenas Bracton utilizou quantidade significativa de casos (mais de quinhentos), ainda assim de forma sucinta.[79] Para os primeiros juízes do *common law*, inclusive Bracton, "*um caso pode ilustrar um princípio de direito*" imperante no direito costumeiro, "*e seu registro pode ser prova histórica de que já foi aplicado, mas não por si só uma fonte de direito.*"[80]

Inexistiam sistemas oficiais ou mesmos registros privados confiáveis nos primeiros séculos do *common law*, até a invenção da imprensa, limitando o uso que se fazia dos precedentes, o que dependia da organização pessoal do profissional do direito em acumular e catalogar seus próprios materiais. Havia ainda o uso dos seguintes recursos, conforme a época.

4.2.1. *Plea rolls*

Plea rolls, literalmente rolos, listas ou registros das demandas/pedidos/requerimentos. Eram rolos de pergaminho em que eram anotados apenas os nomes das partes, local e tipo de ação, sucinto registro da causa de pedir, resultado e valor. Sabe-se seguramente que eram usados ao menos desde a conquista normanda, no séc. XI. Sua finalidade era a de registrar o resultado das ações — e principalmente a de registrar os débitos para com a fazenda real — e não o de acumular os fundamentos para uso em casos futuros.[81] Não há registro de que os advogados tivessem acesso a tais livros ou rolos, apenas os juízes e seus assessores (*law clerks*), podendo utilizá-los para referências. Os *law clerks*, que conheciam bem os casos e tinham familiaridade com os *plea rolls*, frequentemente se tornavam juízes e ajudavam a perpetuar o conhecimento da jurisprudência. Uma evidência disso é a farta referência aos *plea rolls* na enciclopédia jurídica de Bracton, do século XII (ver abaixo). Entretanto, os rolos eram pesados, desorganizados e dificilmente acessíveis, não sendo corriqueira sua consulta nem mesmo pelos juízes.[82]

4.2.2. Tratados

Os tratados compilavam a integralidade do *common law* da época. Exemplificamos os quatro mais conhecidos, cada qual sendo a principal referência em seu tempo, especialmente Bracton e Glanvill, quando o registro dos casos ainda se limitava apenas aos inacessíveis *plea rolls*.

No séc. XII, um rei anglo-normando mandou que o *chief justiciar* Bracton compilasse o direito inglês em um tratado,[83] no que este usou a organização dos tratados romanistas, mas mostrou como as cortes inglesas tratavam os mesmos institutos, utilizando os casos dos *plea rolls* como exemplos, citando mais de 500, brevemente.

No séc. XIII Glanvill produziu outro grande tratado,[84] o qual entretanto não citava a jurisprudência local expressamente. Ambos, Glanvill e Bracton, eram redigidos em latim e,

---

University Law Review, 2003, v. 97, p. 1551, 1571.

(79) *Ibidem*.

(80) PLUCKNETT, Theodore F. T. *A Concise History of the Common Law*. 5. ed., 1956. p. 343, *apud* ZYWICKI, *op. cit.*

(81) ZYWICKI, Todd J. The Rise and Fall of Efficiency in the Common Law: A Supply-Side Analysis. *Northwestern University Law Review*, 2003, v. 97, p. 1551, 1571.

(82) *Ibidem*.

(83) E.g., BRACTON, Henry de. *Bracton De legibus et consuetudinibus Angliæ*. Yale University Press, 1915.

(84) GLANVILL, Ranulf de. *Tractatus de legibus et consuetudinibus regni Angliæ* (1780), disponível em latim em: <https://commons.wikimedia.org/wiki/File:Ranulf_de_Glanvill,_Tractatus_de_legibus_et_consuetudinibus_regni_Angli%C3%A6_(1780).pdf>.

embora compilassem o direito local, utilizavam os conceitos jurídicos do direito romano em referência às Institutas (livro texto para estudantes de direito do séc. VI), Digesto (compilação dos melhores doutrinadores romanos) e *Codex* (compilação da lei romana do século VI), todos integrantes do *Corpus Juris Civilis* — além de tomarem extensivo empréstimo das obras *Summa Institutorum* e *Summa Codicis,* de um dos mais conhecidos romanistas da época, Azo de Bologna.[85]

Outros dois tratadistas notáveis foram Coke, no século XVII, e Blackstone, no século XVIII. Coke publicou seu *Institutes of the Laws of England,*[86] em inglês e francês (que ainda era muito utilizado nos tribunais) e diversas partes em latim, sendo vital referência na época. Coke era o *Chief Justice* da *Court of Common Pleas* e ficou célebre ao declarar a nulidade de atos do Parlamento no *Bonham's Case (Thomas Bonham v College of Physicians — 1610),* sob a alegação de que o imemorial acúmulo do direito nos precedentes do *common law* vincularia até mesmo o Parlamento, como um embrionário controle de constitucionalidade das leis ou *judicial review* (posteriormente amadurecido nas decisões de John Marshall, na Suprema Corte americana). Depois deste e outros atritos em defesa do *common law* e da independência judicial, acabou sendo exonerado em 1616, mas obteve colocação no Parlamento inglês em 1620, de onde lutou pela limitação do absolutismo real. Coke escreveu os *Institutes* pensando no ensino jurídico nos *Inns of Court*, obra que chegou até as colônias americanas, tendo influenciado juristas e a formação do *common law* dos EUA.

Lord Blackstone, entretanto, é o tratadista mais influente, tendo escrito no século XVIII (em inglês) o seu *Commentaries on the Laws of England,*[87] e sendo o responsável pela introdução do ensino do *common law* com sucesso nas universidades inglesas (até então, apenas o direito romano-canônico era ensinado nas universidades). Os *Commentaries* de Blackstone estavam nas prateleiras dos juristas americanos da época da independência, tendo sido vitais para a recepção do *common law* inglesa nos Estados Unidos, obra ainda na atualidade citada em decisões judiciais dos EUA, quando necessária alguma interpretação histórica de determinados pontos de direito.

4.2.3. *Year books*

A inexistência de repositórios de jurisprudência oficiais por séculos levou ao surgimento dos "*Year Books*", publicações privadas que divulgavam informações sobre os casos decididos, mas que diferiam muito dos atuais repositórios de jurisprudência. Os *Year Books* tinham intuito didático, sem a pretensão de ser a publicação oficial do caso, resumindo os fatos e argumentação travada no caso, intercalados com comentários dos editores. Juízes e advogados distinguiam conforme a qualidade os diferentes *Year Books*, dependendo da identidade e credibilidade dos autores. Eram frequentes as contradições entre os *Year Books* na descrição dos fundamentos dos casos, nomes e datas, ou até no resultado. Um juiz do século XVI chegou a afirmar que "*contra o seu livro eu posso lhe apresentar uns quatro livros onde o caso foi decidido em contrário.*"[88] Havia por vezes dúvidas quanto à origem, já que vários

---

(85) MCSWEENEY, Thomas J. *Property Before Property*: Romanizing the English Law of Land. Buffalo Law Review, v. 60, 2012, p. 1153.

(86) COKE, Edward, Sir. *Institvtes of the lawes of England*, 1629. São 4 volumes, disponíveis, por exemplos, em: <https://books.google.com.br> e <https://archive.org/stream/secondpartofinst02coke#page/402/mode/2up>.

(87) BLACKSTONE, William, Sir. *Commentaries on the laws of England*: in four books. 16 ed. Londres, 1825, disponível e.g, em: <https://archive.org/details/commentariesonl04blacgoog>.

(88) "*As against your book I can produce four books where the contrary has been decided.*" LEWIS, T. Ellis, The History of Judicial Precedent, 47 L.Q. Rev. 411, citando *Sir* Anthony Fitzherbert Hogue, apud ZYWICKI, Todd J. The

manuscritos foram furtados de advogados e publicados sem sua autorização, e problemas na tradução para o inglês, já que as línguas originalmente usadas nas cortes após o domínio normando eram o francês e o latim.[89]

4.2.4. *Case reporters*

Uma citação mais fiel dos fundamentos dos casos só se tornou tecnologicamente possível a partir da invenção da imprensa no século XV e da difusão dos primeiros *case reporters* impressos, no século XVI,[90] com a distribuição uniforme e contemporânea de informações dos casos, facilitando o uso como suporte para decisões judiciais e para a construção de um corpo de direito material, e não apenas uma coleção de modelos de postulações.[91] A partir de tal época a utilização dos precedentes foi se tornando mais sofisticada, fortalecendo-se a ideia da vinculação aos mesmos.

4.3. *Estrutura federativa do judiciário americano e impacto na hierarquização dos precedentes*

Antes de examinar as modalidades de precedentes e sua relação dinâmica, vejamos um fluxo simplificado dos recursos nos EUA, conforme sua estrutura federativa, dividida em 50 sistemas estaduais autônomos, além da jurisdição federal, mas havendo vários pontos de contato entre a jurisdição federal e as dos estados:

GRÁFICO 1

FLUXO BÁSICO DOS RECURSOS NOS EUA

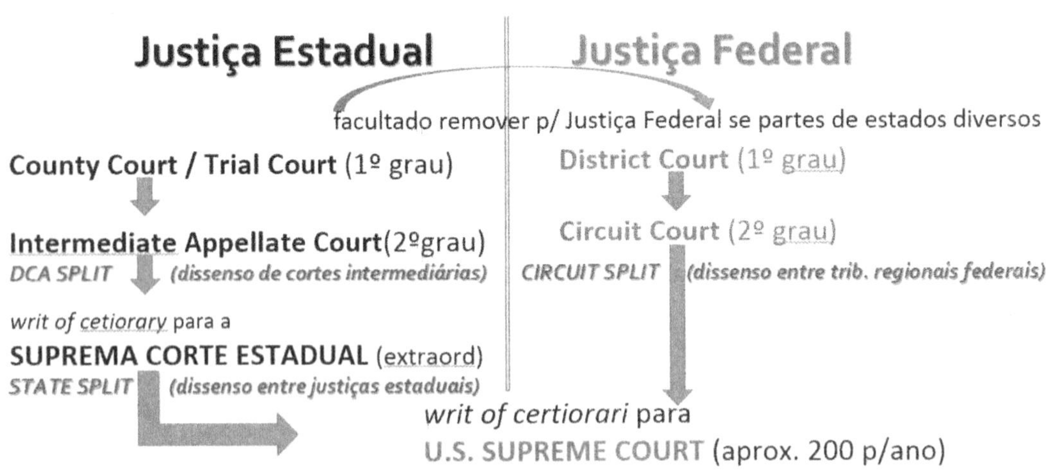

Rise and Fall of Efficiency in the Common Law: A Supply-Side Analysis. *Northwestern University Law Review*, 2003, v. 97, p. 1551, 1570.

(89) ZYWICKI, Todd J. The Rise and Fall of Efficiency in the Common Law: A Supply-Side Analysis. *Northwestern University Law Review*, 2003, v. 97, p. 1551, 1570-71.

(90) ZYWICKI, Todd J. The Rise and Fall of Efficiency in the Common Law: A Supply-Side Analysis. *Northwestern University Law Review*, 2003, v. 97, p. 1551, 1571.

(91) COQUILLETE, Daniel R. *The Anglo-American Legal Heritage*: Introductory Materials. 1999, p. 273-74, *apud* ZYWICKI, Todd J. The Rise and Fall of Efficiency in the Common Law: A Supply-Side Analysis. *Northwestern University Law Review*, 2003, v. 97, p. 1551, 1573-74.

4.3.1. Justiça estadual e o predomínio do direito estadual na maior parte das relações jurídicas de cada cidadão

Na Justiça Estadual, cada estado tem suas próprias normas processuais e de organização do Judiciário, mas geralmente seguem o mesmo padrão, com três níveis de cortes, como, por exemplo, na Califórnia, Flórida, Nova Yorque, ou mesmo estados pouco populosos como o Alasca.(92) No topo geralmente há uma Suprema Corte estadual, com jurisdição extraordinária que dá a última palavra em direito estadual (Constituição, leis e precedentes estaduais). Nos EUA, tal situação é muito relevante, uma vez que a União possui competência bastante limitada para legislar,(93) e cada estado possui uma competência residual bastante dilatada, funcionando como um verdadeiro ordenamento jurídico distinto do federal e daquele dos outros estados. Assim, o direito privado que rege o cidadão em cada estado — como o direito civil (contratos, responsabilidade civil, propriedade, sucessões) e comercial — assim como boa parte do direito público (crimes de competência estadual, direito processual nas cortes estaduais, direito administrativo e tributário estaduais) é um pouco (eventualmente muito) diferente em cada estado. Assim, cada estado tem seu direito próprio, sobre o qual a palavra final é dada pela Suprema Corte de cada estado, a qual prevalece inclusive sobre decisões da Justiça Federal quando estas utilizam direito estadual.

A subida de recursos para a Suprema Corte estadual é geralmente discricionária, como na federal, e será aceita quando há divergência entre os tribunais de apelação intermediários em uma questão de direito importante. As cortes intermediárias de apelação (que podem ter denominações diversas, conforme o estado) são responsáveis pelo duplo grau de jurisdição, recebendo a maior parte da carga de recursos. Já o primeiro nível de jurisdição, as *trial courts*, se subdivide (dependendo das regras de cada estado) em varas de competência geral (*general jurisdiction*) ou limitada (*limited jurisdiction*), podendo essas últimas serem subdivididas por matéria ou por valor da causa. Eventualmente, os recursos em face de decisões das cortes de causas de menor valor ou matérias mais simples (*county court, small claims court, city/municipal courts* etc.) podem ser julgados pelas cortes de primeiro grau de jurisdição geral (como ocorre por exemplo no Texas).(94) Ademais, existem alguns estados que possuem dois graus de jurisdição, ao invés de três, como por exemplo Wyoming, onde os recursos normais e de natureza extraordinária são processados na Suprema Corte.(95) Existe ainda a remota possibilidade de recurso para a Suprema Corte federal, que aceita por volta de 200 casos por ano, discricionariamente, conforme o eventual conflito jurisprudencial envolvido, bem como a relevância da questão para o aprimoramento do direito.

4.3.2. Justiça federal — jurisdição limitada a questões de direito federal (*federal question*) e de casos envolvendo direito estadual, mas em que as partes sejam de estados diferentes (*diversity*)

Na Justiça Federal dos EUA, além de algumas questões internacionais e de direito marítimo, as principais competências são os processos com causa de pedir baseada em direito federal (*federal question*), bem como os casos envolvendo direito estadual em que as partes sejam

---

(92) Ver: <http://www.courts.ca.gov/2113.htm>, <http://www.courtstatistics.org/Other-Pages/State_Court_Structure_Charts/Florida.aspx>, e <http://www.courts.state.ny.us/courts/structure.shtml>.
(93) Constituição dos EUA, art. I, seção 8, disponível por exemplo em: <https://www.law.cornell.edu/constitution/articlei#section8>.
(94) Ver <http://www.txcourts.gov/media/1097010/Court-Structure-Chart-Sept-2015.pdf>.
(95) Ver <http://www.courts.state.wy.us/Home/About>.

de estados diferentes (*diversity*), desde que o valor da causa seja superior a $75.000,00.[96] Cumprindo estes os requisitos da "diversidade" e da *amount in controversy* (valor da causa) as cortes federais julgarão o caso, ainda que baseado em direito estadual. Os processos baseados em diversidade podem ser ajuizados desde o início nas cortes federais, ou, caso ajuizados na Justiça Estadual, podem ser "removidos" (*removed*), após ajuizados, para uma corte federal de mesma competência territorial, caso assim o réu requeira. As cortes federais de primeiro grau se chamam de *District Courts* (organizadas em um a quatro distritos em cada estado americano), em face das quais as apelações são julgadas por um dos 13 *Circuit Courts* (U.S. Court of Appeals for the 10th Circuit, por exemplo), equivalentes aos nossos Tribunais Regionais.[97] Abaixo veja-se gráfico do sítio oficial da Justiça Federal americana, demarcando a jurisdição das cortes (quanto às cortes de primeiro grau, a linha pontilhada em alguns estados demarca os limites dos distritos jurisdicionais da primeira instância da Justiça Federal para aqueles estados subdivididos em mais de um distrito):[98]

GRÁFICO 2

JURISDIÇÕES DA JUSTIÇA FEDERAL DE PRIMEIRO E SEGUNDO GRAU DOS EUA

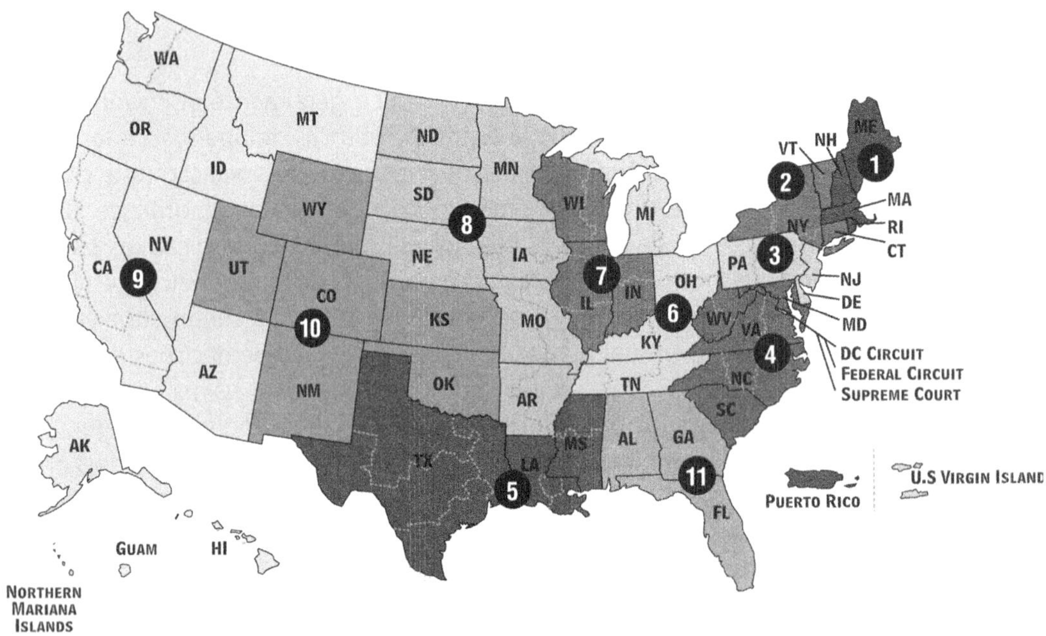

4.3.3. Suprema Corte dos Estados Unidos

É considerada parte da Justiça Federal mas, como nosso STF e STJ, recebe recursos de natureza extraordinária tanto das justiças estaduais como da federal. As semelhanças param por aí. A Suprema Corte americana escolhe discricionariamente as causas em que vai atuar, presumindo que as instâncias anteriores já resolveram o processo — restando apenas a função

(96) Constituição dos EUA, art. III, seção 2, disponível por exemplo em: <https://www.law.cornell.edu/constitution/articleiii#section2>. O objetivo é propiciar um foro neutro federal, onde o cidadão de um estado não seja prejudicado quando litigar em estado diverso. Tal providência foi especialmente importante logo após a independência, onde cada um dos novos estados americanos se considerava soberano, unidos aos demais por uma frágil aliança federativa, razão pela qual a possibilidade de usar cortes federais para evitar tratamento discriminatório nas cortes de outros estados era importante.

(97) Ver <http://www.uscourts.gov/about-federal-courts/court-role-and-structure >.

(98) Fonte: <http://www.uscourts.gov/sites/default/files/u.s._federal_courts_circuit_map_1.pdf>.

de unificar a jurisprudência, em questões de grande envergadura. Em contraste, em nossos tribunais superiores, cada ministro recebe 8.000 a 15.000 recursos por ano (aí incluídos agravos tentando destrancar a subida de um recurso considerado inadmissível), em grande parte versando sobre questões sem qualquer relevância nacional, ou mesmo que já foram pacificadas pelo tribunal há bastante tempo.

A Suprema Corte americana geralmente aprecia um caso quando há um dissenso entre tribunais, um "*circuit split*" ou um "*state split*", conforme entre tribunais federais ou estaduais.

4.4. *Stare decisis* nos EUA — quais julgados vinculam?

4.4.1. *Stare decisis* vertical — todos os acórdãos publicados vinculam as instâncias diretamente inferiores

Ao contrário do sistema adotado no CPC de 2015 (que elegeu algumas modalidades de precedentes para serem dotados de efeito vinculante), nos Estados Unidos praticamente todos os acórdãos publicados são vinculantes. Os acórdãos de um determinado tribunal vinculam as instâncias inferiores, diretamente dentro da área geográfica de sua jurisdição, ainda que oriundos de seus órgãos fracionários. Outrossim, os acórdãos se prolatados *en banc* (pelo plenário), vinculam também seus órgãos fracionários, quando existentes. Trata-se do que se tem chamado de *stare decisis* vertical.

4.4.1.1. Stare decisis *vertical indireto — em alguns estados, acórdãos de todas as cortes recursais do estado vinculam o primeiro grau, ainda que fora de sua área geográfica*

Uma variação em relação à regra acima é adotada por alguns estados, para os quais todas as decisões de cortes de apelação intermediárias são consideradas vinculantes quanto aos juízes de primeiro grau de todo o estado, ainda que fora da respectiva área geográfica de jurisdição, salvo se houver dissenso entre mais de uma corte recursal, quando então se optará pelo precedente da respectiva região ou, se ainda inexistir precedente da mesma, o julgador poderá optar por qualquer das correntes jurisprudenciais das cortes de apelação do estado. Tal é a regra, e.g., na Flórida.[(99)] Na Califórnia, a regra é similar,[(100)] com a diferença de que, em caso de divergência entre as cortes de apelação, juízes de primeiro grau não estão obrigados a seguir o precedente emanado de sua região, embora geralmente o façam.[(101)]

4.4.2. Efeito precedencial de acórdãos publicados e não publicados

As cortes geralmente evitam que todos os acórdãos sejam publicados em repositórios de jurisprudência (*case reporters*), separando os que consideram melhores para publicação daqueles que têm como desnecessários, ou cuja fundamentação não tenha ficado tão clara, ou que considerem excessivamente casuísticos (*fact intensive*) para contribuir com o refinamento do acervo de precedentes. Algumas cortes chegaram a publicar em suas regras locais ou

(99) O precedente que explicitou tal regra para a Flórida foi *Pardo v. State*, 596 So. 2d 665 (Fla. 1992).

(100) O precedente que explicitou tal regra na Califórnia foi *Auto Equity Sales, Inc. v. Superior Court*, 57 Cal. 2d 450, 369 P.2d 937, 20 Cal. Rptr. 321 (1962).

(101) *McCallum v. McCallum*, 190 Cal. App. 3d 308, 315 (1987).

regimentos a proibição de que acórdãos não publicados fossem citados como precedentes.[102] Isto permitia, em tese, que a própria corte prolatora manipulasse o que se tornaria precedente ou não, o que contraria a natureza do sistema — em que o juiz do caso posterior é quem analisa as decisões anteriores e deles extrai os princípios que devem ser observados prospectivamente.

Com o passar do tempo, entretanto, serviços privados de bancos de dados de decisões passaram a disponibilizar mesmo decisões que não haviam sido publicadas "oficialmente", nos repositórios de jurisprudência, o que ocasionou com que os advogados passassem a citar tais decisões e requerer resultados análogos aos contidos nas mesmas. Como não havia uniformidade no tratamento dispensado pelas cortes quanto à citação de tais decisões não publicadas, a partir de 2007, ao menos em nível federal, restou disciplinado que as cortes não podem proibir a citação a acórdãos não publicados oficialmente.[103] No entanto, se é certo que serão tratados como vinculantes acórdãos oficialmente publicados por corte hierarquicamente superiores, acórdãos não publicados geralmente não são dotados de efeito vinculante, conforme entendimento local.

4.4.3. Prevalência de precedentes da Suprema Corte americana e Circuit Courts em direito federal e das Supremas Cortes estaduais, em direito estadual

As decisões da Suprema Corte americana vinculam a todos os juízes do país. Aliás a repercussão de tais decisões é tão grande que é comum que os gestores de entes públicos e privados, espontaneamente, determinem a imediata alteração de seus procedimentos em consonância com o decidido pela Corte, naquilo que a decisão impacte suas atividades. Entretanto, existem algumas peculiaridades que devemos observar, conforme se tratar de matéria de direito federal ou estadual.

Como raros são os casos que chegam à Suprema Corte, na maior parte das disputas envolvendo direito federal, a palavra final quanto ao direito vigente em uma determinada região ficará com a respectiva *U.S. Court of Appeals for the* [xx]*th Circuit* (também chamada de [xx] *th Circuit*) — repise-se, desde que não haja precedente da Suprema Corte nacional. Se as cortes estaduais necessitarem utilizar direito federal, terão a respectiva U.S. Court of Appeals como precedente de maior hierarquia em tal ponto, inclusive superior ao de sua própria Suprema Corte estadual.

Da mesma forma, se cortes federais utilizarem direito estadual,[104] deverão observar os precedentes da Suprema Corte estadual como tendo maior hierarquia, salvo se tal ponto de direito estiver disciplinado em acórdão da Suprema Corte federal. Por exemplo, se uma corte federal de primeiro grau (e.g., *U.S. District Court for the East District of Wisconsin*) tiver de

(102) Ver comentários do Comitê Consultivo [das Regras Federais do Processuais] à regra FRAP 32.1: *Every court of appeals has allowed unpublished opinions to be cited in some circumstances, such as to support a contention of issue preclusion or claim preclusion. But the circuits have differed dramatically with respect to the restrictions that they have placed on the citation of unpublished opinions for their persuasive value. Some circuits have freely permitted such citation, others have discouraged it but permitted it in limited circumstances, and still others have forbidden it altogether.* Disponível em: <https://www.law.cornell.edu/rules/frap/rule_32.1>.

(103) Ver *Federal Rules of Appellate Procedure* (FRAP) 32.1 e respectivos Comentários do Comitê Consultivo: *Rule 32.1 — Citing Judicial Dispositions: (a) Citation Permitted. A court may not prohibit or restrict the citation of federal judicial opinions, orders, judgments, or other written dispositions that have been: (i) designated as "unpublished," "not for publication," "non-precedential," "not precedent," or the like; and (ii) issued on or after January 1, 2007.* Disponível em: <https://www.law.cornell.edu/rules/frap/rule_32.1>.

(104) Situação bastante comum, já que processos em que a causa de pedir se baseia em direito estadual podem ser "removidos" de cortes estaduais para cortes federais se as partes forem "cidadãos" de estados diversos.

julgar um caso em razão de sua competência material por *diversity*,[105] havendo precedentes *on point*[106] da corte de apelação intermediária daquele estado (*Winsconsin Court of Appeals*) em choque com um precedente da respectiva corte de apelação federal,[107] prevalece a decisão desta última e não da corte de apelação estadual intermediária. A corte federal apenas preferirá o precedente estadual se for da última instância da respectiva Justiça Estadual. Neste exemplo, não havendo precedente *controlling* pela Suprema Corte estadual, incidiria *stare decisis* vertical direto entre as cortes federais de primeiro e segundo grau, já que o 7º Circuito se afigura como corte superior da jurisdição da Corte Distrital do Distrito Leste de Wisconsin. Se houver precedente aplicável da Suprema Corte de Wisconsin, entretanto, esta prevalecerá em razão de sua primazia no direito estadual, ainda que não tenha relação hierárquica com a corte federal de primeiro grau.

4.4.4. *Stare decisis* horizontal em composição plenária não é absoluto nos EUA — e mais recentemente também no Reino Unido — embora *overrulings* sejam raros

Nos Estados Unidos, o *stare decisis* horizontal nunca foi absoluto, já que nunca se considerou que as cortes estariam impedidas de revisar e eventualmente *overrule* seus próprios precedentes. Entretanto, o respeito à segurança jurídica e à estabilidade da jurisprudência são prioridades, de maneira que *overrulings* são bastante raros. É mais comum, comum, isso sim, que se mantenha a *ratio decidendi* da decisão anterior como uma regra geral, e o nova *ratio decidendi* constitua uma situação especial ou exceção à regra anterior, usando-se a técnica da distinção (*distinguishing*).[108] Com o passar dos anos, é possível que tirem tantas "lascas" da *ratio* original (*chipping away*) por meio de sucessivos *distinguishings*, que tal regra se torne exceção e vice-versa, em que pese não se tenha expressamente *overruled* o precedente original.

Em comparação, na Inglaterra, a doutrina do *stare decisis* chegou a ser aplicada de forma absoluta, notadamente na segunda metade do século XIX e primeira metade do século XX, desde então admitindo-se a possibilidade de uma corte *overrule* suas próprias decisões.[109] Até então, a mais alta corte do Reino Unido (na época ainda Comitê de Apelação da *House of Lords*, que desde 2009 passou a se chamar Suprema Corte),[110] ainda que discordasse de algum de seus precedentes, ao invés de declarar o mesmo *overruled*, tinha de distinguir os fatos do caso em debate, restringindo a aplicabilidade do precedente a seus fatos originais, em uma espécie de interpretação restritiva daquele. Isto ocorreu até que, em 1966 tal Corte declarou, nas palavras de Lord Gardiner, que embora se tivesse o "*precedente como uma fundação indispensável sobre a qual se decide o que é o direito e sua aplicação a casos individuais, ... que propicia algum nível de certeza na qual indivíduos podem confiar ao conduzir suas ações, ... aderência excessivamente rígida ao precedente pode levar à injustiça em um caso particular e restringir o apropriado desenvolvimento do direito.*" Por tais razões a Corte informou que estaria "*modificando sua prática atual e, ao tratar precedentes desta casa como normalmente*

---

(105) Pedido baseado em direito estadual, mas com partes sendo "cidadãos" de estados diversos.

(106) *On point* ou *controlling*, literalmente "no ponto" ou "controladores," ou seja, precedentes diretamente aplicáveis sobre o respectivo ponto de direito, em situações faticamente equivalentes.

(107) No caso, a *U.S. Court of Appeals for the 7th Circuit*, já que o "7º Circuito" recebe recursos das cortes federais de Wisconsin, Illinois e Indiana.

(108) Mais sobre *overruling e distinguishing* adiante, em Superação (*overruling*).

(109) Em tal sentido CROSS, Rupert; HARRIS, J. W. *Precedent in English Law*. 4. ed. Oxford University Press, 1991 (reimpressão em 2014, Nova Deli), p. 19-20, 131.

(110) Conforme sítio da Suprema Corte do Reino Unido, <https://www.supremecourt.uk/about/appellate-committee.html>.

vinculantes" passaria a *"se afastar de precedentes quando se afigurasse correto fazê-lo,"* mas sem perder de vista *"o perigo de perturbar retroativamente as bases jurídicas sobre as quais contratos, ajustes quanto à propriedade e questões fiscais foram promovidos, e em especial a necessidade de segurança jurídica quanto ao direito criminal"*.[111]

4.4.5. *Stare decisis* horizontal — precedentes de órgãos fracionários de tribunal ou de outra jurisdição

4.4.5.1. Em nível federal, uma turma não pode divergir de outra — mas sim provocar manifestação do pleno (en banc)

Vejamos, inicialmente, quanto ao judiciário federal americano. A Suprema Corte funciona sempre com a composição plenária, inexistindo decisões por turmas ("painéis" ou *panels*). Já nos "Circuitos" federais, embora inexistam turmas com composições fixas, as decisões são ordinariamente prolatadas por "painéis" de três juízes de segundo grau, eventualmente funcionando com algum juiz convocado do primeiro grau. A regra jurisprudencialmente construída e observada nas cortes federais é que *"nenhuma turma pode* overrule *o precedente estabelecido por outro painel do mesmo Circuito, e todas as turmas estão vinculadas pelas decisões anteriores de turmas do mesmo Circuito."*[112]

Assim, ao contrário de nosso sistema, onde em nome da independência funcional se permitia que as turmas de um tribunal ignorassem ou decidissem diametralmente em contrário das demais turmas do mesmo tribunal,[113] nas cortes federais americanas, o precedente de qualquer composição fracionária de uma *U.S. Court of Appeals* deve ser vista como vinculante pelos jurisdicionados, juízes de primeiro grau da respectiva área de jurisdição, assim como juízes ou do próprio tribunal, salvo em sua composição plenária (*en banc*). O pleno de uma *Circuit Court,* mediante provocação de uma das partes ou de um juiz do tribunal em um caso concreto, pode por maioria simples discricionariamente aceitar decidir o caso. Do texto da Regra 35 das Regras Federais do Procedimento de Apelação (*Federal Rules of Appellate Procedure* — FRAP) pode-se inferir que o juiz da turma, entretanto, não estaria obrigado necessariamente a prolatar decisão seguindo o precedente de outra turma, de que discorde, para apenas então provocar a atuação do plenário. A Regra 35(e) menciona que o juiz pode requerer a votação (para que o pleno diga se aceita processar o recurso *en banc*) e a seção (a) da mesma regra diz que *"a maioria dos juízes do circuito ... podem ordenar que um apelo*

---

(111) Publicação oficial em 3 All ER 77, disponível em: <https://en.wikipedia.org/wiki/Practice_Statement>.

(112) KANNAN, Phillip M. The Precedential Force of Panel Law. Marquette Law Review, v. 76, 1993, p. 755-756 (citando mais de uma dezena de acórdãos federais em tal sentido, a saber *United States v. Walling*, 936 F.2d 469, 472 (10th Cir. 1991); *Capital Produce Co. v. United States*, 930 F.2d 1077, 1078 (4th Cir. 1991); *Siegel v. Alpha Wire Corp.*, 894 F.2d 50, 53 n.2 (3d Cir.), *cert. denied*, 496 U.S. 406 (1990); *Greenhow v. Secretary of Health & Human Servs.*, 863 F.2d 633, 636 (9th Cir. 1988); *Drake v. Scott*, 812 F.2d 395, 400 (8th Cir.), *reh'g denied*, 823 F.2d 239 (8th Cir. 1987); *United States v. Ianniello*, 808 F.2d 184, 190 (2d Cir. 1986), *cert. denied sub non. Cohen v. United States*, 483 U.S. 1006 (1987); *Alexander v. Chevron*, U.S.A., 806 F.2d 526, 529 (5th Cir. 1986), *cert. denied*, 483 U.S. 1005 (1987); *Lacy v. Gardino*, 791 F.2d 980, 985 (1st Cir.), *cert. denied*, 479 U.S. 888 (1986); *Humane Society of United States v. United States Envtl. Protection Agency*, 790 F.2d 106, 110 & n.32 (D.C. Cir. 1986); *General Dynamics Corp. v. United States*, 773 F.2d 1224, 1225 n.2 (Fed. Cir. 1985), *rev'd on other grounds,* 481 U.S. 239 (1987); *Julius v. Johnson*, 755 F.2d 1403, 1404 (11th Cir. 1985), *afid on habeas corpus proceeding*, 875 F.2d 1520 (11th Cir.), *cert. denied*, 493 U.S. 971 (1989); *Meeks v. Illinois Cent. Gulf R.R.*, 738 F.2d 748, 751 (6th Cir. 1984)). Disponível em: <http://scholarship.law.marquette.edu/cgi/viewcontent.cgi?article=1666&context=mulr>.

(113) Isto ao menos até 2015, quando normas do processo civil e do processo do trabalho foram alteradas na esperança de eliminar ou reduzir tais dissensos jurisprudenciais, alteração cujo sucesso ainda remanesce uma incógnita.

*ou outro procedimento seja 'ouvido' ou 'reouvido' (*heard or reheard*) pela corte de apelação* en banc."[114] *Hearing* se refere, em matéria recursal, à sessão de julgamento de um recurso, onde apresentada a sustentação oral. Em sentido lato, entretanto, pode se referir à apreciação de recursos *submitted on the briefs*, ou seja, baseados apenas nas razões recursais escritas, sem debates orais. Em tal senda, *rehearing* se refere à reapreciação do recurso, com ou sem debates orais, pela própria turma ou pelo pleno. Assim, como a regra não menciona apenas *rehearing*, mas também *hearing*, denota que poderia ser provocada a atuação do pleno como uma primeira "oitiva" daquele recurso, mesmo antes de haver a decisão da turma.

Logo, embora as turmas não tenham liberdade para prolatar decisões conflitantes com outras turmas do mesmo tribunal, nem tampouco possam *overrule* decisões de outras turmas das quais discordem (poder reservado para o pleno do tribunal), as turmas não estão inexoravelmente obrigadas a decidir conforme precedente de outra turma da qual discordem, podendo provocar a atuação uniformizadora do pleno, que caso discricionariamente aceite o recurso, assumirá a competência funcional quanto ao mesmo e prolatará o acórdão para o caso concreto, lembrando a sistemática de nosso incidente de assunção de competência (IAC). Este acórdão, entretanto, terá maior força vinculante do que os acórdãos das turmas, já que estas terão de aplicar tal entendimento em casos futuros, mesmo que dele discordem (salvo na improvável hipótese de, com o passar dos anos, o pleno aceitar outro processo sobre a questão e expressamente *overrule* seu entendimento anterior).

4.4.5.2. Conflito aparente de precedentes de um Circuit Court

Partindo do pressuposto que uma turma não pode discordar da outra e nenhuma pode discordar do pleno, havendo aparente conflito entre precedentes, as partes e juízes necessariamente terão de buscar harmonizá-los, extrair uma *ratio decidendi* conjunta, geralmente distinguindo seus fatos ou tendo um como regra, o outro como exceção, lembrando a hermenêutica que fazemos em nosso sistema para resolver o conflito aparente de normas. No conflito entre precedentes, se este se der entre decisões de turma ou do pleno, na impossibilidade de conciliar ambos prevaleceria o do pleno, considerando-se o da turma, se anterior, como superado pelo acórdão do pleno. Se o acórdão da turma for posterior ao do pleno, provavelmente se trataria de uma exceção ou *distinguish* em relação à regra reconhecida no acórdão do pleno. Isto porque recursos em uma corte de apelação federal americana costumam ser muito bem preparados e aprofundadamente debatidos, muitas vezes envolvendo questões de grande repercussão. Assim, determinado desfecho de um acórdão de turma dificilmente passaria despercebido se conflitante com um acórdão do pleno. A primeira medida que um advogado de diligência mediana adotaria, se sucumbente, seria peticionar por *rehearing* ao pleno, alegando contrariedade à sua jurisprudência já unificada. Se o pleno discricionariamente tiver negado *rehearing* (o que é comum) é porque examinaram a questão e verificaram que se tratava de fatos distintos ou de exceção, portanto não se chocando portanto com a *ratio* do entendimento já unificado.

Assim, vê-se que o conflito de jurisprudência no sistema judiciário federal americano é improvável, e que caso o interprete (sejam os advogados das partes, o juiz de primeiro grau,

---

(114) Regras Federais do Procedimento de Apelação (*Federal Rules of Appellate Procedure* — FRAP) *Rule 35. En Banc Determination (a) When Hearing or Rehearing En Banc May Be Ordered. A majority of the circuit judges who are in regular active service and who are not disqualified may order that an appeal or other proceeding be heard or reheard by the court of appeals en banc. An en banc hearing or rehearing is not favored and ordinarily will not be ordered unless: (1) en banc consideration is necessary to secure or maintain uniformity of the court's decisions; or (2) the proceeding involves a question of exceptional importance. ... (f) Call for a Vote. A vote need not be taken to determine whether the case will be heard or reheard en banc unless a judge calls for a vote.* Disponível em: <https://www.law.cornell.edu/rules/frap/rule_35>.

ou mesmo as turmas) detectar aparente conflito, um exame mais aprofundado provavelmente evidenciaria que se trata de casos com distinção fática suficiente para ensejar resultados diversos, e não um mero descuido ou renitente divergência de entendimento dos respectivos prolatores dos acórdãos precedentes.

4.4.5.3. *Em nível estadual — em linhas gerais seguindo a mesma sistemática federal quanto a precedentes dos órgãos fracionários*

A estrutura dos Judiciários estaduais varia largamente conforme extensão geográfica e populacional de cada estado, além de preferências das respectivas casas legislativas. Em regra, entretanto, segue a mesma estrutura do Judiciário federal, com juízes de primeiro grau (geralmente com diversas subdivisões especializadas conforme matéria e valor da causa), uma ou mais cortes recursais intermediárias, que recebem a quase totalidade dos recursos ordinários, e as cortes supremas, que geralmente recebem poucos casos anualmente, escolhidos de forma discricionária, versando sobre a constituição estadual e a uniformização dos entendimentos de suas cortes. Para a maioria dos estados, os quais possuem três instâncias de jurisdição,[(115)] os estados de maior extensão e população dividem seu território em diferentes jurisdições, para fins recursais, com um tribunal intermediário em cada região do estado,[(116)] e os menos populosos ou extensos tendem a possuir um único tribunal intermediário, com sede na capital do estado.[(117)]

Dentre os tribunais intermediários que funcionam com mais de uma turma,[(118)] há alguns em que uma turma não pode deliberadamente contrariar o precedente de outra turma, lançando acórdão divergente. O raciocínio é similar ao das Regras Federais do Procedimento de Apelação (*Federal Rules of Appellate Procedure* — FRAP). O sistema das Regras Federais (provocação de decisão do plenário — *en banc* — para casos de "excepcional importância" ou caso "necessário manter o uniformidade nas decisões da corte") tende a ser copiado de forma quase idêntica nas regras processuais estaduais. É o que, por exemplo, ocorre na Regra 9.331 das *Florida Rules of Appellate Procedure*.[(119)] Assim, da mesma forma que na esfera federal, os juízes de uma turma em tais estados não estão livres para ignorar o precedente de outra turma da mesma corte de apelação intermediária, devendo seguir o mesmo ou, em caso de divergência irreconciliável, requerer que o julgamento do recurso seja feito *en banc*, resolvendo de uma vez a divergência.[(120)]

Caso haja mais de uma corte recursal intermediária no estado, o dissenso jurisprudencial entre tais cortes é possível e, da mesma forma que ocorre entre os *Circuit Courts* federais, a

---

(115) Ver, no tópico 4.3.1 Justiça estadual e o predomínio do direito estadual na maior parte das relações jurídicas de cada cidadão, onde inclusive mencionamos o estado de Wyoming, como exceção, onde não há corte intermediária de apelação, cumulando sua Suprema Corte os recursos ordinários.

(116) Por exemplo, Flórida (<https://en.wikipedia.org/wiki/Florida_District_Courts_of_Appeal>), Califórnia (<http://www.courts.ca.gov/courtsofappeal.htm>), Nova Iorque (<http://www.nycourts.gov/courts/appellatedivisions.shtml>), e Texas (<http://www.txcourts.gov/media/10872/COA05_map2012.pdf>).

(117) Por exemplo, Alasca (<http://www.courts.alaska.gov/ctinfo.htm#appeals>) e Massachussets (<http://www.mass.gov/courts/court-info/appealscourt/>).

(118) Conforme <http://www.courts.alaska.gov/ctinfo.htm#appeals>.

(119) O do Alasca, por exemplo, possui apenas um "painel" com três juízes. Disponível em: <http://www.floridabar.org/TFB/TFBResources.nsf/Attachments/830A6BC6B90DA05685256B29004BFAC0/$FILE/Appellate.pdf?>.

(120) Em contraste, na Califórina inexiste *stare decisis* horizontal entre os órgãos fracionários de uma mesma Corte de Apelação, ficando o trabalho de uniformização de jurisprudência para a Suprema Corte do estado. Em tal sentido, e.g., SHATZ, Benjamin G. Gimme 5: *What Every Lawyer Should Know about Stare Decisis*. Los Angeles County Bar Association. Abril de 2008. Disponível em < http://community.pepperdine.edu/law/writing-center/content/binding-effect-federal-v-california.pdf>.

divergência permanecerá até que uma das cortes adira à jurisprudência da outra, ou até que a Suprema Corte do estado discricionariamente aceite *writ of certiorari* para julgar um determinado recurso em concreto onde suscitado tal debate, cujo julgamento resolverá ao mesmo tempo o respectivo caso concreto e a divergência jurisprudencial, com força vinculante.

Observe-se, finalmente, que a divergência jurisprudencial entre cortes de apelação intermediárias em um mesmo estado não gera imediata insegurança jurídica dentro da região em que cada corte jurisdiciona, já que, no âmbito desta, há apenas um precedente que efetivamente vincula, aquele emanado da corte recursal daquela jurisdição, não obstante a perspectiva reversão do entendimento de uma ou outra corte intermediária, pela Suprema Corte estadual.

4.4.6. Conflito jurisprudencial entre cortes de segundo grau federais

Se o dissenso interno no âmbito de cada Circuito da jurisdição federal é raro, já que o sistema possui meios suficientes que evitar que o mesmo ocorra, tal situação se altera quando tratamos de divergências entre os diversos U.S. Courts of Appeals.

Uma vez que a Suprema Corte aceita poucos recursos anualmente, a tendência é que conflitos jurisprudenciais entre as diversas regiões do país fiquem sem solução por largo período de tempo, afetando os direitos e deveres das pessoas, conforme o local de ajuizamento da lide. Tal é a explicação do Comitê Consultivo para as Regras de Processo:

> Quanto os circuitos interpretam a mesma norma federal de forma diferente, os direitos e deveres das partes ficam dependentes de onde a ação é litigada. Dado o crescente número de casos decididos pelas cortes federais e a limitação da quantidade de casos que a Suprema Corte pode "ouvir", conflitos entre circuitos podem permanecer sem solução por longo período de tempo. A existência de um conflito "intercircuitos" frequentemente gera aumento de litigiosidade em outros circuitos além daqueles já em conflito.[121]

Em tal senda, a fim de minorar o problema, as FRAP, em sua Regra 35(b)(1)(B), instituem que, além de conflitos com jurisprudência da Suprema Corte e de uma turma do mesmo tribunal, a "*rehearing*" pode ser submetida ao pleno também em casos de "excepcional importância", deixando expresso que o conflito "intercircuitos" é uma de tais situações.

Explica o Comitê que, em que pese o procedimento *en banc* não necessariamente prevenir o conflito "intercircuito", tal procedimento constitui uma salvaguarda para evitar conflitos entre circuitos desnecessariamente. Assim, poderá o pleno confirmar (*affirm*) a decisão da turma, e então se terá a certeza de que há um conflito jurisprudencial irreconciliável, a demandar a atuação da Suprema Corte, enquanto que se o pleno entender em contrário da turma e reformar sua decisão, não haverá mais tal conflito entre os *Circuit Courts*, solução rápida e que ocasiona grande economia processual.[122]

4.4.7. Efeito persuasivo de precedentes de outros *Circuit Courts* e *District Courts* federais, ou mesmo de julgados de cortes estaduais

Inexistindo precedentes que se amoldem bem à situação fática do caso *sub judice*, seja da Suprema Corte americana, seja do *Circuit Court* que jurisdiciona a região, o intérprete

---

(121) Comentários à Regra 35, do Comitê Consultivo para as Regras Federais do Procedimento de Apelação (*Federal Rules of Appellate Procedure* — FRAP) Disponível em <https://www.law.cornell.edu/rules/frap/rule_35>.

(122) Regra 35, das Regras Federais do Procedimento de Apelação (*Federal Rules of Appellate Procedure* — FRAP), e respectivos comentários pelo Comitê Consultivo para as Regras. Disponível em: <https://www.law.cornell.edu/rules/frap/rule_35>.

pode se utilizar de julgados prolatados por outros juízes de primeiro grau (*District Courts*), preferencialmente de jurisdição geograficamente contida na área do mesmo *Circuit Court* (demonstrando ainda que não sobreveio decisão de segundo grau que as desaprovasse), ou de decisões de outros Circuitos. Tais julgados são dotados de efeito meramente persuasivo, não vinculando o julgador. É também possível utilizar persuasivamente precedentes de cortes estaduais do mesmo ou de outros estados (com preferência para as decisões de cortes de maior hierarquia) caso a regra vigente em tal estado seja similar à regra em debate no caso *sub judice*.

5. ESTUDO DE CASO – *BROWN V. BOARD OF EDUCATION*, 347 US 483 (1954)(123)

5.1. Enfoque prático

Ao invés de adentrar aspectos mais teóricos acerca dos precedentes — para os quais se tem produzido razoável bibliografia em nosso país recentemente — iremos mergulhar em análise de índole mais prática. Iniciaremos com uma análise focada na forma de operar com precedentes, estudando a aplicação dos precedentes vinculantes nos Estados Unidos, jurisdição onde integram originalmente a cultura jurídica, cotejando tal aplicação com o novo contexto normativo pátrio, objetivando a compreensão da melhor maneira de utilizar tais novas ferramentas jurídicas.

5.2. Método Socrático e Case Method

Uma boa forma de observar o funcionamento dos precedentes em seu contexto original é analisar um exemplo, de forma similar à utilizada pelos estudantes de direito em países de *common law*, lendo seu texto integral e decompondo-o em suas partes lógicas, extraindo dos mesmos seus fatos necessários (*material facts*), *holding* ou *ratio decidendi*, bem como o respectivo resultado (*disposition*). Nas faculdades de direito americanas, desde o fim do século XIX, aulas expositivas foram substituídas por aulas conduzidas por perguntas sequenciais que guiam o raciocínio do aluno, o chamado método socrático, tendo por objeto de investigação decisões emanadas dos tribunais em casos concretos. No ambiente cientificista da época, em que nos países do direito continental romano-germânico se propunha o estudo da norma legislada como objeto da ciência do direito, Christopher Columbus Langdell (Diretor da Faculdade de Direito de Harvard entre 1870 e 1895), propunha o estudo do direito a partir de casos práticos, inferindo dos mesmos princípios gerais que estruturariam o Direito como ciência, ao mesmo tempo em que melhor servindo para o treinamento prático dos alunos para a argumentação jurídica típica do *common law* — o chamado *case method*. A visão de que o direito poderia ser estudado com precisão científica perdeu terreno no contexto americano, mas o *case method* passou a ser visto como forma de treinamento jurídico mais eficiente e propagado para todas as faculdades de direito americanas, lá imperando como principal método de ensino jurídico até a atualidade.

Em tal senda, propomos a leitura da íntegra da tradução de *Brown v. Board of Education*, a seguir, respondendo-se mentalmente (ou com breves anotações) a tais perguntas, e marcando-se em cores diversas os trechos pertinentes do texto. Para melhor aproveitamento do exercício, apenas após tal operação recomendamos a leitura da parte seguinte, onde elencadas as respostas e explicações propostas pelo autor.

---

(123) Tomando como exemplo o presente caso, 347 US 483 (1954) é a forma de citação padronizada de precedentes nos EUA, correspondente o primeiro número ao volume do repositório de jurisprudência onde publicado, "US" a sigla do repositório de jurisprudência autorizado. O número que se segue é a página do repositório onde inicia a publicação de tal decisão (podendo ainda haver uma vírgula e outro número, que corresponde à *pin point citation*, ou a página exata de onde extraída uma ideia ou citação). Dentro dos parênteses deve estar o ano de publicação e a sigla do tribunal, salvo se tal informação for óbvia naquele contexto. Aqui, como a própria sigla do repositório dá a entender que se trata da *US Supreme Court*, desnecessário repetir a sigla do tribunal nos parênteses.

5.3. Roteiro de perguntas — Brown v. Board of Education, 347 US 483 (1954)

1. Que tipo de ação?
2. Quem eram os autores?
3. Quem eram os réus?
4. Quais os fatos?
5. Qual entidade estava por trás dos autores?
6. Qual o pedido e sua base jurídica?
7. Qual a maior obstáculo jurídico ao pedido?
8. As conclusões fáticas do juízo *a quo* foram consideradas? Quais?
9. Qual exatamente a questão jurídica a ser respondida pela Suprema Corte (*ISSUE / QUESTION PRESENTED*)?
10. Qual a *RATIO DECIDENDI/HOLDING* (fatos + resposta à questão jurídica que resolve o caso)?
11. Por que a interpretação constitucional histórica foi afastada?
12. Qual o argumento da Corte para amparar o *holding* (*REASONING*)?
13. Algum precedente favorável foi utilizado?
14. Os substituídos (classe) nos 4 processos abrangiam todos os estudantes negros dos EUA?
15. Qual a razão da decisão ter efeitos nacionais?
16. Brown *overruled* totalmente Plessy?
17. MAS POR QUE A SUPREMA CORTE NÃO *OVERRULED* PLESSY TOTALMENTE??
18. Como se acabou com a segregação *de jure* nos EUA, em geral?
19. Na educação, acabou a segregação *de facto*?

5.4. Tradução(124) — Brown v. Board of Education, 347 US 483 (1954)

BROWN E OUTROS (*et al.*) v. DISTRITO EDUCACIONAL DE TOPEKA E OUTROS

Suprema Corte dos Estados Unidos — Debates orais (*Argued*) em dezembro de 1952. Continuação dos debates orais em (*Reargued*) dezembro de 1953. Decidido em maio de 1954.

RECURSO EM FACE DA CORTE DISTRITAL PARA O DISTRITO DE KANSAS.**[*]**(125)

SR. PRESIDENTE DA CORTE (*CHIEF JUSTICE*) WARREN redigiu o voto condutor da (*delivered the opinion of the*) Corte.

---

(124) Tradução e comentários pelo autor, em setembro de 2016. Os comentários do autor se encontram em notas de rodapé. As notas de fim são as originais do caso, redigidas pelo *Chief Justice* Warren. Em meio ao texto se encontram os correspondentes números de página da publicação no repositório de jurisprudência original, utilizados para a *pin point citation*, citação pontual ou de trecho específico.

(125) Ver ao fim, dentre as notas originais do acórdão, os dados dos demais recursos consolidados para julgamento em conjunto. Ver ainda, ao final desta obra, o Anexo I, uma resumida "linha do tempo" abrangendo os acontecimentos de relevância histórica e jurídica que antecederam Brown, auxiliando na compreensão de sua dinâmica, relevância e desdobramentos.

Estes casos nos chegam dos estados de Kansas, Carolina do Sul, Virgínia, e Delaware. Estão baseados em fatos e condições locais diferentes, mas uma questão jurídica comum justifica sua análise em conjunto neste acórdão consolidado.[1]

[487] Em cada um destes casos, menores da raça negra, através de seus representantes legais, buscam o auxílio das cortes para obter admissão a escolas públicas de suas comunidades sob critério não segregado. Em cada um de tais casos, [488] foi-lhes negada admissão a escolas frequentadas por crianças brancas sob leis que determinavam ou permitiam a segregação de acordo com a raça. Alega-se que tal segregação priva os autores da igual proteção da lei prevista na Décima Quarta Emenda. Em cada um dos processos, que não o de Delaware, uma corte distrital de três juízes(126) negou tutela aos autores baseada na chamada doutrina "separado mas igual" (*"separate but equal"*) anunciada por esta Corte em *Plessy v. Ferguson*, 163 U. S. 537 (1896). Sob tal doutrina, estaria configurada a igualdade de tratamento quando aos membros de raças diversas fossem disponibilizadas instalações substancialmente iguais, ainda que tais instalações fossem separadas. No caso de Delaware, a Suprema Corte de Delaware aderiu a tal doutrina, mas ordenou que os autores fossem admitidos a escolas de brancos em razão de sua superioridade em relação às escolas de negros.

Os autores argumentam que *escolas públicas segregadas não são "iguais" e não podem ser tornadas "iguais", e portanto os autores estão sendo privados de igual proteção das leis*. Em razão da óbvia importância da questão apresentada, a Corte aceitou jurisdição do presente caso (*the Court took jurisdiction(127)*).[2] Os debates orais (*argument*) foram ouvidos em 1952, e a reargumentação (*reargument*) foi ouvida neste exercício (*term*) sobre certas questões propostas pela Corte.[3]

[489] A reargumentação foi em maior parte devotada às circunstâncias que envolveram a adoção da Décima Quarta Emenda em 1868. Cobriu exaustivamente os debates sobre a Emenda no Congresso, sua ratificação nos estados, então existentes práticas de segregação racial, e as visões dos proponentes e oponentes da Emenda. A discussão e nossa própria investigação nos convencem que, ainda que tais fontes tragam certa luz à questão, não são suficientes para resolver o problema que enfrentamos. No máximo, são inconclusivas. Os proponentes mais ávidos das emendas pós-guerra indubitavelmente desejavam que as mesmas removessem todas as distinções legais entre "todas as pessoas nascidas ou naturalizadas nos Estados Unidos". Seus oponentes, tão seguramente, antagonizavam tanto a letra quanto o espírito das Emendas e desejavam que as mesmas tivessem o mais limitado efeito possível. O que outros no Congresso e nas legislaturas estaduais tinham em mente não pode ser determinado com qualquer grau de certeza.

Uma razão adicional para a natureza não conclusiva do histórico da Emenda, com respeito a escolas segregadas, é o *status* do ensino público à época.[4] No Sul, o movimento tendente às escolas comuns gratuitas, financiadas [490] pelos impostos, ainda não se havia firmado. A educação das crianças brancas estava em regra nas mãos de grupos privados. A educação dos negros era quase inexistente, e praticamente todos os integrantes da raça eram analfabetos. Na realidade, qualquer educação para negros era proibida pela lei de alguns estados. Hoje, em contraste, muitos negros conquistaram destacado sucesso nas artes e ciências,

---

(126) Situação especial (rara) em que lei federal autoriza a formação de uma turma de três juízes federais de primeiro grau com competência originária para o feito, de cuja decisão pode haver recurso diretamente para a *Supreme Court*. 28 U.S. Code § 2.284 — *Three-judge court; when required; composition; procedure: (a) A district court of three judges shall be convened when otherwise required by Act of Congress, or when an action is filed challenging the constitutionality of the apportionment of congressional districts or the apportionment of any statewide legislative body. ...*

(127) Admissibilidade recursal discricionária provocada por um instrumento chamado *Writ of Certiorari*.

bem como no mundo dos negócios e profissões liberais. É verdade que o ensino público à época da Emenda já havia avançado mais no Norte, mas os efeitos da Emenda nos estados do Norte foi geralmente ignorado nos debates no Congresso. Mesmo no Norte, as condições do ensino público não se aproximam daquelas existentes na atualidade. O currículo era em geral rudimentar; escolas sem avaliação dos alunos (*ungraded*) eram comuns na zona rural; o ano escolar era de três meses em muitos estados; e frequência escolar obrigatória era virtualmente inexistente. Por consequência, não surpreende que haja tão pouco no histórico da Décima Quarta Emenda sobre o desejado efeito no ensino público.

No primeiro caso que interpretou a Décima Quarta Emenda, decidido logo após sua adoção, a Corte entendeu proscritas todas as discriminações impostas pelos estados contra a raça negra.[5] A doutrina do [491] "separado mas igual" não fez sua aparição nesta Corte até 1896, no caso *Plessy v. Ferguson, supra,* envolvendo não educação, mas sim transporte.[6] As cortes americanas têm desde então trabalhado com tal doutrina por mais de meio século. Nesta Corte houve seis casos envolvendo a doutrina "separado mas igual" no campo do ensino público.[7] Em *Cumming v. County Board of Education*, 175 U. S. 528, e *Gong Lum v. Rice*, 275 U. S. 78, a validade da doutrina em si não foi questionada.[8] Em casos mais recentes, todos em nível de ensino superior [492], concluiu-se que a desigualdade residia no fato de que benefícios específicos fruídos por estudantes brancos eram negados a estudantes negros com as mesmas qualificações. *Missouri ex rel. Gaines v. Canada*, 305 U. S. 337; *Sipuel v. Oklahoma*, 332 U. S. 631; *Sweatt v. Painter*, 339 U. S. 629; *McLaurin v. Oklahoma State Regents*, 339 U. S. 637. Em nenhum de tais casos foi necessário reexaminar tal doutrina para deferir a tutela pretendida pelo autor negro. Ademais, em *Sweatt v. Painter, supra,* a corte expressamente "reservou" decisão acerca da questão sobre se *Plessy v. Ferguson* deveria ser tido como inaplicável ao ensino público.(128)

Nos casos ora em análise, esta é a questão diretamente apresentada.(129) *Aqui, diverso* do ocorrido em *Sweatt v. Painter,* há conclusões de fato do juízo de origem no *sentido de que as escolas para negros e para brancos foram igualadas ou estão sendo igualadas, no que tange a prédios, currículo, qualificações e salário dos professores e outros fatores "tangíveis"*.[9](130) Nossa decisão, assim, não pode depender apenas de uma comparação de tais fatores tangíveis nas escolas para negros e para brancos envolvidas em cada um destes casos. Ao invés, temos de olhar para o efeito da segregação, em si, sobre a educação pública.(131)

Na abordagem deste problema, não podemos retroceder a 1868, quando a Emenda foi adotada, ou mesmo a 1896 quando *Plessy v. Ferguson* foi prolatado. Devemos considerar o ensino público à luz de seu pleno desenvolvimento e atual posição no quotidiano através [493] da Nação. Somente em tal contexto pode ser determinado se a segregação em escolas públicas priva tais autores de igual proteção perante a lei.(132)

---

(128) "Reservar decisão" é sinalizar que é chegado o momento de enfrentar um determinado tema, mas o caso concreto não depende exatamente desta questão, logo qualquer pronunciamento sobre o tema seria *obiter dictum*, sem caráter vinculante.

(129) "Diretamente apresentada", leia-se "necessária" ao deslinde dos pedidos dos casos consolidados para decisão em conjunto — logo, em sendo aqui decidida, será a *ratio decidendi*, portanto com efeito vinculante, para pacificar mesmo casos futuros.

(130) Objetivamente mensuráveis.

(131) Distinguem-se os casos anteriores, onde a questão se resolveu verificando se as escolas de negros e brancos tinham os mesmos recursos materiais (fatores tangíveis) sem desafiar a doutrina "separado mas igual". Aqui, como nos quatro casos-teste tais fatores são iguais ou estão sendo equalizados, a solução do caso passa necessariamente pela validade da doutrina "separado mas igual" para o ensino público.

(132) A Suprema Corte inicia a análise do cabimento da doutrina "separado mas igual" no campo do ensino público afastando a interpretação histórica da intenção do constituinte quando da edição da Décima Quarta Emenda em 1868, já que o ensino público gratuito era ainda quase inexistente e não há registro de que tal impacto da emenda sequer tenha sido cogitado ou debatido.

Hoje, a educação é talvez a mais importante função de governos locais e estaduais. A frequência escolar obrigatória e os altos orçamentos dedicados à educação demonstram nosso reconhecimento à importância da educação em nossa sociedade democrática. É requisito para o desempenho das mais básicas responsabilidades públicas, e mesmo para o serviço nas forças armadas. É a própria base para um bom exercício da cidadania. Atualmente, a educação é o principal instrumento para o despertar da criança para valores culturais, preparando-a para posterior treinamento profissional e ajudando-a a se adaptar normalmente ao seu ambiente. É duvidoso que razoavelmente se espere de qualquer criança obter sucesso na vida se lhe for negada a oportunidade de uma educação. Tal oportunidade, onde o Estado assumiu a respectiva obrigação, é um direito que deve ser disponibilizado a todos em igualdade de condições.

Chegamos assim à questão apresentada: A segregação de crianças com base na raça, mesmo quando as instalações físicas e outros fatores "tangíveis" possam ser iguais, priva as crianças de grupos minoritários de oportunidades educacionais isonômicas?(133) Nós acreditamos que sim.

Em *Sweatt v. Painter*, *supra*, ao concluir que uma faculdade de direito segregada para negros não lhes poderia dar oportunidades educacionais iguais, esta corte se baseou em larga medida "naquelas qualidades que não podem ser objetivamente mensuradas mas que repercutem na grandeza de uma faculdade de direito." Em *McLaurin v. Oklahoma State Regents*, *supra*, esta Corte, ao exigir que um negro admitido a uma faculdade destinada a brancos fosse tratado como todos os outros estudantes, novamente se baseou em considerações intangíveis: "... sua possibilidade de estudar, discutir e trocar ideias com outros colegas e, de uma forma geral, de aprender sua profissão."(134) [494] Tais considerações se aplicam com ainda mais força a crianças do ensino fundamental e médio.(135) Separá-las de outras em idade e qualificação similar unicamente em razão de sua raça gera um sentimento de inferioridade quanto a seu *status* na comunidade que pode afetar seus corações e mentes de forma provavelmente impossível de ser revertida. O efeito desta separação em suas oportunidades educacionais foi bem expressada nas conclusões fáticas do caso de Kansas pela corte que, ainda assim, se entendeu compelida a indeferir os pedidos de seus autores negros:(136)

---

(133) Após afastar a discussão sobre a interpretação histórica da 14ª emenda, a Suprema Corte delimita a questão jurídica controvertida.

(134) Não existindo precedente diretamente aplicável, exatamente na mesma situação de fato (e o processo nem seria aceito pela Suprema Corte, se já existisse), a Suprema Corte examina seus casos anteriores quanto à segregação em matéria educacional, claramente amparando-se nos mesmos para avançar no presente caso. Outrossim, veja-se que cada um de tais casos anteriores teve *holding* enxuto, apenas decidindo o essencial para a resolução daquele caso. Em nenhum de tais precedentes a Suprema Corte *overruled* completamente *Plessy*, mas passou anos acolhendo exceções à doutrina "separado mas igual", erodindo o alcance daquela na área educacional. O presente caso é o mais notório desta linha jurisprudencial, feriu de morte o cerne de tal doutrina, negando que fosse possível obter verdadeira igualdade em estabelecimentos educacionais segregados, ainda que fossem perfeitamente idênticos quanto a dados objetivos.

(135) Exemplo de argumentação por analogia.

(136) Veja-se aqui que o precedente vinculante não impede a jurisprudência de evoluir, apenas evita sua oscilação constante. Embora o juízo de primeiro grau tenha observado os precedentes existentes até então, que permitiam a segregação desde que "iguais" as instalações, ressalvou com veemência sua posição, registrando conclusão fática amparada em prova pericial de que a segregação afetava gravemente e permanentemente a parte psicológica e capacidade e motivação para aprendizado das crianças negras submetidas à segregação. Neste caso, tal ressalva do juízo *a quo* foi base para uma guinada jurisprudencial histórica e de grande alcance social. Registramos ainda similar ou ainda maior importância de votos dissidentes robustamente fundamentados, já que são inúmeros os casos em que os argumentos dos votos dissidentes ganharam notoriedade e força, a ponto de alavancarem *overrulings* e se tornarem o argumento majoritário.

A segregação de crianças brancas e de cor em escolas públicas exerce efeito nocivo sobre as crianças de cor. O impacto é maior quando tem a sanção da lei, já que a política de separação das raças é geralmente interpretada como denotando a inferioridade do grupo dos negros. Um sentimento de inferioridade afeta a motivação da criança para aprender. A segregação sob chancela da lei, portanto, tende a retardar o desenvolvimento educacional e mental das crianças negras, privando-as de alguns dos benefícios que receberiam em um sistema escolar racialmente integrado.[10]

Qualquer que seja a extensão do conhecimento em psicologia à época de *Plessy v. Ferguson,* a conclusão acima está amplamente aparada por fontes atuais.[11] **Qualquer texto**[495] **em *Plessy v. Ferguson* contrário a esta conclusão é rejeitado**.

Nós concluímos que na área do ensino público a doutrina do "separado mas igual" não tem lugar. Instalações educacionais separadas são inerentemente desiguais. Assim, nós jugamos que (*we hold that*) os autores, e outros similarmente situados para quem estas ações foram ajuizadas[(137)], foram em razão da segregação ora reclamada privados da igual proteção perante a lei garantida pela Décima Quarta Emenda. Esta decisão torna desnecessária a discussão sobre se a segregação também viola a cláusula do Devido Processo Legal da Décima Quarta Emenda.[12]

Como estas são ações coletivas (*class actions*), em razão da larga aplicabilidade desta decisão, em razão da grande variedade de condições locais, a formulação dos decretos nesses casos apresenta problemas de considerável complexidade. Em reargumento, a consideração da tutela apropriada estava subordinada à questão principal — a constitucionalidade da segregação no ensino público. Nós agora enunciamos que tal segregação equivale à negação da igual proteção perante a lei. A fim de que possamos ter integral assistência das partes na formulação dos decretos[(138)] os casos serão devolvidos ao *docket* [devolvidos à secretaria, no aguardo da manifestação das partes], e as partes deverão apresentar suas razões quanto às questões 4 e 5 previamente propostas por esta Corte para fins da reargumentação realizada neste exercício (*term*).[13] O Procurador-Geral dos Estados Unidos [496] está novamente convidado a participar. Os Procuradores-Gerais dos estados que exigem ou permitem segregação no ensino público também poderão comparecer [nos autos] na qualidade de *amici curiae,* caso o requeiram até 15/09/1954, com submissão de suas razões (*briefs*) até 1º.10.1954. [14][(139)]

É assim ordenado.

5.5. Tradução das notas de rodapé originais do acórdão em Brown

[*] [*Brown v. Board of Education* é decidido...] Junto com N. 2, *Briggs et al.* v. *Elliott et al.*, em apelação em face da United States District Court for the Eastern District of South Carolina, arguida em 9-10 de dezembro de 1952,

(137) As quatro ações eram ações coletivas, beneficiando a classe de estudantes impedidos de se matricular nas escolas para brancos.

(138) Ordens judiciais implementando a dessegregação das escolas. A palavra "decretos", quando utilizada como ordem judicial, decorre da evolução das cortes de Chancelaria ou de equidade (hoje já quase totalmente fundidas com as cortes de "*common law*"), cujos juízes eram por motivos históricos denominados chanceleres, julgavam por equidade e com base em um sistema de precedentes próprio de tal sistema de cortes, e eram dotados dos *equity powers*, discricionariedade para aplicar as medidas suficientes para remediar o problema apontado (claro, dentro dos parâmetros já consolidados em sua própria jurisprudência).

(139) Geralmente a Suprema Corte não se pronuncia quanto ao cumprimento de suas decisões, apenas resolve o ponto de direito em razão do qual a subida do recurso, devolvendo o caso concreto à origem (*remand*), a fim de que esta determine o cumprimento de forma compatível com a decisão da Suprema Corte. Neste caso, pela gravidade da questão e grande resistência de diversos estados que mantinham leis legitimando a segregação racial, excepcionalmente, acompanhou ou coordenou o cumprimento.

rearguida em 7-8 de dezembro de 1953; N. 4, *Davis et al.* v. *County School Board of Prince Edward County, Virginia, et al.*, em apelação em face da United States District Court for the Eastern District of Virginia, arguida em 10 de dezembro de 1952, rearguida em 7-8 de dezembro de 1953; e N. 10, *Gebhart et al.* v. *Belton et al.*, admitida por *certiorari* em face de decisão da Supreme Court of Delaware, arguida em 11 de dezembro de 1952, rearguida em 9 de dezembro de 1953.

[1][(140)] No caso de Kansas, *Brown v. Board of Education*, os autores são crianças negras de idade para ingresso no ensino fundamental residentes em Topeka. Trouxeram esta ação da Corte Distrital[(141)] dos Estados Unidos para o Distrito do Kansas a fim de obter injunção[(142)] contra a aplicação de lei estadual do Kansas que permite, mas não exige, cidades com mais de 15.000 habitantes a manter escolas separadas para estudantes negros e brancos. Kan. Gen. Stat. § 72-1724 (1949). Com base em tal norma, o Distrito Escolar de Topeka decidiu estabelecer escolas de ensino fundamental segregadas. Outras escolas públicas da comunidade, entretanto, sao operadas de forma não segregada. A Corte Distrital de três juízes, designados em conformidade com a lei 28 U. S. C. §§ 2281 e 2284, concluiu que a segregação no ensino público tem efeito prejudicial sobre as crianças negras, mas negou provimento porque as escolas para negros e para brancos eram substancialmente iguais em termos de prédios, transporte, currículo, e qualificação educacional dos professores. 98 F. Supp. 797. O caso está nesta Corte em razão de apelação direta conforme lei 28 U. S. C. § 1253.

No caso da Carolina do Sul, *Briggs* v. *Elliott*, os autores são crianças negras de idade para ensino fundamental e médio residentes no condado de Clarendon. Interpuseram esta ação na Corte Distrital dos Estados Unidos para o Distrito Oriental da Carolina do Sul a fim de obter injunção em face de dispositivos da constituição e legislação do estado que determina a segregação de negros e brancos no ensino público. S. C. Const., Art. XI, § 7; S. C. Code § 5377 (1942). Uma corte distrital de três juízes foi reunida em conformidade com a lei 28 U. S. C. §§ 2281 e 2284, sendo denegada a tutela pretendida. A corte entendeu que as escolas para negros eram inferiores às escolas para brancos e ordenou que os réus iniciassem imediatamente a equalização das respectivas instalações. Entretanto, a corte entendeu como válidos os dispositivos contestados e negou aos autores a admissão em escolas destinadas a brancos enquanto perdurasse o programa de equalização das escolas. 98 F. Supp. 529. Esta [Suprema] Corte cassou a sentença da corte distrital e baixou o feito para obter o pronunciamento da corte de origem quanto aos relatórios juntados pelos réus quanto ao andamento do programa de equalização. 342 U. S. 350. No retorno (*remand*), a corte distrital entendeu que havia sido atingida substancial igualdade, salvo pelos prédios das escolas em questão, e que os réus estavam ainda procedendo a correção de tal desigualdade. 103 F. Supp. 920. O caso chega novamente a esta Corte por apelação direta, com base na seção U. S. C. § 1253.

No caso da Virgínia, *Davis* v. *County School Board*, os autores são crianças negras em idade correspondente ao ensino médio, residentes no condado Prince Edward. Ajuizaram esta ação na United States District Court for the Eastern District of Virginia a fim de obter injunção em face de dispositivos da constituição e legislação do estado que determina a segregação de negros e brancos no ensino público. Va. Const., § 140; Va. Code § 22-221 (1950). Uma corte distrital de três juízes foi reunida em conformidade com a lei 28 U. S. C. §§ 2281 e 2284, sendo denegada a tutela pretendida. A corte entendeu que instalações físicas, currículo e transporte das escolas para negros eram inferiores aos das escolas para brancos e ordenou que os réus tornassem imediatamente currículo e transporte substancialmente iguais, e que "procedessem com razoável diligência e celeridade para remover" a desigualdade das instalações físicas. Entretanto, como no caso da Carolina do Sul, a corte entendeu como válidos os dispositivos contestados e negou aos autores a admissão em escolas destinadas a brancos enquanto perdurasse o programa de equalização. 103 F. Supp. 337. O caso chegou a esta corte por apelação direta conforme 28 U. S. C. § 1253.

No caso de Delaware, *Gebhart* v. *Belton*, os autores são crianças negras em idade para ensino fundamental e médio, residentes no condado de New Castle. Ajuizaram esta ação perante a Corte de Chancelaria de Delaware a fim de obter injunção em face de dispositivos da constituição e legislação do estado que determina a segregação de negros e brancos no ensino público. Del. Const., Art. X, § 2; Del. Rev. Code § 2631 (1935). O chanceler[(143)] julgou procedente a lide e ordenou sua imediata admissão às escolas previamente frequentadas apenas por crianças brancas, sob o fundamento de que as escolas destinadas a negros eram inferiores quanto ao treinamento dos professores, proporção estudantes-professores, atividades extracurriculares, instalações físicas, além de tempo e distância para locomoção. 87 A. 2d 862. O chanceler entendeu ainda que a própria segregação, em si, resultava em educação inferior para as crianças negras (ver nota note 10, *infra*), mas não amparou sua decisão

---

(140) Nesta nota de fim estão resumidos os fatos principais de cada um dos recursos reunidos para decisão conjunta.
(141) Primeira instância da justiça federal Americana.
(142) Tutela antecipada ou definitiva para obrigação de fazer ou não fazer.
(143) Chanceler era (e ainda é, em alguns estados) juiz das cortes que julgam por equidade, oriundos da antiga separação das cortes anglo-americanas de *common law* e de equidade.

neste fundamento. *Id.*, at 865. O decreto[144] do chanceler foi confirmado pela Suprema Corte de Delaware, a qual entretanto admitiu que os réus podem obter a modificação de tal decreto após obterem a efetiva equalização das escolas para brancos e para negros. 91 A. 2d 137, 152. Os réus, argumentando apenas que as cortes de Delaware erraram ao ordenar a imediata admissão dos autores negros a escolas destinadas a brancos, peticionaram a esta Corte requerendo *certiorari*[145]. O *writ* foi deferido, 344 U. S. 891. Os autores, bem-sucedidos na origem, não apresentaram resposta (*cross-petition*).

[2] 344 U. S. 1, 141, 891.

[3] 345 U. S. 972. The Attorney General of the United States participated both Terms as *amicus curiae*.

[4] Para um estudo geral do desenvolvimento do ensino público até a Emenda, ver Butts and Cremin, A History of Education in American Culture (1953), Pts. I, II; Cubberley, Public Education in the United States (1934 ed.), cc. II-XII. As práticas escolares correntes à época são descritas em Butts and Cremin, *supra,* p. 269-275, Cubberley, *supra,* p. 288-339, 408-431; Knight, Public Education in the South (1922), cc. VIII, IX. See also H. Ex. Doc. n. 315, 41st Cong., 2d Sess. (1871). Ainda que a demanda por ensino público gratuito tenha seguido substancialmente os mesmos padrões no norte e no sul, seu desenvolvimento no sul não ganhou força até por volta de 1850, cerca de vinte anos após o norte. As razões para o mais lento desenvolvimento no sul (como o caráter mais rural do sul e as diferentes visões regionais sobre a assistência estatal) são bem explicadas em Cubberley, *supra,* em 408-423. Neste país como um todo, mas particularmente no sul, a guerra [guerra civil, 1861-65) virtualmente parou todo o progresso do ensino público. *Id.*, at 427-428. O baixo status da educação dos negros em todo o país, antes ou imediatamente após a Guerra é descrito em Beale, *A History of Freedom of Teaching in American Schools* (1941), 112-132, 175-195. Leis determinando a frequência escolar obrigatória não foram adotadas até após a ratificação da Décima Quarta Emenda, e até 1918 tais leis não vigoravam em todos os estados. Cubberley, *supra,* p. 563-565.

[5] *Slaughter-House Cases*, 16 Wall. 36, 67-72 (1873); *Strauder v. West Virginia*, 100 U. S. 303, 307-308 (1880): "É ordenado que nenhum estado prive qualquer pessoa da vida, liberdade ou propriedade sem o devido processo legal, ou negue a qualquer pessoa em sua jurisdição a igual proteção da lei. O que é isto senão a declaração e que a lei nos estados deve ser a mesma para os negro e para os brancos; que todas as pessoas, sejam brancas ou de cor, devem ter igual posição perante as leis dos estados e, para as pessoas de cor, para cuja proteção a emenda foi prioritariamente implementada, que nenhuma discriminação lhes será oposta por lei em razão de sua cor? O texto da emenda, é verdade, é proibitório, mas contém como necessária implicação uma imunidade positiva, ou direito, principalmente valiosos para as pessoas de cor — o direito de proteção contra legislação hostil imposta discriminatoriamente em razão de sua cor — o direito de proteção em face de discriminação legal, denotando inferioridade na sociedade civil, vulnerando a garantida da fruição dos direitos que outros fruem, discriminações que são passos em direção à sua redução à condição de raça subjugada." Ver ainda *Virginia v. Rives*, 100 U. S. 313, 318 (1880); *Ex parte Virginia*, 100 U. S. 339, 344-345 (1880).

[6] A doutrina aparentemente foi originada em *Roberts v. City of Boston*, 59 Mass. 198, 206 (1850), em que mantida a segregação nas escolas questionada sob o argumento de ser violadora da garantia de igualdade presente na respectiva constituição estadual. A segregação nas escolas públicas de Boston foi eliminada em 1855. Mass. Acts 1855, c. 256. Entretanto, em outras partes do norte, a segregação no ensino público persistiu em algumas comunidades até recentemente. É aparente que tal segregação tem sido há muito um problema nacional, e não apenas uma questão regional.

[7] Ver ainda *Berea College v. Kentucky*, 211 U. S. 45 (1908).

[8] No caso *Cumming*, contribuintes negros peticionaram por uma injunção que obrigasse o distrito escolar réu a suspender o funcionamento de uma escola secundária para crianças brancas até que reiniciasse as operações de uma escola secundária para crianças negras. De forma similar, no caso *Gong Lum* case, o autor, uma criança de ascendência chinesa, arguiu apenas que as autoridades estaduais aplicaram equivocadamente a doutrina ao lhe classificarem como criança negra e determinarem que frequentasse uma escola destinada a negros.

[9] No caso de Kansas, a corte de origem concluiu haver substancial igualdade com relação a todos tais fatores. 98 F. Supp. 797, 798. No caso da Carolina do Sul, a corte de origem concluiu que os réus estavam procedendo "prontamente e de boa-fé o cumprimento do decreto da corte." 103 F. Supp. 920, 921. No caso da Virgínia, a corte de origem observou que o programa de equalização já estava "em implementação e progredindo" (103 F. Supp. 337, 341); em momento posterior nós fomos esclarecidos, conforme petição do Procurador Geral da Virgínia para fins de "reargumentação"[146] que o programa de equalização foi concluído. No caso de Delaware, a corte de origem similarmente registrou que o programe de equalização conduzido pelo estado estava bastante avançado. 91 A. 2d 137, 149.

---

(144) Nome dado à sentença ou ordem judicial no Sistema de cortes de chancelaria.
(145) *Writ* ou incidente processual pleiteando a certificação do recurso para admissão discricionária por uma corte de jurisdição extraordinária.
(146) Segunda sustentação oral, focada em questões pendentes, conforme determinado pela Corte.

[10] Conclusão similar foi feita no caso de Delaware: "Concluo a partir da prova testemunhal que em nossa sociedade de Delaware, a segregação imposta pelo Estado no ensino, por si só, resulta em que as crianças negras, como classe, recebam oportunidades educacionais substancialmente inferiores àquelas disponíveis às crianças brancas ou outras similarmente situadas." 87 A. 2d 862, 865.

[11] K. B. Clark, Effect of Prejudice and Discrimination on Personality Development (Midcentury White House Conference on Children and Youth, 1950); Witmer and Kotinsky, Personality in the Making (1952), c. VI; Deutscher and Chein, The Psychological Effects of Enforced Segregation: A Survey of Social Science Opinion, 26 J. Psychol. 259 (1948); Chein, What are the Psychological Effects of Segregation Under Conditions of Equal Facilities?, 3 Int. J. Opinion and Attitude Res. 229 (1949); Brameld, Educational Costs, in Discrimination and National Welfare (MacIver, ed., (1949), 44-48; Frazier, The Negro in the United States (1949), 674-681. E ver ainda Myrdal, An American Dilemma (1944).

[12] Ver *Bolling* v. *Sharpe, post,* p. 497, em atenção à cláusula do Devido Processo Legal da Quinta Emenda.

[13] 4. Caso decidido que a segregação nas escolas públicas viola a Décima Quarta Emenda: (*a*) seria cabível um decreto determinando que, dentro dos limites geográficos normais existentes em um distrito escolar, crianças negras deverão ser imediatamente admitidas às escolas de sua escolha, ou (*b*) poderá essa Corte, no exercício dos seus poderes de equidade, permitir um ajustamento gradual dos sistemas segregados atuais para um sistema não baseado em distinções de cor?

5. Considerando os fundamentos sobre os quais as questões acima se baseiam e na hipótese dessa Corte exercer seus poderes de equidade para os fins descritos no item 4 (*b*): (*a*) deveria essa Corte formular decretos detalhados nestes casos? (*b*) em caso afirmativo, que questões específicas deveria tal decreto alcançar? (*c*) deveria essa Corte delegar a um *master* a oitiva de provas a fim de recomendar condições específicas para tais decretos? (*d*) deveria essa Corte baixar o feito às cortes de origem com determinação para que elaborem os decretos para estes casos, e em tal hipótese que orientações gerais devem ser incluídas em tais decretos, e que procedimentos devem ser seguidos para que as cortes de origem possam chegar aos termos específicos de tais decretos?

[14] Ver regra 42, das regras revisadas desta Corte (editadas em 1º de julho de 1954).

5.6. Respostas — Brown v. Board of Education, 347 US 483 (1954)

5.6.1. Que tipo de ação?

Quatro *class actions*, oriundas de Kansas, Carolina do Sul, Virgínia, e Delaware, reunidas para serem julgadas em conjunto pela Suprema Corte, como representativas da questão jurídica comum da segregação em escolas públicas permitida ou determinada por leis estaduais.

5.6.2. Quem eram os autores?

Menores de idade negros que tiveram admissão negada em escolas destinadas a brancos. Cabe aqui aproveitar o ensejo para uma breve nota sobre o polo ativo das *class actions* ou ações coletivas americanas, sendo-lhes a legitimidade ativa bastante diversa daquela das ações coletivas brasileiras.

As ações civis públicas no Brasil podem ser propostas apenas por um número limitado de entidades ligadas à defesa de interesses da coletividade,(147) a saber: o Ministério Público, a Defensoria Pública, entes da Administração Pública direta ou indireta, e associações constituídas

(147) Conforme art. 5º da Lei n. 7.347/85: "*Têm legitimidade para propor a ação principal e a ação cautelar: I — o Ministério Público; II — a Defensoria Pública; III — a União, os Estados, o Distrito Federal e os Municípios; IV — a autarquia, empresa pública, fundação ou sociedade de economia mista; V — a associação que, concomitantemente: a) esteja constituída há pelo menos 1 (um) ano nos termos da lei civil; b) inclua, entre suas finalidades institucionais, a proteção ao patrimônio público e social, ao meio ambiente, ao consumidor, à ordem econômica, à livre concorrência, aos direitos de grupos raciais, étnicos ou religiosos ou ao patrimônio artístico, estético, histórico, turístico e paisagístico.*"

há pelo menos 1 ano que tenham pertinência temática com o objeto da lide. Tais legitimados atuam como substitutos processuais com relação aos indivíduos substituídos, titulares dos direitos individuais homogêneos, coletivos ou difusos lesados. Neste último caso, os indivíduos são lesados difusamente, como membros de uma comunidade, e nem teriam legitimidade para buscar reparação individualizada, enquanto que nos dois primeiros, os indivíduos teriam também a legitimidade concorrente para buscar a mesma reparação em ações individuais.

Nos EUA, no entanto, os autores das *class actions* não podem ser o governo e suas agências, nem os *prosecutors* (Ministério Público), dando-se a substituição processual por alguns membros da própria classe de indivíduos lesados, os chamados "autores expressamente designados" (*named plaintiffs*). Tais titulares de interesses individuais homogêneos ou coletivos, ou que demonstrem serem diretamente afetados por um dano ambiental ou outro dano difuso, que representam todos os membros da classe desde que atendidos os requisitos fixados, em nível federal, na regra 23 das FRCP.[148] Tais requisitos são (1) a "numerosidade" ou *numerosity* (a classe deve ser tão numerosa que o litisconsórcio [*joinder*] de todos os membros seria impraticável); a (2) "comunhão de questões" ou *commonality* (deve haver questões de direito e de fato comuns a todos os membros da classe); a (3) "tipicidade" ou *tipicality* (as demandas [*claims*] ou defesas das partes nomeadas nos autos devem ser típicas, representativas das demandas ou defesas da classe); e a "adequação" ou *adequacy* (as partes representantes devem justa e adequadamente proteger os interesses da classe).

5.6.3. Quem eram os réus?

Distritos educacionais (*school boards*), pessoas jurídicas de direito público com autonomia financeira (geralmente têm parte do imposto territorial destinado diretamente para si, sem transitar pelos cofres municipais) que administram os sistemas educacionais dos respectivos condados ou municípios, geralmente chefiados por um superintendente eleito pelos cidadãos da respectiva municipalidade.

5.6.4. Quais os principais fatos de *Brown v. Board of Education*, 347 US 483 (1954)?

Foi negada a admissão de crianças negras em escolas segregadas destinadas para brancos com base em lei ou em constituição estadual. Em três dos casos foi negada a tutela no juízo de origem porque as instalações foram tidas como "iguais" (ao menos quanto a orçamento e outros dados objetivos), ou foi ordenado pelo mesmo juízo que fossem "equalizadas" (ao invés de determinar a imediata admissão em escolas destinadas a brancos). No caso de Delaware foi deferida a matrícula dos estudantes negros nas escolas destinadas a brancos porque demonstrado que a escola para negros era inferior. Entretanto, neste caso, o juízo registrou que a ordem poderia ser revista e modificada "após obterem a efetiva equalização das escolas para brancos e para negros." Em 1954, nos respectivos condados em que originadas tais ações, as escolas para negros e para brancos já haviam sido igualadas quanto a prédios, currículo, qualificações e salário de professores e outro dados "tangíveis", ou estavam em avançado progresso em tal sentido, podendo a Suprema Corte trabalhar com a hipótese fática de que nos quatro processos as escolas para negros e para brancos eram objetivamente "iguais".

---

(148) Disponível por exemplo em: <https://www.law.cornell.edu/rules/frcp/rule_23>.

5.6.5. Qual entidade estava por trás dos autores?

As ações dos quatro grupos de autores, assim como as ações que originaram todos os precedentes favoráveis citados em *Brown*, foram promovidas pela Associação Nacional para o Avanço das Pessoas de Cor (*National Association for the Advancement of Colored People* — NAACP). Trata-se de entidade fundada em 1909 para lutar contra o preconceito e linchamento em face das pessoas "de cor", bem como contra a segregação racial, buscando o avanço social das pessoas "de cor," notadamente através da via judicial. A NAACP, sob coordenação jurídica dos brilhantes advogados Charles Houston e Thurgood Marshall (este último posteriormente nomeado para o cargo de *Justice* da Suprema Corte americana) se tornou a principal ferramenta para o ataque legal contra a segregação, que anos mais tarde culminaria com a vitória em *Brown v. Board of Education* e com a nacionalização de protestos populares pelos chamados "Direitos Civis". A NAACP iniciou sua estratégia por contestar judicialmente a segregação no ensino superior, principalmente faculdades de direito, já que o estabelecimento de escolas de direito "separadas mas iguais" para estudantes negros e brancos seria demasiado cara para os estados, bem como tendo em vista que juízes brancos — tendo sido egressos de algumas das melhores faculdades de direito do país — não poderiam em sã consciência afirmar que advogados negros receberiam ensino jurídico equivalente em faculdades segregadas. Após algumas vitórias em tal sentido, por sugestão de Marshall a NAACP passou a patrocinar ações que atacassem diretamente a raiz do problema, contestando a possibilidade de uma educação "igual" (em estabelecimentos segregados, a fim de que o conceito "em separado" se tornasse vulnerável.(149)

5.6.6. Qual o pedido e seu fundamento jurídico?

A classe de autores buscava sua admissão em escolas segregadas destinadas exclusivamente a crianças brancas. O fundamento jurídico central era que a edição de leis que causavam a inadmissão em escolas segregadas para brancos motivada exclusivamente pelo critério de raça, ainda que disponível escola segregada para negros rigorosamente "equivalente", implicava em negar a "*igual proteção perante a lei*" da 14ª Emenda à Constituição norte-americana. Entendiam que a separação não atingia as duas raças da mesma forma, e que leis obrigando tal separação (mesmo que estabelecimentos para brancos e negros fossem idênticos) era obviamente destinada a afastar os negros e importava em tratamento desigual perante a lei.

5.6.7. Qual o maior obstáculo jurídico ao pedido da classe de autores em *Brown*?

O maior entrave ao pedido era o acatamento pela Suprema Corte americana, durante as seis décadas anteriores, da infame doutrina "*Separate But Equal*" (separados mas iguais), que considerava constitucionais leis que permitiam a segregação de raças com relação a diversas "acomodações públicas" ou serviços ofertados ao público, como moradia, serviços de saúde, educação, transporte público, vagas de emprego etc., desde que a qualidade daqueles serviços ou acomodações ofertados a ambas as raças fosse "igual".

Tal doutrina acabou sendo chancelada pela Suprema Corte em 1896 no emblemático caso *Plessy v. Ferguson*, 163 US 537. Em tal lide, um passageiro mulato se negou a sair de seção do trem reservada a brancos por força de uma lei da Louisiana, em um ato de desobediência

---

(149) Em tal sentido ver, e.g., a linha do tempo dos marcos fáticos e jurídicos que antecederam *Brown v. Board of Education*, conforme os Arquivos Nacionais do governo dos Estados Unidos, em National Archives, disponível em: <http://www.archives.gov/education/lessons/brown-v-board/timeline.html>. A respectiva tradução pelo autor encontra-se juntada ao final desta obra, como Anexo I.

civil, acabando por ser preso. Como *holding* ou *ratio decidendi* do caso, a Suprema Corte decidiu que leis estaduais determinando instalações "separadas mas iguais" para brancos e negros na via férrea não violavam a garantia de igual proteção perante as leis, prevista na 14ª Emenda.(150)

Como principais argumentos (*reasoning*) do *Justice* Henry Brown(151) em *Plessy*, este fazia uma leitura restritiva da 14ª Emenda, entendendo que aquela garantia tratamento igual apenas sob o ponto de vista legal (igualdade formal), não pretendendo igualar de fato o que é socialmente desigual, ou forçar a convivência entre as raças. Disse ainda que se as pessoas de cor se sentiam inferiorizadas, isso não se dava por culpa da lei, mas sim da visão subjetiva de tais pessoas acerca da situação. Finalmente, disse que o poder legislativo dos estados devia ser usado de forma razoável, e não para oprimir "a outra raça" — entendendo que no caso dos autos não havia qualquer abuso.

O único voto dissidente (*dissenting opinion*), do *Justice* John Marshall Harlan, ilustra a importância do registro fundamentado da divergência, explicitando os argumentos contrário aos do voto vencedor. Harlan refletiu que o óbvio objetivo da norma era excluir os negros dos vagões destinados aos brancos, e que a Constituição americana não distinguia cor e tampouco tolerava a divisão dos cidadãos em castas. Previu (corretamente) que tal decisão seria tida como a mais infame da história, ao lado daquela exarada em *Dread Scott*.(152) Durante décadas seu voto divergente foi citado por aqueles que defendiam direitos civis, em juízo ou fora dele, até que finalmente superada a doutrina segregatícia de *Plessy*.

5.6.8. As conclusões fáticas do juízo *a quo* foram levadas em consideração na Suprema Corte? Quais?

Sim. A Suprema Corte, que como no Brasil não decide acerca da verdade dos fatos, se amparou nos fatos fixados pelos juízos de primeiro grau, os quais reconheceram que as escolas em questão haviam sido "equalizadas" quanto às questões ou dados objetivamente mensuráveis ou quantificáveis, ou estavam em adiantado processo de equalização. Tais fatos fixados pelo juízo *a quo* são essenciais para a própria delimitação da questão jurídica a ser decidida: em lides anteriores, o que se discutia era se as instituições de ensino segregadas para negros tinham a mesma qualidade, enquanto que neste caso se tomava como incontroverso que as escolas segregadas tinham ou viriam a ter a mesma qualidade, e se indagava se o simples fato de separar já importaria em tratamento discriminatório perante a lei. Outra conclusão

---

(150) *AMENDMENT XIV* (promulgada pelo Congresso em 13.06.1866, ratificada pelos estados em 09.07.1968). *Section 1.* ***All persons born or naturalized*** *in the United States, and subject to the jurisdiction thereof, are citizens of the United States and of the State wherein they reside.* ***No State shall make or enforce any law which shall*** *abridge the privileges or immunities of citizens of the United States; nor shall any State deprive any person of life, liberty, or property, without due process of law; nor* ***deny to any person within its jurisdiction the equal protection of the laws***. A presente emenda se deu imediatamente após o término da Guerra Civil, que eclodira justamente em razão da iminência da abolição da escravatura nos EUA. Derrotado o sul escravocrata, tal emenda constitucional visou outorgar aos negros de que eram livres e cidadãos americanos, bem como proibir os estados de passarem leis que vulnerassem tal determinação, mantendo os negros em condições análogas à escravidão ou resquícios de escravidão ("*badges of slavery*"). Nos noventa anos seguintes, entretanto, com o reerguimento da influência sulista, inclusive no Congresso e na Suprema Corte, os avanços civilizatórios da raça negra nos EUA foram intercalados com diversos retrocessos, a exemplo do que ocorrem em *Plessy v. Ferguson*.

(151) Por irônica coincidência, *Brown* seria justamente o nome do caso que superaria (*overrule*) o precedente de *Plessy v. Ferguson*, 58 anos depois.

(152) *Dred Scott v. Sanford*, 60 U.S. 393 (1857) — em que a Suprema Corte americana entendeu que negros eram considerados uma classe subordinada e inferior, e que nem mesmo libertos poderiam ser tidos como cidadãos americanos.

fática do *juízo a quo* essencial para o deslinde da questão foi o acolhimento das conclusões do laudo sociológico. No caso de Kansas, o juízo de primeiro grau registrou suas conclusões fáticas, amparadas por laudo sociológico, no sentido de que a segregação por si só era psicologicamente nociva e dificultava o aprendizado por crianças negras.(153)

Veja-se como — embora a Suprema Corte discricionariamente escolha os processos que vai julgar no ano conforme a relevância da questão jurídica debatida — tal debate nunca se dá em abstrato, mas atrelado aos estritos limites fáticos reconhecidos pelas instâncias ordinárias. Como já referido antes, pode se dizer que, na tradição jurídica anglo-saxã, o precedente é a resposta a um questionamento jurídico necessária para a solução de uma determinada pretensão, dentro de um determinado conjunto de circunstâncias fáticas. Assim, para atingir o desejado efeito de pacificação da jurisprudência pela vinculação das instâncias inferiores, é necessário que se dê a decisão em um caso concreto que tenha basicamente o mesmo conjunto fático dos demais processos que se pretende unifomizar — sob pena de se tornar *obiter dictum*, e portanto não vinculante.

5.6.9. Qual exatamente a questão jurídica a ser respondida pela Suprema Corte (LEGAL ISSUE / QUESTION PRESENTED)?

A questão jurídica que motivou a recepção do caso pela Suprema Corte pode ser sintetizada da seguinte forma:

Leis estaduais que determinam a segregação por raça em escolas públicas "separadas mas iguais" privam as crianças negras da "igual proteção das leis" garantida pela 14ª Emenda à Constituição dos EUA, mesmo quando comprovadamente equivalentes quanto a instalações físicas, transportes, qualidade dos professores e outros dados "tangíveis"?

Question presented é uma pergunta que condensa em uma frase o contexto fático essencial (*material facts*) e a dúvida ou questão jurídica (*issue*), de cuja resposta depende a solução do caso. Eventualmente, a solução do pedido pode depender da resposta a mais de uma questão jurídica, ensejando um desdobramento em mais "*questions presented*".

A delimitação ou "enquadramento" da questão jurídica (*framing the issue*) geralmente não é óbvia, podendo por si só se tornar altamente litigiosa, com cada parte procurando delimitar (*frame*) a questão jurídica com um foco que lhe seja mais favorável, bem como apontar como fatos essenciais (*material facts*) aqueles benéficos para sua pretensão. Não tivemos acesso às razões recursais para saber com que tintas os advogados das partes procuravam desenhar a *question presented*, mas é bem possível que tenha sido diversa daquela sintetizada acima, a partir do foco dado ao debate pelo relator do acórdão da Suprema Corte.

A indicação dos fatos essenciais é necessária uma vez que o debate jurídico nunca ocorre no vácuo, mas sempre em um contexto fático real. Ademais, o efeito vinculante é sempre limitado ao contexto fático onde originado o precedente. Para estendê-lo a outros fatos, é necessária outra decisão que o aplique a tais fatos. Da mesma forma, para afirmar que um precedente não se aplica a determinados fatos porque diversos (*distinguished*), é preciso observar os contornos fáticos de tal precedente.

---

(153) "A segregação de crianças brancas e de cor em escolas públicas exerce efeito nocivo sobre as crianças de cor. O impacto é maior quando tem a sanção da lei, já que a política de separação das raças é geralmente interpretada como denotando a inferioridade do grupo dos negros. Um sentimento de inferioridade afeta a motivação da criança para aprender. A segregação sob chancela da lei, portanto, tende a retardar o desenvolvimento educacional e mental das crianças negras, privando-as de alguns dos benefícios que receberiam em um sistema escolar racialmente integrado" 347 US, p. 484 (transcrevendo as conclusões fáticas do juízo de primeiro grau em um dos quatro casos reunidos, conclusão esta amparada por laudos sociológicos).

Assim, veja-se que na síntese apresentada, a *question presented* indaga uma questão jurídica em um contexto de três fatos bem delimitados, resultando na seguinte estrutura:

Estando presentes:

FATO A (leis estaduais determinando segregação em escolas públicas)

+

FATO B (crianças negras buscando admissão escolar)

+

FATO C (escolas segregadas para negros e para brancos são comprovadamente "separadas mas iguais", ou seja, equivalentes quanto a instalações físicas, transporte, qualidade dos professores e outros dados "tangíveis")

+

Questão jurídica em sentido estrito (Estariam as crianças negras sendo privadas da "igual proteção das leis" garantida pela 14ª Emenda à Constituição dos EUA)?

5.6.10. Qual a *RATIO DECIDENDI/HOLDING* (fatos + resposta à questão jurídica que resolve o caso)?

Podem os fundamentos determinantes do caso em estudo serem sintetizados da seguinte forma:

Leis estaduais que determinam a segregação por raça em escolas públicas mesmo quando comprovadamente equivalentes (quanto a instalações físicas, transportes, qualidade dos professores e outros dados "tangíveis") privam as crianças negras da "igual proteção das leis" garantida pela 14ª Emenda.

Se a questão jurídica apresentada (*question presented / issue*) estiver perfeitamente delimitada (*framed*), a *ratio decidendi* ou *holding* será apenas um espelho de tal pergunta, respondendo afirmativa ou negativamente à mesma, e repetindo seus idênticos fatos materiais.

Extrema cautela é necessária para não confundir *ratio decidendi* ou *holding* com a argumentação jurídica ou *reasoning*. Os caminhos argumentativos ou lógicos até a chegada à solução de uma determinada pergunta jurídica não são vinculantes *per se*, já que é comum que o juiz em seu arrazoado "diga mais do que necessitava ter dito", com uma fundamentação excessivamente abrangente (*overinclusive*), ou que se utilize de exemplos hipotéticos (*hypos*) ou distinções. Por outro lado, pode ser que de sua fundamentação não conste expressamente a solução a alguma questão jurídica necessária ao deslinde do pedido, mas cujo próprio deferimento ou indeferimento de tal pedido permita ao julgador de casos posteriores inferir tal *ratio decidendi* implícito e aplicá-lo ao novo caso. Em tais casos, diz-se na praxe jurídica do *common law* que a corte do precedente "disse menos do que devia ter dito," e que portanto foi *underinclusive* em sua fundamentação. Abordaremos tal distinção entre *ratio decidendi* e *reasoning* mais adiante, com maior profundidade. Por ora, com base o exposto acima, limitamo-nos a reiterar que a literalidade da argumentação jurídica não se confunde com o *holding,* núcleo do precedente vinculante.

5.6.11. Por que a interpretação constitucional histórica foi afastada?

Quando se interpreta uma emenda constitucional do século XIX, é natural que um dos primeiros recursos para se compreender seu significado e alcance seja buscar seu contexto histórico e eventuais registros acerca do debate legislativo. No entanto, enquanto os autores destacavam que se lutou uma guerra civil (1865) justamente em razão da divergência sobre a abolição da escravatura, os réus arguíam que a 14ª Emenda não teria o alcance pretendido pelos autores, na visão contemporânea daqueles que a aprovaram.

A Corte argumentou que tal debate era inócuo ou inconclusivo, já que não havia prova de um consenso à época quanto ao alcance da 14ª Emenda, ratificada em 1868, que pudesse guiar uma interpretação histórica. Ademais, aduziu a Suprema Corte que o contexto fático da época era demasiado diverso de modo que a questão debatida nos autos nem teria sido previsível à época da Emenda, já que a educação pública praticamente inexistia. No entanto, em 1954, a educação pública já era generalizada e central na sociedade americana, não havendo como buscar um século antes a resposta para uma controvérsia então impensável. Assim, a Suprema Corte apenas cogitou do argumento histórico para imediatamente afastá-lo (técnica conhecida como *raise and dismiss*).

A propósito, veja-se que este argumento, como foi afastado, não ampara o holding, portanto não integra a *ratio* do precedente, nem mesmo indiretamente, constituindo mero *obiter dictum*.

5.6.12. Qual o argumento da Corte para amparar o holding (*REASONING*)?

Para amparar a conclusão (*holding*) de que obrigar as crianças negras a frequentar escolas separadas ainda que objetivamente iguais às dos brancos viola a garantia de isonomia perante a lei, a Suprema corte argumentou (*reasoned*) que a própria separação de escolas para negros, *per se*, já constituía tratamento "inerentemente diferente" às crianças negras, conforme se depreendia das conclusões fáticas do juízo de origem (amparadas estas em prova pericial que comprovava o prejuízo em autoestima e aprendizado dos estudantes negros em escolas segregadas).

5.6.13. *Brown v. Board of Education* se amparou em outros precedentes? Teve seu terreno preparado por precedentes favoráveis, ou foi o primeiro avanço dos negros contra a segregação?

A resposta é positiva. *Brown* é o caso mais conhecido de uma série de questões judicializadas propositalmente pela NAACP (Associação Nacional para o Avanço das Pessoas de Cor). Busca-se, superar (*overrule*) uma série de precedentes desfavoráveis, bem como alterar o direito vigente que permitia a segregação racial, alteração que não se conseguiria por meio os órgãos legislativos estaduais dominados por segregacionistas. É necessário mergulhar um pouco no contesto jurídico-histórico de *Brown* para compreender a interação entre os precedentes, bem como sua evolução ou involução. Vejamos a seguir tais precedentes, leis e fatos históricos que influenciaram *Brown*, ilustrando os avanços e retrocessos em matéria de direitos civis dos negros desde a abolição da escravatura nos EUA.[154]

1ª FASE — ESCRAVIDÃO OU INFERIORIDADE JURIDICAMENTE LEGITIMADA (séc. XIX) — 1857 — *Dred Scott v. Sanford* — a Suprema Corte entendeu que, como já existia escravidão no contexto da redação da Constituição de 1787, quando os negros eram considerados uma classe subordinada e inferior, os direitos constitucionais não foram

(154) Conforme Arquivos Nacionais (*National Archives*), disponível em: <https://www.archives.gov/education/lessons/brown-v-board/timeline.html>, em linha do tempo traduzida pelo autor e juntada como Anexo I, ao final desta obra.

direcionados aos negros, logo não poderiam ser considerados cidadãos os negros escravos e nem mesmo os libertos. Tal decisão foi muito controvertida e ajudou a desencadear a Guerra Civil. Tal precedente restou superado pela 14ª Emenda à Constituição, que deixou expresso que "Todas as pessoas nascidas ou naturalizadas nos Estados Unidos, e por tal razão sujeitas à sua jurisdição, são cidadãos dos Estados Unidos e do estado onde residem."[(155)] Entretanto, havia ainda, em diversos estados, leis chamadas "*Black Codes*" ou Códigos dos Negros, que proibiam o voto, certas profissões, júri ou testemunho contra brancos e outras, aplicáveis aos negros alforriados. Com a abolição da escravatura, após a Guerra Civil, tais leis foram intensificadas, esvaziando boa parte do efeito da abolição.

2ª FASE — TENTATIVAS FRUSTRADAS DE IGUALDADE DURANTE A *RECONSTRUCTION ERA* (séc. XIX) — Lei dos Direitos Civis de 1866 — com o término da Guerra Civil e a abolição da escravatura em 1865, esta lei federal visava deixar expresso que negros podiam contratar e ter propriedade. Logo a seguir, em 1868, foi ratificada a 14ª Emenda à Constituição, que dentre outras garantias instituiu que os estados não podem negar "igual proteção perante a lei".[(156)] Na mesma senda foi editada a Lei dos Direitos Civis de 1875, lei federal que proibia a discriminação em pousadas, teatros e outros locais de "acomodação pública." No entanto, em 1883 a Suprema Corte americana praticamente eviscerou a 14ª Emenda, nos processos que ficaram conhecidos como "*Civil Rights Cases*" (Casos de Direitos Civis) declarando inconstitucional a Lei de Direitos Civis de 1875, baseando-se em uma interpretação restritiva da 14ª Emenda no sentido de que esta não vinculava a particulares, mas apenas proibia ações discriminatórias dos estados.[(157)] A competência legislativa estadual era residual e quase ilimitada e a federal, até então, interpretada literal e restritivamente (a interferência federal era vista com maus olhos, até a quebra da bolsa em 1929 e o *New Deal* de Roosevelt, que forçaram uma nova hermenêutica elastecendo a competência legislativa federal). Com isso, os estados ficaram à época com carta branca para legislar a questão racial de forma quase irrestrita.

3ª FASE — RECRUDESCIMENTO DA SEGREGAÇÃO RACIAL — JURISPRUDÊNCIA DESANIMADORA (fins do séc. XIX, início do séc. XX) — A partir da década de 1870 se difundiram entre os estados as "Jim Crow" *laws*,[(158)] permitindo ou exigindo a segregação por raças em locais públicos. Tais leis foram chanceladas pela Suprema Corte, tendo como exemplo mais notório *Plessy v. Ferguson*, decisão de 1896 que declarou a constitucionalidade de uma lei "Jim Crow" de 1890, da Louisiana, que determinava que negros deveriam viajar em vagões separados, nos trens. Em tal acórdão a Corte entendeu que instalações "separadas mas iguais," não violavam a cláusula de igual proteção perante as leis, da 14ª Emenda à Constituição. Notabilizou-se em tal acórdão o único voto divergente, do *Justice* John Marshall Harlan, que afirmou que a segregação "carimbava" os negros com

---

(155) 14ª Emenda à Constituição dos EUA, 1868: *All persons born or naturalized in the United States, and subject to the jurisdiction thereof, are citizens of the United States and of the State wherein they reside....* Disponível, e.g., em: <https://www.law.cornell.edu/constitution/amendmentxiv>.

(156) 14ª Emenda à Constituição dos EUA, 1868. Disponível, e.g., em: <https://www.law.cornell.edu/constitution/amendmentxiv>.

(157) *...No state shall make or enforce any law which shall ... deny to any person within its jurisdiction the equal protection of the laws* (...Nenhum estado criará ou aplicará qualquer lei que ... negue a qualquer pessoa em sua jurisdição a igual proteção das leis) 14ª Emenda à Constituição dos EUA, 1868. Disponível, e.g., em: <https://www.law.cornell.edu/constitution/amendmentxiv>.

(158) Jim Crow era originalmente um conhecido personagem da cultura popular, originado a partir de um espetáculo em que um ator branco, com o rosto pintado de preto, cantava e satirizava as políticas populistas do governo do presidente Andrew Jackson, a partir da década de 1830 (algo vagamente equivalente ao personagem "Zé Povinho", em nosso contexto). O termo passou posteriormente a ser usado pejorativamente como referência aos negros e, mais tarde, foi usado pela mídia para indicar as leis segregacionistas dos estados do sul. Ver, e.g., <https://en.wikipedia.org/wiki/Jim_Crow_laws>.

um "distintivo de inferioridade" (*badge of inferiority*). Três anos depois, em 1899, em *Cumming v. Board of Education of Richmond County,* a Suprema corte declarou constitucional ato de um Distrito Educacional que fechou uma escola pública para negros sob alegação de falta de verbas (mesmo tendo aberto duas destinadas para brancos na mesma época), chancelando a "discricionariedade" de tal Distrito por entender que não havia prova de intenção discriminatória. Em 1908, no caso *Berea College v. Commonwealth of Kentucky*, a Suprema Corte considerou constitucional uma lei estadual que proibia a integração racial em todas as escolas e faculdades no estado. Em 1927, no caso *Gong Lum v. Rice*, a Suprema Corte entendeu como constitucional ato de um Distrito Educacional em Mississippi que fixava que uma menina sino-americana deveria frequentar as escolas destinadas para negros.

4ª FASE — O PÊNDULO MUDA DE DIREÇÃO (NAACP) — A partir de 1935, a Associação Nacional para o Avanço das Pessoas de Cor (*National Association for the Advancementent of Colored People* — NAACP)(159) começa a desafiar judicialmente a segregação. Seus advogados Charles Houston (egresso da faculdade de Harvard e ex-diretor da faculdade de Howard) e Thurgood Marshall (posteriormente indicado para a Suprema Corte americana) decidiram iniciar o ataque às leis segregacionistas pelas faculdades de direito, sob a lógica de que os estados não teriam recursos financeiros para suportar o custo de ter faculdades de direito em separado para os negros, e que juízes brancos formados nas melhores universidades facilmente entenderiam que tais faculdades para negros eram inerentemente inferiores. Em 1938 a NAACP obteve vitória significativa na Suprema Corte, com o caso *Missouri ex rel. Gaines v. Canada,* em que o estudante Lloyd Gaines teve admissão negada na Faculdade de Direito da Universidade de Missouri por ser negro. O estado de Missouri chegou a oferecer para pagar seus custos para estudar Direito em outro estado, mas Gaines exigiu a aplicação da *ratio decidendi* de *Plessy v. Fergusson.* Logo, ou o estado teria de criar uma faculdade de direito "igual" para negros, dentro de seu próprio território, ou teria de admitir nos negros na faculdade dos brancos. A Suprema Corte acatou tal entendimento e ordenou a admissão de Gaynes na faculdade destinada a brancos, enquanto não existisse uma faculdade de "igual" qualidade em Missouri.(160)

Após a segunda guerra mundial, a NAACP passou a ousar mais em sua estratégia jurídica, passando a atacar frontalmente a ideia de "igualdade" na educação segregada, ao invés de pressionar por equalização em escolas separadas. Em 1948, no caso *Sipuel v. Board of Regents of the University of Oklahoma,* uma estudante negra teve admissão negada à única faculdade pública de direito do estado, enquanto brancos de qualificação equivalente eram admitidos. A Suprema Corte aplicou o precedente do *Missouri ex rel. Gaines v. Canada*, ordenando a admissão de Sipuel, já que o estado deveria propiciar aos negros educação conforme a "cláusula de igual proteção" da 14ª Emenda, oferecendo-a da mesma forma que aos demais grupos raciais. Ada Sipuel foi a primeira estudante negra em uma faculdade de direito antes só para brancos, mas durante os dois anos seguintes a Universidade de Missouri destinou aos negros acentos em separado nas salas de aula e refeitório, com placas indicando "*colored people*" (em que pese professores e colegas fossem em geral solidários com os primeiros estudantes negros).

---

(159) Associação criada em 1909 inicialmente para combater o linchamento de negros, além de lutar em face da injustiça racial e social. Ver <http://www.naacp.org/oldest-and-boldest/>.

(160) Apesar da vitória jurídica para a NAACP e para a luta para os direitos civis, o caso concreto teve de ser arquivado, quando do retorno ao juízo de origem, uma vez que o autor surpreendentemente desapareceu! Não há informações claras se o autor simplesmente desistiu da carreira jurídica, se sofreu ameaças e resolveu sair de foco, ou se efetivamente sofreu algum ato de violência. O estado de Missouri, em decorrência de tal decisão, criou uma faculdade de direito para negros mas a fechou em poucos anos por "falta de interessados".

Em 1950, no caso *Sweatt v. Painter*, a Suprema Corte garantiu que o autor Heman Sweatt fosse admitido na Faculdade de Direito da Universidade do Texas, a qual considerou muito superior quanto às disciplinas oferecidas, professores, atividades e rede de contatos em comparação a uma faculdade para negros criada às pressas em um porão. Tal precedente já prenunciava que a Corte abandonaria o critério estritamente objetivo-matemático para aferir a igualdade entre as instituições de ensino segregadas, abrindo caminho para o entendimento de que instituições segregadas eram "inerentemente desiguais". Na mesma senda, ainda em 1950, em *McLaurin v. Oklahoma State Regents,* a Suprema Corte considerou inconstitucional a exigência da Universidade do Oklahoma de que um estudante de doutorado que cursava algumas disciplinas na universidade destinada aos brancos se sentasse em seções separadas das salas de aula, biblioteca e refeitório. A Suprema corte entendeu que tal separação o privava de iguais oportunidades de "*estudar e de se envolver em discussões e trocar pontos de vista com outros estudantes.*"

Veja-se, a partir da síntese acima, as dificuldades enfrentadas pela raça negra para se estabelecer como cidadãos plenos no século que se seguiu à abolição da escravatura. Tal síntese também ilustra, entretanto, uma genial estratégia para a utilização do sistema de precedentes de forma construtiva, compelindo as cortes a se pronunciarem sobre questões onde dificilmente teriam chance de obter uma solução pela via legislativa, dada a restrição da competência legislativa federal americana, bem como ao domínio dos legislativos estaduais por segregacionistas. Nota-se ainda a sequência com a qual os argumentos dos casos foram desenhados: ao invés de propor um rompimento abrupto com a jurisprudência anterior (que presumivelmente resultaria em derrota), cada caso abrangia uma questão pontual e propunha uma limitada alteração do entendimento vigente. A cada vitória, ajustavam as teses, amparando-se nos precedentes favoráveis já consolidados, arguindo algo que fizesse a questão avançar um pouco mais — tendo como meta final acabar com a segregação racial como um todo.

5.6.14. Os substituídos (classe) nos 4 processos abrangiam todos os estudantes dos EUA?

Não, apenas os estudantes de cada um dos 4 municípios ou condados.

5.6.15. Qual a razão da decisão ter impacto nacional?

Os efeitos do *disposition* do caso, a ordem judicial propriamente dita em cada um dos quatro processos reunidos, limitava-se às respectivas classes de autores, estudantes dos respectivos condados. Entretanto, os efeitos das decisões da Suprema Corte acabam sendo nacionais, em razão do efeito vinculante junto a todos os juízes do país. Assim, em muitos casos há a adequação espontânea ao novo precedente, por entidades públicas e privadas, visando evitar previsíveis custos de litigância. Em outros casos, eventual resistência é vencida com ondas de ações judiciais onde demandada a aplicação do precedente em questão. No caso da dessegregação das escolas, a questão gerou grande atrito nos estados do sul, ensejando atuação intensiva dos juízes de primeiro grau intervindo na administração escolar, ordenando o remanejamento *manu militar,* misturando os alunos brancos e negros nas escolas antes exclusivas para uma das raças, utilizando ônibus escolares para tais movimentações (*desegregation busing,* para contornar os efeitos da segregação de brancos e negros em áreas residenciais separadas), ou até mesmo com presença de forças policiais ou militares federais.

5.6.16. *Brown v. Board of Education* tornou totalmente sem efeito *Plessy v. Fergusson*?

Não, a superação (*overruling*) foi parcial, apenas no campo educacional.

5.6.17. Mas por que razão a Suprema Corte não superou (*overrule*) *Plessy* totalmente?

Porque, em princípio, nem teria tal poder. A Suprema Corte aceita julgar um recurso sobre um caso concreto. A respectiva *ratio decidendi* (resposta a uma questão jurídica dada num determinado contexto fático) possui efeito vinculante restrito a casos futuros que tenham fatos idênticos ou suficientemente análogos. Tal é o sistema, há séculos. Caso a Suprema Corte pretendesse se pronunciar sobre outras situações fáticas, ou pretendesse aproveitar o ensejo para prolatar um comando mais genérico ou abstrato, estaria incorrendo em *obiter dictum*, sem efeito vinculante (embora altamente persuasivo, tendo em vista a hierarquia de seu prolator). Em tal senda, não é comum que a Suprema Corte se distancie dos fatos postos no caso concreto. Trata-se de um *self-restraint* necessário para garantir que o Judiciário não invada a competência do legislador (que é construir normas gerais e abstratas, desvinculada de um ou outro caso concreto), causando conflito entre os poderes.

Outrossim, do ponto de vista prático, nem seria viável pretender mudar toda a situação de segregação racial no país com a pena do juiz, não estando o judiciário aparelhado para supervisionar ou administrar mudanças tão extensas ou complexas, que exijam a execução e acompanhamento de políticas públicas, etc. Impor a dessegregação nas escolas, por si só, já exigiu do judiciário uma atuação incomum, quase uma operação de guerra, e que exigiu a atuação de forças federais. Estender tal atuação judicial para todas as áreas das relações sociais onde existia discriminação teria sido impraticável.

5.6.18. Como se acabou com a segregação racial *de jure* nos EUA, em geral?

A enorme repercussão de *Brown v. Board of Education*, assim como a resistência dos governos locais e a intervenção de autoridades federais para sua implementação, contribuíram para o crescimento dos protestos, boicotes e atos de desobediência civil organizados pelos *Civil Rights Movements*. Sob a liderança de Martin Luther King Jr., tais movimentos conseguiram provocar alterações legislativas que tiveram como ápice a edição da Lei dos Direitos Civis de 1964 (*Civil Rights Act of 1964*) e a Lei Nacional dos Direitos Eleitorais de 1965, que tornavam ilícita a discriminação racial, acabavam finalmente com a segregação, e buscavam evitar práticas que sabotavam até então o registro eleitoral de negros, ou outras práticas discriminatórias em matéria eleitoral.[(161)]

5.6.19. Na educação, acabou a segregação *de facto*?

Não, pois é comum ainda que a concentração dos negros, comparativamente, seja maior nos bairros mais humildes, refletindo em escolas predominantemente de negros nas respectivas regiões. Existem, entretanto, inúmeras escolas que se orgulham de ostentar considerável diversidade de raças.

---

(161) Ver em: <http://www.naacp.org/oldest-and-boldest/dr-martin-luther-king-jr-mw/>.

6. PRECEDENTES NO BRASIL E SEUS GRAUS DE VINCULAÇÃO

6.1. Contexto histórico e constitucionalidade

Embora existam argumentos para debate acerca da constitucionalidade do sistema de precedentes implantados em nosso ordenamento, entendemos que se trata de ferramenta essencial para a efetividade e para a própria continuidade da atividade jurisdicional, ainda mais em um contexto de crescimento massificado e exponencial da litigiosidade. Por tal razão, bem como considerando a aparente adesão dos tribunais superiores a tal sistemática, e ainda a extrema improbabilidade de rejeição integral do novo regramento, nos limitaremos aqui a uma breve síntese, sem qualquer pretensão de exaurir a presente cizânia.

Nossa cultura jurídica luso-brasileira teve em vários momentos algum tipo de vinculação a decisões anteriores como forma de manter a coerência do sistema, o que se dava em regra não com a repetição de padrões decisórios de casos concretos, mas com verbetes que resolviam as dúvidas que surgiam nos casos concretos e eram registrados no livro de "Assentos" da Casa de Suplicação (ancestral de nosso Supremo Tribunal Federal, como veremos abaixo)[(162)]. Como o Judiciário era uma delegação do poder real de julgar, não havia problema que tais assentos (resolvidos pelos juízes mais elevados, ou mesmo pelo próprio rei, se lhe fosse submetida a dúvida) fossem vinculantes. Havia inclusive punição para os juízes que não os seguissem.[(163)] Acabava sendo praticamente uma "interpretação autêntica" do texto legislado. Os assentos vinculantes caíram em Portugal perto de 1820, com a constitucionalização e limitação do poder Real (embora de tempos em tempos tenham sido de alguma forma repristinados), e no Brasil foram extintos apenas em 1889, com a República.

Em outros países da Europa continental, os juízes também colaboravam com a criação do direito, de forma vinculante, já que o chamado direito consuetudinário, tido em maior ou menor grau como fonte de direito, dependia do seu reconhecimento em decisões judiciais, as quais acabavam sendo repetidas — isto até a ruptura causada principalmente a partir da Revolução Francesa. Nesta, separaram-se mais claramente os poderes do Legislativo e Executivo do Judiciário, mediante tentativa de *capitis diminutio* dos juízes, a fim de que estes apenas fossem a "boca da lei," para aplicar literal e mecanicamente as regras legisladas pela nova classe dominante burguesa. Em contraste, tal ruptura não afetou a cultura jurídica anglo-saxã, que convivia muito bem com a repartição do poder de criação do direito entre juízes e o Parlamento, mesmo após a Revolução Gloriosa de 1688, que transformou a Inglaterra numa monarquia constitucional com supremacia do Parlamento. Os juízes ingleses continuaram criando o direito para o caso concreto (a partir do direito consuetudinário, já então muito raro, e lacunas do direito legislado), e repetindo tais padrões decisórios nos casos seguintes. Se o Parlamento discordasse, como detinha supremacia, bastava que legislasse em contrário, *overriding* o precedente judicial.

Tais exemplos históricos mostram que os precedentes vinculantes não são algo novo, mesmo nos países de *civil law*, e que são compatíveis com a independência e harmonia entre os Poderes, desde que mantido o seu atrelamento aos fatos dos casos concretos efetivamente submetidos ao Judiciário, a fim de que não se confundam com as regras gerais e abstratas produzidas pelo Legislativo.

---

(162) Ver adiante 10.5.1 Recepção e extinção dos assentos portugueses no Brasil.
(163) *Idem.*

Trazendo a questão para nosso contexto pátrio recente, o STF ressuscitou nos anos 60 a ideia dos assentos, mas sem o efeito vinculante que os deixava muito parecidos com uma lei. As súmulas seriam persuasivas, uma espécie de "método de trabalho", já que os próprios ministros estavam se perdendo no caudaloso volume da jurisprudência do STF.[164] As súmulas persuasivas funcionavam como atalhos de fundamentação, indexadores que facilitavam a pesquisa, e dotados de alguns efeitos processuais. O sistema funcionou bem por alguns anos, porque o STF (não havia STJ) selecionava (entre 1969-88) os casos de maior "Relevância", discricionariamente, dimensionando sua carga de trabalho. Não havia a sobrecarga atual e as súmulas facilitavam a referência à jurisprudência, acelerando o processo. Na seara trabalhista os prejulgados, que eram vinculantes (art. 902 da CLT), mantiveram a coesão do sistema por muitas décadas, mas estavam tendo sua constitucionalidade questionada e acabaram sendo revogados em 1982 (os prejulgados então existentes foram convertidos em súmulas persuasivas).

Após 1988, entretanto, sem prejulgados no TST, sem escolha discricionária no STF, ainda que este tivesse passado a dividir suas antigas tarefas com o STJ, o sistema inchou, de forma geométrica, e ruiu. Após várias tentativas de minirreformas da legislação processual fracassadas, houve a ideia da súmula vinculante (introduzida em nosso ordenamento com a Emenda Constitucional n. 45/2004), uma tentativa de se evitar a eternização de entendimentos contrários aos já pacificados pela cúpula do Judiciário. Tratava-se de elemento exógeno ao ambiente jurídico até então vigente, causando certo desconforto e perplexidade. Outras minirreformas processuais foram ampliando os efeitos processuais das súmulas e foram testadas técnicas de julgamento de recursos repetitivos, até que o CPC de 2015 consolidou tal tendência, conferindo efeito vinculante a vários tipos de julgados.

Examinado o contexto que antecedeu a adoção de precedentes vinculantes em nosso ordenamento, vejamos alguns possíveis argumentos para a inconstitucionalidade dos mesmos, os quais entendemos não se sustentar, todavia.

O primeiro óbice seria o princípio da separação dos poderes. Tal não é vulnerado, entretanto, pela observância dos precedentes, já que nestes o Judiciário resolve casos concretos, enquanto que através das leis abstratas o Legislativo disciplina situações futuras, não conflitos já judicializados. O Legislativo faz a lei abstrata, o Judiciário produz decisões que têm força de lei nos respectivos casos concretos, ainda que indiretamente provoquem a adesão futura de outros juízes, quando diante de casos idênticos. Precedentes são o julgamento de um caso concreto — função típica jurisdicional — o qual por coerência, isonomia e segurança jurídica, passa a ser adotado em casos futuros que repitam a mesma situação fática. Resolve-se uma situação atual e concreta, ainda que se tenha em mente que tal situação tenda a ser repetida em casos futuros. O fato de ambos, o Legislativo e o Judiciário, decidirem algo que terá de ser observado no futuro não faz com que uma função se confunda com a outra, sendo sua marcante diferença a existência de um litígio concreto que é o foco principal da decisão do julgador, sendo o efeito futuro de tal decisão apenas uma consequência indireta do dever de integridade e coerência da jurisprudência, ora imposto em nosso sistema (e. g., art. 926 do CPC).

Mesmo as súmulas vinculantes introduzidas com a EC 45 resistem ao exame de constitucionalidade, já que não é a sua literalidade abstrata que vincula, mas sim os respectivos precedentes concretos, julgados pelo Poder Judiciário, os quais são sumarizados no texto da súmula. Tal compreensão é essencial para a constitucionalidade do art. 103-A da Constituição

---

(164) Ver adiante 10.5.2.2 — "Meio termo ideia entre a dureza implacável dos assentos e a inoperância dos prejulgados — Súmula como um método de trabalho — facilitador de pesquisa jurisprudencial e economia argumentativa — registro oficial das matérias já resolvidas dotado de alguns efeitos processuais, para focar o trabalho nos novos debates."

Federal. Nem mesmo a Corte máxima teria poderes para legislar em abstrato, como se suas palavras no texto da súmula pudessem ir além da *ratio decidendi* dos processos que a súmula resume (súmula significa resumo, aliás). Logo, uma interpretação da EC n. 45 conforme a constituição — que não a torna incompatível com o princípio da separação dos poderes — não pode acatar a literalidade da súmula como vinculante, mas sim levar em conta a *ratio decidendi* dos precedentes que tal súmula resume ou representa.(165)

Sob tal ótica e respeitados tais limites, os precedentes vinculantes se restringem à repetição de padrões decisórios de casos concretos, não invadindo a seara da legislação geral e abstrata, portanto não vulnerando o princípio da separação dos poderes.

Um segundo argumento é que, se tivéssemos de declarar inconstitucionais os dispositivos relativos a precedentes por ofensa à separação dos poderes, teríamos que fazer o mesmo com a súmula vinculante constitucional (art. 103-A da CRFB), já que não poderia o legislador, nem mesmo por emenda constitucional, ofender à cláusula pétrea da separação dos poderes. Assim, como a mesma lógica que sustenta a constitucionalidade do art. 103-A da CRFB em face do núcleo pétreo da Constituição, igualmente garante a constitucionalidade das regras de precedentes vinculantes previstas no CPC de 2015, não se poderia declarar a inconstitucionalidade destas sem dar o mesmo desfecho ao art. 103-A mencionado. No entanto, como em mais de uma década a tese da inconstitucionalidade da súmula vinculante do art. 103-A da Constituição por ofensa à separação dos poderes não ganhou força, é altamente improvável que tal argumento possa ser utilizado para declarar inconstitucional todo o regramento de precedentes consolidado no CPC de 2015. Antes pelo contrário, os tribunais superiores já vêm utilizando de tal sistema, seja quanto às súmulas, vinculantes, repercussão geral, incidentes de recursos repetitivos etc. Sabe-se que foram ministros do próprio STF que sugeriram a criação da súmula vinculante constitucional, e que o ministro Fux participou da redação do CPC. O STF, em inúmeras de suas decisões, vem utilizando os novos institutos e não levantou qualquer inconstitucionalidade do sistema. Ademais, o sistema de precedentes é necessário para a sobrevivência dos tribunais superiores e está harmônico com a noção de cortes de vértice — que dão a última palavra quanto à melhor opção de interpretação do sistema normativo, julgando poucos casos, com grande alcance, ao invés de julgar um a um os processos para impor o mesmo entendimento mecanicamente, milhares de vezes.(166)

Finalmente, um terceiro argumento sobre possível inconstitucionalidade dos precedentes seria afirmar que, como a CRFB deu *status* constitucional a apenas uma modalidade vinculante — a súmula vinculante do art. 103-A — não poderia norma infraconstitucional ir além, estabelecendo outras decisões vinculantes. No entanto, as constituições modernas têm a função de estruturar o governo, em linhas gerais, e consagrar um estatuto mínimo de direitos dos cidadãos. Não é um código de direito processual e não tem qualquer pretensão de exaurir os temas de que trata. Assim, no caso dos precedentes, se entendermos que a própria súmula do art. 103-A (e portanto também os demais instrumentos vinculantes) não ofende cláusula pétrea, então não é razoável cogitar que o art. 103-A da CRFB teria tido a pretensão de exaurir o tema para afastar qualquer outra possibilidade de vinculatividade. Em outras palavras, como se presume que uma Constituição não tem a pretensão de exaurir regramentos processuais, tal presunção só poderia ser infirmada (concluindo-se por tal taxatividade) com uma dicção

---

(165) O assunto será abordado com maior profundidade em 10.5 "Súmula — quem é essa estranha".

(166) Tal evolução funcional das cortes de vértice está muito bem desenvolvida na obra do professor Daniel Mitidiero, na qual utiliza a distinção entre as *cortes superiores*, que objetivariam o controle da legalidade na aplicação do direito a cada caso concreto, enquanto as *cortes supremas* estariam focadas na interpretação do direito, fixando tal entendimento em poucos casos com o efeito de pacificação nacional da respectiva questão jurídica. MITIDIERO, Daniel. *Cortes superiores e cortes supremas*: do controle à interpretação, da jurisprudência ao precedente. 3. ed. revista e ampliada. São Paulo: Revista dos Tribunais, 2017.

expressa de que a súmula vinculante do art. 103-A da Constituição seria a única modalidade de vinculação aceitável. Já que o texto nada diz sobre isso, tal taxatividade não pode ser presumida e, portanto, nada impede a suplementação das regras de precedentes vinculantes infraconstitucionalmente.

6.2. Acerto do novo CPC quanto à limitação do rol de precedentes vinculantes no Brasil

Andou bem o legislador quanto à limitação do rol de precedentes vinculantes no Brasil a algumas modalidades de súmulas[(167)] e de decisões judiciais, geralmente do plenário da respectiva corte, conforme art. 927 do CPC 2015 — evitando a geração de uma pletora de precedentes vinculantes conflitantes. Nos EUA, o número elevadíssimo de precedentes (praticamente todos os acórdãos, inclusive aqueles de órgãos fracionários dos tribunais) torna complexo o trabalho de busca dos mesmos e a verificação de sua atualidade (se são vigentes, *good law*, ou se já foram, *overruled*). Quanto aos conflitos jurisprudenciais, seria inviável o uso estritamente vinculante dos acórdãos das turmas, em nosso país, ao menos por ora, tendo em vista a impressionante dispersão jurisprudencial interna, até mesmo em tribunais superiores, problema não presente nos EUA. É incomum que órgãos fracionários do mesmo tribunal norte-americano divirjam de outra turma do mesmo tribunal sem levar o caso ao plenário (*en banc*) para uniformização — dirimindo-se com certa rapidez os conflitos jurisprudenciais em um mesmo tribunal.

A edição de acórdãos vinculantes pode se tornar um problema quando estes atingem número excessivo, podendo gerar confusão e dificuldade para se aferir quais precedentes vinculantes estão em vigor (*good law*), quais foram superados (*overruled*) etc. Nos Estados Unidos, tais problemas têm sido enfrentados com a filtragem, pelos próprios tribunais, de quais precedentes serão publicados, bem como através de empresas privadas que, além de editarem repositórios de jurisprudência (*law reports*, hoje totalmente informatizados), possuem grupos de advogados que analisam as decisões publicadas, inclusive de primeiro grau, checando as citações a outras decisões (que são muitas, dada a tradição do *case law*), separando-as por questão jurídica (uma mesma decisão pode conter vinte ou mais *legal issues*, ou questões de direito) gerando mecanismos de busca informatizados que podem evidenciar se uma dada decisão, em um determinado ponto de direito, vem sido citada favorável ou desfavoravelmente, ou mesmo implicitamente *overruled*.

No Brasil, para se evitar o excesso de precedentes vinculantes e a sua vulgarização, bem como para evitar a falta de praticidade que derrotaria seu objetivo maior de celeridade e segurança jurídica, limitaram-se os precedentes vinculantes à lista do art. 927 do CPC de 2015. Assim, ao contrário do sistema americano, os julgados dos órgãos fracionários (*panels*) de um tribunal não vinculam de forma estrita os juízos dos graus inferiores no Brasil.

Se assim não fosse, se tornaria impraticável a vinculação, dado que seriam milhões de precedentes vinculantes, muitas vezes conflitantes. As partes poderiam continuar invocando precedentes da linha que lhe fosse mais conveniente, como é feito hoje, o que equivaleria a nenhuma vinculação. Vejamos com maior detalhe.

---

(167) Quanto às súmulas, em que pese não existam nos países do *common law*, são uma realidade no Brasil e cumprem importante função de divulgação dos principais entendimentos de uma corte, embora a "supercompressão" da *ratio decidendi* dos precedentes apresente o risco do engessamento da jurisprudência ou erro de direito, caso se aplique (equivocadamente) levando em consideração sua literalidade, ao invés de examinar as circunstâncias fáticas dos precedentes que as ensejaram.

6.3. INVIABILIDADE DE VINCULAÇÃO IRRESTRITA A TODOS OS TIPOS DE ACÓRDÃOS

Como já dissemos, a primeira diferença que chama a atenção entre o típico *stare decisis* das jurisdições de *common law* e a versão mitigada adotada no Brasil é a ilimitação das modalidades de acórdão dotadas de efeito vinculante naquele (salvo pelos não publicados nos repositórios de jurisprudência), em contraste com o restrito rol de precedentes vinculantes do art. 927 do CPC de 2015.

Mas se a lógica dos precedentes vinculantes é justamente tratar com isonomia o jurisdicionado, garantindo-lhe o mesmo tratamento dado em questão idêntica em casos anteriores, por que não foi outorgado efeito vinculante aos acórdãos de órgãos fracionários? Seria viável em nosso ordenamento conferir eficácia vinculante a todos os acórdãos prolatados no Brasil, mesmo os de órgãos fracionários, e mesmo que não retroativamente?

Temos que a resposta se faz negativa, ao menos num primeiro momento. Impor ao nosso sistema uma mudança tão drástica importaria em caos e grande insegurança jurídica. No momento atual de nossa cultura jurídica, uma mudança mais radical no sistema, dando efeito vinculante a todos os julgados esbarraria em quatro obstáculos principais, que examinaremos adiante, quais sejam: (1) cultura jurídica que permitia a divergência de entendimento mesmo entre órgãos fracionários de um mesmo tribunal; (2) quantidade avassaladora de acórdãos (frequentemente conflitantes, dentro de um mesmo tribunal); (3) falta de costume ou mesmo de treinamento para a utilização das técnicas de precedentes; (4) falta de bons mecanismos de pesquisa jurídica informatizados que permitam a indexação dos julgados por *issue*/questão jurídica, rastreando através das citações aqueles julgados posteriores que possam lhe ter *overruled* ou alterado o sentido.

Em contraste, o processo recursal nos Estados Unidos, como um todo, já é focado na formação e refinamento dos precedentes — exigindo-se dos advogados que apontem com exatidão os erros do julgador *a quo* em face do precedente existente ou eventualmente mostrem por que tal precedente deveria evoluir ou mudar, ter ou não ter aplicabilidade ao caso *sub judice*, respectivamente ampliando ou restringindo as hipóteses fáticas de aplicação da *ratio* do precedente. Já o processo recursal brasileiro perante as turmas, como visto acima, é mais massificado e frequentemente mecânico ou padronizado, no momento não centrado no debate aprofundado de questões que podem impactar dezenas ou mesmo milhares de casos futuros. Assim, um procedimento ou incidente especial, inclusive permitindo a manifestação de terceiros interessados na matéria, os *amici curiae*, é mais propício para que seja travado o respectivo debate, com suficiente profundidade.

Outro problema é o conhecimento e divulgação dos precedentes uniformizados, problema também aflitivo nas jurisdições de *common law*, ante o crescimento por lá do número dos precedentes, mas que tem sido enfrentada com o treinamento específico dos profissionais do direito para a realização das frequentemente complexas pesquisas jurídicas, com o auxílio de potentes mecanismos de busca, os quais promovem inúmeras checagens e conexões, a fim de que o usuário tenha segurança que encontrou todos os precedentes relevantes à matéria, e que os mesmos ainda são *good law* (que ainda não foram *overruled* ou restringidos por decisões posteriores.).

Vejamos com mais detalhe, iniciando pela situação dos EUA onde, como dissemos, em regra órgãos fracionários não podem divergir entre si, o número de recursos é muito menor, e os advogados colaboram com a formação do precedente, sendo-lhes exigida a indicação pormenorizada de todos os elementos relevantes.

6.3.1. Comparação — nos EUA, poderosas salvaguardas evitam que inadvertidamente se crie um conflito jurisprudencial interno

Numa corte de apelação americana, em uma manhã ou tarde de sessão são "ouvidos" por volta de uma dezena de casos (na Suprema Corte são apenas dois casos por sessão, entretanto). Os juízes estudam os *briefs* (razões recursais escritas) de ambas as partes agendadas para tal sessão e checam os precedentes e direito positivo citado pelas partes, cujos advogados são obrigados a não omitir qualquer regra legislada ou jurisprudencial pertinente ao caso, sob pena de sanções processuais e encaminhamento de processo disciplinar. Os juízes não elaboram previamente o voto (*opinion*) mas sim utilizam a oportunidade para, após breve exposição do advogado, inquirir o mesmo de forma bastante incisiva, colocando-o frente a frente com os argumentos da parte contrária e com eventuais fragilidades de sua argumentação. Utiliza-se o tempo também para debater com o advogado os eventuais desdobramentos futuros do entendimento que de seu recurso resultaria, à vista de situações hipotéticas (*hypos*), testando a conveniência de alterar o precedente, do ponto de vista da justiça, bem comum e política judiciária. Findo o tempo (geralmente uns 15 minutos[(168)]), o advogado da parte contrária passará pelo mesmo processo, efetuando breve sustentação oral, seguida por perguntas dos juízes questionando sua tese à vista dos argumentos da outra parte e de outras considerações de ordem jurídica ou prática.

Após a sessão, os juízes se reúnem para debater os argumentos das partes e chegar a uma decisão, geralmente o relator consolidando os argumentos dos colegas no voto condutor (*majority opinion*), que será elaborado posteriormente, podendo ainda ser redigido em separado um voto divergente (*dissent*) ou eventualmente um voto concorrente (*concurrence* — em que se discorda quanto ao fundamento mas concorda quanto ao resultado).

Existe a possibilidade ainda de se submeter o recurso apenas *on the briefs* (baseando-se apenas nas razões recursais escritas, sem debates orais), mas isto geralmente corresponde a menos da metade dos casos, e é aceito pela corte apenas para os casos de menor relevância, que pouco impactam a jurisprudência. Caso entenda cabíveis esclarecimentos ou questionamentos acerca das teses recursais e suas implicações, a corte pode ordenar o comparecimento a debates orais. Somados os casos arguidos oralmente e aqueles que são julgados apenas com base nas razões escritas, ainda assim o número é incrivelmente menor que as centenas de recursos que cada turma julga por sessão em nossos tribunais.

Vê-se, pois, que existem diversos fatores que contribuem para minorar o risco de conflito jurisprudencial dentro de um mesmo tribunal nos EUA.

6.3.1.1. Stare decisis horizontal entre órgãos fracionários do mesmo tribunal

Já mencionamos antes que existe a nível federal e na maioria dos estados *stare decisis* horizontal entre órgãos fracionários do mesmo tribunal.[(169)] Logo, uma vez que uma das turmas já decidiu a mesma questão em um determinado sentido, se a turma seguinte discordar, não está livre para proclamar o resultado de um acórdão em conflito, mas sim deve propor o envio do caso ao pleno para decisão *en banc*, ou curvar-se a tal entendimento, por disciplina judiciária. Claro, salvo se entender que há distinção relevante dos fatos, a ponto de o caso atual poder receber solução diversa, utilizando a técnica de *distinguishing*.

---

(168) Cabe a cada corte definir o tempo para sustentação oral, as Regras Federais do Processo de Apelação, por exemplo, não o definem. Ver FRAP 34, disponível e.g. em: <https://www.law.cornell.edu/rules/frap/rule_34>.
(169) Ver "4.4.5.1 Em nível federal, uma turma não pode divergir de outra — mas sim provocar manifestação do pleno (*en banc*)" e "4.4.5.3 Em nível estadual — em linhas gerais seguindo a mesma sistemática federal quanto a precedentes dos órgãos fracionários".

6.3.1.2. Drástica diferença na quantidade de recursos, dada a baixa perspectiva de provimento

Outro fator é a drástica diferença na quantidade de recursos: apenas cerca de 10% das sucumbências são apeladas, tendo em vista os encargos processuais e custos de honorários em face da baixa perspectiva de provimento. Os *standards* de revisão recursal dificultam o provimento de recursos em matéria de valoração da prova e de decisões processuais discricionárias, deixando ao recorrente a árdua tarefa de demonstrar especificadamente: (1) que o juiz *a quo* errou ao não seguir o precedente em vigor (ou alternativamente, a não menos difícil tarefa de dizer que o precedente deveria mudar); (2) que o juiz ou júri cometeram erro crasso (*clear error*) ao valorar a prova; (3) que o juiz excedeu à margem de discricionariedade que lhe é própria em decisões procedimentais, cometendo arbitrariedade (*abuse of discretion*).[170]

6.3.1.3. Maior cuidado dos advogados, sendo-lhes exigido apontar com detalhe o erro do juízo a quo, e proibido omitir qualquer direito legislado ou jurisprudencial relevante para a formação do precedente

Finalmente, outro fator que minora o risco de conflito jurisprudencial interno é o cuidado que se exige dos advogados que atuam perante a segunda instância e instância superior na elaboração das razões e contrarrazões recursais. Devem os advogados apontar minuciosamente o erro do juiz e todo o direito positivo e precedentes envolvidos, sendo punidas severamente tanto a inépcia quanto a má-fé dos que tentam induzir o juízo a erro, tentando esconder relevante parte os elementos que podem afetar a formação do precedente.

Logo, o alto padrão de diligência e conhecimento técnico que se exige dos advogados, em nível recursal, contribui sobremaneira para que todos os elementos relevantes para a formação do precedente venham aos autos e integrem explicitamente o debate, evitando que os juízes sejam induzidos a erro ou que algum precedente importante passe despercebido e cause divergência jurisprudencial inadvertidamente.

6.3.2. Numerosidade e insuficiência de freios à divergência entre acórdãos de turmas no Brasil induzem naturalmente ao conflito jurisprudencial, inviabilizando por ora o efeito precedencial vinculante dos acórdãos fracionários

Em contraste, no Brasil, os relatores comparecem na sessão com seus votos prontos e já circulados anteriormente entre os colegas de turma, votos com os quais também já estão geralmente de acordo. Em uma sessão de turma do tribunal, ouvem-se cerca de uma dezena de breves sustentações orais das partes que, salvo se lograrem tocar em algum ponto essencial de direito ou de fato que faça um dos julgadores mudar de ideia, não contribuirão para a formação do julgado. Após, serão formalmente votados em bloco cerca de uma ou mais centenas de votos dos relatores, confirmando-os como posicionamento da turma — lembrando

---

(170) PRITSCH, Cesar Zucatti. The Brazilian Appellate Procedure Through Common Law Lenses: How American Standards of Review May Help Improve Brazilian Civil Procedure, *University of Miami Inter-American Law Review*, v. 48:3, p. 56, maio de 2017 (48 U. Miami Inter-Am. L. Rev. 56 (2017)), disponível em: <http://repository.law.miami.edu/umialr/vol48/iss3/5>. PRITSCH, Cesar Zucatti. Via de mão dupla: precedentes vinculantes e o respeito às decisões de primeiro grau como faces da mesma moeda sob o novo CPC — uma visão de direito comparado. *Revista trabalhista*: direito e processo / Associação Nacional dos Magistrados do Trabalho (Anamatra). LTr, v. 14, n. 55, p. 68-92, jul./set. 2015. PRITSCH, Cesar Zucatti. Standards de Revisão Recursal — Uma Solução do *Common Law* para a Valorização das Decisões de Primeiro Grau no Brasil. In: CLAUS, Benhur Silveira (Coord.). *A função revisora dos tribunais*: por uma nova realidade recursal. São Paulo: LTr, 2016.

que, como os votos já foram circulados anteriormente, eventual divergência geralmente já foi resolvida ou, excepcionalmente, resultará num voto divergente.

Já que de quase tudo se recorre, afunilando caudaloso fluxo processual para um grupo de juízes no segundo grau que não costuma ser superior a 15 ou 20% dos juízes de primeiro grau, impõe-se maior nível de delegação a equipes de auxiliares, sob pena de aumento exponencial da taxa de congestionamento em segundo grau. Dentro do sistema anterior ao CPC de 2015 (e ainda não está claro se o novo regramento será suficiente para modificar tal realidade) nos tribunais superiores a situação era ainda pior, com 15.000 ou mais processos por ano distribuídos a cada ministro, conforme a pesquisa estatística do Conselho Nacional de Justiça, "Justiça em Números".[171]

Diante de tal quadro, seria temerário ou mesmo impossível atribuir efeito plenamente vinculante aos acórdãos de turmas, considerando que inexistia qualquer imposição de uniformidade horizontal de jurisprudência, fazendo com que uma turma pudesse livremente divergir de outra, bem como considerando que a pletora de processos dificulta a identificação de todos os possíveis acórdãos pertinentes, que os processos são julgados em massa, e que os advogados não estão obrigados a alertar o juízo quanto a eventuais precedentes conflitantes, colocando todo o ônus de tal pesquisa sobre os juízes.

Mesmo no momento atual, ainda que o art. 926 do CPC proíba a divergência jurisprudencial nos tribunais, determinando que uniformizem sua jurisprudência e a mantenham "*estável, íntegra e coerente*", não está claro se os tribunais conseguirão criar mecanismos regimentais que imponham às turmas eventualmente recalcitrantes a uniformidade preconizada pelo art. 926 do CPC. Assim, enquanto não houver segurança no sentido de que os órgãos fracionários não divergirão entre si, estará o art. 926 do CPC vulnerado.

Mas poderia ter o legislador implantado um *stare decisis* horizontal explícito entre turmas, regra majoritária vigente para as cortes americanas (prospectivamente, não retroativamente)? Tal tornaria nosso sistema muito mais parecido com o *common law*. Seria a jurisprudência vinculante formulada e refinada caso a caso, seguindo (*following*) ou distinguindo (*distinguishing*) o precedente, ou remetendo a questão para o pleno, em caso de divergência irreconciliável com a *ratio decidendi* do precedente. Seria um desenvolvimento de jurisprudência mais ágil e democrático (não dependente de um número limitado de procedimentos de uniformização), menos centralizada, mas ainda assim com mecanismos para permitir a eliminação de um precedente ruim, com *overruling* pelo pleno ou outro órgão competente (*en banc*). Em nossa versão de precedente do art. 927 do CPC 2015, o precedente vinculante apenas se firma ocasionalmente, quando especificamente provocada sua discussão plenária, no controle concentrado de constitucionalidade, súmulas dos tribunais superiores, nos recursos reconhecidos como repetitivos pelos tribunais superiores, incidentes de resolução de demandas repetitivas e assunção de competência, e em "orientações" do plenário ou do órgão especial dos tribunais.

Caso se possam eliminar as divergências entre os órgãos fracionários, o debate seria mais ágil e fluido, menos centralizado. Se o primeiro caso sobre uma determinada matéria, em uma questão de direito nova, pudesse de imediato servir de precedente vinculante para instâncias inferiores, bem como obstando decisões em contrário pelas demais turmas (salvo se provocado o *overruling en banc*, pelo pleno, órgão especial ou seção competente para uniformização de tal matéria), se poderia pacificar um maior número de questões controvertidas em menos tempo.

---

(171) Ver CONSELHO NACIONAL DE JUSTIÇA — CNJ. *Justiça em Números*, 2013. Disponível em: <ftp://ftp.cnj.jus.br/Justica_em_Numeros/relatorio_jn2015.zip>. Acesso em: 2 nov. 2015.

Entretanto, considerando que se trata do rompimento de uma praxe ou tradição jurídica antiga, os riscos de sua implantação trariam muitas incertezas. Mesmo que se impusesse a vinculação horizontal após o primeiro acórdão de uma turma em um determinado sentido, vários problemas surgiriam. Será que o processo recursal corriqueiro, geralmente massificado, em uma sessão soterrada com outras centenas de recursos, traria suficiente debate para amparar a melhor decisão, de efeitos vinculantes, apta a impor a solução de casos futuros transcendendo o mero interesse das partes do caso concreto? Com o crescimento do número de acórdãos de turmas prolatados posteriormente a tal hipotética implantação de *stare decisis* horizontal, advogados e juízes conseguiriam localizar todos os precedentes relevantes ou certificar-se da ausência de precedente em tal ponto — ou haveria risco de inadvertidamente se produzir jurisprudência vinculante divergente, dentro no mesmo tribunal?

Portanto, por mais sedutora que pareça a ideia de dar força vinculante aos acórdãos de órgãos fracionários, com a consequente dinamização da jurisprudência, os riscos já debatidos parecem apontar para o lado contrário, legitimando a solução intermediária encontrada pelo legislador, ao menos no momento atual.

Além do problema da numerosidade e divergência entre os órgãos fracionários até aqui insolúvel, outros dois fatores dificultam o uso imediato de acórdãos fracionários de forma vinculante: a atual falta de ambientação do jurista brasileiro com o uso de precedentes e a falta de mecanismos mais completos de busca e cotejo de precedentes, para fins de verificação de sua vigência ou eventual *overruling*. Vejamos abaixo.

6.3.3. Falta de treinamento ou tradição no uso de precedentes é mais um obstáculo a uma alteração mais ampla, conferindo efeito vinculante aos acórdãos fracionários em geral

Dentro da tradição romano-germânica, fomos treinados precipuamente na hermenêutica do direito positivo, com aulas em regra teórico-doutrinárias e pouca ênfase na prática. Quanto à jurisprudência, como fonte meramente subsidiária, não nos acostumamos a dissecar acórdãos, em busca de princípios jurídicos e de detalhes do contexto fático que mostrassem identidade ou analogia com os fatos de nosso caso concreto. Antes pelo contrário, a pesquisa jurisprudencial, em nossa prática, geralmente objetivava a mera corroboração de uma tese já esposada na causa de pedir ou na defesa, como ilustração de que a mesma já havia sido adotada ao menos por parte do tribunal. Nunca se buscou esquadrinhar julgados para compreender, em conjunção com o direito legislado, qual era o direito vigente — afinal, esse não era nosso sistema. Os tempos mudaram e, em razão da premente necessidade ilustrada anteriormente, o legislador adotou algumas das ferramentas oriundas do *common law*, o que impõe a análise aprofundada dos casos, a fim de deles extrair seus fundamentos determinantes ou *ratio decidendi*.

Em contraste, estudantes e profissionais de direito em países de *common law* se fixam menos na hermenêutica do direito legislado (que em tal sistema é lido de forma restritiva), e se acostumam interpretar os casos, lendo seu texto integral(172) e decompondo-o em suas partes lógicas, extraindo dos mesmos seus fatos necessários (*material facts*), *holding* ou *ratio decidendi*, e resultado (*disposition*).

Como já referido antes,(173) em jurisdições de *common law* no fim do século XIX, aulas expositivas foram substituídas por aulas conduzidas por perguntas aos alunos sobre os casos

(172) Nunca uma mera ementa. A ementa, embora resumo conveniente para início de pesquisa, é insuficiente para afirmar com segurança a respectiva *ratio decidendi*, sempre que a aplicabilidade do precedente não for óbvia.
(173) Ver 5.1 Método Socrático e *Case Method*.

que exemplificam os princípios ou institutos de direito a serem estudados, o chamado *case method*, conduzindo o aluno pelo raciocínio jurídico atinente à dinâmica dos precedentes. Tal método, iniciado em Harvard, se espalhou pelo mundo anglo-saxão e é hoje o padrão do treinamento do jurista do *common law*, associado a diversas disciplinas práticas e competições entre as diferentes faculdades de direito, envolvendo argumentação jurídica, oratória, júri simulado, debates orais em sede recursal simulados, além de diversos casos hipotéticos que são apresentados aos alunos para que estes promovam a respectiva pesquisa de leis e precedentes, bem como para que apresentem a respectiva peça jurídica (petição inicial, defesa, recurso, contrato, parecer etc.), enfim, fazendo com que a dinâmica dos precedentes seja a base do raciocínio jurídico do típico profissional de tal sistema.

Tal contraste corrobora o acima afirmado, no sentido de que o legislador aparentemente acertou em limitar as modalidades de decisões dotadas de efeito vinculante em sentido estrito — ao menos até que se desenvolva uma cultura jurídica quanto ao uso de precedentes.

6.3.4. Falta de mecanismos de pesquisa informatizados mais completos

Um outro fator que tornaria proibitiva, ao menos por ora, a adoção de um leque mais amplo de precedentes vinculantes é a falta de mecanismos de pesquisa jurídica mais completos. Nas jurisdições de *common law*, as mesmas empresas que faziam a publicação dos repositórios de jurisprudência em volumes impressos oferecem atualmente poderosos serviços de busca, indexação e comparação jurisprudencial. Desde antes da informatização, tais editoras criaram para seus repositórios de jurisprudência complexos sistemas de indexação dos julgados e possuíam equipes que acompanhavam a evolução das decisões de cada corte, mapeando eventuais *overrulings*, distinções, restrições ou extensões do campo de aplicação de cada precedente. Com a informatização, tais empresas transferiram tal acervo para o ambiente virtual, criando mecanismos de busca jurídica bastante completos.

Tais ferramentas permitem a descoberta de todos os precedentes pertinentes em uma determinada jurisdição, para uma determinada questão jurídica, permitindo checar se remanescem como fonte de direito ou se foram total ou parcialmente derrogados por outros julgados, ou mesmo se alguma norma legislada os derrogou. Ademais, tais sistemas integram a pesquisa de julgados à pesquisa de artigos jurídicos, tratados e enciclopédias jurídicas, os quais costumam também conter referência aos *leading cases* em cada instituto de direito em vigor em cada estado ou circuito federal, com convenientes *links* levando diretamente ao texto de tais casos. Uma pesquisa jurídica com tais ferramentas geralmente se inicia com a busca do tópico desejado em artigos, tratados e enciclopédias jurídicas (*secondary sources*) *online*, nos quais por sua vez constam os casos, leis e regulamentos administrativos pertinentes em vigor para a determinada região. Ao final, passa-se à checagem da atualidade de tais casos e normas, verificando se ainda em vigor (*good law*), podendo ser visualizados até mesmo os casos subsequentes que os citaram, se a citação foi positiva ou negativa, bem como em que profundidade o caso checado foi debatido nos acórdãos posteriores.[174] Tais bancos de dados privados oferecem ainda uma série de outras ferramentas informatizadas, cujos detalhes fogem ao escopo do presente trabalho.

No Brasil, atualmente existem razoáveis ferramentas gratuitas de busca de jurisprudência nos próprios sítios de internet de cada tribunal, geralmente ao menos com filtros por palavra-

---

(174) Ver, e.g., THOMSON REUTERS. *Getting started with online research using Westlaw Next*. 2014-2015. Disponível em <http://lscontent.westlaw.com/images/content/2014-2015_gettingstartedguide_l-389342.pdf>; LEXIS NEXIS. *Lexis Advance Research Quick Guide for Law School*. Disponível em: <http://www.lexisnexis.com/documents/pdf/20130723045437_large.pdf>.

-chave, data, órgão judicante e nome do relator. A solução adotada no CPC 2015, com um limitado número de precedentes vinculantes, não impõe maiores dificuldades de pesquisa, ainda mais que foi expressamente determinada a ampla publicização dos precedentes qualificados através da internet. Caso se pretendesse estender a eficácia vinculante aos acórdãos dos órgãos fracionários, no entanto, seria necessária uma solução de informática mais completa e integrada, à semelhança do que ocorre nos países de *common law*.[175]

6.3.5. Precedentes "à brasileira" — opção intermediária — reserva do possível

Diante do acima exposto, conclui-se que se o legislador tivesse ido mais longe no rompimento da típica tradição romano-germânica, estaríamos em risco de não assimilar a mudança, dado o provável tumulto que seria gerado. Trata-se de uma opção intermediária entre nada fazer e permitir o progressivo exaurimento do Judiciário, ou importar por completo um sistema exótico à nossa tradição, com grandes chances de insucesso. O CPC 2015 parece ter andado bem, observando uma reserva do possível. Como diz a antiga máxima, *virtus in medium est*.

Da forma como a alteração se procedeu, não há mudança radical imediata, mas sim uma ampliação de alguns instrumentos de estabilização jurisprudencial que já vinham sendo introduzidos há alguns anos. Os precedentes de vinculação mais coercitiva, cuja inobservância esteja sujeita a reclamação, são aqueles de procedimento especial, presumivelmente com uma maior visibilidade e em menor quantidade, facilitando o seu conhecimento geral e utilização pelos operadores do direito. São eles as súmulas vinculantes do STF e acórdãos do controle concentrado de constitucionalidade (art. 988, III do CPC), que já eram vinculantes anteriormente, os incidentes de assunção de competência e de resolução de demandas repetitivas (art. 988, IV, do CPC), além dos recursos extraordinários repetitivos ou de repercussão geral, os recursos especiais e de revista repetitivos (art. 988, § 5º, II, do CPC, art. 896-B da CLT), e os recursos de revista com transcendência reconhecida (art. 896-A da CLT, combinado com o art. 988, § 5º, II, do CPC, por analogia).

Quanto aos demais precedentes, elencados nos incisos V e VI do art. 927 do CPC (súmulas dos tribunais superiores e orientações do plenário ou órgão especial — ou e seções especializadas no caso dos tribunais trabalhistas[176] — aos quais estiverem vinculados) tais julgados já eram fortemente persuasivos anteriormente, embora sempre tenha havido juízes e turmas que não os aplicavam. Também se trata de julgados bastante conhecidos no meio jurídico e cuja observância não importa em grande tumulto nem nas dificuldades analisadas anteriormente. A diferença é que agora tais precedentes terão maior força, uma vez que formalmente declarados obrigatórios pelo art. 927 do CPC, havendo consequências sistêmicas para sua inobservância, conforme examinaremos a seguir[177] — em que pese não sujeitos à reclamação.

Assim, temos que embora o novo sistema não seja fortemente coercitivo (e nem poderia ser, dada a independência funcional dos juízes como parte do sistema de freios e contrapesos, garantidor do regime democrático e do Estado de Direito), a adoção de um sistema limitado de precedentes vinculantes avança na direção certa, com importantes ferramentas de uniformização de entendimentos nos tribunais, embora em nosso entender ainda permita o

---

(175) Embora a análise das *rationes decidendi* feita por empresas privadas, nos EUA, também seja feita pelos tribunais pátrios (ainda que de forma sucinta, quando resumem a tese do julgado ou elaboram a ementa), nos EUA tais empresas realizam um serviço muito conveniente que é conectar cada parte das *rationes decidendi* dos precedentes ao respectivo trecho onde citadas em acórdãos posteriores, indicando ainda se o tratamento foi favorável (*following*) ou negativo (*distinguishing, overruling*), o que auxilia na verificação da atualidade do julgado (se ainda remanescente sua força vinculante). Sem tal análise, havendo uma quantidade enorme de precedentes vinculantes, advogados e julgadores se perderiam quanto aos precedentes efetivamente ainda em vigor.

(176) Tal é a aplicação supletiva do CPC sugerida pelo TST, conforme Instrução Normativa n. 39/2016, art. 15, I, "e".

(177) Ver a seguir 6.4.2 Precedentes obrigatórios.

excessivo uso de recursos para as instâncias extraordinárias, abarrotando tais tribunais, cuja atuação deveria ser vista como excepcional.

Dependerá o sucesso da medida tanto de uma certa boa vontade dos atuais aplicadores do direito — sob pena de tornar-se letra morta — quanto do treinamento das novas gerações de juristas na teoria e prática dos precedentes, com inspiração no *common law*, mas adaptada à nossa realidade.

6.4. Quais julgados vinculam no Brasil? Precedentes vinculantes, obrigatórios e meramente persuasivos

Veja-se que o art. 927 do CPC diz, em linguagem impositiva, portanto indicando obrigatoriedade, que "*Os juízes e os tribunais observarão*":

- As decisões do STF em controle concentrado de constitucionalidade e súmulas vinculantes (incisos I e II);
- Acórdãos proferidos em incidente de assunção de competência (IAC) ou de resolução de demandas repetitivas (IRDR) e em recursos extraordinários, especiais e de revista repetitivos (art. 927, III do CPC e 896-B da CLT);
- Acórdãos proferidos em recursos extraordinários com repercussão geral (art. 988, § 5º, II, do CPC)
- Súmulas do STF, STJ e TST (art. 15 e 927, IV, do CPC);
- Orientação do plenário, do órgão especial, ou de seções especializadas do tribunal a que estiver vinculado (art. 927, V do CPC, e art. 15, I, "e" da IN n. 39 do TST).

Em um primeiro momento, poderia parecer cabível a mesma dicotomia existente no direito anglo-saxão, que divide os precedentes em vinculantes (*binding*) ou persuasivos (*persuasive*). Ocorre, entretanto, que, em nosso sistema, parecem existir diferentes graus de obrigatoriedade ou vinculação dos precedentes. Para fins sistemáticos, poderíamos adotar como balizas o rol de precedentes indicados como obrigatórios no art. 927 do CPC e aqueles cujo desrespeito enseja a reclamação, conforme art. 988 do CPC. Veja-se, que não está disponível a reclamação para os casos de desobediência aos precedentes dos incisos IV e V do art. 927 do CPC. No entanto, não se pode dizer que não possuam qualquer força obrigatória quando o próprio art. 927, *caput*, adota linguagem impositiva, usando o termo "observarão".

Assim, ao invés da dicotomia vinculantes-persuasivos (*binding-persuasive*) do direito anglo-saxão, sugerimos a divisão em três categorias: vinculantes, obrigatórios e persuasivos. Os vinculantes são a súmula vinculante, tendo-lhe sido constitucionalmente atribuída tal eficácia, e as demais modalidades previstas no art. 988 do CPC. Os obrigatórios são aqueles dos incisos IV e V do art. 927 do CPC, tidos como obrigatórios pelo sistema e para os quais, embora não dotados da coercibilidade da reclamação, a sua inobservância dispara uma série de consequências jurídicas no sistema processual, como veremos adiante. Finalmente, temos como precedentes persuasivos os demais julgados, geralmente os acórdãos dos órgãos fracionários dos tribunais, os quais conforme nossa tradição já estamos habituados a utilizar como subsídio jurisprudencial — mas que, como veremos, também possuem algum efeito precedencial.

Vejamos algumas considerações sobre cada modalidade de precedentes.

6.4.1. Precedentes vinculantes em sentido estrito

Como já mencionamos, a reclamação não está prevista como remédio coercitivo para todos os precedentes acima, mas apenas para:

— as súmulas vinculantes do STF e acórdãos do controle concentrado de constitucionalidade (art. 988, III do CPC);

— os acórdãos proferidos em incidente de assunção de competência (IAC) e incidente de resolução de demandas repetitivas (IRDR) (art. 988, IV, do CPC);

— acórdãos proferidos em recursos extraordinários repetitivos ou de repercussão geral, em recursos especiais e de revista repetitivos (art. 988, § 5º, II, do CPC, art. 896-B da CLT), bem como em recursos de revista com transcendência reconhecida (art. 896-A da CLT, combinado com o art. 988, § 5º, II, do CPC, por analogia).

Considerando a possibilidade do uso da reclamação, introduzida em nosso sistema justamente para vencer a resistência das instâncias inferiores em observar a jurisprudência unificada, pode-se dizer que os precedentes acima são vinculantes, em um sentido estrito.

6.4.1.1. Lei n. 13.256/2016 — Retoque às vésperas da entrada em vigor do CPC de 2015

Uma nota importante é que, por força da Lei n. 13.256/2016 (a qual implementou diversos ajustes no CPC de 2015, ainda durante seu *vacatio legis*),[178] foi expressamente estendida a reclamação aos recursos extraordinários com repercussão geral (inciso II do parágrafo 5º do art. 988). Antes, apenas as súmulas ou acórdãos mencionados nos incisos I a IV do *caput* do art. 988 do CPC tinham sua autoridade protegida pela reclamação. Com a mudança, os "casos repetitivos" antes mencionados no inciso IV foram desdobrados em incidente de resolução de demandas repetitivas (que remanesceram no inciso IV do *caput)*, e acórdãos proferidos em julgamento de recursos extraordinário ou especial repetitivos. Estes foram deslocados para o novo inciso II do parágrafo 5º, onde também incluído o recurso extraordinário com repercussão geral, cujo eventual desrespeito ensejará reclamação, mas apenas após o esgotamento das instâncias ordinárias. Por força do art. 15 do CPC, tal regra é aplicável subsidiária e supletivamente aos recursos de revista repetitivos e com transcendência reconhecida. Quanto aos demais precedentes sujeitos à reclamação, esta pode ser ajuizada *per saltum,* independente do esgotamento das vias ordinárias, provocando-se a intervenção direta do respectivo tribunal superior.

6.4.1.2. Precedentes vinculantes com coercibilidade imediata — precedentes vinculantes com coercibilidade diferida

Assim, podemos pensar em subdividir os precedentes vinculantes entre aqueles com coercibilidade imediata e os com coercibilidade diferida.

Como vimos, com a inclusão do inciso II do § 5º do art. 988 do CPC, pela Lei n. 13.256/2016, apenas após esgotadas as vias ordinárias é possível utilizar reclamação para reprimir eventual inobservância do precedente firmado em um acórdão de recurso extraordinário com repercussão geral reconhecida, proferido em julgamento de recursos extraordinários ou especiais repetitivos, ou em recursos de revista repetitivos ou com transcendência. Tal alteração presumivelmente decorre da necessidade de evitar a inviabilização dos tribunais superiores com um excesso de transferências de questões litigiosas *per saltum*, com supressão de instância. Na prática reduz o espectro das decisões que podem sofrer intervenção direta de um

---

(178) CPC, art. 588, § 5º: É inadmissível a reclamação: ... II — proposta para garantir a observância de acórdão de recurso extraordinário com repercussão geral reconhecida ou de acórdão proferido em julgamento de recursos extraordinário ou especial repetitivos, quando não esgotadas as instâncias ordinárias. *(Incluído pela Lei n. 13.256, de 2016)*

tribunal superior, portanto uma forma de coercibilidade imediata. Para tais modalidades de precedentes, a coercibilidade da reclamação fica diferida para após o esgotamento das vias ordinárias, portanto o mesmo momento em que caberiam recursos para o mesmo tribunal competente para receber a reclamação. Em que pese a duplicidade de meios de impugnação em tal momento, entretanto, a reclamação não se afigura supérflua, tendo em vista a grande limitação do recebimento de recursos de natureza extraordinária no regime atual, bem como tendo em vista o potencial efeito dissuasivo da reclamação. Considerando que uma tradição de recorribilidade quase ilimitada e inobservância de precedentes não se rompe da noite para o dia, e que diversas reformas do CPC de 1973 não foram suficientes para tanto, acreditamos que a reclamação, mesmo com sua coercibilidade diferida para após as instâncias ordinárias, constitui ferramental necessário para ajudar a implementar uma cultura jurídica de observância dos precedentes.

6.4.1.3. Novo efeito vinculante concedido ao recurso extraordinário com repercussão geral — significativo avanço na racionalização do sistema recursal — Lei n. 13.256/2016

Em que pese o lapso técnico de não terem sido expressamente incluídos no rol dos arts. 927 e 588, *caput*, do CPC, agora o acórdão de recurso extraordinário com repercussão geral reconhecida é expressamente tido como precedente vinculante, inclusive sendo protegido por reclamação, conforme se depreende do inciso II do § 5º do art. 988 do CPC, incluído pela Lei n. 13.256/2016.

Trata-se de inovação salutar. O silêncio dos arts. 927 e 988 do CPC quanto aos recursos extraordinários com repercussão geral era incompreensível. Ora, se a Corte Suprema do país afeta um ou mais casos-piloto para julgar de forma centralizada centenas ou milhares de recursos com idêntica matéria, é natural que tenha isto de ser vinculante, sob pena de ser o instituto fadado à inutilidade. O art. 588, § 5º, II, do CPC, veio para fazer justiça ao RE com repercussão geral, ainda que de forma atécnica — deveria ter constado do rol do art. 927 e dos incisos do art. 988, do CPC.

Seria um contrassenso mudar o sistema recursal pátrio para impor a unificação jurisprudencial, mas permitir o desrespeito a precedentes formados justamente para promover tal unificação, em questões reconhecidas pelo STF como de grande repercussão. Haveria contradição, desperdício e ineficácia do sistema na hipótese em se permitir a suspensão de todos os processos no país sobre determinada questão, promovendo debate aprofundado inclusive com possível participação de *amicus curiae* (art. 1035, do CPC), se o produto de tal debate, pela Suprema Corte do país, servisse de mera recomendação persuasiva, incapaz de resolver os milhares de conflitos, atuais e futuros, envolvendo a mesma questão. Não faz sentido que uma Corte de natureza extraordinária tenha de julgar mecanicamente milhares de recursos por ano. Cumpre tal corte melhor a sua função de refinamento e unificação do direito quando pode julgar exemplos das controvérsias que se multiplicam no país, em menor quantidade e com maior profundidade. Para que isso ocorra, entretanto, é necessário que tais decisões possam ser vinculantes quanto aos demais casos abrangendo as mesmas questões. Assim, trata-se de avanço significativo a positivação do efeito vinculante dos recursos extraordinários com repercussão geral.

Ressalvamos, naturalmente, que a aplicação de precedentes não é mecânica, dependendo da compatibilidade com os fatos do caso concreto, e que apenas a parte estritamente necessária da fundamentação é vinculante (fundamentos determinantes, na dicção dos arts. 489,

§ 1º, V e art. 979, § 2º, do CPC), o elo lógico entre os fatos essenciais (*material facts*) e a conclusão. Trata-se da *ratio decidendi* ou *holding*, que veremos adiante, em item próprio.

6.4.2. Precedentes obrigatórios

Como já mencionado antes, entendemos conveniente separar os precedentes mencionados no art. 927 do CPC em vinculantes e obrigatórios, conforme sua inobservância esteja sujeita à reclamação (art. 988 do CPC) ou não. Assim, os obrigatórios são aqueles dos incisos IV e V do art. 927 do CPC, os quais não são dotados da coercibilidade direta, através da reclamação, mas que tampouco podem ser considerados meramente persuasivos, já que tidos como obrigatórios, conforme literalidade do art. 927, *caput*. São eles as súmulas do STF, STJ (inciso IV) e do TST (estas conforme aplicação supletiva do art. 927 do CPC ao processo do trabalho) e orientações do plenário, do órgão especial (art. 927, V do CPC) e ainda das seções especializadas (art. 15, I, "e" da IN n. 39 do TST) do tribunal a que estiver vinculado. Tais precedentes são dotados de obrigatoriedade sistêmica, inferida de diversos dispositivos do mesmo *codex*, por exemplo:

- CPC, art. 332 — sua inobservância acarreta a improcedência liminar do pedido mesmo antes da citação do réu (ver ainda art. 15 do CPC e IN n. 39 do TST);
- CPC, art. 496, § 4º, I — sentença contra a fazenda pública proferida com base em súmula de tribunal superior está dispensada da remessa necessária;
- CPC, art. 521 — se uma sentença a ser provisoriamente cumprida estiver de acordo com as súmulas dos tribunais superiores poderá ser realizado o levantamento de depósito em dinheiro ou atos de alienação de bem do executado sem que o credor preste caução;
- CPC, art. 932, IV — incumbe ao relator: (IV) negar provimento a recurso contrário a súmulas dos tribunais superiores ou do próprio tribunal (na mesma senda o art. 894, § 3º, I, da CLT);
- CPC, art. 932, V — incumbe ao relator: (V) após contrarrazões, dar provimento a recurso se a decisão recorrida for contrária a súmulas dos tribunais superiores ou do próprio tribunal;
- CPC, art. 927, § 4º — seu *overruling* exige "*fundamentação adequada e específica, considerando os princípios da segurança jurídica, da proteção da confiança e da isonomia*";
- CPC, art. 489, § 1º, VI — não se considera fundamentada a decisão que deixar de seguir súmula ou precedente invocado pela parte, sem demonstrar distinção ou superação do entendimento.

Assim, em que pese não consubstanciando um instrumento de imposição direta dos precedentes, tais dispositivos ilustram o princípio informador do novo sistema, a uniformidade e estabilidade da jurisprudência, a qual dependerá, em grande parte, da aderência dos julgadores a essa nova visão da própria atividade de julgar, como parte de um corpo único do Judiciário, com o compromisso de entregar soluções justas e isonômicas ao jurisdicionado.

6.4.3. Precedentes persuasivos

Os precedentes persuasivos são, em nosso sistema, todos os julgados não elencados no art. 927 do CPC, notadamente os acórdãos de órgãos fracionários de um tribunal. Além disso, é dinâmica a aferição de quais precedentes são persuasivos ou obrigatórios, dependendo do tribunal a que determinado juízo está vinculado. Assim, um precedente de um determinado Tribunal de Justiça não será vinculante ou obrigatório para um determinado juízo, salvo se tratar de um juiz de direito daquele respectivo estado, ou de uma das câmaras do mesmo tribunal. Ademais, mesmo considerando um julgado com valor de precedente vinculante ou obrigatório, nem todas as suas partes terão tal efeito, mas apenas a *ratio decidendi* do voto condutor. Aqueles trechos que não forem essenciais para a decisão não integram os fundamentos determinantes, portanto constituem *obiter dictum*, de valor meramente persuasivo, como veremos mais adiante. Finalmente, eventual voto divergente também será persuasivo. Em suma, os principais precedentes persuasivos sao os seguintes:

- Acórdãos de turmas ou câmaras do tribunal (embora devam ser levados em conta pelas demais turmas do mesmo tribunal para evitar jurisprudência conflitante, art. 926 do CPC — ver abaixo o item 6.4.3.2);
- Acórdãos de outra unidade jurisdicional (ainda que vinculantes em sua respectiva região);
- Votos divergentes ou vencidos;
- *Obiter dictum* (ainda que expressados em um precedente considerado vinculante).

6.4.3.1. Julgados de órgãos fracionários ou de outros tribunais de igual hierarquia

Seria um erro subestimar a importância dos precedentes persuasivos. A jurisprudência dos órgãos fracionários é a base da formação dos precedentes vinculantes. De seus debates provêm os argumentos e entendimentos que, no sistema atual, serão levados para uniformização vinculante. Da mesma forma, julgados persuasivos de outros estados ou regiões podem inspirar a formação de jurisprudência local, principalmente quanto a questões jurídicas novas ou "casos de primeira impressão" (*cases of first impression*). Acórdãos de outras jurisdições podem servir ainda para ilustrar alguma divergência de entendimento irreconciliável entre tribunais (*split*), ensejando a subida à instância superior, para uniformização.

6.4.3.2. Stare decisis horizontal? Acórdãos de órgãos ou tribunais de mesma hierarquia são persuasivos?

O art. 926 do CPC determina que "*os tribunais devem uniformizar sua jurisprudência e mantê-la estável, íntegra e coerente.*" Veja-se que por mais que o julgador não seja diretamente obrigado a adotar o posicionamento de um órgão fracionário ou tribunal de mesma hierarquia, também não está totalmente livre para ignorá-la, especialmente em segunda instância e nos tribunais superiores, já que a uniformização de jurisprudência é uma das funções principais da segunda instância, e a função máxima dos tribunais superiores.

Como já dissemos anteriormente,[179] na justiça federal americana e em vários dos estados, existe o chamado *stare decisis* horizontal entre órgãos de mesma hierarquia de um tribunal. Uma turma (*panel*) não pode divergir de outra. Ou acata o entendimento da primeira turma que julgou aquela determinada questão de direito (que aliás já é vinculante em sentido vertical, obrigando os juízes de primeiro grau, mesmo antes de confirmada pelo pleno) ou, se não conseguir concordar com o precedente de mesma hierarquia, fundamenta sua discordância e submete o julgamento ao pleno (*en banc*). Assim, eventual conflito jurisprudencial ou

---

(179) Ver 4.4.5.1 Em nível federal, uma turma não pode divergir de outra — mas sim provocar manifestação do pleno (*en banc*).

split no âmbito de um mesmo tribunal terá de ser necessariamente resolvido, seja pela adoção espontânea do entendimento persuasivo de outro órgão fracionário, por uma unidadeª de igual hierarquia, seja pela via recursal para instância superior ou por incidentes de uniformização.

6.4.3.3. Obiter dictum

Obiter dictum são os fundamentos não essenciais à decisão, literalmente, algo "dito para morrer," que tende a não ser levado em consideração por não integrar o núcleo decisório que obrigará os juízes dos casos posteriores. Trataremos do tema com maior profundidade posteriormente, mas por ora é imprescindível registrar que, embora tecnicamente "persuasivos" os fundamentos não integrantes da *ratio decidendi* (portanto *obiter dictum*), podem ser altamente persuasivos, conforme a hierarquia do tribunal que os emana, já que sinaliza o posicionamento que tal tribunal adotará de forma vinculante quando diante do caso apropriado (caso dotado dos fatos materiais cuja solução dependa de tais fundamentos, ou seja, em que tais fundamentos sejam necessários à solução).

6.4.3.4. *Votos dissidentes* (dissent)

Quanto aos votos divergentes ou dissidentes, no mínimo, possuem a imensurável utilidade de registrarem os argumentos contrários e fragilidades da argumentação da maioria, servindo de base para posterior reversão de tais entendimentos. Para citar dois célebres exemplos temos o voto dissidente do *Justice* John Marshall Harlan, em *Dread Scott v. Sanford,*[180] em que desmascarava a falácia das instalações "separadas mas iguais" para negros, entendendo ser óbvio que o obejtivo da norma estadual (convalidada pela maioria da Suprema Corte) era excluir os negros dos vagões destinados aos brancos, vulnerando o tratamento igual perante a lei exigido pela Constituição.[181] Outro célebre voto dissidente foi o de Oliver Wendell Holmes Jr. em *Lochner v. New York*, 198 US 45 (1905), caso em que a conservadora maioria da Suprema Corte americana declarou inconstitucional — por interferir na liberdade de contrato[182] — uma das primeiras leis trabalhistas, na qual o estado de Nova York limitava a jornada a 10 horas diárias e 60 semanais no ramo das confeitarias e padarias. Holmes destacou que a Constituição, redigida para durar, não endossava uma ou outra teoria econômica, não se podendo dizer que a Constituição impunha que se anulassem as escolhas econômicas feitas pela maioria, através de seus representantes eleitos, salvo se arbitrárias. Em ambos os exemplos, os votos divergentes durante décadas foram citados e seu valor persuasivo foi importante na modificação posterior de ambos os entendimentos. Ademais, em nosso sistema, considerando a tendência que vários conflitos jurisprudenciais venham a ser pacificados nacionalmente nos tribunais superiores, é importante que os tribunais de cada região, quando da elaboração de seus próprios acórdãos de pacificação de divergências, registrem de forma robusta os argumentos do voto vencido, de forma a enriquecer o debate quando levado à instância superior, tendo-se em foco todos os principais argumentos de ambas as correntes divergentes.

---

(180) *Dred Scott v. Sanford*, 60 U.S. 393 (1857) — em que a Suprema Corte americana entendeu que negros eram considerados uma classe subordinada e inferior, e que nem mesmo libertos poderiam ser tidos como cidadãos americanos.

(181) Ver no tópico 5.6.7 Qual o maior obstáculo jurídico ao pedido da classe de autores em Brown?

(182) Então entendida como implícita na garantia constitucional do devido processo legal da 5ª Emenda à Constituição americana (*"Ninguém será ... privado da vida, liberdade ou propriedade, sem o devido processo legal..."*), aplicável aos estados por força da 14ª Emenda. Posteriormente a Corte mudou de posição e descartou o entendimento que "liberdade" atinente ao devido processo legal abrangia liberdades econômicas, bem como passou, a partir do final dos anos 30, a ser mais receptiva à crescente legislação social e interferência do governo na economia.

7. ALGUNS CONCEITOS EM MATÉRIA DE PRECEDENTES

Antes de enveredarmos por outras comparações sobre a prática dos precedentes no Brasil e nos Estados Unidos, impõe-se relembrar algumas ideias básicas sobre seus principais institutos, já mencionadas de forma esparsa anteriormente. Repisamos que não há, entretanto, qualquer pretensão de adentrar em maiores detalhes de ordem teórico-acadêmica, cujo exaurimento exigiria volumoso compêndio. Dentro do escopo desta obra, teceremos apenas alguns breves comentários sobre a relação entre precedentes e lei nos EUA e no Brasil, bem como *ratio decidendi, obiter dictum* (*dicta*, no plural), analogia (*analogy*), superação (*overruling*) e distinção (*distinguishing*).

7.1. Relação entre leis e precedentes no Common Law

Além do precedente vinculante e do júri (este já abandonado na Inglaterra do séc. XX mas constitucionalmente garantido nos EUA mesmo para os casos cíveis), a outra característica mais marcante dos sistemas de *common law* é a diferente atitude em relação à norma legislada, e sua relação com o precedente judicial.

Ao contrário do que seria presumível, as jurisdições do *common law* têm atualmente mais áreas do direito reguladas por leis em sentido formal (*statutory law*) do que pelo *common law* (no sentido de área do direito não legislada, regida apenas por precedentes). Cada estado americano, e.g., possui tantas leis quanto um país da tradição de *civil law*. Multiplicando-se tal quantidade por 51 (50 estados, mais a jurisdição federal), chegar-se-á a um número surpreendente de leis nos EUA.(183) Entretanto, as leis são usadas de forma diferente do que nos sistemas de *civil law*. Observando as leis federais americanas, por exemplo, nota-se que são mais extensas, complexas ou empoladas com repetições aparentemente desnecessárias em relação àquelas dos sistemas de *civil law*. Tomemos como exemplo o artigo da Lei dos Direitos Civis de 1964 (mencionada no caso *Harris v. Forklift, item 9.7* a seguir), que define práticas discriminatórias no emprego:

> 42 U.S. Code § 2000e-2 — Unlawful employment practices
>
> (a) **Employer practices** — It shall be an unlawful employment practice for an employer —
>
> (1) to fail or refuse to hire or to discharge any individual, or otherwise to discriminate against any individual with respect to his compensation, terms, conditions, or privileges of employment, because of such individual's race, color, religion, sex, or national origin; or
>
> (2) to limit, segregate, or classify his employees or applicants for employment in any way which would deprive or tend to deprive any individual of employment opportunities or otherwise adversely affect his status as an employee, because of such individual's race, color, religion, sex, or national origin.
>
> (b) **Employment agency practices** — It shall be an unlawful employment practice for an employment agency to fail or refuse to refer for employment, or otherwise to discriminate against, any individual because of his race, color, religion, sex, or national origin, or to classify or refer for employment any individual on the basis of his race, color, religion, sex, or national origin.
>
> (c) **Labor organization practices** — It shall be an unlawful employment practice for a labor organization —
>
> (1) to exclude or to expel from its membership, or otherwise to discriminate against, any individual because of his race, color, religion, sex, or national origin;

---

(183) BURNHAM, William. *Introduction to the Law and Legal System of The United States*. 4. ed. Saint Paul: Thomson/West, 2006. p. 50.

> (2) to limit, segregate, or classify its membership or applicants for membership, or to classify or fail or refuse to refer for employment any individual, in any way which would deprive or tend to deprive any individual of employment opportunities, or would limit such employment opportunities or otherwise adversely affect his status as an employee or as an applicant for employment, because of such individual's race, color, religion, sex, or national origin; or
>
> (3) to cause or attempt to cause an employer to discriminate against an individual in violation of this section.[184]

Veja-se que, para definir os atos discriminatórios, ao invés de aglutinar em um mesmo dispositivo as práticas discriminatórias de empregador (*employer*), agência de emprego (*employment agency*) ou sindicato (*labor organization*), quiçá com menos detalhes, em uma redação mais aberta, optou o legislador por descrever as práticas ilícitas com grande detalhamento, separadamente para cada uma das entidades (empregador, agência ou sindicato), ao custo de uma redação mais prolixa e com diversas repetições. Por exemplo, o elenco das classes protegidas — raça, cor, religião, sexo e origem nacional — vem repetido seis vezes, apenas no pequeno trecho transcrito anteriormente. A Lei dos Direitos Civis é bastante longa, praticamente um código, graças a tal forma de redação.

Na concepção continental, influenciada pela Revolução Francesa, foi desenvolvida um ideia de exclusividade do direito oriundo do poder legislativo, devendo a legislação ser codificada de forma exaustiva, buscando evitar a criação do direito pelos juízes. No entanto, com o tempo, inevitavelmente surgiram lacunas para colmatar, seja por descuido do legislador, seja pelo próprio decurso do tempo e obsolescência da norma. Juízes naturalmente criaram a regra que colmatava a lacuna, para o caso concreto, justificando-a como mera interpretação do código, dado o princípio de que o código deveria ser tido como completo ou exaustivo. Tal flexibilidade hermenêutica acabou dando maior sobrevida aos códigos, que por tal razão costumam conter diversas cláusulas abertas.[185]

Nos sistemas anglo-saxônicos, entretanto, a presunção é inversa. Nestes, o corpo de direito jurisprudencial chamado de *common law* formou-se antes de existir um corpo expressivo de leis escritas, presumindo-se que já era completo, regulando todas as relações. As leis escritas tinham escopo limitado, apenas para alterar ou revogar um ponto de direito explicitamente mencionado. Na metáfora do comparativista Burnham, as leis seriam como pedras jogadas em um balde cuja água seria o direito jurisprudencial do *common law*. A cada pedra jogada (e atualmente há mais pedras do que água), a água lhe daria lugar mas preencheria todos os espaços vazios ou rachaduras das pedras. Assim, não seria necessário nem cabível interpretar um estatuto além de sua literalidade, já que na sua falta, se aplicaria o *common law*, e não uma extensão da norma por analogia ou por princípios inferidos da mesma. Enquanto que nos códigos dos países de civil law, um artigo que contenha uma cláusula geral pode dar margem a todo um ramo de direito,[186] na tradição do *common law*, tais princípios gerais são inferidos apenas dos precedentes, já que os *statutes* são lidos restritivamente, com ênfase na máxima *expressio unius est exclusio alterius* (a menção a um item faz presumir a exclusão dos itens não mencionados).[187]

Tal atitude de resistência tem explicações históricas. Quando a atividade legiferante do Parlamento inglês passou a ser mais substancial ou desenvolvida, os juízes tinham o *common law* como suficiente e viam tal atuação como uma interferência indevida. Burnham cita observação do conhecido jurista Sir Frederick Pollock, no sentido de que "*o Parlamento geralmente*

---

(184) 42 U.S. Code § 2000e–2, do Título VII da Lei dos Direitos Civis, consolidado no *US Code*. Disponível, e.g., em: <https://www.law.cornell.edu/uscode/text/42/2000e%E2%80%932>.

(185) BURNHAM, *op. cit.*, p. 50.

(186) Como é o caso da responsabilidade civil, tanto do direito francês quanto no brasileiro.

(187) BURNHAM, *op. cit.*, p. 51-52.

muda o direito para pior, e ... a função do juiz é manter o dano de tal interferência dentro dos limites mais estreitos possíveis."(188) Diante de tal quadro, o Parlamento inglês reagiu explicitando com o máximo nível de detalhe suas intenções, o que tornou as leis inglesas detalhadas e complexas, incompatíveis com interpretações expansivas. Nos Estados Unidos, inicialmente não houve tamanha animosidade em face das leis escritas. Antes pelo contrário, como com a independência o *common law* inglês foi recepcionado, o sentimento anti-inglês da época encorajava a edição de leis que substituíssem tais resquícios da metrópole. Já na primeira metade do século XX, interpretação extremamente restritiva das leis e da constituição foi usada pelos juízes conservadores para obstaculizar a legislação social que vinha sendo implementada. Na atualidade, em que pese tais circunstâncias históricas tenham esmaecido, remanesce a presunção de que o *common law* é a base do direito, revogado ou alterado por leis especiais lidas restritivamente, não obstante a maior parte do direito estar agora pesadamente regulado por leis.(189)

7.2. Diferente relação entre leis e precedentes no Civil Law e no Common Law não impedem a adoção da vinculação aos precedentes aqui

Em nosso entender, entretanto, tais diferenças entre ambos os sistemas, na forma como relacionam lei e precedentes, não trazem qualquer problema para o esforço brasileiro de adoção do precedente vinculante. A utilidade da estabilização da jurisprudência através do *stare decisis*, em ambos os casos, é a mesma. Vejamos.

Em nosso sistema, que nesse ponto não foi alterado (e nem poderia, já que ancorado em norma constitucional), inexiste presunção de que existia um direito costumeiro nem um direito jurisprudencial desde tempos imemoriais, que antecede a lei escrita. Antes pelo contrário, se presume que o sistema está totalmente regulado por leis escritas — ainda que, à falta de lei específica, reja-se pelas normas escritas de maior hierarquia, os princípios e valores insculpidos na Constituição. Tais princípios e axiomas constitucionais irradiam o fundamento de validade de todo o sistema, ainda que não estejam regulamentados por lei ordinária ou complementar, conforme doutrina dominante atual, sendo diretamente aplicáveis à falta de lei em sentido estrito sobre um determinado tema. Logo, diante de uma lacuna na lei, o juiz brasileiro e o do *common law* chegariam a resultado equivalente.Vejamos.

O juiz de *common law* interpreta restritivamente a lei escrita e, à falta de norma explícita, se socorre nos precedentes, ou mesmo cria uma solução nova em se tratando de caso nunca antes enfrentado (*case of first impression*), utilizando analogia (*analogizing*) ou distinção (*distinguishing*) com outros casos de fatos similares, bem como argumentos de política judiciária (*policy*), examinando se a solução proposta pelas partes é a melhor regra a ser construída, inclusive à vista de seus efeitos, se aplicada prospectivamente, em casos futuros. Dada a generalização das leis escritas, na atualidade, um juiz de *common law* não utilizará apenas precedentes para guiar sua decisão, examinando todo o contexto normativo do caso concreto.

Já o juiz brasileiro, embora percorra caminhos hermenêuticos um pouco diversos, se utilizará de fontes similares e atingirá resultado também similar. Veja-se que na antiga Lei de Introdução ao Código Civil, agora Lei de Introdução às Normas do Direto Brasileiro,(190) seu art. 4º estatui que "*quando a lei for omissa, o juiz decidirá o caso de acordo com a analogia, os costumes e os princípios gerais de direito.*" Já o art. 5º da mesma norma determina que em

---

(188) POLLOCK, Sir Frederick. *Essays on Jurisprudence and Ethics*, p. 85 (1882). Citado por BURNHAM, *op. cit.*, p. 51-52.
(189) BURNHAM, *op. cit.*, p. 52-53.
(190) Decreto-Lei n. 4.657/42.

toda a aplicação de norma o juiz atenda "*aos fins sociais a que ela se dirige e às exigências do bem comum*", portanto respeitando sua interpretação teleológica e considerações de política judiciária. Finalmente, ainda que não conste expressamente de tal art. 5º, toda a aplicação de norma deve passar pelo filtro dos princípios constitucionais, que informam todo o sistema (e que não se confundem com os princípios gerais de direito que não tenham status constitucional e, portanto, servem apenas para a colmatação de lacunas, conforme art. 4º). Na seara especializada trabalhista a situação é similar, conforme art. 8º da CLT, que determina, em caso de falta de normas legais on contratuais específicas, que se decida "*pela jurisprudência, por analogia, por equidade e outros princípios e normas gerais de direito, principalmente do direito do trabalho, e, ainda, de acordo com os usos e costumes, o direito comparado, mas sempre de maneira que nenhum interesse de classe ou particular prevaleça sobre o interesse público.*"

Vê-se pois que o julgador pátrio possui também grande flexibilidade de fontes ao seu dispor. A diferença, antes do CPC 2015, é que na ausência de norma diretamente aplicável, geralmente priorizaria outras normas, para aplicação análoga, ou princípios constitucionais, ou princípios gerais de direito, socorrendo-se da jurisprudência em caráter persuasivo, inspirando e corroborando sua argumentação. O julgador de *common law*, todavia, à míngua de uma norma positivada explícita sobre o ponto em discussão, lhe daria interpretação restritiva e partiria imediatamente para a jurisprudência como fonte de direito primária, vinculante, em que pese de hierarquia inferior à da lei formal. Ademais, além do caráter vinculante da jurisprudência do *common law*, outras diferenças seriam a maior dificuldade de leitura dos extensos e convolutos estatutos típicos em tal sistema, bem como o fato de que as analogias e princípios de direito são extraídos dos precedentes, e não das leis formais.

Finalmente, registre-se que adotar a vinculação de determinados precedentes, na sistemática do CPC 2015, não quer dizer que abandonaremos nossa cultura jurídica e abraçaremos o *common law*, com todas as premissas e sistema hermenêutico ventilados anteriormente. Antes pelo contrário, a alteração em nada afeta a lei formal como ponto de partida, nem o uso de todas as técnicas hermenêuticas a que estamos habituados, apenas acrescentando-se mais uma camada. Já consultávamos habitualmente a jurisprudência em determinado ponto de direito, a diferença agora é que, havendo jurisprudência já unificada e vinculante, a teremos de seguir (*follow*) salvo se os respectivos fatos necessários forem distinguíveis (*distinguishable*) daqueles do caso sob julgamento.

7.3. Ratio decidendi

Segundo o tradicional *Black's Law Dictionary*, *ratio decidendi* é "*o fundamento da decisão..., o ponto de um caso que determina o julgamento.*"(191) É termo latino que literalmente significa razão de decidir — mais usado na Inglaterra. Nos Estados Unidos mais comumente referido como *rule* (regra) ou *ruling* (decisão, no sentido de conclusão de direito, não no sentido de desfecho), e principalmente *holding*. *To hold* significa, entre outros usos jurídicos, "*...ato de julgar ou decidir, por uma corte, ou especialmente o de declarar uma conclusão de direito a que chega a corte como consequência jurídica dos fatos revelados no caso.*"(192) Assim, *holding* é a solução de uma questão de direito a que chega uma corte baseada nos fatos da controvérsia apresentada. Embora *holding* também possa ser traduzido como decisão, não se confunde com a decisão como um todo — ou sentença, acórdão (*opinion*) — mas apenas com o "*princípio*

(191) *The ground of decision. The point in a case which determines the judgment.* BLACK, Henry Campbel. *Black's Law Dictionary*. 4 ed. revisada, West Publishing, St. Paul, 1968. p. 1429.

(192) ... 3. *To adjudge or decide, spoken of a court, particularly to declare the conclusion of law reached by the court as to the legal effect of the facts disclosed. Ibidem*, p. 864.

de direito a ser extraído da opinião (decisão) da corte."[193] Em que pese *ratio decidendi* seja menos utilizado na doutrina e prática americana do que *holding*, bem como ainda que esta obra foque o estudo comparativo nos Estados Unidos, optaremos por fazer referência ao termo *ratio decidendi*, já consagrado na doutrina nacional.

Conceito central do *common law* há pelo menos 400 anos, *ratio decidendi* — em contraste com seu anônimo, *obiter* ou *gratis dicta* — tem sido reiteradamente definido como a parte essencial ou necessária de uma decisão, da qual depende sua conclusão. Veja-se em tal sentido, por exemplo, a definição do célebre juiz inglês Halsbury, em seu tratado de 1907:

> Pode-se estabelecer como uma regra geral que é vinculante sobre as cortes de jurisdição coordenada e cortes inferiores apenas a parte da decisão de uma corte que consiste no enunciado da razão ou princípio sobre o qual a questão controvertida realmente foi determinada. Este princípio subjacente que forma o único elemento vinculante de um precedente é frequentemente chamado ratio decidendi.[194]

Ratio decidendi é, ao nosso ver, o conceito mais importante da doutrina de precedentes vinculantes, definidor de toda a sua dinâmica. Como examinaremos adiante, sua correta identificação determina quais padrões decisórios serão obrigatoriamente repetidos no futuro, e quais são meros coadjuvantes na decisão. A limitação da autoridade vinculativa (*binding authority*) à *ratio decidendi* é a chave para garantir o equilíbrio entre a estabilidade da jurisprudência e a preservação da independência funcional do juiz, uma das garantias máximas de nossa democracia, evitando que se permita que decisões abstratas e desvinculadas dos casos concretos possam vincular a juízes como se lei fossem. Antes pelo contrário, cabe ao próprio juiz do caso posterior, ao interpretar os precedentes, compreender o alcance de sua proposição jurídica em seu contexto fático, verificando sua compatibilidade com o caso posterior e, portanto, evitando que este seja regido por entendimentos excessivamente abrangentes ou abstratos, inapropriados para os fatos concretos do novo caso.

Considerando a importância do instituto, nos deteremos nele um pouco mais, iniciando por distingui-lo de *obiter dicta* e de coisa julgada, bem como aprofundando a justificativa para uma limitação do efeito vinculante, já ventilada ateriormente. Prosseguiremos então com os conhecidos métodos de Wambough, de Goodhart e de Schauer para a identificação da *ratio decidendi*, e ao final apresentaremos alguns exemplos práticos sugeridos pela doutrina.

7.3.1. Distinguindo *ratio decidendi* de *obiter dictum* e de coisa julgada

De início, é importante que se tenha em mente que *ratio decidendi* não se confunde com coisa julgada, bem como a dicotomia *ratio decidendi — obiter dictum*.

A coisa julgada possui o efeito de imutabilidade dentro do processo, bem como impede a repetição da mesma demanda entre as mesmas partes em processos futuros. É o que dá à decisão força de lei entre as partes, quanto ao resultado da questão principal decidida,

---

(193) "*... legal principle to be drawn from the opinion (decision) of the court.*" BLACK, Henry Campbel. *Black's Law Dictionary*. 5. ed., 1979, p. 658. Disponível em: <https://en.wikipedia.org/wiki/Holding_(law)>.

(194) HALSBURY, Earl of. *Laws of England*, v. 18, 1907, p. 210, *apud* GOODHART, Arthur L. Determining the ratio decidendi of a case. *The Yale Law Journal*, v. 40, n. 2, p. 161, 1930. A dicotomia entre *ratio decidendi* e *obiter dictum* ou *gratis dictum* é, entretanto, bem mais antiga. Veja-se por exemplo menção à mesma desde 1673, quando o juiz inglês Vaughan, C. J., afirmava que "*uma decisão dada na corte, se não necessária ao julgamento nos autos, o qual poderia ter sido prolatado sem ou com contrária decisão, não é uma decisão judicial, mas mero* gratis dictum." VAUGHAN, C.J., *in Bole v. Horton* (1673) Vaugh. p. 360, 382, *apud* DUXBURY, Neil. *The nature and authority of precedent*. Ed. Cambridge University Press, 2008. p. 67.

bem como quanto à questão prejudicial decidida expressamente (art. 503 do CPC).(195) Não são dotados da imutabilidade ou vinculação interna, como coisa julgada, os motivos, mesmo aqueles necessários para que se compreenda o alcance da parte dispositiva da sentença, nem a verdade dos fatos estabelecida como fundamento da decisão (art. 504).

Em contraste, *ratio decidendi*, ou *holding*, não tem relação com o próprio processo ou com as respectivas partes, mas sim com *casos futuros, entre quaisquer partes*, devendo-lhes ser aplicado o mesmo fundamento determinante do precedente, desde que em idêntica ou analógica situação fática. Outrossim, enquanto para a coisa julgada o que vincula é em regra é a parte dispositiva, no sistema de precedentes vinculantes não é a *disposition* (tutelas deferidas ou indeferidas, parte dispositiva da decisão), mas sim as razões de decidir que vinculam.(196)

Quanto à distinção entre *ratio decidendi* e *obiter dictum*, podemos dizer que este último é a parte do julgado que não terá efeitos vinculantes futuros, por isso "dito para morrer",(197) ou seja, tudo que não integra a *ratio decidendi* (razão de decidir ou fundamento determinante, termo adotado em nosso CPC), um conceito residual ou por exclusão. Logo, encontrando-se a *ratio decidendi*, o restante da decisão, do ponto de vista precedencial, é *obiter dictum* (ou *dicta*, no plural). O juiz Vaughan, C.J., em 1673, dizia que "*uma decisão dada na corte, se não necessária ao julgamento nos autos, o qual poderia ter sido prolatado com ou sem contrária decisão, não é uma decisão judicial, mas mero* gratis dictum."(198) Em que pese não haja atualmente dúvida de que o *obiter dictum* (também referido como *gratis dictum*) seja considerado parte da decisão,(199) o teste apresentado não é considerado especialmente confiável,(200) e encontrar com precisão *a ratio decidendi* não é tarefa fácil, como veremos.

7.3.2. Identificando a *ratio decidendi* ou *holding*

Para Cross e Harris, em que pese entenderem ser impossível encontrar uma fórmula exata para a obtenção da *ratio decidendi*, arriscaram-se em propor uma descrição "toleravelmente precisa":

> A *ratio decidendi* do caso é qualquer regra de direito expressa ou implicitamente tratada pelo juiz como passo necessário em atingir sua conclusão, na linha de raciocínio por ele adotada, ou parte necessária das instruções de direito passadas ao júri.(201)

---

(195) Desde que a questão prejudicial decidida expressa e incidentemente no processo (art. 503, § 1º, do CPC) tenha sido necessária ao julgamento do mérito (I), tenha sido objeto de contraditório prévio e efetivo (II), o juízo tenha competência para julgá-la como questão principal (III), e caso o processo não tenha restrições probatórias que tenham impedido o aprofundamento da análise da questão prejudicial (e.g., juizados especiais etc.).

(196) E necessária uma pequena ressalva quanto às questões prejudiciais, pois sob o regime do novo código estas poderiam ao mesmo tempo ter o efeito vinculante inter partes da coisa julgada, e também o efeito vinculante quanto a casos futuros, mas tal possibilidade é bastante reduzida. Com o CPC de 2015, art. 503, § 1º, agora a questão prejudicial necessária, submetida a contraditório e necessária ao deslinde da causa, passa a ser dotada de eficácia de coisa julgada independente de requerimento das partes, situação em que tal parte do julgado poderia ao mesmo tempo integrar a coisa julgada e possuir efeitos vinculantes como precedente. No entanto, como o rol de precedentes vinculantes no Brasil é bastante limitado, é provável que as questões que cheguem ao ponto de receber julgamento sob uma das modalidades que gera vinculação, conforme art. 927 do CPC, sejam pontos específicos e delimitados da controvérsia existente no caso concreto original, reduzindo a chance de questões prejudiciais cheguem a ter sua solução dotada de eficácia vinculante, salvo sejam justamente elas o objeto de divergência jurisprudencial a ser unificada.

(197) NOGUEIRA, Gustavo Santana. *Stare Decisis et Non Quieta Movere*: A Vinculação dos Precedentes no Direito Comparado e Brasileiro. Lumen Juris, 2011. p. 170.

(198) VAUGHAN, C. J., *in Bole v. Horton* (1673) Vaugh. p. 360, 382, *apud* DUXBURY, Neil. *The nature and authority of precedent*. Cambridge University Press, 2008. p. 67.

(199) CROSS, Rupert; HARRIS, J. W. *Precedent in English Law*. 4. ed. Oxford University Press, 1991 (reimpressão em 2014, Nova Deli). p. 41.

(200) DUXBURY, Neil. *The nature and authority of precedent*. Cambridge University Press, 2008. p. 67.

(201) CROSS, Rupert; HARRIS, J. W. *Precedent in English Law*. 4. ed. Oxford University Press, 1991 (reimpressão em 2014, Nova Deli). p. 72.

Tais autores, entretanto, citam a observação que tal definição recebeu de MacCormick, no sentido de que ao invés de regra de direito, deveria utilizar decisão ou conclusão em um ponto de direto (*ruling on a point of law*), já que, e.g., leis citadas no julgado mas cuja interpretação não esteja sob debate, não integram a *ratio decidendi*.(202) Cross e Harris observam ainda, citando Montrose, que o termo *ratio decidendi* pode ser usado em dois sentidos: (1) a regra de direito para a qual o caso é considerado autoridade vinculante; e (2) a regra de direito encontrada na própria decisão (*opinion*) do juiz, formando a base de sua decisão.(203) Tais autores refletem que embora frequentemente inexista distinção entre as duas situações, há exceções, como quando a corte posterior sintetiza uma regra a partir da soma de vários precedentes, ou quando a corte anterior formulou a *ratio* em termos excessivamente amplos ou abstratos, ensejando interpretação restritiva pela corte posterior, limitando aquele estritamente a seus fatos originais.(204)

Cada autor que escreve nesta área de precedentes tem sua própria definição de *ratio decidendi*, mas em geral tais definições não são muito distantes do debatido anteriormente, todos focando na necessariedade da proposição jurídica para a decisão final. Como mais um exemplo, temos Whittaker, para quem

> A *ratio decidendi* de uma decisão — ou seus fundamentos — pode ser definida como a proposição de direito necessária para se dispor de um caso em conformidade com seus fatos.(205)

Tais definições, em que pese permitam uma ideia ou compreensão do instituto, são um tanto vagas para, na prática, orientar o aplicador do direito sobre como extrair a *ratio decidendi* de um precedente, ou para verificar se a *ratio decidendi* aparentemente enunciada pela corte anterior realmente pode ser considerada como tal. A doutrina tem se debruçado sobre o tema há muitas décadas sem uma resposta definitiva, apresentando soluções que se centram mais da aferição da necessariedade de determinada conclusão de direto para o resultado da demanda, na esteira do teste de Wambaugh, ou em uma análise quase matemática da questão, ancorando a aferição da *ratio decidendi* nos fatos e resultado (*facts plus outcome*), conforme proposto por Goodhart.

7.3.2.1. O teste da inversão de Wambaugh

Embora não destoasse dos seus contemporâneos na maioria das considerações que fez acerca da busca pela *ratio decidendi*, Wambaugh ficou mais conhecido pelo chamado teste da inversão, que embora não tivesse a pretensão de ser completo ou exauriente, tornou-se popular em razão de sua simplicidade:

> Primeiro, delineie cuidadosamente a proposição de direito. Então insira na proposição uma palavra que inverta seu sentido. A seguir, inquira se a corte tivesse concebido tal proposição e a tivesse em mente, a decisão poderia ter sido a mesma. Se a resposta for afirmativa, não importa o quão excelente for a proposição original, o caso não é um precedente para tal proposição, mas se a resposta for negativa, o caso é precedente para a proposição original e possivelmente para outras proposições também. Em suma, quando a solução de um caso depende apenas de um ponto [de direito controvertido], a

---

(202) MACCORMICK, Neil. Why cases have rationes and what these are. In: *Precedent in law*. Goldstein, p. 179, *apud* CROSS; HARRIS, p. 72. Cross e Harris acatam a observação mas respondem que utilizaram o termo *rule* como sinônimo de *ruling*. *Ibidem*.

(203) MONTROSE. Annual Law Review of the University of Western Australia, 1953, p. 319, *apud* CROSS; HARRIS, p. 72.

(204) *Idem*, p. 73, citando WILLIAMS, Glanville. *Learning the Law*. 11. ed. p. 75.

(205) WHITTAKER, Simon; BANFI DEL RÍO, Cristian (trad.). El precedente en el derecho inglés: una visión desde la ciudadela. *Revista chilena de derecho*, v. 35, n. 1, p. 49-50, 2008.

razão de decidir, a *ratio decidendi*, deve ser uma regra sem a qual o caso teria sido decidido de outra forma. Como mostraremos adiante, a proposição, para ter força plena vinculante, deve ter ainda outras marcas[206] (sublinhado nosso).

Para Cross e Harris, a exortação para que se delineie cuidadosamente a proposição de direito, sem indicar como fazê-lo, e a sua limitação a questões decididas como base em apenas uma proposição de direito, retiram a maior parte de seu valor.[207] Quanto à limitação a questões decididas apenas com uma *ratio decidendi*, tal se dava porque caso a decisão tivesse duas ou mais razões de decidir independentes, cada uma suficiente para sustentar a decisão, a mera reversão semântica de uma de tais proposições não alteraria a decisão. Assim, a aplicação do teste a questões com *rationes* isoladamente suficientes para a decisão resultaria em um "falso negativo", com todas tais *rationes* aparentando serem *dicta*. No entanto, Wambaugh explica em seu livro (destinado ao treinamento na habilidade de identificar *ratio*, *dicta*, e o peso autoritativo dos precedentes), sugeriu que em tal caso, as múltiplas *rationes* seriam identificados pelo histórico processual: em uma determinada demanda, se o sucumbente em primeiro grau apelasse indicando dois pontos de erro (*points of error*), cada qual suficiente para gerar a reforma, o acórdão que rejeitasse ambos os pontos seria precedente para ambos. Da mesma forma, se acolhesse expressamente a ambos, ou apenas uma das alegações de erro, seria precedente para estes expressamente acolhidos. No entanto, se houvesse o provimento do apelo sem clareza quanto a qual dos argumentos de direito foram acolhidos, o acórdão não teria força precedencial quanto a nenhum.[208]

7.3.2.2. Outras quatro "marcas" indicativas da **ratio decidendi**, *segundo Wambaugh*

Embora o teste acima seja a contribuição mais famosa de Wambaugh, citada pela quase totalidade da doutrina, o próprio autor deixou claro que tal teste não era exauriente, dependendo da existência de outras "marcas" para que uma proposição de direito tivesse força plena como precedente. Teceu quatro observações principais, consentâneas com a doutrina e prática majoritária relativa a precedentes, a fim de orientar a identificação da *ratio decidendi*, ou "doutrina do caso", como referia, orientações estas que remanescem atuais.[209] São elas, em suma:

(I) *"A corte deve decidir o caso concreto que se lhe apresenta,"* no sentido de que, como a função da corte é decidir os casos concretos diante de si, não tendo força de precedente suas razões quanto a questões hipotéticas ou pedidos sucessivos (cujo julgamento seja desnecessário em razão do provimento do pedido anterior).

(II) *"A corte deve decidir o caso conforme uma 'doutrina geral.'"* Explica o autor que, como inexistem dois casos exatamente idênticos, não haveria como seguir precedente se isto dependesse exclusivamente de absoluta identidade fática. Logo, existiria um princípio subjacente à decisão (*'doutrina geral')*, que deveria ser observado em casos futuros similares. Observe-se que o termo "geral" está aqui mal empregado, já que o autor apenas pretende não limitar tal "doutrina" aos fatos exatos do caso concreto, mas nunca legitimar a construção de regras gerais e abstratas através de decisões judiciais, conforme já referido no tópico anterior. Para equilibrar o atrelamento da *ratio* aos fatos, mas sem uma restritividade que a torne inútil, sugere que se retirem da *ratio* circunstâncias juridicamente não essenciais, construindo a proposição a apenas a partir das circunstâncias fáticas essenciais.[210]

---

(206) WAMBAUGH, Eugene. The study of cases: a course of instruction in reading and stating reported cases, composing head-notes and briefs, criticising and comparing authorities, and compiling digests. 2. ed. Little, Brown & Co., 1894. p. 17.
(207) CROSS, Rupert; HARRIS, J. W. *Precedent in English Law*. 4. ed. Oxford University Press, 1991 (reimpressão em 2014, Nova Deli). p. 52.
(208) WAMBAUGH, Eugene. The study of cases: a course of instruction in reading and stating reported cases, composing head-notes and briefs, criticizing and comparing authorities, and compiling digests. 2. ed. Little, Brown & Co., 1894. p. 30-34.
(209) *Ibidem*, p. 18.
(210) *"A proposição de direito pela qual um caso é vinculante* (authority) *é a proposição que descarta as circunstâncias não essenciais e declara a regra com relação às essenciais,"* diz Wambaugh, embora reconheça que distinguir os fatos essenciais dos não-essenciais é tarefa difícil. *Ibidem*, p. 15-16.

(III) "*As palavras usadas pela corte não são necessariamente a doutrina do caso,*" já que, "*as palavras dos juízes que extrapolem a doutrina precisamente necessária para a decisão, expondo regra diversa, ou regra excessivamente ampla, constituem meros* dicta."[211]

(IV) "*A doutrina do caso deve ser a doutrina que esteve na mente da corte,*" não se conjecturando de efeitos precedenciais sobre teses possíveis mas ignoradas pela corte. Ainda que certos pontos de direito mais óbvios possam não ser mencionados expressamente, só possuem efeitos precedenciais se ficar claro que integraram a deliberação.[212] Nesta parte, entretanto, Goodhart provou estar Wambough equivocado, listando em seu trabalho diversos casos julgados com base em premissas ou entendimentos jurídicos errados, que acabaram se tornando precedentes por outros motivos quiçá nem cogitados por seus autores — em decorrência da extração de princípios dos fatos e resultado dos casos, em conformidade com a teoria do *common law*.[213] No entanto, mantém-se válida a observação de Wambough, no mesmo tópico, de que se a linguagem da corte foi mais ampla ou genérica, considerando que foi usada tendo-se em mente a decisão de um caso concreto específico, tal linguagem deve ser interpretada e limitada pelos fatos de tal caso concreto.[214]

Enfim, ainda que o teste de Wambough não forneça uma solução completa, é bastante intuitivo e simples, ressalvada a hipótese de decisão com dois ou mais *rationes* independentes. Tal teste, assim como suas demais considerações sobre a identificação da *ratio decidendi* permanece útil até a atualidade, ao menos como um teste negativo, para que se tenha certeza de que determinada proposição **não é** a *ratio decidendi*.

7.3.2.3. Goodhart, e a busca de regras mais concretas para a identificação da parte vinculante da decisão

Criticando o estado da doutrina de então, que se limitava a afirmar que *ratio decidendi* era e.g., o fundamento "*cuja formação é necessária para a decisão de um caso particular*",[215] sem tentativas estabelecer regras pelas quais a *ratio* poderia ser determinada, Goodhart publicou em 1930 precursor trabalho em que buscava regras mais concretas de interpretação dos casos. Como bem observou Marinoni, "*este ensaio, intitulado* Determining the ratio decidendi of a case [Yale Law Journal, 1930], *tornou-se a base de todas as investigações posteriores acerca do tema no common law,*"[216] citando exemplificativamente Duxbury, no mesmo sentido.[217]

Para nós, em um momento de inserção de técnicas do *common law* em nosso ordenamento, Goodhart se afigura como uma valiosa referência, uma vez que familiarizado com o funcionamento do *common law* em seus dois mais notórios sistemas, o americano (Goodhart nasceu nos Estados Unidos e teve sua formação Yale) e o inglês (ocupando a cátedra

---

(211) *Ibidem*, p. 24.
(212) *Ibidem*, 20-27.
(213) GOODHART, Arthur L. Determining the ratio decidendi of a case. *The Yale Law Journal*, v. 40, n. 2, p. 163, 1930.
(214) WAMBOUGH, p. 20-27.
(215) "*It must be observed that at the Common Law not every opinion expressed by a judge forms a Judicial Precedent. In order that an opinion may have the weight of a precedent, two things must concur: it must be, in the first place, an opinion given by a judge, and, in the second place, it must be an opinion the formation of which is necessary for the decision of a particular case; in other words, it must not be obiter dictum.*" GRAY, John Chipman. *The nature and sources of the law*. 2. ed., 1921. p. 261, *apud* GOODHART, Arthur L. Determining the ratio decidendi of a case. *The Yale Law Journal*, v. 40, n. 2, p. 161, 1930.
(216) MARINONI, Luiz Guilherme. *Uma nova realidade diante do Projeto de CPC*: a *ratio decidendi* ou os fundamentos determinantes da decisão. Interesse Público — IP, Belo Horizonte, ano, v. 15, 2013.
(217) "*Não obstante o ensaio de Goodhart pertencer a uma época diferente — fórmulas para a determinação da* ratio decidendi *de um caso tendem a parecer um tanto quanto fossilizadas atualmente — deve-se notar que muitos acadêmicos e juízes aceitavam, e provavelmente continuam aceitando, a concepção por ele criada.*" DUXBURY, Neil. *The nature and authority of precedent*. Cambridge University Press, 2008. p. 83, *apud* MARINONI, Luiz Guilherme. *Uma nova realidade diante do Projeto de CPC*: a *ratio decidendi* ou os fundamentos determinantes da decisão. Interesse Público — IP, Belo Horizonte, ano, v. 15, 2013.

de *Jurisprudence* em Oxford, onde foi sucedido por Hart e posteriormente Dworkin). Diante da centralidade da identificação da *ratio decidendi* para o tema dos precedentes, e da importância das orientações de Goodhart até a atualidade, nos deteremos um pouco mais em sua doutrina.

7.3.2.4. *A* RATIO DECIDENDI *NÃO COINCIDE NECESSARIAMENTE COM A FUNDAMENTAÇÃO EXPLICITADA*

Goodhart inicia criticando o próprio termo *ratio decidendi* como sendo enganoso, já que as razões explicitadas no precedente nunca são a sua parte vinculante. Observando na prática (antiga e contemporânea) o tratamento dado pelas cortes aos precedentes, diz que, em inúmeras decisões, a lógica argumentativa, a análise de precedentes ou a explicitação do contexto histórico podem estar incorretos, e ainda assim o caso se torna precedente, materializando um princípio definido e válido de direito que se torna tão vinculante quanto os casos em que a fundamentação estava correta.[218] Adverte que, embora possa parecer estranho para aqueles não familiarizados com a teoria do *common law*, foram precisamente alguns dos casos decididos sob premissas ou razões incorretas que se tornaram os mais importantes precedentes, materializando novos princípios que talvez tenham passados mal compreendidos ou despercebidos por seu próprio prolator.[219]

Tal autor sintetiza várias motivos pelos quais "a primeira regra para descobrir a *ratio decidendi* de um caso é que não deve ser buscada nas razões sobre as quais o juiz baseou sua decisão". Observa que, no direito inglês, a responsabilidade civil (área do direito não legislada, dependente principalmente de precedentes) evoluiu em grande parte a partir de precedentes com razões equivocadas, da mesma forma que direito de propriedade (área pouco legislada, com origem no direito consuetudinário medieval e precedentes antigos), cujos precedentes frequentemente se basearam em incorreta pesquisa histórica.[220] Além de possíveis erros de direito ou de pesquisa histórica, outro motivo para não atrelar o efeito vinculante a uma regra "enunciada" ou "posta" na decisão precedente[221] é que existem (no direito anglo-saxão) decisões sem fundamentação, ou em que a enunciação das razões de direito pode ser feita em termos excessivamente abstratos e amplos, ou mesmo excessivamente estreitos, restritivos[222] (o que pode ser referido como *overinclusive* e *underinclusive*, respectivamente).

7.3.2.4.1. FUNDAMENTAÇÃO AUSENTE OU OBSCURA, INCOMPLETA

Comparando tais situações às de nosso ordenamento, observa-se que por aqui acórdãos sem fundamentação não são permitidos — a falta de fundamentação é causa de nulidade (CRFB, art. 93, IX). Entretanto, é possível pensar em casos em que, não estando a fundamentação clara, seria necessário buscar os fatos concretos que ensejaram a formação de tal precedente (talvez conforme mencionados nas decisões de instâncias inferiores, ou mesmo nos autos) para guiar sua aplicação a casos futuros — já que não se pode interpretar a literalidade das palavras de um precedente, como se fosse a norma geral e abstrata de um texto de lei. A interpretação e aplicação de um precedente sempre depende da compatibilidade dos fatos do caso precedente com os do caso posterior.

---

(218) GOODHART, Arthur L. Determining the ratio decidendi of a case. *The Yale Law Journal*, v. 40, n. 2, p. 162, 1930.

(219) *Ibidem*, p. 163.

(220) *Ibidem*, p. 164.

(221) *Ibidem*, p. 165 (criticando as definições de *ratio decidendi* de Halsbury e Morgan, que pugnavam estar a *ratio* nas regras ou razões explicitadas pela corte prolatora do precedente como sendo necessárias à decisão, cf. HALSBURY, Earl of. *Laws of England*, v. 18, 1907. p. 210, e MORGAN, *The study of law*, 1926. p. 109).

(222) GOODHART, p. 165.

7.3.2.4.2. Fundamentação excessivamente ampla ou abstrata — *overinclusive*

Outro risco considerável em nosso sistema de precedentes é que, ao fundamentar, o prolator empregue linguagem muito ampla ou abstrata, desvinculada dos fatos concretos, hipótese na qual a interpretação literal de tal linguagem resultaria em uma norma geral e abstrata — similar a um texto de lei. Novamente o antídoto para tal problema é a leitura de tal linguagem à vista dos fatos concretos sobre os quais construído o precedente, aliás conforme se depreende de nosso CPC, e.g., nos arts. 489, § 1º, V e 926, § 2º, assim como do art. 896-C, § 16, da CLT.[223] Goodhart exemplifica o perigo de se tomar como vinculante a literalidade de uma fundamentação excessivamente ampla com *Riggs v. Palmer*, um evidente *overstatement*. Trata-se de caso de Nova York de 1889 em que um legatário que matou seu testador não poderia receber o legado porque "ninguém pode se beneficiar de seu próprio ilícito, ou basear demanda em sua iniquidade, ou adquirir propriedade por seu crime".[224] O autor cogita, entretanto, de exceções que tornariam tal afirmação falsa ou duvidosa, como por exemplo o caso de uma morte acidental, ou por negligência do legatário.[225]

7.3.2.4.3. Fundamentação excessivamente restritiva, vinculada a detalhes fáticos não essenciais — *underinclusive*

Quanto aos precedentes com as razões expressas em termos excessivamente restritivos ou *underinclusive*, temos que se trata de problema menor, já que, ainda que se cogitasse de aferir a *ratio* pela literalidade das razões expressas, obstando a aplicação direta (*following*) nada impediria o intérprete, ao julgar o caso posterior, de buscar similaridades e dar aplicação analógica (*analogizing*), aplicação esta que, entretanto, que se dá pela força persuasiva do precedente análogo, e não pela autoridade vinculante do precedente direto (*controlling precedent, on point*). Goodhart observa que em vários precedentes contemporâneos à elaboração de seu estudo, quando enfrentando questões difíceis, as cortes estavam tendo o cuidado de não enunciar qualquer princípio geral (presumivelmente para evitar que fosse o precedente interpretado como uma grande alteração ou extensão de determinado direito). Exemplifica *Oliver v. Saddler & Co,* em que a *House of Lords*, perante difícil caso de responsabilidade civil (*torts*), nitidamente tentando evitar que de tal decisão se extraísse um princípio geral, centrou-se quase que inteiramente na análise dos fatos. Mesmo assim, o autor entende que contém importante princípio de direito, com alto valor como precedente, independentemente de estar ou não enunciado tal princípio.[226]

Ademais, quanto mais detalhes fáticos forem tidos como parte da *ratio*, mais restritivo ou estreito será seu possível âmbito de aplicação futura, já que haverá maior dificuldade de encontrar casos futuros que se assemelhem em tantas particularidades fáticas. Na busca pela *ratio decidendi*, não há como se tomar a literalidade das razões enunciadas para apurar quais são os fatos materiais, salvo se claramente indicados como tais. Não havendo tal indicação, é preciso cautela para diferenciar quais fatos realmente amparam a decisão, e quais apenas

---

(223) CPC, art. 926, § 2º: Ao editar enunciados de súmula, os tribunais devem ater-se às circunstâncias fáticas dos precedentes que motivaram sua criação; art. 489, §1º: Não se considera fundamentada qualquer decisão judicial ... que: V — se limitar a invocar precedente ou enunciado de súmula, sem ... demonstrar que o caso sob julgamento se ajusta àqueles fundamentos. CLT, art. 89-C, § 16: A decisão firmada em recurso repetitivo não será aplicada aos casos em que se demonstrar que a situação de fato ou de direito é distinta das presentes no processo julgado sob o rito dos recursos repetitivos.

(224) GOODHART, p. 166, citando *Riggs v. Palmer,* 115 N. Y. 506, 22 N. E. 188 (1889).

(225) *Ibidem.*

(226) GOODHART, p. 165 (citando o caso *Oliver v. Saddler & Co,* A. C. 584, 1929, julgado pela Câmara dos Lordes, como então chamada a Suprema Corte inglesa).

descrevem as circunstâncias do caso concreto, sem entretanto se revestir de tal essencialidade. Goodhart exemplifica tal situação comparando *Barwick v. English Joint Stock Bank*(227) e *Lloyd v. Grace, Smith & Co.*(228) No primeiro caso, em que um gerente de banco fraudulentamente induziu o autor a aceitar uma garantia inválida, a corte reconheceu a responsabilidade do banco, enunciando a seguinte *ratio*:

> A regra geral é, que o mestre [empregador] é responsabilizável por todo o ilícito do servo [empregado] ou agente cometido ao serviço, em proveito do mestre, ainda que nenhuma ordem expressa ou intervenção direta [privity] do mestre sejam comprovados.(229)

No entanto, após ter sido aplicada tal *ratio* na forma acima por mais de quatro décadas, a Câmara dos Lordes, em um caso posterior (*Lloyd v. Grace, Smith & Co.*) entendeu que a *ratio* de Barwick havia sido expressada em termos demasiado restritivos, já que a expressão "*em proveito do mestre*" era apenas uma descrição do caso concreto e não fora parte necessária do princípio de direito que embasou a decisão,(230) portanto era *obiter dictum*.

Veja-se que o exemplo em tela é muito ilustrativo da doutrina de precedentes como vista pela Câmara dos Lordes (atual Suprema Corte do Reino Unido) — visão esta que é similar à praticada nos EUA. Se a *ratio* correspondesse à literalidade das razões expostas pela corte do precedente, ou seja, se pertencesse à corte prolatora de um precedente o controle sobre o que viria a ter efeito precedencial futuro ou não, conforme a literalidade de suas palavras, bastaria de forma mecânica colher a *ratio* da literalidade da fundamentação. Ademais, no caso acima, veja-se que não há qualquer hierarquização entre os fatos enunciados, aparentando estar em todos num mesmo patamar, sem indicação de que algum deles seria desnecessário ou irrelevante. Logo, poder-se-ia concluir que todos integram a *ratio*. No entanto, se fosse esta a técnica de precedentes utilizada pela Câmara dos Lordes, ao excluir da *ratio* o fato condicionante "*em proveito do mestre*", estaria promovendo um *overruling* parcial de tal precedente — retirando um dos fatos essenciais e portanto ampliando o espectro de situações fáticas passíveis de serem por ele regidas. No entanto, não foi isso que fez tal Corte. Antes pelo contrário, reviu a relação jurídica entre os fatos e a conclusão, entendendo que o fato "*em proveito do mestre*" sempre fora desnecessário para a conclusão final de responsabilização do banco por ato de seu empregado. Logo, para a Câmara dos Lordes, a *ratio decidendi* do caso nunca fora exatamente aquela enunciada pela corte do precedente. Tal ilustra que a *ratio decidendi* não se encontra necessariamente na literalidade das proposições de direito explicitadas nas decisões, mas sim na relação jurídica entre os fatos materiais ou essenciais do caso e o resultado.

7.3.2.4.4. Fundamentação conflitante de votos em separado concorrentes

Outra situação apontada por Goodhart como indicativa de que a *ratio decidendi* não se encontra necessariamente na fundamentação explícita, é aquela, típica em cortes inglesas (e comum também em nosso STF), principalmente em casos importantes, nos quais cada julgador prolata um voto em separado (ao invés de consolidar os argumentos em um voto da maioria, como costuma fazer a Suprema Corte americana). Em tais situações, pode haver maioria quanto ao resultado, mas diferenças abissais quanto aos fundamentos, eventualmente conflitantes, sem que isso permita que sejam ignorados como precedentes sob argumento de serem irreconciliáveis.(231) A dificuldade de compreensão do alcance de um precedente à vista de tais votos conflitantes é ilustrada pelo seguinte trecho de *Sorrel v. Smith*, onde Lord Sumner exasperadamente declara:

---

(227) L. R. 2 Ex. 259 (1867), *apud* GOODHART, p. 167.
(228) A. C. 716 (1912), *apud* GOODHART, p. 167.
(229) L. R. 2 Ex. 265 (1867), *apud* GOODHART, p. 167.
(230) GOODHART, p. 167.
(231) GOODHART, p. 167-68.

Eu não tentarei colher e comparar citações de votos prolatados naquele [Quinn v. Leathem] e outros casos. Eles são ocasionalmente expressos em termos variáveis. Nesta matéria, não me encontro qualificado para oferecer um concílio ou mesmo uma antologia.(232)

7.3.2.5. Onde está a ratio? Fatos tratados pelo juiz como "materiais" + decisão neles baseada

Como bem observa Marinoni, Goodhart inicialmente apresentava concepção de *ratio decidendi* bastante diferente.(233) Em 1928, Goodhart publicou importante artigo em que, ao invés de buscar a *ratio decidendi* nos fatos, procurava-os nos fundamentos da decisão.(234) No entanto, seu artigo recebeu severas críticas de dois dos maiores expoentes do realismo jurídico, Joseph Francis e Oliphant, críticas que lhe convenceram em parte, influenciando e enriquecendo seu fundamental ensaio de 1930,(235) no qual a análise da *ratio decidendi* passa a ser ancorada nos fatos. No entanto, neste mesmo ensaio Goodhart responde a Francis e Oliphant para rechaçar a radical visão destes segundo a qual a *ratio* poderia ser encontrada apenas a partir dos fatos e resultado, ignorando-se a fundamentação.(236) Veja-se o seguinte trecho da tese de Oliphant, a partir do qual Goodhart aponta suas divergências. Para Oliphant, para a aferição segura da *ratio "importa o que o juiz faz, e não o que o juiz diz,"* pensamento dominante entre os realistas:

> Mas há um fator constante nos casos que é suscetível de estudo sólido e satisfatório. O elemento previsível em tudo é o que as cortes têm feito em resposta ao estímulo dos fatos dos casos concretos que lhes são postos. Não as razões expostas pelos juízes, mas o sentido em que eles decidem casos, deve ser o objeto dominante de qualquer estudo científico do direito. ...
>
> Por que nosso estudo de casos não obteve no passado os resultados ora buscados? Tem-se tentado demonstrar que isto se deve em grande medida ao fato de que focamos demasiadamente nossa atenção no comportamento verbal dos juízes ao decidir casos. Um estudo com ênfase em seu comportamento não verbal, e.g., o que os juízes realmente fazem quando estimulados pelos fatos do caso concreto, é a abordagem indispensável para explorar cientificamente a riqueza do material nos casos.

Goodhart entende que tal visão, em que pese atraente por sua simplicidade, é falaciosa. Diz que caso acatada tal tese, seria dispensável analisar decisões por vezes longas e complexas, bastariam os fatos e o resultado. Páginas e páginas escritas para justificar uma decisão seriam perda de tempo, já que os elementos relevantes, indicativos do comportamento não verbal do juiz, se resumiriam a poucas linhas.(237) Goodhart detecta a falha de tal argumento, afirmando jocosamente que *"nós não temos de ser filósofos para nos dar conta de que os fatos não são constantes, mas relativos."*(238) Lembra que o mesmo conjunto de fatos pode parecer completamente diverso para pessoas diferentes. O juiz seleciona dentre os fatos do caso

---

(232) A. C. 700, 734 (1925), *apud* GOODHART, p. 168.
(233) MARINONI, Luiz Guilherme. *Precedentes obrigatórios*. 4. ed. revista e ampliada. São Paulo: Revista dos Tribunais, 2016. p. 163, nota 12.
(234) *Ibidem* (citando GOODHART, Arthur L. Three cases on possession. *The Cambridge Law Journal*, n. 3, p. 195-208, 1928).
(235) Ver em tal sentido MARINONI, *Ibidem*, nota 14 (citando FRANCIS, Joseph. Three cases on possession — Some further observations. *St. Louis Law Review*, n. 14, 1928, p. 11-16). Francis, em sua crítica a *Three cases on possession* de Goodhart, diz acidamente que: *"Se for verdade que o caminho para o progresso humano é coberto de princípios e conceitos mortos, então me atrevo a sugerir que o empenho em se encontrar a* ratio decidendi *de um caso em breve será visto sob o mesmo enfoque que aquele de um médico tentando localizar a 'alma'"* (FRANCIS, *Ibidem*, *apud* MARINONI, p. 165-66, nota 20).
(236) GOODHART, p. 168.
(237) GOODHART, p. 168.
(238) GOODHART, p. 169.

aqueles que vê como relevantes, importantes ou "materiais,"[239] ainda que outros possam parecer relevantes para um leigo. O juiz baseia sua decisão sobre os fatos da forma como os vê. Logo, ao contrário dos realistas, Goodhart entende que a *ratio decidendi* não se infere de todos fatos do caso e respectivo resultado, mas sim dos fatos vistos como "materiais" pelo juiz, da forma como vistos pelo juiz, e a conclusão baseada nos mesmos. Diz que é pela escolha de determinados fatos como "materiais" que o juiz cria o direito.[240]

Mas quais os fatos "materiais" ou juridicamente importantes, como vistos pela corte prolatora do precedente? Reconhecendo que não existe regra exata, o autor sugere alguns parâmetros básicos, especialmente para auxiliar àqueles que iniciam na interpretação de casos, "*uma das mais difíceis artes.*"[241]

7.3.2.5.1. Primeiro passo: identificar os fatos do caso

Goodhart recomenda que inicialmente se apurem quais os fatos do caso conhecidos ou tidos como verdadeiros pelo juiz, para depois verificar quais destes foram tratados como "materiais" pelo julgador. [242]

Sugere que, se os fatos não forem expressamente elencados no relatório (*statement of facts*) se presuma que todos os fatos resumidos no *report*[243] são "materiais" salvo por aqueles obviamente irrelevantes (geralmente são juridicamente irrelevantes — ou imateriais — identificações quanto à pessoa, tempo, lugar, tipo e quantia, salvo indicação expressa em contrário).[244] No entanto, se os fatos constarem claramente da decisão, o autor Goodhart recomenda que se tome como ponto de partida tal elenco ou relatório dos fatos tidos como comprovados nos autos (*statement of facts*). Não seria o caso de vasculhar os autos atrás de outros fatos, não vistos pelo juiz, ou verificar se o juiz se equivocou quanto à verdade de determinados fatos. É que, além de ser algo oneroso ou impraticável, não se pretende rejulgar o caso precedente, mas sim compreender o efeito precedencial daquela decisão efetivamente adotada pela corte, com base nos fatos que conhecia, como os conhecia. Ademais, eventuais fatos constantes dos autos e omitidos da decisão, ou foram vistos pelo julgador e tidos como desnecessários (*immaterial*), ou passaram despercebidos pela corte e portanto não integraram o precedente.[245]

---

(239) Como já mencionado, no inglês jurídico, "material" tem o sentido de importante, necessário ou essencial, seja no direito processual, comercial, ou outras áreas, bastante diferente nos sentidos em que utilizado geralmente no direito brasileiro (e.g. danos morais x materiais, direito processual x direito material etc.). Vários doutrinadores que têm escrito sobre precedentes, têm preferido manter o termo "material" da forma como utilizado no direito anglo-americano, para deixar clara a referência à teoria de Goodhart.

(240) GOODHART, p. 169.

(241) *Ibidem.*

(242) *Ibidem.*

(243) Nos países de common law, as editoras dos repositórios de jurisprudência geralmente complementam o caso publicado com um introito contendo um resumo dos fatos (principalmente quando a decisão não é clara acerca dos mesmos) e geralmente também com algumas frases do que entende se tratar do *holding* ou *ratio decidendi*, o que vagamente lembra as ementas utilizadas em nossos acórdãos. Em nossa realidade, se os fatos não estiverem claros no acórdão, decisões de instâncias inferiores no processo, facilmente acessíveis nos andamentos processuais informatizados, ou eventualmente uma consulta aos próprios autos (agora facilitada pelo processo eletrônico) podem esclarecer os fatos do caso.

(244) GOODHART, p. 169.

(245) Ver GOODHART, p. 170, 172. O autor exemplifica *Dickinson v. Dodds*, 2 Ch. D. 463 (1876), um caso notório em matéria de oferta e revogação de oferta de contrato, em que os fatos relatados na decisão conflitam com aqueles acrescidos no repositório de jurisprudência, supostamente retirados dos autos. A se crer nos fatos elencados pelo editor, a decisão seria absurda. No entanto, o precedente se tornou parte do *common law* tradicional em matéria de contratos, amparado nos fatos como elencados na decisão. Ver GOODHART, p. 171.

7.3.2.5.2. Segundo passo: dentre os fatos do caso, identificar quais foram tidos como "materiais" pelo julgador, amparando sua decisão

Uma segunda etapa seria descobrir quais dos fatos mencionados no precedente foram tratados como fatos "materiais", ou seja, essenciais à conclusão. O autor entende que tal etapa é mais difícil que a primeira, uma vez que nem sempre o juiz é claro quanto aos fatos que amparam a decisão ("ante os fatos A e B, exclusivamente, concluo que X"), eventualmente mencionando outros fatos, deixando para a posteridade a tarefa de identificar os fatos "materiais".(246) Além dos dados quanto à pessoa, tempo, lugar, tipo e quantia, como mencionado acima, são "imateriais" também aqueles expressamente ou implicitamente tidos como irrelevantes pelo julgador.

O autor exemplifica a primeira situação, em que a corte expressamente descarta um dos fatos do caso como sendo "imaterial," como o caso *People v. Vanderbilt*, 250 N. Y. 83, 164 N. E. 864 (1928), no qual o réu foi acusado de "perturbação pública" (*public nuisance*)(247) por manter um bar ilícito (durante o período da chamada Lei Seca).(248) Restou comprovado que o réu mantinha tal local ilícito de venda de bebidas, e que no local realmente havia desordem e que as pessoas de lá saíam embriagadas. No entanto, a corte entendeu que era o fato de constituir um bar ilícito que ofendia a "decência pública", e que a ofensa à moral e saúde da comunidade decorria automaticamente da natureza das atividades de tal bar, independente do efetivo incômodo ou perturbação das pessoas na vizinhança. Logo, temos:

— FATOS DO CASO:

(1) Réu mantinha um bar ilícito;

(2) no local havia barulho e desordem;

(Conclusão) Réu culpado de manter uma "perturbação pública;"

— FATOS *MATERIAIS, COMO VISTOS PELO JUIZ*:

(1) Réu mantinha um bar ilícito;

(Conclusão) Réu culpado de manter uma "perturbação pública;"(249)

Goodhart nota que tal exemplo ilustra a impropriedade de se levar em consideração *todos* os fatos do caso, ignorando a fundamentação. Entende que a corte expressou a desordem como sendo "imaterial" ou irrelevante, não servindo tal fato como parte do precedente vinculante. Ademais, é de se notar que o intencional descarte do fato 2 como sendo "imaterial" ou irrelevante torna a *ratio decidendi* bem mais ampla e abrangente do que seria com tal pressuposto fático.(250)

Já quanto à situação em que o descarte de algum fato é implícito, Goodhart traz como exemplo *Rylands v. Fletcher*, L. R. 3 H. L. 330 (1868), em que os fatos omitidos se presumem "imateriais" ou irrelevantes juridicamente. Em tal caso o réu foi responsabilizado

---

(246) GOODHART, p. 173.

(247) *NUISANCE*, literalmente, um incômodo, um tradicional tipo de responsabilidade civil do *common law*, em alguns locais e momentos históricos também tratado como crime. Segundo o Black's Law Dictionary, *nuisance* é *"aquilo que incomoda ou perturba alguém na posse de seu imóvel, tornando seu uso ou ocupação fisicamente desconfortável. ... Um* public nuisance *é aquele que afeta um número indefinido de pessoas, ou todos os residentes de uma localidade em particular, ou todas as pessoas que venham a estar em seu alcance, ainda que o incômodo ou dano infligido nos indivíduos possa ser desigual"*. BLACK, Henry Campbel. *Black's Law Dictionary*. 4. ed. revisada, West Publishing, St. Paul, 1968. p. 1214-15. No Brasil, de forma similar, além de constituir motivo para indenizações cíveis, o incômodo ou transtorno imposto a terceiros pode eventualmente ser tratado como contravenção penal, conforme o Decreto-Lei n. 3.688/41.

(248) GOODHART, p. 174.

(249) GOODHART, p. 174.

(250) GOODHART, p. 175.

porque contratou um empreiteiro para construir um reservatório (presumivelmente um açude) em suas terras, mas devido à negligência de tal empreiteiro, o qual não fechou alguns dutos não utilizados de uma mina pertencente a um vizinho, a água vazou e inundou a mina desse. Em que pese os fatos do caso darem a entender que se trataria de um caso de responsabilidade civil por negligência, o caso é frequentemente citado com um dos *leading cases* para responsabilidade objetiva (*absolute liability*). Depois de mencionar tais fatos no relatório (*statement of facts*) a corte simplesmente ignorou a negligência do empreiteiro, amparando sua conclusão tão somente no fato de que o réu construiu um reservatório artificial, logo tratando a negligência *implicitamente* como desnecessária ou "imaterial", através de seu silêncio.(251) Temos assim:

— FATOS DO CASO:

(1) Réu contratou a construção de um reservatório em suas terras;

(2) O empreiteiro que o construiu foi negligente;

(3) A água vazou e causou danos ao Autor;

(Conclusão) Réu deve indenizar o Autor.

— FATOS *MATERIAIS, COMO VISTOS PELO JUIZ*:

(1) Réu contratou a construção de um reservatório em suas terras;

(3) A água vazou e causou danos ao Autor;

(Conclusão) Réu deve indenizar o Autor.

Logo, para Goodhart, ao fundamentar sua decisão apenas na construção do reservatório e na ocorrência do dano, sem mencionar a negligência do empreiteiro, a corte estabeleceu a doutrina da responsabilidade objetiva. Observa ainda que tal exemplo mostra a importância das razões expressadas na decisão — já que, ainda que estejam incorretas, ou demasiado amplas ou restritivas, ao menos poderão indicar quais fatos foram utilizados para amparar a decisão.(252)

Outras considerações importantes são que os fatos explicitamente tratados como "materiais" devem assim ser considerados e que, onde a fundamentação não distinguir claramente os fatos "materiais" dos "imateriais" ou irrelevantes, todos devem ser tratados como "materiais". Goodhart entende que não se pode presumir que fatos mencionados na fundamentação sejam irrelevantes, sob pena de formar um precedente amplo demais, ancorado a menos detalhes fáticos.(253) Traz como exemplo outra conhecida situação de responsabilidade civil pelo dano moral causado a um observador (*bystander*) que presencia um acidente.(254) Em *Hambrook v. Stokes*, 1 K. B. 141 (1925), a mãe morreu devido ao choque de ver um filho ter a vida ameaçada por um acidente automotivo. Se a corte decidisse que qualquer observador pode ser indenizado pela lesão decorrente de tal trauma, tem-se uma *ratio* bastante ampla. No entanto, se a corte levar em consideração, como um fato "material" para sua decisão, que o observador era a mãe da vítima direta, então tem-se uma *ratio decidendi* de aplicabilidade mais restrita. Ademais, entende que se cada julgador votar em separado e divergir quanto aos fatos "materiais" embora concordando com o resultado, o precedente seria aplicável apenas a um caso futuro em que presente a intersecção de todos os fatos tidos como materiais por todos os julgadores.(255)

---

(251) GOODHART, p. 175.
(252) *Ibidem*.
(253) GOODHART, p. 178.
(254) Trata-se do tipo de responsabilidade civil (*tort*) denominado *Negligent Infliction of Emotional Distress* (NIED), que pode se dar com relação à vítima direta ou a um observador (*bystander*), geralmente apenas se for um familiar próximo.
(255) GOODHART, p. 178-79.

7.3.2.5.3. Terceiro passo: enunciar o "princípio do caso" (*ratio decidendi*) com os fatos "materiais" e a conclusão a que derem base

Goodhart então exemplifica a montagem da *ratio decidendi* a partir dos fatos "materiais" e conclusão da seguinte forma. Num caso onde existam os fatos A, B e C, e a corte entende A como sendo "imaterial" chegando à conclusão X, o "princípio do caso" (*ratio*) será que, havendo os fatos B e C, o resultado será X. A presença ou não do fato "A" não afeta o resultado, já que A é "imaterial", sendo a discussão acerca de "A" mero *obiter dictum*. Também integrarão o *obiter dictum* discussões envolvendo fatos hipotéticos (como quando o juiz explora um caminho alternativo de argumentação para contrastar ou aclarar o raciocínio principal) ou fatos que o juiz não tomou como verdadeiros na decisão (em que pese, *contrario sensu*, fatos tomados como verdadeiros integrem a *ratio*, mesmo que depois eventualmente demonstrados incorretos).

7.3.2.5.4. Síntese das recomendações de Goodhart para identificação da *ratio decidendi*

O próprio Goodhart sintetizou as regras ou recomendações para encontrar o "princípio" de um caso (como ele se refere à *ratio decidendi* a ser seguido nos casos futuros) da seguinte forma:(256)

> (1) "O 'princípio' de um caso não é encontrado nas razões dadas na decisão."
>
> (2) "O 'princípio' não é encontrado na regra de direito enunciada na decisão."
>
> (3) "O 'princípio' não é encontrado pela consideração necessariamente de todos os fatos identificáveis no caso e na decisão."
>
> (4) "O 'princípio' do caso é encontrado considerando (a) os fatos tratados pelo juiz como 'materiais' [essenciais], e (b) sua decisão baseado nos mesmos.
>
> (5) "Na busca pelo 'princípio' é também necessário estabelecer quais fatos foram tidos como 'imateriais' [não essenciais] pelo juiz, já que o 'princípio' pode depender tanto das inclusões quanto das exclusões" [de fatos].

Já as regras para descobrir quais fatos são "materiais" (essenciais) ou "imateriais" (não essenciais), como vistos pelo juiz, seriam para Goodhart em suma as seguintes:(257)

> (5.1) "Todos os fatos relativos [à indicação de] pessoa, tempo, lugar, tipo e quantidade são 'imateriais' [não-essenciais] salvo se expressos como sendo 'materiais' [essenciais]."
>
> (5.2) "Se não há fundamentação [não se aplica a nosso sistema, onde a fundamentação é obrigatória], ou se a fundamentação (opinion) não identifica os fatos, então todos os fatos dos autos (record) devem ser tratados como 'materiais' [essenciais]."
>
> (5.3) "Se há fundamentação (if there is an opinion), então os fatos, como mencionados na fundamentação são 'conclusivos' e não podem ser contraditados pelos [fatos constantes dos] autos [ou seja, se a fundamentação indica os fatos que foram examinados pelo juiz, não se pode presumir que integrem a *ratio decidendi* outros que, embora constantes dos autos, nem chegaram a ser mencionados na decisão].
>
> (5.4) "Se a fundamentação omite um fato que consta dos autos, isto pode decorrer de (a) descuido, ou (b) a conclusão implícita de que é 'imaterial' [não essencial]. A segunda opção deve ser presumida, à míngua de outras evidências."
>
> (5.5) "Todos os fatos que o juiz especificamente identificar como 'imateriais' [não essenciais] devem ser assim considerados."
>
> (5.6) "Todos os fatos que o juiz implicitamente tratar como 'imateriais' [não essenciais] devem ser assim considerados."

---

(256) GOODHART, Arthur L. Determining the ratio decidendi of a case. *The Yale Law Journal*, v. 40, n. 2, p. 182, 1930.
(257) *Ibidem*, p. 182-183.

(5.7) "Todos os fatos que o juiz especificamente identificar como 'materiais' [essenciais] devem ser assim considerados."

(5.8) "Se a fundamentação não distinguir os fatos 'materiais' dos 'imateriais', então todos os fatos mencionados devem ser considerados 'materiais' [essenciais]".

(5.9) "Em um caso onde hajam diversos votos que concordam em resultado mas divergem quanto aos fatos 'materiais' [essenciais], então o 'princípio' do caso está limitado ao que se adequa à soma de todos os fatos tidos como essenciais pelos vários juízes."

(5.10) "Uma conclusão baseada em fato hipotético é dictum. Por 'hipotético' se quer dizer aquele que não foi aceito como verdadeiro pelo juiz".

7.3.2.6. Regras de Relevância — a caracterização dos "fatos materiais" com maior ou menor abstração — categorias de assimilação — Schauer

Goodhart chegou a ventilar em seu importante ensaio a problemática da caracterização com maior ou menor abstração dos fatos "materiais". O autor anteviu que sua técnica lastreada nos fatos poderia ser alegada inútil para fins de aplicação do precedente, já que os fatos são infinitamente variáveis, nunca sendo idênticos de um caso para outro. Entretanto, o próprio autor a defendeu, argumentando que, do ponto de vista de uma determinada relação jurídica, os fatos "materiais" ou legalmente relevantes são estritamente limitados.(258)

Embora o estudo de Goodhart não tenha ido mais adiante nesta parte, deixou expresso que excessivos detalhes fáticos, como lugar, tipo, quantidade etc., seriam presumivelmente irrelevantes ou "imateriais," e que aqueles tidos como materiais seriam limitados pela própria relação jurídica em debate.

A partir de tal alusão, vê-se que Goodhart vinculava a caracterização dos fatos dos autos conforme as categorias relevantes para a relação jurídica em debate. Logo, podemos concluir que a caracterização dos fatos "materiais" não poderia se dar de forma tão concreta ou específica cujo detalhamento excessivo seja irrelevante para a relação jurídica debatida, nem tão abstrata a ponto de distanciar os fatos das categorias relevantes para tal relação jurídica, abrindo demais a abrangência de determinada *ratio*, que mais pareceria um princípio geral de direito que a resolução concreta de um caso.

Tal raciocínio é desenvolvido de forma destacada por Frederick Schauer, autor americano também amplamente reconhecido e citado em matéria de precedentes. Em seu multicitado ensaio *Precedent*, publicado na *Standford Law Review* em 1987, Schauer examina a força constritiva de precedentes no ambiente judicial, destacando os aspectos prospectivos das decisões judiciais e reafirmando a força do *stare decisis*. Schauer reagiu à crítica de que a infinita maleabilidade da caracterização jurídica dos fatos necessários à decisão tornariam ilusória a constrição dos juízes posteriores aos precedentes. Entendiam os críticos que haveria excessiva discricionariedade para recaracterizar os fatos do precedente, conforme o julgador quisesse segui-lo ou distingui-lo de seu caso concreto. Schauer, entretanto, examinando os mecanismos que regulam a caracterização dos fatos necessários à decisão em categorias de assimilação ou similaridade, entende que as categorias jurídicas utilizadas para caracterizar os fatos são definidas no direito e pelo próprio uso no vernáculo, não permitindo ilimitada variabilidade.(259)

---

(258) GOODHART, p. 191.

(259) Ver, de forma geral, SCHAUER, Frederick. Precedent, *Standford Law Review*, v. 39, n. 3, p. 571 e seguintes, 1987.

Ademais, Schauer alerta que a argumentação com precedentes não pode apenas olhar para o passado, mas também possui um vetor futuro, já que a decisão de hoje é o precedente para o julgador de amanhã. Raciocina que trabalhar com precedentes implica na especial responsabilidade que acompanha o poder de vincular de antemão as decisões futuras.(260) Assim, entende que ao decidir se deve ter em vista as muitas possibilidades de caracterizações subsequentes dos respectivos fatos e, consequentemente, as muitas direções em que tal precedente pode ser estendido.(261)

7.3.2.6.1. Regras de relevância e categorias de assimilação

Argumentar a partir de precedentes pressupõe a habilidade de identificar o precedente relevante, aquele "*suficientemente similar aos presentes fatos para justificar a assimilação dos dois eventos.*" Como dois eventos nunca são exatamente idênticos, a aplicação de um precedente não poderia exigir identidade absoluta, do contrário "*nada seria precedente de coisa alguma.*" (262)

Assim, para encontrar situações suficientemente similares, é necessário saber quais são as similaridades relevantes (*relevant similarities*),(263) a partir de alguma regra que defina quais similaridades são importantes para a situação jurídica debatida, e quais podem ser ignoradas. Como exemplifica Schauer, um caso que determine a responsabilização de alguém pela sua propriedade de um cachorro preto presumivelmente poderá ser precedente para responsabilizar um dono por um incidente causado por seu cão marrom, mas não por seu carro preto — logo existe algum princípio que torna relevante o fato de ser um cachorro, e não sua cor.(264)

Schauer raciocina, assim, que toda a comparação entre um precedente e o caso atual depende de regras de relevância, que permitam a distinção entre o precedencial e o irrelevante, regras que entretanto variam conforme a época e cultura. Schauer exemplifica comparando a mesma situação de um precedente relativo ao questionamento da competência de um perito médico branco para atuar no processo, precedente a ser aplicado a um caso concreto quanto à competência de um perito médico negro. Caso tal comparação se desse em 1865 no Mississippi ou em Michigan na atualidade, a relevância ou não do fator raça seria diferente. A raça seria atualmente irrelevante, como a altura ou peso, mas em outro tempo ou lugar inviabilizariam a aplicação de tal precedente. Logo, vaticina Schauer, a aplicação de precedentes depende de regras de relevância, e tais regras dependem do contexto.(265)

Segundo Schauer, toda a asserção de similaridade tem subjacente uma regra de relevância, ainda que de forma implícita. Ao se perquirir os efeitos futuros de um precedente (*forward-looking aspect of precedent*), sabe-se que raramente se repetirão em casos futuros fatos quase idênticos, destinando-se a decisão a estabelecer precedente para uma gama de

---

(260) SCHAUER, p. 572-73.

(261) SCHAUER, p. 574.

(262) SCHAUER, p. 577.

(263) *Ibidem*, nota 13. Tal terminologia não é exclusiva de Schauer. Antes pelo contrário, o próprio autor explica que é "lugar-comum" entre os doutrinadores que tais caracterizações dos fatos para fins de aferição de similaridade dependem de que tal similaridade seja juridicamente relevante. Cita exemplificativamente SHINER, Precedent, Discretion and Fairness. In: *Law, Morality and Rights*, Ed. M. A. Stewart, 1983. p. 93, 97 (o caso atual e o precedente devem ter propriedades legalmente relevantes passíveis de determinação, a fim de que a aplicação do precedente possa decorrer logicamente). Schauer destaca que até mesmo doutrinadores menos céticos quanto a precedentes concordam em tal ponto, e.g. CROSS, Rupert. *Precedent in English Law*. 3. ed., 1977. p. 182-92 (o primeiro estágio na argumentação judicial por analogia é a determinação da similaridade relevante entre o caso prévio e o caso presente).

(264) SCHAUER, p. 577.

(265) SCHAUER, p. 578.

fatos diferentes mas que contenham pontos de similaridade com os fatos de tal decisão. O autor ilustra tal ponto com a situação prática em que uma comissão de professores debate o pleito de um estudante que solicita dispensa de exames para poder ir ao funeral de sua irmã. Certamente algum professor objetaria que isso poderia servir de precedente para que outros solicitassem dispensa para ir ao enterro de avós, tios, primos, amigos próximos, ou até mesmo de animais de estimação. Tal objeção revelaria que o mencionado professor tinha em mente, como regra de relevância, uma "relação de afeto", tornando irrelevante qualquer distinção entre irmãos e outras relações de afeto. Logo, conclui Schauer, "*de uma forma ou de outra, tais regras de relevância são inerentes a qualquer asserção de similaridade.*" [(266)]

Por outro lado, uma regra de relevância é uma escolha entre caracterizações alternativas, sendo a função de uma teoria de precedentes explicar, em um contexto em que o mesmo fato ou coisa pode se encaixar em muitas categorias diferentes, porque algumas assimilações são plausíveis e outras não. Aprofundando o mesmo exemplo acima, Schauer raciocina que a irmã do estudante é ao mesmo tempo uma mulher, parente, parente sanguínea, e pessoa com quem ele tem relação de afeto. Como ela é caracterizada no precedente afeta quais casos posteriores poderão ser classificados como similares. Assim, quem estabelece um precedente hoje deve ter em mente a caracterização que no futuro darão aos fatos de hoje, a categoria em que os fatos de hoje serão colocados pelo juiz de amanhã para fins de agrupamento ou assimilação com os fatos do caso de amanhã. Alguma forma de agrupamento dos fatos em categorias, seja mais simples ou mais complexa, é necessária para a operação do sistema de precedentes.[(267)]

Tais regras de relevância que dão significado a tais comparações, agrupando os fatos em categorias que tenham sentido para a questão jurídica debatida, podem estar articuladas no próprio precedente ou decorrer da própria linguagem e relações sociais, externas ao contexto estritamente jurídico. Vejamos.

7.3.2.6.2. Categorias de assimilação articuladas na própria decisão

Para encontrar tais regras de relevância, Schauer recomenda como um primeiro passo verificar se na própria decisão foi articulada a caracterização dos fatos subjacentes, caracterização esta que entende possuir autoridade vinculante, evitando ou ao menos restringindo subsequentes caracterizações em contrário.[(268)] Em que pese diversos autores clássicos considerem tal caracterização articulada dos fatos na decisão mero *obiter dictum*,[(269)] Schauer prefere não depender de tal dicotomia, que entende questionável. Sustenta que ainda que se considere tal articulação parte da *ratio* ou *holding*, tal caracterização expressa não teria o condão de impedir de forma absoluta a recaracterização dos fatos do precedente por intérpretes subsequentes.[(270)] Entretanto, havendo tal caracterização expressa, o intérprete precisaria ao menos enfrentar um ônus argumentativo para rechaçar a caracterização articulada, ônus que inexistiria caso não houvesse na decisão uma caracterização expressa dos fatos, ou seja, caso a decisão já não os agrupasse ou identificasse em uma categoria de assimilação. Em todo o

---

(266) SCHAUER, p. 578-79.
(267) SCHAUER, p. 579.
(268) *Ibidem.*
(269) SCHAUER, p. 580, nota 20. O autor cita em tal sentido CROSS, Rupert. *Precedent in English Law*. 3. ed., 1977, p. 79-86, e contrasta GOODHART, Arthur L. Determining the ratio decidendi of a case. *The Yale Law Journal*, v. 40, n. 2, p. 161, 1930 (entendendo que o princípio de direito enunciado como base da decisão não é precedente vinculante) com MONTROSE, Ratio Decidendi and the House of Lords, *Modern Law Review*, v. 20, p. 124, 1957 (entendendo que as razões expressas da decisão são vinculantes) e SIMPSON, A. W. B. The *Ratio Decidendi of a Case, Modern Law Review*, v. 21, p. 155, 1958.
(270) SCHAUER, p. 580, nota 21, citando em seu apoio LEVI, Edward. *An Introduction to Legal Reasoning*, 1948, p. 9-27, e LLEWELLYN, Karl. *The Common Law Traditions*, 1960, p. 85-91.

seu estudo, quando o autor se refere a vinculação, constrição ou restrição, entende-as como presunções, não como proibições absolutas, podendo tais presunções serem elididas mediante o enfrentamento do respectivo ônus argumentativo. (271)

Schauer volta ao *hypothetical* do funeral cogitando de os professores terem deferido o requerimento de dispensa do aluno com uma explanação escrita especificando que a dispensa foi concedida para acompanhar o funeral de membro da "família imediata." Tal caracterização expressa vincularia (ainda que não absolutamente) aqueles que desejassem obter a extensão do precedente, categorizando a irmã como "parente" ou "pessoa próxima." Da mesma forma, os professores estariam vinculados pela explicação escrita, tendo dificuldade de justificar caso pretendessem restringir o precedente, negando escusar faltas para acompanhar o funeral de um pai, mãe ou irmão.(272) Logo, havendo expressa caracterização da escusa como sendo para "família imediata," seria difícil justificar tanto a restrição do precedente para apenas irmãs, ou a ampliação para, e.g., parentes distantes, amigos ou mesmo para um animal de estimação.(273)

7.3.2.6.3. Categorias de assimilação decorrentes da linguagem e relações sociais

Um problema maior seria quando a decisão trata dos fatos sem articular sua caracterização em uma determinada categoria, na fundamentação. Isso tornaria possível ao intérprete, em um caso posterior, adotar uma gama tão variável de regras de relevância que esvaziaria o poder vinculante do precedente? Ou, de outra banda, quando se julga o primeiro caso de um determinado tipo, sem que existam categorizações articuladas em outras decisões, preocupa o julgador que tal decisão possa ser tomada como integrante de um grande número de categorias, tornando difícil prever em que direções evoluirá tal precedente, em casos futuros. Assim, indaga Schauer se a ausência de uma regra de relevância ou caracterização dotada de autoridade, articulada na decisão, tornaria ilusória a noção de efeito vinculante do precedente.(274) Existem restrições às categorias de assimilação passiveis de conectar os fatos da decisão atual com os dos casos futuros, ou seria o julgador futuro irrestrito na escolha de tais categorias de assimilação, buscando justificar nos precedentes decisões tomadas por outras razões não declaradas? Schauer entende que tais limitações existem.(275)

O autor compara duas correntes filosóficas. A primeira é denominada "naturalismo," para a qual o mundo estaria dividido em categorias intrínsecas, e que a linguagem meramente as reconhece, da forma como se apresenta no mundo real (e.g., pedras são pedras e sapatos são sapatos, ponto final). No ambiente jurídico, tal corrente filosófica corresponderia ao formalismo, segundo o qual as regras de relevância seguiriam os rígidos e imutáveis padrões da natureza ou do mundo, não apresentando escolhas quanto às regras de relevância, seja para o criador ou o intérprete do precedente.(276) Logo, segundo tal esquema de raciocínio formalista, se X foi tratado de maneira Y no precedente, a discussão é se seria possível tratar X de maneira Z em um caso posterior (buscando a melhor solução para a situação X) — ignorando como e por que se decidiu que os fatos do precedente e do caso futuro são ambos caracterizados como X.(277)

A segunda corrente filosófica, oposta ao "naturalismo" é comumente referida como "nominalismo," vendo o mundo não apenas em suas subdivisões naturais, mas também demarcado por rótulos artificiais atrelados por determinados povos, culturas e linguagens. Para os nominalistas, o mundo sem a intervenção humana conteria apenas "particulares," já que

(271) SCHAUER, p. 580.
(272) *Ibidem*.
(273) *Ibidem*.
(274) SCHAUER, p. 581-82.
(275) SCHAUER, p. 582.
(276) SCHAUER, p. 582.
(277) SCHAUER, p. 583.

"universais" ou categorias gerais seriam todas criações das pessoas e de sua linguagem. Na área do direito, o nominalismo corresponde ao realismo jurídico, corrente mais cética em relação ao poder de vinculação dos precedentes, já que o julgador poderia caracterizar os fatos em uma ou outra categoria, atraindo a incidência do precedente que desejasse.[(278)]

Schauer entende que, embora caricatas ou extremas as descrições das correntes acima, são úteis para ilustrar a relação entre as categorias utilizadas nas decisões e as categorias no mundo real. O que importa, no entanto, não é se as categorias são fixas ou variáveis, mas se podem resistir à manipulação pelos indivíduos.[(279)]

A resposta pode estar em uma combinação de tais extremos, sendo a perspectiva naturalista-formalista melhor para descrever as ações imediatas de um julgador dentro de uma determinada subcultura, e a perspectiva nominalista-realista melhor para analisar o impacto da língua e da sociedade, no longo prazo, sobre a evolução das categorias de assimilação.[(280)]

Grande parte das referências constantes das decisões vêm de categorias presentes no mundo real, não decorrentes de alguma definição em regra de direito. Segundo Schauer, o mundo real possui suas próprias categorias e regras de relevância — como a razão porque, em uma loja, ferramentas elétricas serão vendidas no corredor das ferramentas e não no dos eletrodomésticos, e porque uma bicicleta vermelha será vendida junto com outras bicicletas, e não junto com carne vermelha. Muitas de tais categorias já estão implicitamente representadas na estrutura de nossa linguagem — e.g., xadrez amador e futebol profissional são enquadrados como "jogos", em que pese suas óbvias diferenças. [(281)] As categorias criadas pelo homem podem variar com o lugar e tempo (e.g., prender um ladrão a ferros na praça para sofrer humilhação pública seria considerado "tratamento cruel" atualmente, mas não até o século XVIII), mas isso não quer dizer que possam ser manipuladas por um julgador. A evolução da visão coletiva do que a sociedade considera como "veículos" ou "cruel" não significa que tais mudanças possam ocorrer em curto prazo ou por influência de um indivíduo ou instituição julgadora. [(282)] Em outro exemplo, veja-se que seriam inimagináveis, 50 anos atrás, decisões judiciais considerando que "casamento" não exige necessariamente pessoas de sexos diferentes.

Assim, Schauer conclui que o processo decisório em contexto jurídico está vinculado ou constrito proporcionalmente à existência e firmeza de categorias linguísticas e sociais maiores, as quais constituem o aparato conceitual utilizado diuturnamente por advogados e juízes.[(283)] Retornando ao exemplo do estudante, sua dispensa para comparecer ao funeral da irmã necessariamente abriria precedente com relação a primos? Schauer entende que, havendo categoria linguística ou social preexistente colocando em um mesmo grupo os fatos em questão (categoria de assimilação), "*haveria significativa resistência a qualquer decisão que tentasse desconsiderar tal categoria*".[(284)]

Logo, tal autor entende que erraríamos ao supor que as regras de relevância — que guiam a comparação dos fatos dos precedentes com os dos casos posteriores — se encontram limitadas à subcultura jurídica. Sustenta que derivam de um ambiente linguístico e social maior. Para divergir de conceitos ou categorias assentadas no vernáculo, presentes no mundo real, as cortes no mínimo possuem um ônus argumentativo de qualificar ou explicar o porquê

---

(278) *Ibidem.*
(279) SCHAUER, p. 584.
(280) *Ibidem.*
(281) SCHAUER, p. 584.
(282) SCHAUER, p. 585.
(283) SCHAUER, p. 586.
(284) SCHAUER, p. 585.

de tal divergência. Assim, as categorias que pertencem ao mundo, e portanto transcendem o ambiente de normas específicas, provocam certos agrupamentos de fatos similares e constituem também regras de relevância que guiam a aplicação de precedentes.(285)

7.3.3. Síntese esquemática para a identificação da *ratio decidendi*

Combinamos as principais ideias de Goodhart, Wambaugh e Schauer para a identificação da *ratio decidendi*, debatidos acima, de modo a propor uma solução consolidada para guiar o intérprete na busca do núcleo vinculante dos precedentes:

Goodhart:

— *Ratio decidendi* = fatos necessários (*material facts*) + conclusão jurídica;

— A proposição jurídica expressa pela corte no precedente não contém necessariamente a *ratio*, as cortes podem não ser claras, ou podem dizer mais ou menos do que aquilo que seria estritamente necessário para a solução (*overinclusive / underinclusive*); a fundamentação é entretanto o melhor guia para que se encontrem os fatos que foram considerados necessários à adoção da conclusão;

— Os fatos do caso são aqueles tidos como existentes na fundamentação ou no relatório (presume-se a verdade histórica dos fatos citados na decisão, já que para fins precedenciais interessa a conclusão jurídica tida à vista de tais fatos, e não perquirir o acerto da valoração da prova);

— Os fatos necessários (materiais) e os desnecessários (imateriais) são aqueles tratados como tais na decisão, expressa ou implicitamente;

— Fatos relativos a pessoa, tempo, lugar, tipo e quantidade se presumem desnecessários salvo se o contrário resultar do contexto; fatos omitidos na fundamentação se presumem desnecessários, salvo se o contexto revelar mero descuido;

— Fatos hipotéticos ou referidos na decisão como não comprovados são "imateriais," e a conclusão hipotética sobre eles baseada é *obiter dictum*;

Estrutura lógica:

CASO 1, FATOS A, B e C, sendo que B e C reconhecidos como necessários (*material facts*(286))

- B + C = resultado X — *ratio decidendi* ("**A**" e correspondente análise jurídica são *obiter dictum*)

CASO 2,

Mesmos fatos — aplicação direta — maior grau de vinculação ao precedente

- B + C = resultado X — **aplicação direta** do precedente (*following*), com ou sem a presença do fato imaterial A, ou de outros fatos imateriais

Mais fatos materiais ou fatos materiais diversos — analogia (aplicação persuasiva) ou distinção

- B + C **+ D** = resultado X — um fato material extra — **aplicação analógica** (*analogical reasoning*) — extensão do precedente porque o conjunto de fatos foi entendido como suficientemente similar para aplicar mesma *ratio*;

---

(285) SCHAUER, p. 586-87.

(286) Lembrando que, no inglês jurídico, "*material*" equivale a necessário ou essencial.

- B + **D** = resultado X — um fato material diverso — **aplicação analógica** (*analogical reasoning*) — extensão do precedente porque o conjunto de fatos foi entendido como suficientemente similar para aplicar mesma *ratio*;
- B + C + **D** = resultado **Z** — um fato material extra que torna inviável a aplicação da mesma *ratio* — **não aplicação por distinção** (*distinguishing*); mesmo presentes B e C, a presença do fato material D criou uma exceção à regra geral (B + C = X), limitando seu alcance; alguns precedentes antigos, após vários *distinguishings* sucessivos, ficam tão esvaziados que podem ser tidos como implicitamente superados (*overruled*);
- B + **D** = resultado **Z** — um fato material diverso que torna inviável a aplicação da mesma *ratio* — **não aplicação por distinção** (*distinguishing*); caso mais simples de distinção, em que o caso atual não possui os mesmos fatos que o precedente, logo, nem possui similaridade suficiente para aplicação analógica.

Wambough:

— Embora suas ideias estejam em consonância com a teoria clássica dos precedentes, tornou-se mais conhecido pelo teste da inversão, útil para conferir se uma determinada proposição jurídica realmente é necessária ao atingimento da conclusão.

— Sua sugestão de teste se referia a casos que se resolviam com apenas uma *ratio,* já que com duas ou mais *rationes* independentes para a mesma conclusão jurídica, a negação de uma das proposições não alteraria o resultado; ademais, seu teste se referia à inversão da proposição jurídica "cuidadosamente delineada", mas não chegou a detalhar como se chegar até ela com a sistematicidade que fez Goodhart (embora em sua doutrina também esteja claro que os fatos são vitais para se chegar à *ratio decidendi*);

— Assim, propomos abaixo a seguinte adaptação da fórmula da inversão, combinando-a com o foco nos fatos "materiais", de Goodhart, e apresentando uma versão para quando houver duas ou mais rationes:

Estrutura lógica, **caso com uma *ratio decidendi***:

CASO 1, FATOS A, B e C. Cogita-se que B e C são fatos necessários (*material facts*)

TESTE DA INVERSÃO

- Passo 1: B + C = resultado X

- Passo 2: **NÃO** (B + C) = resultado X — logo não é *ratio decidendi* (um ou ambos os fatos não são essenciais à decisão) **OU**

NÃO (B + C) = resultado **Y** — afetou o resultado, logo B+C são necessários à decisão, portanto integram a *ratio decidendi*

Estrutura lógica, **caso com duas ou mais *rationes decidendi***:

CASO 1, FATOS A, B, C e D. Cogita-se que A e B são fatos suficientes para X, e que C e D são também suficientes para obter X, *independentemente de A e B*. Para testar as proposições jurídicas resultantes, teria de ser isolada uma das proposições (deixando negativada(s) a(s) outra(s)), testando a mesma com e sem a negativação, para verificar se isto afetaria o resultado. Caso a conclusão jurídica se alterasse, então tal proposição é efetivamente uma *ratio decidendi*. A mesma operação seria promovida com a(s) outra(s) *ratio(nes) decidendi* independente(s). Vejamos:

TESTE DE INVERSÃO DA *RATIO* 1, A+B=X

• Passo 1: **[A + B = resultado X] e [NÃO (C + D)]**

• Passo 2: **[NÃO (A + B) = resultado Y] e [NÃO (C + D)] — veja-se que a inversão de A+B (estando já ne**gativados C+D) afetou o resultado, logo A+B=X é efetivamente uma das *rationes* independentes

TESTE DE INVERSÃO DA *RATIO* 2, C+D=X

• Passo 1: [**NÃO** (A + B)] e [C + D = resultado X]

• Passo 2: [**NÃO** (A + B)] e [**NÃO** (C + D) = resultado **Y**] — veja-se que a inversão de C+D (estando já negativados A+B) afetou o resultado, logo C+D=X é também uma das *rationes* independentes de tal precedente

Schauer:

— Considerando que os fatos são infinitamente variáveis, na comparação entre CASO 1 A+B=X e CASO 2 A+B, logo X, como saber se A e B são realmente os mesmos nos casos 1 e 2?

— Como a exigência de identidade absoluta inviabilizaria a aplicação de um precedente a um caso novo, importa saber até que ponto de similaridade se admitem fatos nos dois casos como sendo "A";

— Entre diversas comparações por similaridade ou assimilações possíveis, interessa a similaridade relevante (*relevant similarity*) do ponto de vista jurídico, devendo haver algum tipo de regra de relevância (*rule of relevance*) para aferir qual a categorização aplicável, ou seja, em qual categoria de assimilação (*assimilation category*) se afere a similaridade entre os fatos do precedente e os do caso futuro;

— Tal categorização ou caracterização pode estar expressamente articulada no precedente (*articulated characterization*), categorização que se presume vinculante, mas não impede a recaracterização quando reinterpretado tal precedente por juízes posteriores, os quais no entanto terão de superar um ônus argumentativo (*argumentative burden*) para divergir da categorização dos fatos articulada no precedente;

— Não estando articulado no precedente um enquadramento dos fatos em categorias de assimilação, sua aplicabilidade fica mais aberta para o intérprete, que poderá optar dentre as várias regras de relevância possíveis (elos em comum para comparar os fatos do precedente e do caso atual); no entanto, tais enquadramentos estão limitados pelas próprias categorias reconhecidas na linguagem, e nas relações sociais, não subsistindo uma comparação ou categorização que conflite com as categorias reconhecidas no mundo real, externo ao contexto jurídico;

— As regras de relevância portanto, não estão contidas apenas nas decisões ou no direito positivo, mas subjazem todo o ambiente linguístico e social em que os julgadores estão inseridos; quanto mais definidas forem as categorias de assimilação no mundo real, mais limitadas serão as escolhas na aplicação dos precedentes, os quais também se apropriam de tais categorizações do mundo real;

Exemplo:

PRECEDENTE

Fato A — estudante pede dispensa de exames para ir a funeral

Fato B — da irmã (mulher, parente imediata, parente, pessoa com relação de afeto etc.)

Resultado — deferida a dispensa

— Veja-se que o Fato B pode ser caracterizado em diversas categorias de assimilação, com maior ou menor amplitude, com maior ou menor nível de abstração; quanto mais abstrata a categoria, maior a aplicabilidade do precedente; se a decisão não articular tal categorização, esta ficará inteiramente para decisão no caso futuro, dentro dos limites das categorias existentes no mundo jurídico, na linguagem e nas relações sociais; se o precedente for fundamentado como concedendo dispensa em razão do falecimento de "parente imediata", então presumivelmente esposa, pais, filhos e outros irmãos estarão incluídos (todos serão considerados como "Fato B" para fins de comparação do caso precedente com o caso posterior), sendo mais difícil lhe restringir (e.g., apenas irmãos) ou ampliar a abrangência (e.g. para relações de afeto, abrangendo amigos ou animais de estimação), o que dependeria de mais pesado ônus argumentativo.

7.4. Obiter dictum

7.4.1. Se não é *ratio decidendi*, é *obiter dictum*

Depois da extensa discussão acima acerca dos limites da *ratio decidendi*, fundamentos determinantes que constituem a parte vinculante de um precedente, fica clara a noção do que seria o *obiter dictum*: a parte do julgado que não terá efeitos precedenciais ou futuros, por isso "dito para morrer",[(287)] um conceito residual ou por exclusão. Logo, encontrando-se a *ratio decidendi*, o restante da decisão, do ponto de vista precedencial, é *obiter dictum* (ou *dicta*, no plural).

Os tipos mais frequentes de *obiter dictum* são fundamentos meramente pedagógicos, raciocínios hipotéticos (*hypos*) destinados a aclarar ou contrastar o raciocínio principal, fatos não confirmados, fatos existentes mas irrelevantes ou "imateriais", ou enunciados de regras gerais excessivamente amplas e não essenciais para a conclusão etc. Embora os *obiter dicta* possam ser bastante persuasivos, conforme a hierarquia da corte e força do raciocínio, como não constituem fundamentos determinantes, não integram o núcleo vinculante da decisão. Em suma, os *obiter dicta* são geralmente:

- FATOS "IMATERIAIS" — fatos cujo debate é levantado apenas para descartá-los (*raise & dismiss*) deixando claro que se trata de fatos não essenciais à decisão;
- FATOS NÃO COMPROVADOS — "*ainda que fosse comprovado o fato F, não afetaria o resultado porque* ... (argumento jurídico)";
- *HYPOS* — NO CASO DA SITUAÇÃO HIPOTETICA X (*hypo*) "*no caso da situação hipotética X, se aplicado à mesma o princípio jurídico proposto para este caso, o resultado seria Y (favorável ou nocivo etc.); assim, por política judiciária, a adoção de tal entendimento é/não é recomendável*" (é comum que se busquem situações hipotéticas para aclarar um raciocínio, por exemplo mostrando se os desdobramentos de uma determinada *ratio* teriam resultados favoráveis ou desfavoráveis se aplicada a determinadas situações futuras);
- ENUNCIAÇÃO DE RAZÕES EXCESSIVAMENTE ABSTRATAS, DESCOLADAS DOS FATOS CONCRETOS — é comum que, em situações que a corte entende de grande repercussão ou relevância, esta tenda a enunciar uma regra geral, para pacificar a questão; se

(287) NOGUEIRA, Gustavo Santana. *Stare Decisis et Non Quieta Movere*: a vinculação dos precedentes no direito comparado e brasileiro. Lumen Juris, 2011. p. 170.

a caracterização dos fatos do caso for muito abstrata, entretanto, resultando em uma regra geral, não enxuta e nem estritamente necessária à solução do caso concreto, poderá tal enunciação de regra ser interpretada como *obiter dictum* pelas cortes posteriores, naquilo em que se distanciar do caso concreto.

7.4.2. Por que *obiter dictum* não vincula?

Em termos simples, podemos dizer que *dicta* não vincula porque ao julgar o juiz cria a lei para o caso concreto, e não uma norma de grande generalidade e abstração, seara própria do legislador. Ao trabalhar com precedentes, o juiz não interpreta regra abstrata, mas sim aplica o direito criado para um caso concreto em decisões pretéritas se suficientemente similar o novo caso concreto. Caso fossem vinculantes todas as razões prolatadas por um colegiado sem observar os limites do necessário para o caso concreto, tal constituiria uma delegação de poder ilimitado a tal grupo de juízes, a quem bastaria incluir em suas decisões dezenas de proposições de direito abstratas, para que tivessem efeito de lei, à revelia do órgão legislativo. *Ad absurdum*, um julgador teria o poder de redigir uma codificação inteira e torná-la vinculante sem a intervenção do legislador, bastando incluí-la na decisão. Logo vê-se que a distinção entre *ratio decidendi* e *obiter dictum*, desenvolvida por séculos, possui sua sabedoria.

Nada impede, entretanto, que o *holding* criado para o caso concreto, tenha grande alcance social, notadamente quando exarado pelos tribunais superiores, tendo em vista a repetição de tais padrões decisórios nacionalmente, em casos idênticos ou análogos, mas desde que tais fundamentos tenham sido essenciais para resolver o caso concreto, portanto atividade típica judiciária, e não legislativa.

Ainda, caso fosse vinculante toda e qualquer palavra contida na decisão, até mesmo discussões secundárias ou hipotéticas, muitas vezes travadas sem o necessário contraditório ou aprofundamento — já que não essenciais para o deslinde da controvérsia — poderia haver tumulto ou insegurança, gerando consequências jurídicas não pretendidas ou nem mesmo previstas.

Cross e Harris advertem, ainda, que tal situação causaria indevida influência (*undue influence*) no futuro desenvolvimento do direito.[(288)] Podemos adicionar que poderia ser colocada em cheque a independência funcional dos juízes, uma das garantias do Estado democrático de direito, além da separação dos poderes e o próprio princípio republicano. Assim, em que pese não se possa presumir que juízes iriam "*agrilhoar seus sucessores prolatando uma pletora de regras supérfluas*," trata-se de questão necessária à teoria dos precedentes, sendo a distinção entre *obiter dictum* e *ratio decidendi,* e o atrelamento desta última aos fatos do caso concreto, medidas necessárias para evitar o abusos ou exageros na prolação de precedentes vinculantes.[(289)] No mesmo sentido leciona Wambaugh, citando amparo em vários precedentes da época:

> Nenhum *dictum* é autoridade vinculante (*authority of the highest sort*). Dar-lhe tal força seria dar a juízes o poder de decidir antecipadamente um caso que não se lhes foi posto, um caso meramente hipotético, e vincular através de tal decisão a corte que adjudicará tal caso hipotético pode se tornar um problema prático. Isto constituiria poder de legislar e, ainda pior, um poder exercido sem o pleno

(288) CROSS, Rupert; HARRIS, J. W. *Precedent in English Law*. 4. ed. Oxford University Press, 1991 (reimpressão em 2014, Nova Deli). p. 42.

(289) O trecho entre aspas é de CROSS e HARRIS, *idem*, mas o termo "seus sucessores" deve ser lido como "juízes das instâncias inferiores", já que na Inglaterra a *House of Lords*, mesmo após 1966 — quando abandonou o *stare decisis* horizontal absoluto — raramente *overruled* suas próprias decisões, enquanto que em nossas cortes superiores isto é mais frequente. Assim, como os juízes futuros das mesmas cortes sempre poderiam mudar os entendimentos daquelas mediante *overruling*, eventual exagero na fixação de teses exageradamente abstratas ou abrangentes, caso estas fossem vinculantes, "agrilhoariam" precipuamente os juízes das cortes inferiores.

contraditório em tal caso hipotético. Não obstante, algum peso é apropriadamente conferido ao dictum, um peso similar àquele conferido aos textos dos eruditos doutrinadores; neste sentido um dictum é autoridade [*persuasiva*], com seu peso variando conforme a erudição da corte e quantidade de debate da corte sobre o ponto coberto pelo *dictum*.(290)

7.4.3. *Dicta* de hoje pode ser a *ratio decidendi* de amanhã

É importante observar que os *obiter dicta*, em regra, não são desprovidos de importância, antes pelo contrário. São importantes as considerações da corte que ajudam a identificar os fatos "materiais", estabelecendo se certos fatos estão comprovados ou não, bem como identificando e descartando (*raising and dismissing*) os fatos desnecessários ou irrelevantes para a decisão. Ademais, são *obiter dicta* de grande importância aqueles fundamentos que auxiliam na compreensão da parte necessária da decisão, como exemplos, raciocínios hipotéticos (*hypos*), análise teleológica ou dos efeitos futuros da decisão, bem como a conveniência de firmar-se um precedente em determinado sentido, em termos de política judiciária etc. Quanto maior a hierarquia e a extensão da jurisdição de uma corte, mais persuasivas serão suas considerações dadas como *obiter dicta*. Em que pese não sejam diretamente vinculantes tais explicações, a manifestação das cortes superiores sobre determinado tema indica ou sinaliza a tendência a decidir em tal sentido de forma vinculante, quando surgir tal situação concreta, sendo natural que as cortes inferiores busquem se harmonizar com os entendimentos expressos pelas cortes superiores, ainda que em *dicta*.

7.4.4. O cuidado que uma corte deve ter para não incorrer em *dicta*

O precedente da Suprema Corte americana, *Harris v. Forklift Sys, Inc.*, 510 U.S. 17, 22-23 (1993), exemplifica o cuidado que tal corte costuma ter para não incorrer em *dicta*. Embora tal caso vá ser estudado em momento posterior com maior profundidade, aproveitamos o ensejo para transcrever dois parágrafos que contextualizam a discussão e mostram que tal Suprema Corte costuma se abster de decidir acerca de questões que não sejam estritamente essenciais para a resolução do caso concreto. Vejamos tais parágrafos, estando destacada a parte relativa a tal abstenção:

> Nós assim entendemos que a Corte Distrital errou ao requerer que a conduta "seriamente afetasse o bem-estar psicológico da autora" ou a levasse a "sofrer lesão". Tal análise pode desnecessariamente focar a atenção do juiz dos fatos [que pode ser o juiz ou o júri, conforme o caso] em danos psicológicos concretos, um elemento que o Título VII não requer. Certamente o Título VII proíbe condutas que seriamente afetam o bem-estar psicológico de uma pessoa razoável, mas a norma não está limitada a tais condutas. Desde que o ambiente seja razoavelmente perceptível como hostil ou abusivo, e que seja efetivamente percebido de tal forma, Meritor, supra, p. 67, não há necessidade para que também haja lesão psicológica.
>
> Isto não é, e por sua natureza nem pode ser, uma fórmula matematicamente precisa. **Nós não precisamos hoje responder a todas questões [*23] que podem ser suscitadas, nem enfrentar especificadamente os novos regramentos da Comissão de Oportunidades Iguais de Emprego (EEOC), ver 58 Fed. Reg. 51266 (1993) (proposed 29 CFR §§ 1609.1, 1609.2); ver ainda 29 CFR § 1604.11 (1993)**. Entretanto, podemos afirmar que aferição se o ambiente é "hostil" ou "abusivo" poderá ser feita apenas à luz do caso concreto. O efeito no bem-estar psicológico do empregado é, naturalmente, relevante para determinar se o empregado encontrou um ambiente abusivo. Entretanto, o dano psicológico, como qualquer outro fator relevante, deve ser considerado, mas não é exigível.

Vê-se que a Suprema Corte americana busca não "legislar", não se pronunciando fora daquilo que seria essencial para resolver o caso concreto, portanto *obiter dictum* sem força

---

(290) WAMBAUGH, Eugene. *The study of cases: a course of instruction in reading and stating reported cases, composing head-notes and briefs, criticizing and comparing authorities, and compiling digests*. 2. ed. Little, Brown & Co., 1894. p. 19.

vinculante. Se desejasse se pronunciar sobre tais regramentos, aguardaria que surgisse um *writ of certiorari* onde a questão estivesse sendo concretamente debatida, como condição necessária para a resolução do caso concreto, e que portanto integraria o *holding* ou *ratio decidendi* vinculante, logo útil para pacificar a jurisprudência.

Ademais, como corte máxima do país, tal Corte tem de dar o exemplo e assim tem feito, seguindo os critérios tradicionais do *common law* e do *stare decisis*, portanto irradiando para todo o sistema a mensagem de que tais técnicas continuam sendo exigíveis. Caso aproveitasse um caso com fatos materiais A, B e C para regular situações D, E e F, tal seria uma inutilidade, já que juízes inferiores poderiam ignorar tal parte do precedente, corretamente identificando-a como *obiter dictum*. Outrossim, tal provavelmente geraria insegurança jurídica e mais dissenso jurisprudencial, já que haveria aqueles juízos que seguiriam tal entendimento ante a hierarquia da corte prolatora, e outros que não o seguiriam, por ser *dicta*. Assim, qual a utilidade de utilizar um caso A para pacificar situações D, E, e F, se nada será pacificado já que ausente o efeito vinculante em sentido estrito?

Finalmente, note-se o perigo do uso de *dicta* pela Suprema Corte, já que se a própria corte máxima se utiliza de um caso X para regular situações estranhas ao mesmo, todas as demais cortes do país podem se sentir legitimadas a fazer o mesmo, ferindo de morte a própria sistemática dos precedentes vinculantes.

7.5. Aplicação *direta* (following) da ratio decidendi

Em complementação à síntese esquemática acima,[291] onde abordamos sucintamente a diferença entre a aplicação direta e analógica de um precedente, teceremos mais algumas considerações sobre a aplicação direta, lembrando que esta depende da presença dos mesmos fatos no caso atual e no caso precedente. "Mesmos fatos" não quer dizer identidade absoluta, mas sim similaridade suficiente para que sejam enquadrados em uma mesma categoria de assimilação relevante para a relação jurídica debatida. Vejamos.

7.5.1. Raciocínio dedutivo

Se o caso precedente for diretamente aplicável, diz-se que "controla" aquela situação jurídica do caso atual (*controlling caselaw)* ou que está diretamente "no ponto" debatido *(on point)*. Após extrair a *ratio* do caso precedente por indução, deduz-se a solução para o novo caso concreto:

CASO 1, possui fatos A + B + C

- FATOS B e C tidos como fatos necessários (*material facts*)
- (B + C = conclusão X) é a *ratio decidendi* (raciocínio indutivo)

CASO 2,

- B + C *LOGO conclusão X* (raciocínio dedutivo)

Posto de outra forma, a aplicação direta de precedente pode ser estruturada da seguinte forma:

COMO NO CASO 1 SE ESTABELECEU QUE (*ratio decidendi* do caso 1)

E COMO NESTE CASO 2 PRESENTES OS *MESMOS FATOS*

LOGO, NESTE CASO 2 (aplicar mesmo resultado do caso 1)

---

(291) Ver supra 7.3.3 Síntese esquemática para a identificação da *ratio decidendi*.

7.5.2. Silogismo lógico? Comparação entre a subsunção dos fatos do caso concreto à lei e à *ratio* de um precedente

O raciocínio dedutivo envolvido na aplicação direta de um precedente é em alguma medida comparável ao silogismo lógico a que nos acostumamos na aplicação de normas legisladas gerais e abstratas no sistema de *civil law*. Vejamos o seguinte quadro comparativo:

PREMISSA MAIOR	**PREMISSA MENOR**	**RESULTADO**
REGRA EXTRAÍDA DO CASO 1 (como premissa maior, similar a uma regra abstrata legislada)	FATOS DO CASO 2 = FATOS DO CASO 1 (equivale à subsunção dos fatos à hipótese legislada)	MESMO DESFECHO QUE NO CASO 1 (equivale à consequência legal enunciada na norma abstrata)

Assim, vê-se que a lógica da aplicação da *ratio* de um precedente aos fatos do novo caso lembra o silogismo dedutivo envolvido na aplicação de uma lei abstrata, notando-se as seguintes principais diferenças:

— QUEM DIZ QUAL É A REGRA VINCULANTE: Quem pode enunciar a norma abstrata legislada *é o legislador* — o intérprete do novo caso concreto, embora possa utilizar outras técnicas hermenêuticas e associar outras normas do sistema jurídico, necessariamente parte da literalidade da norma enunciada pelo legislador. Já quem extrai a *ratio* do precedente é o *juiz do novo caso concreto*, não estando vinculado à literalidade da fundamentação enunciada pelo juiz do caso precedente. A vinculação está adstrita a dar o mesmo desfecho a caso com os mesmos fatos "materiais" ou necessários, e não a alguma regra jurídica eventualmente enunciada pela corte precedente — mesmo porque, se o juiz do caso precedente enunciar regra abstratamente, fora dos respectivos fatos, tal será *obiter dictum*, de natureza persuasiva.

— SUBSUNÇÃO: Na regra legislada, a subsunção é dos fatos do caso concreto à hipótese fática prevista abstratamente na norma, enquanto que na aplicação de precedentes, os fatos do caso concreto 2 se subsumem aos fatos do caso precedente, comparando-se os mesmos para verificar sua similaridade relevante, ou seja, se podem ser enquadrados em uma mesma categoria de assimilação(292).

— CONSEQUÊNCIA JURÍDICA: Na aplicação da regra legislada, a consequência jurídica é aquela prevista na norma, enquanto que na aplicação de precedentes é a repetição, no novo caso, da conclusão ou resultado do caso precedente.

7.6. Superação (overruling)

A superação ou *overruling* é o abandono de um determinado entendimento pela corte que o prolatou ou adoção de entendimento contrário por corte hierarquicamente superior, uma espécie de revogação do efeito precedencial de determinado caso, entendendo-se que, para um caso com os mesmos fatos, a solução dada no precedente não é mais apropriada.

---

(292) Conforme terminologia de Schauer. Ver 7.3.2.6 Regras de Relevância — a caracterização dos "fatos materiais" com maior ou menor abstração — categorias de assimilação — Schauer.

Não se confunde com a reforma ou rescisão de uma sentença ou acórdão, o que atinge a própria decisão, e não apenas seu efeito precedencial para casos futuros. Em alguns casos ocorrerá simultaneamente a reforma do julgado inferior e a superação do entendimento por Corte Superior, mas tais figuras não costumam andar juntas. Quando um tribunal com jurisdição nacional, por exemplo, unifica o conflito jurisprudencial entre vários tribunais estaduais ou regionais, acarreta o *overruling* do entendimento de diversos destes tribunais, em que pese possa ter reformado apenas o caso que lhe foi imediatamente submetido ou afetado. Vê-se, pois, que superação e reforma são termos muito distintos, embora eventualmente possam ocorrer simultaneamente.

No CPC o legislador não chegou a enunciar critérios dos quais dependeria a superação de uma tese firmada em precedente vinculante. Ao se referir ao *overruling*, o art. 927, § 4º, do CPC se limitou a estabelecer que dependeria de "*fundamentação adequada e específica,*" além de determinar que se levassem em consideração "*os princípios da segurança jurídica, da proteção da confiança e da isonomia,*" sem brindar o intérprete com indicações do que seria uma fundamentação suficiente para autorizar a superação de um precedente.

No entanto, apenas cerca de um ano antes, o mesmo legislador, em lei destinada a modificar o processo do trabalho, autorizou a revisão de tese firmada em julgamento de recursos repetitivos "*quando se alterar a situação econômica, social ou jurídica*" (§ 17 do art. 896-C da CLT, introduzido pela Lei n. 13.015/2014). Em se tratando de norma sobre o mesmo assunto, ainda mais que editadas num intervalo de cerca de apenas um ano, nada impede que se utilize §17 do art. 896-C da CLT para complementar o sentido das referências à superação de precedentes, contida no CPC, em interpretação sistemática. Assim, a modificação de um entendimento já pacificado pela mesma Corte, depende de fundamentação adequada e específica demonstrando alteração da situação econômica, social ou jurídica.

7.6.1. *Overruling* por corte superior

A superação de um entendimento por Corte Superior pode ocorrer quando tribunais diversos discordam em determinada questão de direito, a qual acaba sendo uniformizada por alguma Corte Superior em sentido diverso do daquele do precedente em questão. O *overruling* aqui se dá pela compreensão de que a corte inferior errou, e não porque houve alteração da realidade social que tornou o precedente indesejável.

7.6.2. *Overruling* pela mesma corte — limitações

A superação ou *overruling* pode se dar pela mesma corte que prolatou o precedente, o que é mais incomum, já que incumbe aos tribunais zelar pela estabilidade do direito. Logo, uma vez uniformizado o entendimento em determinado sentido, não se pode alterá-lo novamente a cada mudança de ideia ou mudança de composição da corte, sob pena de se esvaziar a própria credibilidade e utilidade dos precedentes, enquanto fatores de pacificação social e segurança jurídica.

É em tal sentido a norma incorporada ao CPC de 2015, que em seu art. 926 diz que "*os tribunais devem uniformizar sua jurisprudência e mantê-la estável, íntegra e coerente*". Ademais, o art. 927 exemplifica o cuidado com o qual se deve cogitar de alterações de precedentes, podendo em alguns casos serem tais alterações precedidas de audiências públicas, com intervenção de *amici curiae* (§ 2º), autorizando a modulação de efeitos para a alteração da jurisprudência dominante dos tribunais superiores ou oriunda de casos repetitivos dos demais tribunais (§ 3º), bem como exigindo, para que se modifique súmula, jurisprudência pacificada ou de tese adotada em casos repetitivos, "*fundamentação adequada e específica, considerando os princípios da segurança jurídica, da proteção da confiança e da isonomia*" (§ 4º). No mesmo sentido é ainda o art. 896-C, § 17, da CLT, que autoriza a revisão de tese firmada em recurso de revista repetitivo "*quando se alterar a situação econômica, social ou jurídica, caso em que será respeitada a segurança jurídica das relações firmadas sob a égide da decisão anterior.*" Numa interpretação sistemática, naturalmente, tal regra se aplica a toda a superação de precedente, combindo-se perfeitamente com os parágrafos do art. 927 do CPC.

Duxbury observa que um processo rígido para *overruling*, geralmente auto-imposto pelas cortes, é parte indissociável da doutrina do *stare decisis* — uma salvaguarda para evitar a injustiça, ineficiência ou outras fragilidades do sistema que adviriam de ter de julgar todos os pontos de direito como do zero, com completa discricionariedade e ignorando a experiência judiciária acumulada, arduamente adquirida. No entanto, a corte pode chegar à conclusão que seu precedente é inapropriado ou que a realidade social se alterou de maneira que tal precedente não é mais bem-vindo.[293] Tendo como norte a estabilidade e segurança jurídica, observa que as cortes *overrule* seus precedentes por motivos mais fortes que a mera discordância ou alteração da composição do tribunal, mas sim visando um significativo melhoramento do direito, sem prejudicar àqueles que se portaram em conformidade com o entendimento anterior, ou ainda para harmonizar algum precedente com alterações legislativas posteriores.[294] Duxbury sugere a seguinte ilustração:

— Digamos que determinada lei X tenha quatro interpretações legítimas, A, B, C e D, evidenciando a possibilidade de uma limitada discricionariedade judicial:[295]

- CORTE 1 — firma precedente (P1) que X corresponde à interpretação "A"
- CORTE POSTERIOR — prefere X = B, *mas não derroga P1*, porque estaria substituindo uma interpretação correta por outra; se tal *overruling* fosse possível esvaziaria a certeza e previsibilidade, principais metas do *stare decisis*;

➢ MAS SE CORTE 1 TIVESSE DITO **X = E** (fora da gama de interpretações possíveis, portanto uma interpretação equivocada, errônea)

➢ CORTE POSTERIOR **poderia *overrule* P1 e firmar que X = B** (ou outra das alternativas permissíveis)

Para Duxbury, esta última parte do exemplo evidencia que o overruling não vulnera o *stare decisis*, quando cautelosamente aplicado, mas antes pelo contrário o protege de erros ou arbitrariedade, facilitando a atuação de uma discricionariedade judicial limitada (*properly constrained judicial discretion*). Segundo suas palavras, "overruling *pode ser compreendido como um método pelo qual a corte nega o precedente quando necessário para preservar o direito*".[296]

7.6.3. *Overruling* expressa ou implícita — total ou parcial

Registre-se, finalmente, que a superação ou *overruling* de um precedente pode ser expressa ou implícita, total ou parcial. Em que pese frequentemente a superação de um

---

(293) DUXBURY, Neil. *The nature and authority of precedent*. Cambridge University Press, 2008. p. 116-17.

(294) DUXBURY, p. 118-19.

(295) O autor usa como exemplo uma lei americana em material de direito administrativo, para cuja aplicação existe a doutrina "Chevron deference" (em referência ao nome do caso onde surgiu), segundo a qual as cortes não poderiam substituir a interpretação da agência administrativa responsável pela aplicação de tal lei pela interpretação preferida pela corte, salvo se a interpretação da agência estivesse fora de uma gama de possibilidades interpretativas legítimas. DUXBURY, p. 121, nota 38.

(296) DUXBURY, p. 122.

precedente seja feita de forma expressa, muitas vezes o ponto central de debate de um caso, não são poucas as oportunidades em que a superveniência de entendimentos incompatíveis, seja da mesma corte ou corte superior (ou, em sentido lato, pela superveniência de legislação positiva em contrário a tal entendimento), acaba tornando prejudicado o entendimento de um precedente, que na prática se torna superado.

A superação pode ser total, uma guinada jurisprudencial de 180 graus, ou parcial (*limiting*), que geralmente ocorre através de sucessivos *distinguishings*, que vão "corroendo" o alcance do precedente original, abrindo-lhe diversas exceções (até que eventualmente seja considerado implicitamente *overruled*).

7.7. Analogia (analogical reasoning)

7.7.1. Analogia — relevante similaridade, mas sem figurar em categorias fáticas idênticas às do precedente

A aplicação direta e aplicação analógica de precedentes são conceitos bastante próximos. Já que os fatos do caso precedente e do caso posterior dificilmente serão idênticos, tanto a aplicação direta quanto a aplicação analógica de um precedente se basearão na identificação de uma similaridade relevante, do ponto de vista jurídico, entre os fatos de um e outro. Sendo os fatos de um e outro enquadráveis na mesma categoria de assimilação relevante para o direito debatido em ambos os casos, tratar-se-á dos mesmos fatos materiais ensejando assim a aplicação direta (*following*) do precedente ao caso posterior, com caráter vinculante. Por exemplo, se no precedente se debatiam danos materiais a uma motocicleta e no caso atual danos a um automóvel, provavelmente podemos cogitar de aplicação direta, já que motos e automóveis poderiam ambos serem enquadrados em uma categoria de assimilação "veículos," portanto enquadrados como o mesmo fato material, para fins de aplicação do precedente. No entanto, se o caso posterior versasse sobre danos causados a um imóvel, provavelmente seria o caso de verificar a possibilidade de aplicação analógica, ou distinguir, negando aplicação a tal precedente (onde o bem danificado era uma motocicleta). Eventualmente, entretanto, casas e motos poderiam estar em uma mesma categoria mais ampla ("bens materiais") conforme a relação jurídica debatida, por exemplo um seguro que cobrisse danos causados a bens materiais em razão de inundações. Neste caso a regra de relevância ou categoria de assimilação articulada no próprio precedente seria a ampla categoria "bens materiais", portanto abrangendo tanto casas quanto motos, ambos considerados como sendo o mesmo fato para fins de comparação, ensejando portanto a aplicação direta de um precedente.

Temos que a aplicação de um precedente por analogia segue um conceito residual: aqueles casos que não tiverem suficiente similaridade relevante para que seus fatos sejam considerados os mesmos que os do precedente, conforme critérios debatidos anteriormente,[297] terão seu conjunto de fatos diversos comparados com os do precedente, buscando similaridades e dissimilaridades para fins de ensejar a aplicação analógica ou a distinção. O raciocínio analógico é aquele que justifica o resultado através de comparações fáticas entre o caso atual e o precedente, devendo as similaridades fáticas ensejarem resultado similar.[298]

---

(297) Reportamo-nos aqui à doutrina de Goodhart e Schauer, sintetizadas anteriormente para fins de identificação da *ratio decidendi*, especialmente quanto à maior concretude ou generalidade com que devem ser caracterizados os fatos materiais do precedente para fins de comparação com os do caso posterior.

(298) EDWARDS, Linda. *Legal writing and analysis*. 3. ed. Aspen Publishers, 2011. p. 56.

Considerando que a diferença entre a aplicação direta ou analógica de um precedente pode ser sutil, já que ambas envolvem uma aferição da similaridade relevante entre o caso atual e o precedente, o advogado cauteloso que buscar invocar um precedente pode argumentar tanto a aplicação direta quanto, sucessivamente, a analógica.

Já do ponto de vista do julgador do caso atual, entender o precedente como diretamente ou analogicamente aplicável não fará diferença, caso decida aplicar o precedente, em termos de resultado. A diferença está em grau de vinculação, já que a aplicação um precedente vinculante que "controla" diretamente o caso atual é obrigatória, enquanto que a aplicação por analogia, considerada como uma extensão do precedente para um caso originalmente não abrangido, é facultativa ou persuasiva. Ademais, ao entender que a aplicação foi analógica e não direta, tal corte emitiu um juízo de valor sobre o alcance do precedente original. Logo, se se tratar da própria corte que prolatou o precedente original, ou corte de maior hierarquia (portanto com poderes para modificar tal precedente), além de estar estendendo o alcance do entendimento através da aplicação analógica dada na nova decisão, pode estar restringindo o alcance do precedente original ao estar recaracterizando seus fatos de forma mais restritiva.

7.7.2. Estrutura lógica

A aplicação de argumentação com precedentes por analogia (*analogical reasoning)* se dá:

- Quando **os fatos necessários** (*material facts*) ***não são os mesmos*** (não podem ser caracterizados como estando na mesma categoria de assimilação relevante para a relação jurídica debatida);
- Verifica-se se há **suficiente similaridade** (relevante juridicamente) dos fatos necessários de um e outro;
- Que **justificaria** a aplicação da *ratio* do precedente ao novo caso.

Vejamos o seguinte fluxo, utilizando os fatos necessários para ilustrar a estrutura do raciocínio:

CASO 1 — A + B + C = resultado X

CASO 2 — A + B **+** C + **D** = resultado X — um fato material extra — **aplicação analógica** — extensão do precedente porque o conjunto de fatos foi entendido como suficientemente similar para aplicar mesma *ratio;* **OU**

CASO 2 — A + B + **D** = resultado X — um fato material diverso — **aplicação analógica** — extensão do precedente porque o conjunto de fatos foi entendido como suficientemente similar para aplicar mesma *ratio*.

O mesmo raciocínio, seja para requerer em uma petição postulatória o mesmo tratamento dado em um precedente, seja para usar um precedente analogicamente como base de uma decisão com fatos similares mas não idênticos, poderia ser estruturado da seguinte forma:

1 — NO CASO 1, **ONDE** presentes (os fatos A + B + C), o juízo **ESTABELECEU QUE** (... consequência jurídica X), *(opcionalmente pode-se adicionar ... PORQUE ... e a correspondente motivação para que os fatos ABC lá ensejassem a consequência X);*

2 — **AQUI** (CASO 2), **SIMILARMENTE,** restou comprovado que presentes os fatos necessários (A+B+**D,** ou **A+B**, ou A+B+C+**D**);

3 — **LOGO, DEVE** o pedido ser julgado ... (Consequência jurídica X, igual à do caso 1).

4 — **VEJA-SE QUE** (mostrar os pontos de contato entre os dois casos, buscando principalmente na fundamentação do precedente os aspectos mais relevantes para uma comparação; adicionar considerações de ordem sistemática, teleológica, interesse público, política judiciária, justiça ou equidade etc., demonstrando o acerto da extensão analógica do alcance do precedente).

7.8. Distinção (distinguishing)

Do ponto de vista normativo, em que pese todo o sistema de precedentes introduzido do novo CPC deixar claro que a distinção é um instituto essencial para o mesmo, em nenhum momento o *codex* define como funcionaria o processo de aferição das similaridades ou diferenças entre o precedente e o caso atual, para fins de aplicação (*following*) ou não aplicação por distinção (*distinguishing*) de dado precedente. Limita-se o inciso VI do § 1º do art. 489 do CPC a dizer que não estaria fundamentada a decisão que "*deixar de seguir enunciado de súmula, jurisprudência ou precedente invocado pela parte, sem demonstrar a existência de distinção no caso em julgamento ou a superação do entendimento*" (sublinhado nosso). Quanto ao que seria tal distinção, para fins de afastamento da aplicação de determinado precedente, o código é silente. Fica tal pergunta para ser respondida pela doutrina e direito comparado. Assim, considerando que o conceito de distinção é ligado ao conceito de *ratio decidendi*, bem como de aplicação direta e analógica, com base nas considerações já expostas anteriormente quanto a tais temas, vejamos especificamente quanto ao *distinguishing*.

7.8.1. Distinção — dissimilaridade relevante — a aplicação por analogia que falhou

De forma simplificada, poderíamos dizer que distinção é a face oposta da analogia, ou uma analogia que falhou.

Não há muros ou separações óbvias entre a aplicação direta, a aplicação por analogia e a não aplicação em razão de distinção. Antes pelo contrário, trata-se de um *continuum*, um espectro de análise da similaridade entre os fatos materiais ou necessários do precedente e do caso posterior, do mais similar ou quase idêntico (aplicação direta), passando pela similaridade suficiente para justificar a mesma solução (analogia), chegando à dissimilaridade quanto às questões juridicamente mais relevantes dos fatos materiais ou necessários, necessitando de solução distinta da do precedente (distinção).

Em outras palavras, aqueles casos que não tiverem suficiente similaridade relevante para que seus fatos sejam considerados os mesmos que os do precedente(299) terão o precedente como não diretamente aplicável (*not controlling*), em razão de não ter os mesmos fatos que o caso atual. Entretanto, se tais fatos diversos forem suficientemente similares, em aspectos relevantes para a relação jurídica debatida, a ponto de justificar o mesmo tratamento do precedente, então haverá aplicação por analogia. Do contrário, se os fatos necessários do precedente e do caso atual forem distintos a ponto de recomendar solução diversa daquela do precedente, então será o caso de não aplicação do precedente por distinção (*distinguishing*). Logo, o mesmo exame de um precedente com fatos diversos daqueles do caso atual resultará em uma das duas situações, de aplicação analógica ou de distinção.

---

(299) Conforme regras de relevância contidas no próprio precedente ou nas categorias de assimilação reconhecidas na linguagem ou nas relações sociais.

As distinções, entretanto, não são todas iguais. Algumas são mais óbvias, relativas a conjuntos de fatos bastante diversos, em que nem seria razoável cogitar da aplicabilidade de um determinado precedente (e.g., os fatos do caso 1 são A+B+C+D enquanto que os do caso 2 são A+X+Y+Z). Quanto mais similares os fatos, entretanto, mais dúvida pode haver, seja pela aplicação direta (já que fatos nunca são absolutamente idênticos, até mesmo esta envolve a comparação de similaridades relevantes), seja pela aplicação analógica ou distinção. Quanto mais dúvida houver quanto ao âmbito de alcance de um precedente, cada decisão posterior que, em determinada situação similar, deixar de aplicar tal precedente por distinção, estará na prática restringindo (*limiting*) o alcance do precedente, definindo os limites do mesmo de forma restritiva.

Finalmente, há casos em que durante décadas foi reconhecido um determinado alcance para certo precedente, mas ao surgir uma situação fática peculiar não cogitada no precedente original, a corte pode se vir compelida a recaracterizar os fatos do precedente de forma mais concreta ou restritiva (portanto reduzindo seu âmbito de aplicabilidade), e reconhecendo o novo caso como sendo uma exceção à situação prevista no precedente, dando este como inaplicável a tal caso excepcional.

Se confirmado tal *distinguishing* pela mesma corte ou corte superior à que prolatou o precedente original, o efeito prático será de uma superação parcial (*partial overruling*) do precedente original. Como as cortes superiores resistem à revogação ou superação de seus precedentes, visando a preservação da estabilidade e credibilidade dos mesmos, tais exceções são talvez mais comuns que superações explícitas de seus precedentes, ainda que eventualmente sejam tantas as exceções que se coloque em dúvida se o precedente original ainda remanescente "vigente" (*good law*).

7.8.2. Estrutura lógica

O raciocínio para a distinção é similar ao da analogia, salvo pela maior divergência entre os fatos do precedente e do caso atual, a pon\to de não mais justificar a mesma solução do precedente:

1 — NO CASO 1, **ONDE** presentes (os fatos A + B + C), o juízo **ESTABELECEU QUE** (... consequência jurídica X), *(opcionalmente pode adicionar ... PORQUE ... e a correspondente motivação para que os fatos ABC ensejassem a consequência X);*

2 — **ENTRETANTO, AQUI** (CASO 2) os fatos (A+B+D, ou A+B, ou A+B+C+D)

SÃO DIVERSOS (demonstrar).

3 — **LOGO,** a solução dada ao caso 1 **NÃO VINCULA** o juízo neste.

4 — OPCIONALMENTE: prosseguir no *distinguishing*, rechaçando analogia:

NEM MESMO ANALOGICAMENTE seria recomendável a adoção da ratio 1

PORQUE (explicar que a ***diferença é tal*** que tornaria a *ratio* do caso 1 ***inapropriada*** para o caso 2).

8. FUNDAMENTAÇÃO COM PRECEDENTES

Neste tópico abordaremos algumas peculiaridades relativas à fundamentação com precedentes, a saber: a positivação da obrigatoriedade de seu enfrentamento quando analiticamente invocados por uma das partes sob pena de nulidade da decisão, fatores que influenciam na força persuasiva de um precedente, e que isso devem guiar a escolha dos julgados e sua organização no texto, bem como o equilíbrio entre a complexidade da fundamentação completa com precedentes e a necessária concisão. Ao final, examinaremos a estruturação da argumentação de um determinado ponto controvertido segundo o acrônimo CREAC (conclusão-regra-explicação-aplicação-conclusão), e a forma e extensão da citação a julgados, considerando a posição e função argumentativa de tal citação jurisprudencial. O uso dos fatos na fundamentação será desenvolvido no tópico seguinte, sob a ótica do impacto na formação e evolução dos precedentes.

8.1. Dever de fundamentar a aplicação de precedentes ou não aplicação de precedentes invocados analiticamente pela parte sob pena de nulidade — art. 489 do CPC

Diz o art. 489, § 1º, do CPC de 2015 que não se considera a decisão fundamentada se:

> V — se limitar a invocar precedente ou enunciado de súmula, sem identificar seus fundamentos determinantes nem demonstrar que o caso sob julgamento se ajusta àqueles fundamentos;
>
> VI — deixar de seguir enunciado de súmula, jurisprudência ou precedente invocado pela parte, sem demonstrar a existência de distinção no caso em julgamento ou a superação do entendimento.

Busca o legislador, com o parágrafo primeiro do art. 489 introduzir desde a primeira instância uma fundamentação mais aprofundada, cotejando a norma positivada e o precedente, jurisprudência ou súmula com os fatos do caso concreto, viabilizando o refinamento e uniformização dos entendimentos à medida que o processo vai à segunda instância ou eventualmente chega aos tribunais superiores. As decisões "pretinho básico", de cunho genérico, cujos "*motivos que se prestariam a justificar qualquer outra decisão*" (inciso III do mesmo parágrafo) dificultariam sobremaneira a sedimentação das salutares técnicas de estabilização e uniformização de precedentes no Brasil. No mesmo sentido, Teresa Arruda Alvim Wambier *et al.*, ao comentar os incisos V e VI de tal parágrafo, dizem que "*a relação de pertinência* [da tese jurídica de precedentes e súmulas] *ao caso concreto deve ser, na fundamentação da decisão demonstrada*" e que "*se a súmula, se a jurisprudência ou precedente invocado pela parte é desconsiderado, devem ser explicadas as razões pelas quais teriam sido afastados.*"(300)

No entanto, temos que a redação do dispositivo foi infeliz, deixando de distinguir situações onde a aplicabilidade de uma determinada regra de direito positivado ou jurisprudencial é óbvia ou pacífica, daquelas onde exista dissenso jurisprudencial ou a aplicabilidade de determinado entendimento seja o próprio cerne da discussão.

Vista por outro ângulo, a redação do dispositivo passa uma impressão de desconhecimento da realidade pela qual passa o Judiciário brasileiro, e contradiz a própria exposição de motivos do projeto de lei que deu origem ao novo *codex*, na qual se coloca como um dos principais objetivos para as respectivas inovações legislativas o cumprimento da garantia constitucional à razoável duração do processo. É fato notório que as cortes brasileiras já se

---

(300) WAMBIER, Teresa Arruda Alvim; CONCEIÇÃO, Maria Lúcia Lins; RIBEIRO, Leonardo Ferres da Silva; MELLO, Rogério Licastro Torres de. *Primeiros comentários ao novo Código de Processo Civil*: artigo por artigo. São Paulo: Revista dos Tribunais, 2015. p. 796.

encontram no limite de sua capacidade instalada e sem perspectivas, num horizonte próximo, de criação de novas Varas e de cargos de juízes e servidores, ainda que enfrentando um crescimento exponencial de ajuizamentos e de recorribilidade. No mesmo sentido, vocifera o juiz e professor Manoel Antônio Teixeira Filho, um dos mais celebrados doutrinadores na área do processo do trabalho:

> Que nos desculpe o legislador, mas o conjunto de disposições inseridas nos referidos incisos I a VI do § 1º beiram as raias do absurdo, se considerarmos o exagerado grau de esmiuçamento analítico-argumentativo aí imposto. Não se nega que o fundamento das decisões emitidas pelos órgãos do Poder Judiciário de nosso país constitui não apenas uma exigência constitucional, mas também um imperativo do Estado Democrático de Direito, em que se funda a nossa República. Exigir-se, contudo, que as decisões interlocutórias, as sentenças e os acórdãos se submetam aos rigores dos incisos I a VI do § 1º do art. 489 do CPC, não é atender ao mandamento constitucional, nem aos ditames de um Estado Democrático de Direito, senão que entravar ou inviabilizar a prática desses atos processuais, fazendo retardar ainda mais, o curso do processo. ... O que se exige, portanto, é que o magistrado indique as razões jurídicas do seu convencimento acerca dos fatos e demais elementos dos autos, a fim de evitar que a decisão seja arbitrária. Nada mais do que isso. Sob essa perspectiva, o § 1º do art. 489, do CPC, não esconde a seu caráter surrealista.(301)

Assim, em boa hermenêutica, não há como dar uma interpretação literal ou extensiva a tal parágrafo primeiro do art. 489, como se determinasse a fundamentação exaustiva quanto a todas as normas positivas, precedentes e súmulas aplicados pelo juízo ou invocados pela parte, sob pena de inviabilizar a prestação jurisdicional no país. Antes pelo contrário, simples interpretação sistemático-teleológica aponta para a necessidade de uma fundamentação:

(1) *Suficiente* (e não exaustiva) para a compreensão da aplicação de uma determinada norma positiva, precedente ou súmula no contexto da decisão;

(2) *Suficiente* (e não exaustiva) dos precedentes, jurisprudência e súmulas que tenham sido invocados pelas partes de forma analítica mas cuja aplicabilidade ao caso tenha sido rechaçada pelo juízo — apenas se a parte se tiver desincumbido de *seu ônus argumentativo* de demonstrar (ela, a parte) que o caso sob julgamento efetivamente se ajusta à tese dos julgados invocados.

Vejamos com mais detalhe.

8.1.1. Dever de fundamentar quanto aos precedentes e súmulas que embasam a decisão

Quanto ao item 1 acima (referente ao art. 489, § 1º, V), veja-se que há entendimentos pacificados há décadas, sumulados ou não, sendo que sua aplicabilidade frequentemente pode ser explicada em uma linha, pode já estar contida nas frases ou parágrafos anteriores à sua menção, ou pode estar implícita na fundamentação, sendo perfeitamente compreensível a partir do contexto. Trata-se assim, de fundamentação *suficiente* para a compreensão do julgado, e não exaustiva.

Como bem observa Teixeira Filho, o dever de fundamentar do art. 93, IX, da Constituição da República, nunca foi tido como a exigir fundamentação exaustiva. Tal dever, que infraconstitucionalmente já existia desde o Regulamento Imperial n. 737, passando pelos CPCs de 1939 e 1973, sempre foi interpretada como impondo fundamentação clara e concisa, inclusive pelo STF, e.g., no AI 797.581/PB-AgR ("*a exigência do art. 93, IX, da Constituição, não impõe que a decisão seja exaustivamente fundamentada. O que se busca é que o* [julgador] *informe de forma clara e concisa as razões do seu convencimento*").(302)

---

(301) TEIXEIRA FILHO, Manoel Antônio. *Comentários ao novo código de processo civil sob a perspectiva do processo do trabalho*. São Paulo: LTr, 2015. p. 665.
(302) TEIXEIRA FILHO, Manoel Antônio. *Comentários ao Novo Código de Processo Civil sob a perspectiva do processo do trabalho*. São Paulo: LTr, 2015. p. 665.

Se for incompreensível a fundamentação, naturalmente, poderá ser desafiada por embargos declaratórios ou sujeitar-se à declaração de nulidade por instâncias superiores, sendo geralmente sanável tal nulidade no próprio juízo *ad quem* (teoria da causa madura, positivada no art. 1.013, § 3º, IV, do CPC de 2015[(303)]). Trata-se de aplicação do dever de fundamentar de forma suficiente, apta para atingir a compreensão do julgado, mas informada pela garantia constitucional da razoável duração do processo, um dos principais nortes do novo CPC.

8.1.2. Dever de fundamentar quando deixar de seguir súmula, jurisprudência ou precedente invocado pela parte

Quanto ao item 2 (referente ao art. 489, § 1º, VI), da mesma forma presente o dever de fundamentação *suficiente* para a compreensão do julgado, e não exaustiva, como já abordamos no tópico anterior. No entanto, mais algumas observações são cabíveis. O inciso V trata especificamente da hipótese em que uma súmula, precedente ou jurisprudência não foram seguidos pelo julgador sem que constasse da decisão demonstração de distinção entre os fatos do precedente e do caso concreto (*distinguishing*), ou de que o precedente já foi superado (*overruled*) pelo mesmo tribunal ou superior.

Veja-se que aqui a situação é ainda mais delicada que a do inciso V, uma vez que não se trata apenas de fundamentar quanto àqueles julgados usados como base da decisão, mas supostamente quanto a *todos* aqueles eventualmente citados por *todas* as partes. Para agravar ainda mais a dificuldade de aplicação literal de tal regra, veja-se que a mesma não se limita a *precedentes* (presumivelmente aqueles elencados no art. 927 do CPC), mas se aplica também à *jurisprudência* invocada pelas partes (presumivelmente outros julgados não previstos no art. 927 do CPC, não estando claro se todas as decisões judiciais poderiam ser invocadas, inclusive interlocutórias, sentenças e despachos monocráticos dos relatores em sede recursal, ou se apenas acórdãos).

Assim, *ad absurdum*, os juízes, já criticados pela sociedade pela prolação de decisões em quantidade inferior àquela dos novos ajuizamentos ou novos recursos, ficariam reféns das partes, sendo obrigado a fundamentar a não aplicabilidade ao caso concreto de 100 julgados, se 100 julgados fossem invocados pelas partes? Ou 500, ou 1000? Não é incomum que petições iniciais sejam ajuizadas com 50 laudas ou mais, carregadas de "recorte-cole" de ementas de inúmeros julgados, sem qualquer efetiva análise de correlação entre os fatos do precedente e do caso concreto, desafiando petições da parte contrária igualmente volumosas e carregadas de jurisprudência. Em todas as áreas do direito a situação de citação de jurisprudência, súmulas e precedentes, em considerável quantidade, não é diferente. No entanto, em regra, tais citações são meramente exemplificativas de um determinado ponto de direito que se pretende ver aplicado, sem qualquer aprofundamento analítico no efetivo conteúdo fático de tais julgados e comparação com os fatos do caso atual. Tal decomposição analítica de precedentes não faz parte de nossa tradição e ensino jurídicos. Em regra, até a edição do CPC 2015, a citação a súmulas, precedentes, e outros julgados não mencionados no art. 927 do CPC, era feita pela mera colagem de uma série de ementas (ou do verbete da súmula), sem olhar para os fatos que deram base para tais julgados.

Em tais casos, seria do julgador o primeiro ônus de examinar, um a um, os fatos das dezenas de julgados geralmente invocados nas decisões? Deveria o juiz funcionar como uma

---

(303) CPC 2015, art. 1.013. *A apelação devolverá ao tribunal o conhecimento da matéria impugnada. ... § 3º Se o processo estiver em condições de imediato julgamento, o tribunal deve decidir desde logo o mérito quando: ... IV — decretar a nulidade de sentença por falta de fundamentação.*

espécie de auditor, examinando aprofundadamente todos os precedentes citados pelas partes, ainda que citados superficialmente? Ou teria o juiz o dever de fundamentar analiticamente a não aplicação de um precedente, súmula, ou "jurisprudência" apenas quando as partes houvessem se desincumbido previamente de *seus ônus argumentativos*, demonstrando logicamente a congruência entre os fatos do precedente e os do caso concreto?

À vista de todo o exposto, naturalmente se conclui que o posicionamento correto é este último, interpretação também adotada pelo Tribunal Superior do Trabalho, que em ato administrativo destinado a dar publicidade aos seus primeiros entendimentos quanto à aplicabilidade subsidiária e supletiva do novo CPC ao processo do trabalho (IN 39) registrou que "*é ônus da parte, para os fins do disposto no art. 489, § 1º, V e VI, do CPC, identificar os fundamentos determinantes ou demonstrar a existência de distinção no caso em julgamento ou a superação do entendimento, sempre que invocar precedente ou enunciado de súmula.*"(304)

Assim, fica claro que a única interpretação possível e viável, tanto do ponto de vista sistemático-teleológico da norma, quanto em termos de política judiciária, é que o parágrafo primeiro do art. 489 do CPC deve ser tido como obrigação de fundamentação *suficiente* para a compreensão da decisão, mas não exaustiva, e que a invocação pelas partes de precedentes, jurisprudência e súmulas ensejará o dever de fundamentar sua não aplicação com base em distinção fática ou superação do entendimento (§ 1º, V) apenas se previamente tiverem as partes se desincumbindo-se de *seu* ônus argumentativo de demonstrar que os fatos do caso sob julgamento efetivamente se ajustam às condições fáticas que ensejaram a decisão invocada como precedente, jurisprudência, ou inclusive aquelas objeto de súmula.

Ressalva deve ser feita quanto à decisão frontal e obviamente contrária a precedentes qualificados, vinculantes (art. 927, I, II e III), ou em relação a precedentes sistemicamente obrigatórios(305) como súmulas dos tribunais superiores (inciso IV) e orientações do plenário ou órgão especial a que estiverem vinculados (inciso V). Se o juiz reconhecer que alguma distinção entre o precedente e o caso concreto impede a replicação da solução daquele neste, deverá fazê-lo expressa e fundamentadamente. Deixar de seguir tais precedentes ou súmulas "*sem demonstrar a existência de distinção no caso em julgamento ou a superação do entendimento*" acarretaria a nulidade da decisão por falta de fundamentação, ainda que a parte não tenha desincumbido de seu ônus argumentativo (CPC, art. 489, § 1º, VI c/c o art. 927).

8.1.3. Teoria da causa madura — impacto do dever de fundamentação na segunda e superior instância — obrigação de acatar precedentes ou fundamentar *distinguishing/overruling* sob pena de nulidade

Finalmente, observe-se ainda que o ônus de fundamentar debatido afeta com maior força o segundo grau de jurisdição. Isto porque, de acordo com a teoria da causa madura, positivada no art. 1.013, § 3º, IV, do CPC de 2015, "*se o processo estiver em condições de imediato julgamento, o tribunal deve decidir desde logo o mérito* [da apelação] *quando ... decretar a nulidade de sentença por falta de fundamentação.*(306) Enquanto no código anterior, art. 515,

(304) Art. 15, VI, da IN n. 39 do TST, aprovada pela Resolução n. 203, de 15.03.2016.

(305) Ver 6.4 Quais jugados vinculam no Brasil? Precedentes vinculantes, obrigatórios, e meramente persuasivos.

(306) CPC 2015, art. 1.013. *A apelação devolverá ao tribunal o conhecimento da matéria impugnada. ... § 3º Se o processo estiver em condições de imediato julgamento, o tribunal deve decidir desde logo o mérito quando: ... IV — decretar a nulidade de sentença por falta de fundamentação.* Ver ainda CLAUS, Ben-Hur Silveira (Coord.). *A Teoria da causa madura no Processo do Trabalho*: contribuições dos magistrados da 4ª Região (RS). São Paulo: LTr, 2017 (observando que embora o estudo tenha sido feito sobre o Processo do Trabalho, é também aplicável ao Processo Civil).

§ 3º, se dizia em tais casos que *"o tribunal **pode** julgar desde logo a lide"* (grifo nosso), a redação atual é impositiva (*"**deve**"*), fixando no juízo *ad quem* a competência funcional absoluta para sanar a nulidade por falta de fundamentação quando houver condições de imediato julgamento, sujeitando a questão, inclusive, a conflito negativo de competência (arts. 66, II, 951 e 953, I, todos do CPC de 2015).

Tal novidade se harmoniza com o princípio constitucional da razoável duração do processo, que informa todo o novo código, já que, ao detectar a falha na fundamentação especificamente quanto a algum precedente ou súmula utilizados na decisão, o próprio tribunal de segundo grau, cuja função principal é corrigir erros de direito e unificar o direito no âmbito de sua jurisdição, estaria em condições de rechaçar ou confirmar a aplicação de tal precedente ou súmula, aduzindo o respectivo fundamento para sua aplicação.

Por outro lado o tribunal *ad quem*, naturalmente, deverá fundamentar a adoção do precedente antes rechaçado, sob pena de ele próprio incorrer na mesma nulidade. Se, no entanto, a parte apenas citou os julgados em tela perante o juízo *a quo*, sem ela própria fundamentar de que forma os fatos do precedente se adequariam ou não aos fatos do caso atual (fazendo isso apenas nas razões recursais), então tecnicamente não seria o caso de *nulidade* da decisão *a quo,* mas sim de regular análise de seu mérito recursal, para fim de reforma ou não. É que o juízo *a quo* não estaria obrigado a dispender considerável tempo dissecando uma plêiade de arestos citados nas razões recursais pelo mero "recorte-cole" de ementas ou verbetes de súmula, mas apenas quanto àqueles onde houvesse argumentação analítica das partes com relação a sua aplicabilidade.

8.2. Grau de força dos precedentes — menor antiguidade e maior notoriedade

Assim, em síntese, vemos que existe um espectro contínuo da menor para a maior força persuasiva ou vinculante. Além da tradicional dicotomia entre *holding* e *dicta*, da verticalidade hierárquica que vincula os juízes de graus inferiores da mesma jurisdição, ainda podemos citar a menor antiguidade e maior notoriedade como fatores que dão maior peso a um precedente.

Quanto à antiguidade, de forma similar à nossa praxe tradicional, colacionar um precedente mais antigo, sem qualquer referência à jurisprudência atual, colocará em dúvida a vigência atual de tal entendimento, podendo passar a impressão que se trata de jurisprudência superada (*overruled*). No sistema americano o advogado está obrigado a citar todos os precedentes vinculantes aplicáveis (*on point*, *controlling*), sob pena de se entender que o advogado agiu de má-fé expondo o direito de forma a induzir o julgador a erro, sujeitando o advogado a graves sanções.[307] Assim, ao arguir um precedente mais antigo, o advogado deve mostrar que tal precedente continua sendo citado favoravelmente pela corte que prolatou o mesmo até a atualidade, mostrando que ainda se trata de direito jurisprudencial vigente (*"good law,"*

---

(307) Federal Rules of Civil Procedures (FRCP) 11(b) *"Ao apresentar à corte uma petição postulatória, moção ou outros documentos* [papers], *seja assinando-os, protocolando-os, ou ainda que apenas advogando com base nos mesmos, um advogado* [ou parte, se não representada por advogado] *automaticamente certifica que, no melhor do seu conhecimento, informação e crença formados após investigação razoável para as circunstâncias:* ... (2) *as demandas* [claims], *defesas ou outras teses jurídicas* [legal contentions] *estão amparadas no direito existente ou por um argumento não temerário* [nonfrivolous] *pela extensão, modificação ou superação do direito existente, ou pelo estabelecimento de nova regra de direito jurisprudencial* [establishing new law]." Esta regra responsabiliza apenas ao advogado (FRCP 11(c)(5)(A)), a quem se atribui o dever de conhecer o direito legislado e jurisprudencial, bem como o de elaborar teses defensáveis e não temerárias ou procrastinatórias, mas sim amparadas na legislação e precedentes existentes, ou ao menos em um bem fundamentado argumento para a alteração do direito jurisprudencial existente. Por tal razão, não se tolera que o advogado exponha do direito jurisprudencial (*case law*) omitindo precedentes vinculantes aplicáveis para o ponto em debate (*on point*), tentando induzir o juízo a erro. Tal atitude e considerada maliciosa e pode ensejar significativas penalidades pecuniárias e disciplinares.

no jargão jurídico anglo-saxão). Entendemos que o mesmo se aplica ao novel sistema implantado com o CPC 2015, já que colacionar jurisprudência superada sem nada mencionar sobre o entendimento atual poderia ser interpretado como uma tentativa de induzir o juízo em erro, portanto, litigância de má-fé.

Se houver citações favoráveis de tal precedente por cortes superiores, então primeiro se deve invocar tais julgados superiores, já que a hierarquia prepondera, sendo conveniente citar o precedente da corte inferior antes mencionado apenas se essencial para melhor explicar tal entendimento.

Por outro lado, a antiguidade de uma tese firmada em um tribunal e mantida até a atualidade demonstra a firmeza da mesma, reforçando sua autoridade. Embora seja necessário citar sempre a jurisprudência mais recente (e não há problemas quanto a citar apenas a última palavra de uma determinada corte sobre um ponto de direito), se o entendimento estiver sendo mantido há anos, é também conveniente citar uma *linha de casos* (*line of cases*) que mostre a antiguidade do entendimento que perdura até a atualidade, preferivelmente fazendo referência ao *seminal case* ou *leading case*, o primeiro caso em que determinado entendimento de direito foi acolhido por um determinado tribunal. A força de tal precedente se dá por sua longevidade, assim como por sua notoriedade.

A notoriedade de um determinado *leading case* é um fator que reforça sua autoridade vinculante ou persuasiva.[308] Outrossim, quanto a precedentes persuasivos, sua força varia ainda conforme a qualidade da argumentação e a notoriedade ou credibilidade do redator do acórdão. Por exemplo, existem precedentes já bastante antigos que continuam sendo citados nos *case books* das faculdades de direito e nas decisões até a atualidade, dada a notoriedade de alguns juízes americanos (e.g., John Marshal, Holmes, Cardozo, Posner, Learned Hand) e ingleses (e.g. Blackstone, Coke). A citação de votos de tais juízes, referências ou, de certa forma, "ídolos" do *common law*, mesmo em casos nos quais não vinculam, funciona como argumento de autoridade. No *common law*, raramente é citada doutrina nas decisões, tradicionalmente havendo a preferência de citações às "autoridades" (fontes) primárias. Na lógica argumentativa, equivaleria no Brasil à citação de clássicos ou ícones da doutrina, como Rui Barbosa, Pontes de Miranda, Clóvis Beviláqua, bem como outros doutrinadores de grande renome em cada área do direito. Com a adoção dos precedentes vinculantes no Brasil e o refinamento da lida com precedentes, é possível que decisões notórias passem a ser citados de tal forma.

8.3. Os precedentes vinculantes ou obrigatórios na hierarquia das fontes formais de direito

Ao fundamentar com precedentes, o operador do direito deve atentar para a curiosa e dinâmica posição dos precedentes vinculantes[309] na hierarquia de fontes formais pátria. O novo sistema acrescenta mais uma fonte formal direta ou primária de direito, o precedente vinculante, salvo pela súmula vinculante do STF, que já havia sido alçada a tal condição a partir da Emenda Constitucional n. 45/2004.

O precedente vinculante do STF, que dá a palavra final na interpretação constitucional, em princípio figura abaixo das emendas constitucionais e acima de leis complementares e

(308) Se o precedente é diretamente aplicável a um ponto de direito do caso concreto, e foi prolatado pelo mesmo tribunal ou tribunal superior da mesma jurisdição, portanto vinculante, sua notoriedade fará com seja mais difundido e portanto observado, e pode eventualmente dissuadir a distinção. Em caso de precedentes persuasivos, sua força persuasiva será maior.

(309) Aqui uso o termo em sentido lato, abarcando também súmulas e os precedentes obrigatórios, aqueles cuja inobservância não desafia reclamação, em que pese previstos no art. 927 do CPC.

ordinárias, já que não poderia por estas ser superado (*overruled, overridden*). Antes pelo contrário, apenas uma emenda constitucional poderia deixar prejudicado ou superado um precedente vinculante do STF, e isto se tal precedente não versasse sobre cláusula pétrea, núcleo duro de nossa Constituição imutável até mesmo por emendas constitucionais. Em tal matéria, o precedente do STF estaria abaixo do texto original da Constituição, mas acima de emendas constitucionais. Veja-se ainda que este "abaixo" se refere à revogabilidade do precedente, já que em outras situações, o precedente, na prática, figura no mesmo nível, ao lado do texto constitucional que o mesmo interpreta. É que uma vez prolatada uma interpretação de caráter vinculante sobre tal texto constitucional pelo órgão competente para tanto, o STF, não poderia outro órgão judicial lhe dar interpretação diversa, ao menos naquelas circunstâncias cobertas por tal precedente, devendo o texto constitucional e o respectivo precedente serem lidos em conjunto.

Situação similar ocorre com os precedentes que interpretam leis complementares e ordinárias. Em tais matérias, os precedentes vinculantes em princípio se posicionariam logo abaixo da respectiva norma na hierarquia das fontes, já que poderiam ser superados por lei superveniente que regulasse de forma diversa a situação abarcada pelo precedente. No entanto, na aplicação do precedente, conforme já mencionado antes, estariam ao lado de tal norma na escala hierárquica, já que o significado de tal norma estaria incompleto ou mesmo equivocado se um julgador a aplicasse em contrariedade ao sentido já pacificado no precedente em tela.

Poder-se-ia questionar o caráter de fonte formal primária de direito negando-lhe o caráter geral, abstrato e impessoal, típico de tais normas jurídicas. No entanto, em que pese os precedentes se formem em casos concretos, segundo o novo sistema, deles se extraem os fundamentos determinantes para aplicação em caráter geral em casos futuros. O precedente, por natureza, nunca é abstrato, já que vinculado a um caso concreto. Entretanto, uma vez que os precedentes não são aplicáveis apenas a casos absolutamente idênticos, mas sim a todos àqueles em que detectada suficiente *similaridade relevante*[310] que justifique a aplicação da mesma solução vertida no precedente, há em tal aplicabilidade da *ratio* a casos futuros um nível de generalidade e abstração não muito diverso daquele das normas legisladas, que embora abstratas preveem uma hipótese fática para incidência aos fatos de casos concretos. Finalmente, quanto à impessoalidade, é certo que os destinatários do efeito vinculante sejam, em um primeiro momento, os órgãos do Poder Judiciário (salvo pelos acórdãos em controle concentrado de constitucionalidade e pela súmula vinculante constitucional, que vinculam diretamente a Administração Pública). Ocorre que, sendo o Judiciário a *ultima ratio* para resolução dos conflitos e imposição do direito, a eficácia do precedente acaba se dando *erga omnes*, ainda que indiretamente. Em tal sentido, verifica-se na prática que decisões notórias de nossos tribunais superiores já começam inclusive a provocar mudanças no comportamento da Administração Pública e de particulares, espontânea e preventivamente, a fim de evitar a judicialização de questões que, em razão do crescimento da força vinculante dos precedentes, já se sabe de antemão como serão tratadas pelo Poder Judiciário.

Logo, se no regime anterior a jurisprudência persuasiva já exercia grande influência sobre o comportamento social e a visão acerca de qual era o direito vigente, no novo sistema não restam mais dúvidas de que os precedentes vinculantes, na prática, definem direitos e obrigações em conjunto com os diplomas normativos que interpretam, situando-se na hierarquia de fontes ao lado ou imediatamente abaixo dos mesmos, ao menos quanto aos precedentes já firmados pelos tribunais superiores, já que são válidos para todo o território nacional.

Quanto aos precedentes firmados em segunda instância, de alcance limitado ao respectivo estado ou região e ainda precários — já que sujeitos à eventual uniformização nacional,

---

(310) Ver 7.3.2.6 Regras de Relevância — a caracterização dos "fatos materiais" com maior ou menor abstração — categorias de assimilação — Schauer.

nos tribunais superiores — a posição dos mesmos na hierarquia de fontes não está clara. No entanto, sendo vinculantes para os juízes da respectiva jurisdição, juízes e advogados locais naturalmente terão tais precedentes como fonte primária de direito, ressalvada a possibilidade dos advogados arguirem a divergência jurisprudencial para fins de provocar a manifestação uniformizadora dos tribunais superiores.

8.4. Equilíbrio entre a complexidade da fundamentação completa com precedentes e a necessária concisão

8.4.1. A redação com precedentes torna a escrita jurídica mais complexa

Como já debatido antes, no tópico acerca do dever de fundamentação,[311] a considerável maior complexidade da fundamentação analítica com precedentes impede que seja usada a todo o momento, a cada citação de precedente. Advogados e juízes sabem que raciocinar o contrário esbarraria no intransponível óbice da realidade. Se a fundamentação de teses jurídicas, até o presente, não costuma ser tarefa fácil, o regime de precedentes vinculantes introduz mais uma fonte normativa a ser observada em caráter vinculante, o precedente, o qual nem sempre pode ser aplicado de forma concisa, já que certos casos demandarão uma análise das razões do precedente e respectivos fatos materiais ou necessários, comparando-os aos do caso concreto atual.

Assim, tendo-se em vista que a concisão é fator vital para a manutenção da viabilidade do trabalho, tanto de advogados como de juízes, é imperioso que aprendamos a eleger os pontos de direito em que a mera menção a um jurisprudência ou precedente vinculante é suficiente, ou onde necessários progressivos graus de aprofundamento na abordagem e comparação dos precedentes com o caso concreto.

A título comparativo, registra-se que os advogados dos países de *common law*, são treinados desde os bancos dos *Inns of Court* ou *Law Schools* para escrever objetiva e concisamente, em que pese os pesados fardos de pesquisa jurisprudencial e argumentação analítica de precedentes, dos quais têm que se desincumbir. Nas cortes norte-americanas, por exemplo, em regra há limitação de palavras e laudas em peças tanto em primeiro grau quanto em sede recursal, razão pela qual os advogados de tais jurisdições investem considerável tempo para enxugar seus textos, mantendo toda a informação necessária em menores espaços. Assim, reconhecendo o escasso tempo dos julgadores e compelidos pelo limite de palavras e laudas, os advogados acabam funcionando como o primeiro juiz da causa, filtrando os argumentos frágeis daqueles com maior chance de êxito efetivamente, priorizando estes dentro do limitado espaço disponível. Pelas mesmas razões, longas transcrições de acórdãos são praticamente inexistentes, em que pese os acórdãos precedentes serem a principal base das argumentações. Antes pelo contrário, transcrições desnecessárias são extirpadas, preferindo-se a paráfrase dos principais dados relevantes do precedentes, com foco no argumento pertinente ao ponto de direito debatido.

Examinemos uma forma de, no novo sistema de precedentes brasileiro, fugir da mera transcrição mecânica de súmulas e ementas (que em alguns casos deve ser suficiente e conveniente, mas não em situações mais complexas), sem incorrer no outro extremo — a cópia de longos trechos dos precedentes, prática enfadonha que dispersaria o foco lógico do argumento. A virtude está no meio, já diziam na antiguidade clássica. Vejamos.

---

(311) Ver 8.1 Dever de fundamentar a aplicação de precedentes ou não aplicação de precedentes invocados analiticamente pela parte sob pena de nulidade — art. 489 do CPC.

8.4.2. Elegendo prioridades — concisão como regra — maior profundidade nas questões de direito efetivamente controvertidas

A concisão é um fator essencial para que as partes, informando objetivamente o que requerem e seu fundamento fático e jurídico, consigam ser persuasivas, mantendo a atenção do julgador para as questões importantes. Por outro lado, o julgador ao fundamentar sua decisão na forma do art. 489, § 1º, do CPC, não irá abrir uma lauda de debate para todo e qualquer julgado citado. Focará o aprofundamento em pontos de direito efetivamente controvertidos, em que a aplicação de um determinado precedente ao caso concreto não seja óbvia. O mesmo se espera dos advogados das partes, com a concisao como regra e a priorização de análise mais profunda apenas quando necessário, e.g., buscando a aplicação analógica de um precedente a fatos novos, ou rechaçando o precedente invocado pela parte contrária, mostrando por que os respectivos fatos seriam distintos a ponto de não recomendar a mesma solução.

Em qualquer parte do mundo, seja nas jurisdições do *common law*, seja em nosso país, juízes estão sempre trabalhando contra o tempo, no afã de dar conta da carga de processos sob sua responsabilidade em quantidade razoavelmente equivalente à dos processos que lhe são distribuídos a cada ano. Assim, argumentos prolixos em pontos onde o direito está pacificado, assim como a falta de objetividade quanto aos debates mais complexos, tendem a desperdiçar a atenção do julgador, o qual para distribuir seu tempo entre os diversos processos em que tem de decidir, poderá perder algum ponto importante, misturado em meio a argumentos mais padronizados ou repetitivos. O argumento curto, direto e objetivo, aprofundado apenas em pontos de direito mais complexos ou controvertidos — para justificar a aplicação de certo entendimento a fatos para os quais tal aplicabilidade não seja óbvia — terá seguramente maior chance de êxito.

Assim, é preciso eleger prioridades. Quanto a questões que não restam controvertidas (*not at issue*), deve-se apenas mencionar o correspondente fundamento legal ou precedencial e prosseguir na argumentação rumo ao ponto onde exista efetivamente uma controvérsia (*issue*) quanto ao direito aplicável. Qual a interpretação correta da norma positivada? O Poder Judiciário já se pronunciou sobre tal interpretação? Tal pronunciamento é dotado de efeito vinculante (sujeito a reclamação) ou sistemicamente obrigatório (art. 927 do CPC)? Há um julgado de órgão fracionário não vinculante acerca dos mesmos fatos de meu caso concreto, que desejo por isonomia seja aplicado a meu caso?

Tais perguntas deverão ser respondidas na argumentação jurídica e então acompanhadas da análise comparativa com os fatos do precedente (não necessariamente vinculante, isto se aplica a qualquer jurisprudência invocada). Deverão ser ainda adicionadas outras justificativas para aplicação da mesma solução ao caso concreto (considerações de isonomia, razoabilidade, interesse público, justiça, política judiciária etc.).

A argumentação pode ficar demasiado longa se o operador do direito não tiver a cautela de redigir de forma concreta, evitando palavras e expressões ambíguas ou desnecessárias, assim como transcrições — salvo as estritamente necessárias. Em relação a transcrições, estas tendem a inchar o texto, contendo palavras desnecessárias ao raciocínio. Recomenda-se limitar transcrições a curtas expressões ou trechos de frases que, pela peculiaridade ou notoriedade, não poderiam ser parafraseadas sem perda do poder persuasivo. De resto, explicar o precedente com as próprias palavras, dentro do contexto do argumento, embora mais demorado ou trabalhoso (do que copiar e colar uma ementa pronta, e.g.), produzirá um argumento mais conciso e persuasivo.

Essa, entretanto, não é nossa praxe ou cultura jurídica. Como julgados anteriormente não eram fonte primária (vinculante) de direito, não se tinha o hábito de interpretá-los analiticamente, o que se fazia apenas com a lei. Os julgados eram transcritos na peça processual ou decisão como mera exemplificação de que uma determinada interpretação (*da lei*) também tinha eco nos tribunais. Assim, suficiente era apenas transcrever ou citar uma súmula, ou transcrever a ementa de um acórdão.

Entretanto, com a mudança da função da jurisprudência, sendo parte dela agora fonte direta ou primária de direito, estaria proscrita a mera transcrição de súmulas e ementas, tão comum em nossa praxe forense?

A resposta é que às vezes sim, às vezes não.

Súmulas e ementas continuam sendo respectivamente bons atalhos argumentativos e exemplificações de posicionamentos de uma corte, para situações onde não haja maior controvérsia jurídica. Entretanto, a literalidade da súmula não é, por si só vinculante, e a controvérsia sobre sua aplicabilidade demandará a análise dos fatos do(s) precedente(s) que lhe dá(ão) base, da mesma forma que a literalidade de uma ementa, embora esboce a *ratio decidendi* do respectivo julgado, não será suficiente para o refinado exame de sua aplicabilidade, se esta estiver em questão (*at issue*). Vejamos.

8.4.2.1. Súmulas – mera citação seria suficiente? Ou é necessário o debate de seu precedente-base?

Em que pese a mera citação de uma súmula seja em muitos casos insuficiente (e.g., quando sua aplicabilidade for posta em dúvida, quando as partes argumentarem que os fatos do caso não se amoldam aos fatos do precedente que embasou a súmula) em outras tantas situações a simples menção da súmula é um importante atalho de fundamentação, que consolida em um curto verbete, frequentemente, a argumentação vencedora após anos de debate.

A súmula é descendente de séculos de tradição jurídica luso-brasileira (assentos, estilos da cortes) e não pode ser tida como nociva, tendo durante muitos anos colaborado para a propagação dos entendimentos uniformizados, a visualização dos mesmos pelos juízes e pela sociedade. Nada obsta que a súmula seja utilizada de forma sucinta na fundamentação, desde que compreensível no texto a sua adequação ao caso concreto, bem como desde que a própria aplicabilidade da súmula não tenha sido impugnada de forma fundamentada pelas partes. Entretanto, se a própria aplicabilidade da súmula à vista dos fatos concretos for a questão controvertida nos autos, os fatos dos precedentes ensejadores da súmula terão de ser examinados, para comparação com os fatos necessários do caso concreto, como se faz com qualquer precedente.

Tal comparação dos fatos, entretanto, não pode ser feita com longas transcrições dos acórdãos que embasaram a súmula, sob pena de perder-se objetividade e concisão. Impõe-se que o operador do direito *leia o precedente* e *com suas próprias palavras explique*, em uma ou duas frases, qual é a *ratio decidendi* (fatos necessários + conclusão jurídica) do precedente-base da súmula (identificando o número do processo onde exarado o precedente e demais dados necessários), comparando seus fatos com os fatos necessários do caso concreto e arguindo a aplicabilidade ou não.

Não pode o operador do direito, ao laborar com um precedente, aprofundar-se no mesmo tanto que crie um emaranhado e desvie do foco do caso concreto, nem tão sucinto que prejudique a comparação dos fatos materiais do precedente e do caso atual, quando isto for necessário ao deslinde. O precedente deve ser debatido apenas no exato ponto de direito controvertido no caso concreto, com maior profundidade apenas quando estritamente necessário.

Adiante abordaremos algumas sugestões quanto à forma e profundidade de citação de precedentes, conforme a finalidade da citação no texto. Vejamos por ora a questão relativa às transcrições de ementas.

8.4.2.2. *O risco da "ementa-lei" — a ementa não é o precedente*

Ainda que a ementa seja um conveniente resumo do acórdão, um facilitador para a pesquisa jurisprudencial, uma "placa" que sinaliza as principais teses debatidas em um acórdão, não podemos perder de vista o que a ementa *não é*: a ementa não é a decisão judicial.

A ementa, elaborada após a redação do voto condutor ou majoritário, frequentemente pela assessoria dos desembargadores ou ministros, pode até mesmo dar uma ideia razoável do conteúdo do acórdão, mas com ele não se confunde. Pode ser o primeiro passo numa pesquisa jurídica, ajudando a elecionar a jurisprudência relevante para então, em leitura mais aprofundada, verificar-se a pertinência da *ratio decidendi* de um julgado anterior com o caso concreto atual.

No entanto, a ementa não integra a autoridade da decisão judicial, não autoriza que dela se extraia a *ratio decidendi* do acórdão, e frequentemente é redigida em linguagem fragmentada (mais pretendendo indexar os assuntos abordados na decisão do que resumir sua *ratio*). É por vezes obscura, omissa ou até mesmo eventualmente equivocada em relação ao real sentido daquilo que foi efetivamente decidido.

A título de comparação, nos países da tradição de *common law*, os acórdãos não possuem ementas, ao menos não ementas oficiais, publicadas pelo próprio tribunal. Algo similar foi, entretanto, desenvolvido pelas editoras que publicam os repositórios de jurisprudência (*law reports* ou *case reporters*). São as chamadas *headnotes*, que constituem teses ou *rationes decidendi* extraídas das várias partes dos acórdãos a serem publicados, conforme as entendem os advogados contratados pelas respectivas editoras para tal mister. Da mesma forma que as ementas, as *headnotes*, publicadas juntamente com os acórdãos nos repositórios de jurisprudência anglo-saxões, são uma conveniente ferramenta de indexação e pesquisa, embora tecnicamente sem efeito precedencial.

Ante tal quadro, não pode o novo sistema de precedentes introduzido em nosso país se resolver com uma ditadura da cópia e colagem de ementas. A ementa de um precedente vinculante do Supremo Tribunal Federal, do Superior Tribunal de Justiça ou do Tribunal Superior do Trabalho não se confunde com o julgado, nem exaure a respectiva *ratio decidendi*. A literalidade de uma ementa (assim como a de uma súmula) está longe de ser o que vincula em um precedente.

O que vincula em um precedente é a isonomia, segundo a qual o cidadão tem o direito subjetivo de exigir do Poder Judiciário: "se a parte X no precedente tal obteve o resultado Y, neste processo, em situação idêntica ou análoga, *eu também quero*". Logo, o operador do direito necessita ir para além da superficialidade literal da ementa e ler toda a argumentação do precedente, verificando quais fatos foram vistos como essenciais ou necessários ("materiais") pela corte do precedente, e qual conclusão jurídica de tal conjunto de fatos resultou, comparando-os com os fatos do caso atual para fins de aplicar a mesma conclusão ou não.

A comodidade de exaurir a argumentação com precedentes na transcrição das ementas destes, pela sua literalidade, transformaria tais ementas em verdadeiros textos de lei, gerais e abstratos, quase inquestionáveis. Tal desvirtuaria, empobreceria, e ao cabo inviabilizaria um sistema de precedentes, que é por natureza a comparação de casos passados com casos atuais, dando soluções similares a casos similares. A tal erro, vício ou anomalia de nosso sistema de precedentes, se ocorresse, poderíamos dar a pejorativa alcunha de "ementa-lei".

Claro, como mencionamos acima, "a virtude está no meio". Quanto ao uso das ementas, não seria diferente. Não pretendemos afirmar que todo e qualquer uso de ementas na argumentação com precedentes seja empobrecido ou nocivo, nem que qualquer citação limitada a uma ementa a transformará na odiosa "ementa-lei".

O que não se recomenda é o uso sistêmico das ementas como fonte de direito, ou como fontes exaustivas da *ratio decidendi* de um precedente — isto seguramente não são. Não se pode é calar um complexo debate jurídico — quando invocada a distinção ou extensão analógica de um precedente devidamente corroborada pela análise das similaridades fáticas do caso concreto — exaurindo-o com a mera colagem da ementa do precedente, contentando-se com a generalização fática constante da literalidade da ementa (que nem parte do acórdão é), sem examinar as nuances contidas na fundamentação do precedente.

Portanto, aqui também a profundidade do debate precedencial será regulada pelo bom senso, conforme a centralidade para a solução da questão de direito controvertida. Se a própria aplicabilidade do precedente estiver em questão, a ementa nem de longe bastará (adiante, no tópico acerca da citação de precedentes, trabalharemos um pouco mais tal questão). Todavia, se a matéria já estiver sedimentada, e os fatos do caso concreto não impuserem nenhum debate especial, não havendo questionamento robusto de tal direito (*not at issue*), talvez a mera transcrição de uma ementa seja o suficiente, desde que acrescida de uma frase de conexão com os fatos do caso concreto.

Aliás, atire a primeira pedra quem, dentro da apressada realidade da prática profissional, não utilizava, utiliza, e pretende continuar utilizando a sucinta transcrição de uma ementa ou excerto como atalho ou reforço argumentativo, quando isto for suficiente. O cuidado, aqui recomendado, é apenas para que a ementa não sirva para sufocar o debate quanto à aplicabilidade de um precedente, quando as partes o houverem suscitado, se desincumbindo de seu ônus argumentativo de demonstrar a similitude ou diferenciação dos fatos do caso atual e do precedente invocado.

8.5. Obrigação de declarar o voto vencido

Um outro aspecto relevante da fundamentação com precedentes é a importância do voto vencido (*dissenting opinion*). O novo CPC traz a obrigação de que o voto vencido seja declarado expressamente (art. 941, § 3º do CPC). Tradicionalmente, o voto vencido, ou *dissent*, é considerado valioso na tradição do *common law*, tendo frequentemente ajudado a aclarar e contrastar a argumentação vencedora, e muitas vezes servindo de base para posterior *overruling*, seja através da reforma, em instâncias superiores, seja por superação em casos futuros. O *dissent* de hoje pode ser o *majority opinion* de amanhã. O novo sistema dá ênfase à fundamentação dos precedentes, e.g. estabelecendo quanto ao incidente de resolução de demandas repetitivas — IRDR — que deve constar do acórdão "*a análise de todos os fundamentos suscitados ... sejam favoráveis ou contrários*" (art. 984, § 2º). Logo, não apenas o voto condutor deverá consignar robustamente os fundamentos que levaram a maioria a acatar a tese vencedora, e explicar por que rechaçaram os argumentos relevantes contrários. Também os que votaram com a minoria deverão também consolidar seu argumentos, da mesma forma fundamentando robustamente por que votaram no outro sentido, apresentando ainda o motivo pelo qual os argumentos da maioria não seriam validos.

8.6. C R E A C

C R E A C. Trata-se do mnemônico ensinado aos estudantes de direito americanos para estruturar seus argumentos jurídicos sobre pontos de direito efetivamente *at issue*, ou sejam, em foco, em discussão, controvertidos. Para os pontos *not at issue*, sobre os quais não há maior discussão, basta uma mera menção à regra legislada ou jurisprudencial, aplicando-a ao fato do caso concreto rapidamente e prosseguindo para o ponto de direito controvertido (técnica que costumam chamar de *raise and dismiss*, algo como mencionar a questão e colocá-la de lado).

Como já mencionado antes, para questões de direito com a jurisprudência "tranquila e remansosa" não seria conveniente o desperdício do curto tempo e atenção do julgador repetindo aquilo que já se presume que o julgador saiba (*jura novit curia*). Um argumento curto, pleiteando sucintamente um determinado resultado, e seu fundamento de fato e de direito, seria apropriado. No entanto, maior foco seria necessário quanto a questões novas ou com direito controvertido, jurisprudência dividida, assim como para argumentar que um determinado precedente aparentemente aplicável deveria ser afastado em razão de distinção fática, ou que um precedente não obviamente aplicável o deveria ser. Ademais, por vezes, um determinado ponto de direito controvertido demandará a harmonização de mais de uma regra positivada e de múltiplos precedentes, vinculantes ou não, eventualmente conflitantes, aumentando consideravelmente a complexidade do debate.

Para tais situações, poderíamos nos aproveitar da experiência na argumentação jurídica com precedentes nas jurisdições de *common law*, que costumam trabalhar com a seguinte organização, total ou parcialmente, conforme a complexidade da questão (*issue*):

C — Conclusão (*conclusion*)

R — Regra (*rule*)

E — Explicação da regra (*rule explanation*)

A — Aplicação da regra aos fatos (*application*)

C — Conclusão (*conclusion*)

A técnica de repetição da conclusão no início e final do argumento se destina, ao mesmo tempo (1) a antecipar o resultado do raciocínio para que o leitor desde o início tenha em mente o ponto que o argumento pretende demonstrar, facilitando assim a compreensão; (2) permitir que o leitor apressado possa em pouco tempo absorver os principais pontos da peça, verificando as conclusões em cada um dos tópicos, decidindo por ele próprio se necessita ou não aprofundar-se, lendo o corpo de cada argumento; (3) reforçar ao final a conclusão, reunindo os dados que foram debatidos no argumento em uma ideia única coesa, aproveitando ainda a persuasividade da última ideia lançada, que o leitor manterá por mais tempo em sua memória; (4) pleitear as tutelas pretendidas, amparadas em tal conclusão (se for uma petição), ou exarar determinações (se for uma decisão).

Um argumento, segundo tal sistemática, inicia com a enunciação da questão jurídica a ser debatida (*issue*), preferivelmente antecedida de um subtítulo (*heading*) próprio. A estrutura do *issue* poderia ser, e.g.:

> Considerando os fatos A + B + C deste caso, deve-se YYYYY?

A + B + C seriam os fatos necessários relevantes para este ponto de direito debatido, já tomados como verdadeiros em um momento anterior da argumentação. Já YYYYY seria a consequência jurídica objeto da controvérsia.

8.6.1. C — Conclusão

Após a delimitação da questão jurídica a ser debatida (*framing the issue*) segue-se a conclusão: resposta direta afirmativa ou negativa ao questionamento do *issue*, preferivelmente acompanhada de uma frase curta resumindo o motivo da resposta, motivo este a ser desenvolvido nas demais etapas da argumentação, conforme abaixo. Tal conclusão, idealmente, será formulada de forma a espelhar a *ratio decidendi* ou *holding* referente a tal questão de direito. Por exemplo:

> SIM, num contexto de A + B + C (fatos necessários), deve-se YYYYY PORQUE (resumo do motivo).

8.6.2. R — Regra de direito aplicável

Após a primeira enunciação da conclusão, aglutinam-se o conjunto de regras aplicáveis, sejam normas legisladas ou administrativas, ou trechos de *rationes decidendi* de casos, com o mínimo de transcrição e o máximo possível de paráfrase dos trechos relevantes das normas ou casos envolvidos, encaixando tais normas e *rationes* em um parágrafo harmônico e coerente que diga ao leitor qual é a regra (combinada, sintetizada das várias fontes) que se aplica ao caso atual.

Veja-se a seguir um parágrafo extraído de um caso de discriminação no emprego envolvendo assédio sexual julgado pela Suprema Corte norte-americana em 1993. Observe-se que, embora haja trechos citados entre aspas, estes estão inseridos no texto da corte, integrando o fluxo do raciocínio, que ficaria demasiado pulverizado ou fragmentado com longas colagens de trechos maiores de acórdãos anteriores. A Corte inicialmente se apropria das palavras da lei positiva e dos precedentes utilizados para apresentar de forma sucinta e direta a regra de direito sintetizada (*rule synthesis*) que resolve o caso em tela, deixando para um momento posterior a explanação da operação de tais regras. Vejamos:

> O Título VII da Lei de Direitos Civis de 1964 torna "uma prática laboral ilegal um empregador ... discriminar qualquer indivíduo a respeito de sua remuneração, termos, condições e privilégios de emprego em razão de sua raça, cor, religião, sexo ou origem nacional." 42 U.S.C. § 2000e-2(a)(1).(312) Como deixamos claro em Meritor Savings Bank, FSB v. Vinson, 477 U.S. 57, 91 L. Ed. 2d 49, 106 S. Ct. 2399 (1986), este dispositivo "não está limitado à discriminação 'econômica' ou 'tangível'. A expressão 'termos, condições e privilégios de emprego' evidencia a intenção do legislador no sentido de 'atingir todo o espectro de tratamento díspar de homens e mulheres' no emprego," o que inclui fazer pessoas trabalharem em um ambiente laboral hostil ou abusivo. Id., at 64, citando Los Angeles Dept. of Water and Power v. Manhart, 435 U.S. 702, 707, n.13, 55 L. Ed. 2d 657, 98 S. Ct. 1370 (1978) (algumas citações internas omitidas). Quando o local de trabalho está permeado de "intimidação discriminatória, ridicularização e insulto", 477 U.S. at 65, que são "suficientemente severos ou amplos a ponto de alterar as condições de emprego da vítima e criar um ambiente de trabalho abusivo", id., at 67 (colchetes e aspas internos omitidos), o Título VII foi violado.(313)

8.6.3. E — Explicação do funcionamento e interação das regras mencionadas

Este é o momento de mostrar a interação entre as normas positivadas e os precedentes que as interpretam, apresentar os fatos do precedente (sob uma ótica ou caracterização dos

---

(312) 42 U.S. Code § 2000e–2 — Unlawful employment practices
(a) Employer practices
It shall be an unlawful employment practice for an employer—
(1) to fail or refuse to hire or to discharge any individual, or otherwise to *discriminate against any individual* with respect to his **compensation, terms, conditions, or privileges of employment**, *because of* such individual's *race, color, religion, sex, or national origin*; or ...

(313) Harris v. Forklift Sys., 510 U.S. 17, 21 (1993). Ver transcrição complete traduzida mais adiante em 9.7.3 Tradução — *Harris v. Forklift Sys, Inc.*, 510 U.S. 17 (1993).

fatos em categorias de assimilação relevantes para posterior comparação com o caso atual)[(314)] e o raciocínio que a Corte do precedente desenvolveu para a resolução do(s) caso(s), além de apresentar eventuais argumentos empíricos ou metajurídicos, considerações de justiça ou equidade, interesse público, política judiciária etc., tudo isso ainda **sem** entrelaçar tais argumentos com os fatos do novo caso concreto. Quanto aos argumentos baseados em casos, é comum que em uma a três frases se busque sucintamente elencar *relevant facts — conclusion — reasoning* (fatos relevantes ou necessários — conclusão — motivo), que poderíamos esquematizar com a seguinte formulação:

> No caso *fulano v. beltrano* (ou número CNJ + tribunal-órgão-relator-data), ONDE A + B + C (fatos necessários), a corte DECIDIU QUE (conclusão) PORQUE (breve motivação).

8.6.4. A — Aplicação ao caso concreto

Após as regras positivas e precedenciais aplicáveis terem sido enunciadas e posteriormente explicadas, é neste momento em que efetivamente entram os fatos do caso concreto. Os fatos serão subsumidos à norma positiva e comparados com os fatos do(s) precedente(s) para fins de invocar alguns e rechaçar a aplicação de outros. Uma formulação básica de comparação para fins de aplicação direta de um precedente seria, e.g., a seguinte:

> ASSIM COMO NO CASO *fulano v. beltrano* houve A + B + C, AQUI restam também demonstrados A + B + C,[(315)] LOGO sendo cabível também YYYYY.

Para analogia, a formulação seria, e.g.:

> ANALOGAMENTE AO CASO *fulano v. beltrano* onde houve A + B + C, restam AQUI demonstrados A + B **+ D**, situação de tal similaridade que justificaria a aplicação da mesma solução YYYYY PORQUE (argumentar porque as similaridades existentes deveriam ser tidas como suficientes para atrair a aplicação da mesma solução do precedente).

A diferença entre a extensão do precedente por analogia ou o afastamento por distinção é que, na primeira hipótese D, embora fato diverso daqueles do precedente, por uma construção do raciocínio do intérprete, ensejaria a aplicação do mesmo entendimento por uma suficiente similaridade relevante. Na distinção, entretanto, D seria a tal ponto diverso que recomendaria outra solução para o caso atual que não aquela do precedente. Assim, para distinção, a formulação seria, e.g.:

> ENQUANTO NO CASO *fulano v. beltrano* houve A + B + C, restam AQUI demonstrados A + B **+ D**, fatos DIVERSOS A TAL PONTO QUE não há como se pretender a mesma solução YYYYY PORQUE (argumentar porque as dissimilaridades existentes afastariam a aplicação da mesma solução do precedente).

8.7. Como citar um precedente

Vejamos algumas considerações quanto a citações, sob o ponto de vista da forma de referir indicar o número, origem e outros dados relevantes de certo julgado, a conveniência de atribuir um nome ao caso, para fins de posteriores referências no mesmo texto, assim como a extensão ou profundidade da citação, seja por transcrição literal de trechos do julgado, seja por paráfrase de seus trechos relevantes.

---

(314) Ver 7.3.2.6 Regras de Relevância — a caracterização dos "fatos materiais" com maior ou menor abstração — categorias de assimilação — Schauer.

(315) Repetimos: os fatos do precedente e do caso atual nunca serão exatamente idênticos. Para a aplicação direta do precedente, entretanto, é suficiente a similaridade relevante, como disse e.g. Schauer, ou seja, que os fatos de um e do outro sejam suficientemente similares para estarem enquadrados em uma mesma categoria ou categorização jurídica relevante para a relação jurídica debatida.

8.7.1. Forma de citação no *common law*

No sistema anglo-saxão, tendo em vista a importância das citações de casos judiciais, além das outras mais diversas fontes legislativas ou doutrinárias, a fim de ao mesmo tempo permitir a abreviação das referências a tais fontes para não poluir o texto,[(316)] mas evitar a confusão decorrente de abreviações desencontradas ou conflitantes, para que qualquer operador do direito consiga localizar a fonte referida em um texto jurídico, buscou-se padronizar a forma das citações e as abreviações nelas utilizadas.

Nos Estados Unidos, a padronização quase universalmente praticada é a do *Bluebook*, publicado pela Universidade de Harvard, compilado pelos editores das Revistas de Direito de Harvard, Yale, Columbia e da Universidade da Pensilvânia,[(317)] contendo a forma padronizada de referência à constituição, leis e regulamentos, casos, cortes, peças processuais, livros e periódicos, bem como a materiais citados a partir da internet. Contém lista de abreviaturas para todas as cortes federais e dos 50 estados, as abreviaturas para os repositórios de jurisprudência que publicam as decisões de cada uma de tais jurisdições (nos EUA não existe diário oficial, por isso a referência padronizada aos repositórios de jurisprudência é essencial para citar uma decisão, ainda nos dias de hoje). Há ainda impressionantes 150 páginas dedicadas a padronizar a citação a textos jurídicos de direito comparado de quase 200 países, inclusive do Brasil, com forma padronizada de citação da constituição, leis, códigos, tribunais, repositórios de jurisprudência e de leis, e acórdãos de tais países.[(318)]

Antes de abordar a citação de casos, vejamos exemplos de citações de leis e regras delegadas, que não seguem o mesmo padrão de nossa tradição jurídica (número da lei, artigo, alíneas, incisos e parágrafos). Por exemplo:

— Fed. R. Civ. P. 12(b)(6), trata da regra 12, subseção b6, das Regras Federais de Processo Civil (editadas pela Suprema Corte americana por delegação legislativa do Congresso e sujeitas a alterações por este), mas é também aceita a notória abreviação FRCP 12(b)(6).

— Fla. Stat. § 120.52 (2000) corresponde à subseção 52 da seção 120, da compilação ou código (*code*) de leis (*statutes*) da Flórida (publicação oficial, edição de 2000).

— 35 U.S.C. § 271 (2006), significa a seção 271 do título 35 do *US Code* (compilação da legislação federal, oficial, edição de 2006).

Também existe a possiblidade de citar uma lei por seu "nome" (por exemplo *Affordable Care Act*) e numeração dentro do código.[(319)]

Quanto à padronização das citações de casos, o *Bluebook* e outros manuais dedicam praticamente metade de suas páginas, adentrando minúcias como a citação completa e citações abreviadas em referências posteriores ao mesmo caso em um texto jurídico, assim como a referência ao repositório de jurisprudência (*case reporter*), número do volume e da página, nome da corte e ano da decisão, entre outros dados.

Vejamos, por exemplo, *Rabidue v. Osceola Refining Co*, 805 F.2d 611, 620 (CA6 1986). Tal citação significa volume 805 da 2ª série do *Federal Reporter*, iniciando na página 611, com citação pontual de trecho da página 620, Corte de Apelação Federal do 6º Circuito, julgado

---

(316) Há situações, por exemplo, em que é elencada até uma dezena de casos, "em linha" (*line of cases*), para mostrar a força de um determinado precedente, ou que um determinado entendimento é seguido em diversos estados. Ver 8.7.4 Citação em linha.

(317) *The Bluebook*: A Uniform System of Citation. 19. ed., 5ª tiragem. The Harvard Law Review Association, 2011.

(318) Fontes de textos jurídicos do Brasil ocupam 3 das 512 páginas de tal manual. The Bluebook, p. 295-297.

(319) The Bluebook, p. 15-17.

em 1986. Tal citação consta de *Harris v. Forklift Sys,* 510 U.S. 17 (1993), um caso da caso da Suprema Corte americana de 1993. Quanto à corte, CA6 não é atualmente a sigla mais recomendada para o 6º Circuito. Segundo o Bluebook, melhor seria "6th Cir.", entre parênteses, junto com o ano do caso.(320) Quanto à Suprema Corte, em *Harris*, a sigla U.S. já indica que é um repositório de jurisprudência exclusivo para a Suprema Corte, razão pela qual desnecessário repetir a referência dentro dos parênteses.

Vejamos um exemplo de citação completa, assim como de citações mais curtas, utilizadas em novas referências a um caso já citado em um mesmo texto jurídico:(321)

Palsgraf v Long Is. R.R. Co., 162 N.E. 99 (N.Y. 1928) (Cardozo, J.)

Palsgraf, 162 N.E. at 100.

162 N.E. at 100.

Id. at 100.

Id.

A citação completa acima, utilizada quando da primeira referência, é integralmente utilizada no parágrafo (não em nota de rodapé) em petições e decisões — mas em artigos ou livros, pode constar do parágrafo apenas a referência ao nome do caso, ficando a citação completa em nota de rodapé. No exemplo acima, um célebre e complexo caso de responsabilidade civil, Helen Palsgraf era a apelada (*appellee* ou *respondent*) e a empresa ferroviária *The Long Island Railroad Company* era a apelante (*appellant*).(322) Veja-se que o nome da pessoa física é abreviado para o sobrenome, e a razão social tem suas palavras mais comuns abreviadas segundo uma lista padronizada constante dos manuais de citação como o *Bluebook*. O caso foi publicado em mais de um *reporter*, mas o indicado acima é o *North Eastern Reporter*, volume 162, iniciando na página 99.(323)

Na segunda linha está o padrão de citação mais curto, para uma citação subsequente, quando o caso já foi citado no mesmo texto, mas não imediatamente antes. A terceira linha se refere à mesma situação, só que o nome do caso já consta da frase, sendo desnecessária a repetição. A quarta linha (significa idem à página 100) se refere a uma situação em que a última referência a uma fonte foi ao mesmo caso, na mesma página ou página imediatamente anterior, sendo diversa apenas a página da *pin point citation* (citação de um trecho específico). Finalmente, a quinta linha (forma abreviada de "idem") se refere à situação em que a citação imediatamente anterior é idêntica (mesmo caso, mesma página) e não está topograficamente distante da citação atual, a fim de não causar o inconveniente de fazer o leitor retornar várias páginas para encontrar o nome do caso (geralmente se aceita "id." quando a citação está na mesma página ou página imediatamente anterior).

Dentro dos primeiros parênteses, está a abreviatura da corte (quando apenas a sigla do estado, ou U.S., é porque se trata respectivamente da mais alta corte estadual ou da Suprema Corte dos EUA). No caso, se trata da *Court of Appeals*, mais alta corte de tal estado, decisão de 1928. O segundo par de parênteses inclui o reator, sendo nesse caso opcional. Caso se tratasse da citação específica de um voto divergente ou concorrente e não do voto condutor, então deveria constar "Cardozo, J., *dissenting*", ou "Cardozo, J., *concurring*". Caso tal decisão

---

(320) Ver The Bluebook, p. 215.
(321) Ver The Bluebook, p. 13.
(322) Ver, por exemplo, <https://www.nycourts.gov/reporter/archives/palsgraf_lirr.htm>.
(323) The Bluebook, p. 13, 253.

não seja a última decisão do processo, ou caso já superado tal precedente, seria obrigatório anotar o histórico subsequente (*subsequent history*) na citação adicionando, e.g.:[324]

"*cert. denied*, 434, U.S. 1070 (1978)" (*writ of certiorari* negado para recebimento de recurso extraordinário) (não necessita repetir o nome, porque ainda se está dentro do mesmo processo);

"*rev'd en banc*, 963 F.2d 1220 (9th Cir. 1992) (reformado pelo pleno) (*aff'd* ou *affirmed* corresponderia à confirmação, em sede recursal, pela decisão subsequente);

"*overruled by Garcia v. San Antonio Metro. Transit Auth.*, 469 U.S. 528 (1985) (superado expressamente — como isto se deu em outro processo, necessário nominá-lo) (*abrogated* seria para os casos de ab-rogação ou superação implícita de um entendimento, e.g. "*abrogated by* (identificação do caso), *superceded* seria quando a superação se deu por uma lei posterior, e.g. "*superceded by* (identificação da lei));

8.7.2. Sugestão de citação padronizada para nosso sistema

Com o crescimento de importância dos precedentes em nosso sistema, a tendência é que com o tempo a quantidade de precedentes vinculantes aumente. Ademais, mesmo quanto aos persuasivos, o atual sistema — que obriga os tribunais a manterem sua jurisprudência estável e coerente — tende a intensificar e qualificar o uso de tais julgados, à medida que as novas técnicas decantem na cultura jurídica brasileira. Aliás, já na atualidade, é comum que o jurisdicionado invoque precedentes persuasivos contendo entendimentos que amparam sua tese, requerendo tratamento isonômico entre seu caso e tal precedente. Não basta que a turma julgadora descarte ou ignore o precedente invocado, de outra turma, já que, havendo divergência interna em um dado tribunal sobre uma questão de direito, é seu dever uniformizá-la.

Assim, por todos os ângulos, o regramento do novo *codex* tende a gerar uma utilização mais aprofundada ou qualificada de precedentes, não apenas citando uma súmula ou ementa, mas decompondo precedentes em seus componentes fáticos e jurídicos para fins de comparação e aplicação ao caso atual. A forma de citação e identificação de julgados, atualmente utilizada, é um pouco longa e tende a prejudicar a legibilidade do texto, perdendo-se a sua fluidez com longas transcrições de ementas, bem como longas identificações de tais precedentes, não raro ocupando várias linhas.

Em tal contexto, propomos que, ao menos para aqueles pontos de direito onde haverá discussões mais complexas e efetiva análise comparativa de precedentes com o caso atual,[325] evite-se o empobrecimento da discussão com a mera transcrição de uma súmula ou ementa, e que aliás se evitem ao máximo as transcrições literais, preferindo-se a redação de parágrafos integrados com as ideias parafraseadas dos precedentes dentro do fluxo lógico do argumento, preferivelmente contendo transcrições literais apenas de curtos trechos de frases com expressões tão originais ou importantes que parafrasear tal ideia com as próprias palavras faria perder a persuasividade do texto.

---

(324) *Ibidem*, p. 101-02.

(325) Para questões de direito mais simples ou não controvertidas, conforme já debatido anteriormente, pode ser suficiente uma mera menção a uma súmula, com uma frase ligando-a aos fatos do caso concreto, ou a colagem de uma ementa que exemplifique um entendimento tranquilamente aplicável, praxes a que já estamos habituados, que são de fácil e rápida aplicação, e não se tornam indesejáveis no novo sistema. A mudança de paradigma se propõe tão-somente nos casos em que a aplicabilidade ou não de um entendimento esteja efetivamente em dúvida, ensejando a comparação dos fatos do precedente e do caso atual.

8.7.2.1. Citação mais curta e padronizada — número CNJ + tribunal-órgão-data

Já quanto à identificação dos precedentes, a forma de citar sua identificação, nosso sistema é muito diferente do americano. A partir da implantação do número do processo segundo o padrão do Conselho Nacional de Justiça (doravante "número CNJ"), temos um número unificado nacionalmente que identifica o processo em qualquer corte do país, uma conveniência que os norte-americanos não têm. Assim, o principal problema que a citação padronizada dos casos lá visa a enfrentar, que é a dificuldade de localizar onde o julgado se encontra disponível para consulta, não impõe para nós maiores desafios, tendo em vista o ser o número CNJ unificado nacionalmente, que permite que busquemos um determinada decisão pela internet em muito pouco tempo. Mas a citação padronizada americana também possui outras funções, a de atribuir um nome ao caso, que facilite a memorização e a futura referência, seja em textos jurídicos no processo, ou em obras doutrinárias — além de identificar a corte e data do julgado.

Quanto à identificação da corte e data do julgamento, já é de nossa praxe a inclusão de tais informações, mas costumam ser um pouco longas demais, por exemplo:(326)

> (AIRR-370-80.2012.5.04.0661, Data de Julgamento: 26.10.2016, Relator Ministro: Hugo Carlos Scheuermann, 1ª Turma, Data de Publicação: DEJT 28.10.2016)

Para este processo sugeriríamos o seguinte formato (número CNJ + tribunal-órgão-data):

0000370-80.2012.5.04.0661, TST, 1ª Turma, 26.10.2016

8.7.2.2. Identificação opcional do tipo de decisão e relator, entre parênteses

Da mesma forma que no sistema americano a citação padronizada da fonte (repositório de jurisprudência) viabiliza localização de qualquer julgado, tal função em nosso sistema pode ser suprida pelo número CNJ (salvo para acórdãos mais antigos). Assim, em que pese tribunais superiores como o STF, STJ e TST continuem tendo uma numeração própria interna, o conveniente seria que se adotasse sempre o número CNJ, uma forma fácil ou imediata de padronização. Quanto aos demais dados, temos que em uma realidade de referência intensiva a precedentes, a concisão é preponderante. Assim, como um acórdão representa a decisão de todo o órgão julgador, este órgão deveria ser sempre indicado (além da sigla do tribunal, naturalmente), sendo a especificação do nome do relator reservada apenas aos casos em que tal dado for relevante para a argumentação (situação em que recomendamos que tal dado conste entre parênteses, assim como outros dados explicativos). Na mesma senda, o tipo do recurso em que exarado o precedente frequentemente não será relevante para o argumento, importando apenas a identificação do respectivo tribunal, podendo ser omitido o tipo do recurso. Quando o tipo de julgado for relevante para denotar, por exemplo, seu caráter vinculante ou não, tal explicação poderia estar também dentro de parênteses, após os dados principais, por exemplo:

0000370-80.2012.5.04.0661, TST, 1ª Turma, 26.10.2016 (AIRR, Rel. Min. Hugo Scheuermann)

8.7.2.3. "Nome do caso", opcional, para facilitar múltiplas referências a um mesmo julgado

Uma outra questão interessante é a conveniência de atribuir ou não um "nome do caso".

Nas regras processuais americanas, o "nome do caso" é criado oficialmente, a partir do último sobrenome das partes pessoas físicas, utilizando "versus" (v.) para separar autor(es) e

(326) Conforme citação utilizada em agravo de instrumento em recurso de revista nos autos 0000359-51-2012-5-04-0661, pelo TST.

réu(s), ou utilizando a razão social das pessoas jurídicas, com abreviaturas (padronizadas) para as palavras mais comuns. Em nosso sistema, embora inexista tal regra ou praxe, de forma opcional poder-se-ia criar um "nome do caso," a partir dos nomes das partes, o que auxiliaria em referências posteriores a tal caso no mesmo texto.

A referência apenas a números se revela árida e confusa, quando necessárias múltiplas referências ao mesmo julgado, principalmente quando na mesma decisão forem referidos diversos precedentes, comparando-os, harmonizando-os, interpretando-os, ou mesmo sintetizando uma regra de direito a partir de uma combinação deles. O mero uso do número serve apenas para a localização do julgado, e é compreensível apenas quando acompanhada da transcrição ou paráfrase dos respectivos trechos relevantes.

No entanto, a função de um sistema de citações é justamente evitar que, em discussões mais complexas, com múltiplas citações e referências aos mesmos julgados, se tenha de repetir diversas vezes transcrições ou paráfrases desnecessárias, apenas para relembrar ao leitor de que caso se está a falar. Imagine-se uma situação em que se cotejam três precedentes diversos (dois de tribunais regionais, e um de tribunal superior), com números parecidos, já tendo havido a transcrição ou paráfrase de seus trechos relevantes algumas páginas antes, o que não se deseja repetir. No entanto, o uso apenas do número (portanto, sem que se cunhe um nome para o caso, para facilitar referências posteriores), poderia gerar situações esdrúxulas, como na seguinte frase hipotética:

> Os fatos em 0000371-29.2012.9.09.0999 são bastante parecidos aqueles dos presentes autos, uma vez que ... (comparação dos fatos necessários). Do contrário, o entendimento externado em 0000372-41.2013.9.09.0999 não seria aplicável em razão de importante fato distintivo, que seja (...). A aplicação da mesma solução de 0000371-29.2012.9.09.0999 aos presentes autos está ainda em consonância com a tese fixada pelo tribunal superior Y no processo 0000271-93.2010.8.09.0888 em situação análoga em que (comparar os respectivos fatos). Logo, vê-se como cabível a aplicação da solução ABC ao pedido "b" do presente recurso, com base nos precedentes 0000271-93.2010.8.09.0888 e 0000371-29.2012.9.09.0999.

Vê-se no exemplo hipotético acima que as múltiplas referências numéricas confundem o leitor, tornam o fluxo do texto enfadonho e desencorajam argumentações mais complexas ou aprofundadas com a utilização de precedentes, já que o leitor teria de voltar várias vezes às páginas anteriores para localizar o conteúdo do precedente posteriormente referido apenas por seu número. A alternativa de repetir a transcrição do trecho relevante no corpo da decisão traria perda em termos de concisão e fluidez. A alternativa de apor tal transcrição repetida em nota de rodapé também não seria ideal, já que a nota de rodapé atualmente perde a formatação quando um texto é inserido no processo eletrônico (salvo se juntado com a formatação original, em arquivo PDF), tornando-se nota de fim, igualmente inconveniente para a leitura.

Assim, a criação de um "nome do caso" para um julgado ou precedente citado múltiplas vezes em um texto jurídico, analogamente à praxe do *common law*, facilitaria a associação da referência ao conteúdo (de direito e de fato) do precedente, dispensando a repetição das informações já consignadas anteriormente no texto. Sugerimos as seguintes formas, opcionalmente figurando antes da citação principal (número CNJ + tribunal-órgão-data) ou ao final, entre parênteses, acompanhada da palavra "doravante":

Fulano v. Beltrano, 0000370-80.2012.5.04.0661, TST, 1ª Turma, 26.10.2016

ou

0000370-80.2012.5.04.0661, TST, 1ª Turma, 26.10.2016 (doravante *Fulano v. Beltrano)*

8.7.3. Extensão ou profundidade de uma citação, conforme a função na argumentação

Passando da forma de identificação do precedente em um texto jurídico, vejamos algumas considerações quanto à extensão ou profundidade da transcrição ou paráfrase dos trechos relevantes de tais julgados, conforme a posição ou função no argumento.

8.7.3.1. Citação ao enunciar uma regra de direito jurisprudencial

No item "R" (Regra) do acrônimo CREAC debatido antes, a intenção é apenas apresentar as regras de direito aplicáveis ao caso, seja uma petição ou uma decisão, regra esta cuja aplicabilidade será explicada ou defendida nos momentos seguintes da argumentação.[327] Trata-se da regra de direito sintetizada a partir das fontes legisladas e jurisprudenciais aplicáveis (*on point, controlling*) ao caso concreto. Repetimos o exemplo extraído de *Harris v. Forklift Sys,* que ilustra uma situação real de apresentação do direito aplicável ao caso, antecedendo o debate dos pontos de direito mais controvertidos:

> O Título VII da Lei de Direitos Civis de 1964 torna "uma prática laboral ilegal um empregador... discriminar qualquer indivíduo a respeito de sua remuneração, termos, condições e privilégios de emprego em razão de sua raça, cor, religião, sexo ou origem nacional." 42 U.S.C. § 2000e-2(a)(1).[328] Como deixamos claro em *Meritor Savings Bank, FSB v. Vinson*, 477 U.S. 57, 91 L. Ed. 2d 49, 106 S. Ct. 2399 (1986), este dispositivo "não está limitado à discriminação 'econômica' ou 'tangível'. A expressão 'termos, condições e privilégios de emprego' evidencia a intenção do legislador no sentido de 'atingir todo o espectro de tratamento díspar de homens e mulheres' no emprego," o que inclui fazer pessoas trabalharem em um ambiente laboral hostil ou abusivo. Id., at 64, citando *Los Angeles Dept. of Water and Power v. Manhart*, 435 U.S. 702, 707, n.13, 55 L. Ed. 2d 657, 98 S. Ct. 1370 (1978) (algumas citações internas omitidas). Quando o local de trabalho está permeado de "intimidação discriminatória, ridicularização e insulto", 477 U.S. at 65, que são "suficientemente severos ou amplos a ponto de alterar as condições de emprego da vítima e criar um ambiente de trabalho abusivo", id., at 67 (colchetes e aspas internos omitidos), o Título VII foi violado.[329]

Veja-se que aqui a Suprema Corte americana se limitou a encadear logicamente a regra legislada com as interpretações que já havia prolatado sobre a mesma, sem ainda entrar em minúcias fáticas de tais precedentes (o que seria detalhado na parte "E" ou explicação da regra) nem comparar tais fatos aos fatos do caso concreto (parte "A" ou aplicação da regra aos fatos). Não há longas transcrições. Apenas se pinçam os trechos de frases que revelam o ponto daqueles casos que são relevantes para este, enfim uma preparação lógica para abrir e aprofundar a argumentação quanto ao ponto exato de direito que ensejou a admissão de tal recurso. Tudo isto integrado no próprio fluxo de um parágrafo, sintetizando para o leitor, de forma objetiva, a integração da fonte legislada com os *holdings* dos dois precedentes mencionados.

Nossa sugestão é que qualquer argumentação com precedentes (ou melhor, aquela que não for óbvia, onde realmente houver dúvida) seja precedida de um ou dois parágrafos concisos e objetivos apresentando todas as fontes de direito aplicáveis à questão debatida

---

(327) Naturalmente, se algumas fontes (*authorities*) utilizados na construção da regra "R" não estiverem em dúvida (*not at issue*), a parte "E" (explicação da regra) poderá ser sucinta ou silenciar quanto a tais fontes.

(328) 42 U.S. Code § 2000e–2 — Unlawful employment practices

(a) Employer practices

It shall be an unlawful employment practice for an employer—

(1) to fail or refuse to hire or to discharge any individual, or otherwise to *discriminate against any individual* with respect to his **compensation, terms, conditions, or privileges of employment**, *because of* such individual's *race, color, religion, sex, or national origin*; or ...

(329) Harris v. Forklift Sys, 510 U.S. 17, 21 (1993). Ver transcrição complete traduzida mais adiante em 9.7.3 Tradução — *Harris v. Forklift Sys, Inc.*, 510 U.S. 17 (1993).

(item "R" do CREAC), sem grandes transcrições de tais fontes, mas sim um fluxo textual que as congregue logicamente, para que o leitor possa iniciar seu raciocínio visualizando em conjunto todas as fontes implicadas na argumentação.

Sob o ponto de vista do advogado que pretende que o juiz aplique um determinado entendimento, tal estrutura de argumentação é ainda mais importante, já que de imediato apresentaria a conclusão jurídica pretendida (primeiro "C" do CREAC ou antecipação da conclusão), seguida do conjunto de regras que ampárariam tal conclusão. O julgador, eventualmente, poderia ser persuadido de imediato quanto à aplicabilidade de tais fontes e cabimento de tal conclusão, acatando-a sem maiores discussões e passando à questão seguinte. Caso não convencido de imediato, ainda assim tal(is) parágrafos sintéticos seriam úteis, já que o leitor que tem em mente de forma clara o resultado pretendido e a base jurídica alegada está em melhores condições de compreender e acatar o detalhamento do argumento do que um leitor apressado que tenha de peneirar através de um longo e fragmentado argumento o que seu autor pretende com o mesmo.

8.7.3.2. Citação ao explicar uma regra

O(s) parágrafo(s) seguinte(s) seria(m) a fase "E" do argumento, ou explicação da regra. Trata-se do momento, na argumentação com precedentes, em que se explica a regra de direito sintetizada na fase "R," abrangendo o seguinte, conforme a necessidade:

— expor com mais vagar a *ratio decidendi* (seus fatos "materiais" ou necessários + conclusão jurídica) de um precedente, esclarecendo ainda se a *ratio* invocada por uma das partes é na realidade *obiter dictum*;

— debater a relação do(s) precedentes aplicável(is) com as normas legisladas, como se complementam e interagem;

— debater a relação hierárquica e prevalência entre os diversos precedentes aplicáveis (já tendo em vista quais deles — na fase "A" do argumento — se defenderão como aplicáveis, e quais se defenderão como *distinguishable*), já que aqueles de cortes superiores sobre um mesmo ponto prevalecem;

— analisar precedentes de outras jurisdições (portanto persuasivos) caso inexista precedente *on point* na jurisdição do caso concreto;

— comparar julgados conflitantes *dentro de um mesmo tribunal* (caso se esteja recorrendo para tal tribunal), ou *entre tribunais* (caso se esteja propondo um recurso para tribunais superiores), explicando por que um julgado traria solução melhor que a do outro julgado conflitante, mais adequada interpretação do direito positivo, assim como argumentando, e.g., sob ponto de vista da equidade, justiça, interesse público e política judiciária;

— harmonizar julgados aparentemente conflitantes, explicando por exemplo, que um se trata de exceção à regra prevista no outro, ou que seus campos de aplicação não se confundem;

— enfrentar alegações de que determinado precedente já está superado, se for o caso.

8.7.3.3. Citação ao aplicar a regra comparando os fatos do precedente com os fatos do caso concreto

Veja-se que, por mais que seja tentador inserir comparações com o caso concreto já no(s) parágrafo(s) acima, em argumentações mais complexas isso geraria confusão e perda de poder persuasivo. Em tais casos, o parágrafo relativo à fase "E" do argumento (explicação da regra), deve debater apenas questões mais abstratas, a interação e vigência das regras legisladas e precedentes pertinentes. No(s) parágrafo(s) seguinte(s), fase "A" (aplicação da regra) é que se subsumem os fatos concretos às normas legisladas e às teses dos precedentes antes debatidos, por exemplo:

— AQUI, os fatos A + B + C são albergados pelo art. xx da lei yyyy/yy, uma vez que (amarrar o direito aos fatos, salvo se absolutamente óbvio, art. 489, § 1º, I);[330] ADEMAIS, da mesma forma que em *Fulano v. Beltrano*,[331] **estão presentes os mesmos fatos (ou fatos análogos)** já que (comentar as similaridades relevantes), ensejando a aplicação da mesma solução lá determinada.

— Por outro lado, incabível cogitar da aplicabilidade de *Cicrano v. Instituição tal*,[332] já que a situação em concreto ora avaliada comporta **importante distinção fática** (explicar), recomendando solução diversa daquela ventilada no precedente.

8.7.4. Citação em linha

Não raro se torna necessário citar uma gama maior de julgados, seja para demonstrar a longevidade de um entendimento, seja para demonstrar que tal entendimento continua sendo *good law* (direito jurisprudencial ainda "bom", no sentido de ainda vigente, não *overruled*), ou ainda para ilustrar a força de determinado entendimento praticado em muitos tribunais. A fim de evitar que o texto fique demasiado longo, confuso, empolado, utiliza-se a técnica de citar uma "linha de casos" (*line of cases*), ou *citação em linha* (*string citation*). Para evitar cansar o leitor com dados desnecessários, elencam-se casos em um parágrafo com o nome e a citação padronizada. Cada caso pode vir acompanhado de breve explicação entre parênteses, conforme a necessidade. Na citação em linha, cada caso é separado do caso seguinte por ponto-e-vírgula.

Veja-se um exemplo de citação em linha no caso *Ambrister v. State*, 462 So. 2d 43, 45 (Fla. 1st DCA, 1983).[333] Neste exemplo, a corte extrai uma conclusão jurídica de *Smith v. State*, mas mostra a força de tal entendimento, repetido em vários outros julgados:

> O réu tem direito a que o júri seja instruído quanto às regras de direito aplicáveis a sua tese de defesa quando foi apresentada na sessão de julgamento qualquer prova que daria suporte a tal tese de defesa. *Smith v. State*, 424 So.2d 726, 732 (Fla. 1982); *Bryant v. State*, 412 So.2d 347 (Fla. 1982). Ver também: *Pope v. State*, 458 So.2d 327 (Fla. 1st DCA 1984); *Solomon v. State*, 436 So.2d 1041 (Fla. 1st DCA 1983); *Holley v. State*, 423 So.2d 562 (Fla. 1st DCA 1982); *Muro v. State*, 445 So.2d 374, (Fla. 3rd DCA 1984).

Já em *Harris v. Forklift Sys*, 510 U.S. 17 (1993), caso que será abordado na íntegra adiante, consta uma comparação da tese adotada em *Rabidue v. Osceola Refining Co.*, 805

---

(330) Ver no mesmo sentido 8.1 Dever de fundamentar a aplicação de precedentes ou não aplicação de precedentes invocados analiticamente pela parte sob pena de nulidade — art. 489 do CPC.

(331) Neste exemplo, o caso já teria sido citado anteriormente com seu número CNJ + tribunal-órgão-data, tendo sido cunhado um "nome do caso" para facilitar a referência futura, e.g. 0000370-80.2012.5.04.0661, TST, 1ª Turma, 26.10.2016 (doravante *fulano v. beltrano*).

(332) Repise-se, para utilizar um "nome de caso", este atalho mnemônico deverá ter sido lançado em momento anterior. Caso não tenha sido assim feito, sugerimos uma citação curta ao número CNJ + tribunal-órgão-data.

(333) Em tal caso, Ambrister é o sobrenome de um réu criminal, e a parte contrária é o Estado (*State*) ou Comunidade (*Commonwealth*). Trata-se de caso de uma corte de segundo grau da Flórida, acima das *trial courts* e abaixo da Suprema Corte estadual (*Court of Appeal of Florida, First District*). 462 So. 2d 43, 45 significa o volume 462 do Southern Reporter (repositório de jurisprudência), iniciando na página 43, com citação pontual (*pin point*) a trecho da página 45.

F.2d 611, 620 (CA6 1986),[334] com casos de outros regionais da Justiça Federal americana, já que a Suprema Corte deferiu o *certiorari* (escolha discricionária dos casos que serão julgados) justamente para resolver o conflito entre regionais, ou *circuit split*. Por tal razão há breve explanação entre parênteses, a fim de demonstrar qual a divergência jurisprudencial existente, de forma extremamente sucinta:

> Nós deferimos certiorari, 507 U.S. 959 (1993), para resolver o conflito entre os Circuitos [equivalentes aos Tribunais Regionais] sobre se a conduta, para ser indenizável como assédio por "ambiente laboral abusivo" (nenhuma questão de assédio sexual quid pro quo está aqui presente), deve "seriamente afetar o bem-estar psicológico [de um empregado] ou levar a parte autora a "sofrer lesão" ["suffer injury"]. **Comparar *Rabidue* (pressupondo sérios efeitos no bem-estar psicólogo); *Vance v. Southern Bell Telephone & Telegraph Co.*, 863 F.2d 1503, 1510 (CA11 1989) (o mesmo); e *Downes v. FAA*, 775 F.2d 288, 292 (CA Fed. 1985) (o mesmo), com *Ellison v. Brady*, 924 F.2d 872, 877-878 (CA9 1991) (rejeitando tal pressuposto)[335] (grifo nosso).**

Os exemplos acima mostram que a técnica de citação em linha torna o texto mais agradável, sucinto e persuasivo, evitando páginas de desnecessárias transcrições. Temos que tal forma de citação de arestos se amolda perfeitamente à sistemática do novo CPC, recomendando-se sua adoção.

---

(334) Tal citação significa volume 805 da 2ª série do Federal Reporter, iniciando na página 611, com citação pontual de trecho da página 620, Corte de Apelação Federal do 6º Circuito, julgado em 1986.

(335) *Harris v. Forklift Sys*, 510 U.S. 17, 20 (1993).

9. FATOS NA FORMAÇÃO DOS PRECEDENTES

9.1. *Fatos motivam tanto as leis quanto os precedentes, mas os precedentes nunca daqueles se desvinculam*

Veja-se que os fatos são centrais na formação, análise e aplicação do precedente. Em que pese o precedente se forme quanto a questões de direito, estas estão sempre vinculadas à decisão de casos concretos e nunca perderão tal natureza, ainda que em julgamentos de massa ou de casos repetitivos, ou outras formas de uniformização da jurisprudência. Tampouco perderão tal natureza se compactada sua *ratio decidendi* em um verbete de súmula, sendo esta sempre dependente dos casos concretos que a originaram.

Trata-se de situação oposta à lei em sentido formal, a qual tem na sua gênese circunstâncias fáticas cuja regulação a motivaram, mas que ganha caráter geral e abstrato uma vez editada, não estando mais atrelada aos fatos que os legisladores tinham em mente, nem à vontade do legislador. É que quando o legislador produz uma lei, por mais que tenham estado em sua mente algumas hipóteses fáticas as quais queria regular, o texto ganha caráter autônomo e abstrato, desvinculando-se de tal vontade do legislador e das hipóteses fáticas de aplicação por este pensadas.

Geralmente, as hipóteses fáticas que afetaram a produção da norma nem são passíveis de determinação, já que "o legislador" na realidade é um colegiado com diferentes e conflitantes visões políticas. A maioria obtida para fins de aprovação de uma norma é geralmente resultado da tênue preponderância de uma corrente sobre a outra.

Aliás, nem mesmo é possível falar de "uma corrente" que no momento da votação da norma era preponderante, uma vez que os diferentes legisladores podem aprovar determinada norma com propósitos, pensamentos e cogitações de aplicação fáticas diferentes, em que pese concordem quanto ao resultado final do texto. É por isso que, na hermenêutica, se examina a ficta "vontade da lei" (*mens legis*), ou seja, aquela "vontade" ou finalidade que se depreende da análise sistemática do texto, e não a hermética vontade do legislador (*mens legislatoris*), impossível de ser objetivamente demonstrada.

Enfim, a norma legislada é por natureza abstrata, desvinculada de seu autor e dos fatos que informaram sua confecção. Vale a literalidade do seu texto, a finalidade da norma conforme denotação a partir do próprio texto, bem como a interpretação sistemática harmonizando-o com a Constituição e com outras normas infraconstitucionais, não se vinculando sua interpretação a um contexto fático pensado à época de sua confecção.

Quanto ao precedente, a situação é exatamente oposta. Embora tanto a lei quanto o precedente tenham sua gênese provocada por situações fáticas do mundo real, o precedente nunca se torna abstrato, nunca perde a natureza de solução dada a um determinado problema fático concreto, dentro dos limites fáticos ou objetivos de uma lide. A aplicação de um precedente é a mera repetição, por juízes, da solução antes dada a um caso idêntico ou suficientemente similar.[336]

---

(336) A exceção, em nosso sistema aparentemente seria a sumula vinculante constitucional, introduzida a partir da Emenda Constitucional n. 45/2004 (art. 103-A e § 1º), que como vincula também a administração pública, e versa sobre o "*objetivo a validade, a interpretação e a eficácia de normas determinadas*", fica dotada de maior generalidade e abstração que as demais súmulas e precedentes, ficando aparentemente em uma zona intermediária entre o típico julgado e a lei em sentido formal. No entanto, o próprio *caput* do art. 103-A elucida que a edição da

Um precedente está indelevelmente atrelado à visão dos fatos no processo à época da decisão, já que a decisão judicial, por natureza, constrói a regra para o caso concreto, não é lei abstrata, não tem como finalidade imediata regular situações futuras, mas sim o caso concreto. Apenas indiretamente a regra ou tese construída para um determinado caso concreto servirá de solução para outros, como decorrência do princípio da isonomia. Afinal, se se tratou determinado caso da forma X, surgindo outro com os mesmos fatos relevantes, seria injusto ou mesmo absurdo tratar caso idêntico da forma Y. Logo, o que determina o caráter vinculante de um precedente não é o seu texto literal, e sim seus fatos. Por isso, a praxe brasileira de colar em suas petições ou decisões os textos de súmulas ou de ementas — apenas apreciando-os em sua literalidade sem examinar os fatos subjacentes — não seria suficiente, ao menos quando existir discussão quanto à aplicabilidade ou não de tais precedentes.

A técnica dos precedentes, por natureza, é a repetição de um padrão decisório surgido em um caso concreto, estritamente ligado e dependente de seus fatos necessários, aplicado a um caso seguinte cujos fatos são juridicamente similares (se encaixam nas mesmas categorias jurídicas) ou análogos (não se encaixam nas mesmas categorias mas a proximidade justificaria a mesma solução).

A doutrina de décadas ou séculos dos países que utilizam o *common law* é absolutamente uníssona quanto à centralidade dos fatos na formação dos precedentes. Goodhart, e os doutrinadores que o seguiram, de forma alguma inovaram quanto à essencialidade dos fatos para qualquer interpretação e aplicação de precedentes, sua contribuição se deu apenas quanto a uma técnica mais ordenada e segura para a identificação da *ratio decidendi*, centrada ao redor dos fatos vistos pelo juiz do precedente como necessários ou "materiais" para o atingimento da conclusão jurídica ou resultado.

Assim, vê-se o acerto da comissão de juristas que elaborou o anteprojeto do novo CPC e ao final, do legislador ao aprovar o CPC e a Lei n. 13.015/2014, normas que para materializar técnicas destinadas a resolver a pulverização da jurisprudência nacional mediante a vinculação a precedentes, adotaram várias soluções da doutrina do *common law*, notadamente a centralidade dos fatos na elaboração e aplicação de precedentes. Em tal sentido, e.g., os arts. 489, § 1º, V e 926, § 2º, do CPC, assim como do art. 896-C, § 16, da CLT, incluído pela Lei n. 13.015/2014. O que se depreende do sistema adotado é que teses ou súmulas nunca serão em nosso ordenamento normas abstratas, como se lei fossem, mas sempre fundamentos determinantes de casos concretos, ligados e dependentes dos fatos que lhes deram ensejo.

9.2. Fatos — indissociáveis da técnica de precedentes

Mas e por que precisamos dos fatos? Se há uma súmula exarada por tribunal hierarquicamente superior, por que precisamos do respectivo precedente que a gerou? Por que precisamos examinar os correspondentes fatos do caso concreto do precedente, e não apenas repetir mecânica e literalmente as regras enunciadas por um tribunal superior?

A resposta vem sendo debatida nas dezenas de páginas anteriores, e poderiam ser feitas muitas considerações a tal título. Entretanto, para fins de simplicidade, nos reportamos à

---

súmula vinculante só é cabível "*após reiteradas decisões sobre matéria constitucional*," o que deixa implícito que o STF não teria o poder de legislar através da súmula, mas tão somente consolidar ou resumir em tal verbete a *ratio decidendi* de vários casos concretos julgados sobre a mesma matéria. Interpretar de forma diversa o art. 103-A o tornaria inconstitucional, por ofensa à cláusula pétrea da separação dos poderes. Logo, mesmo a Administração Pública, ao aplicar a súmula vinculante, não estaria vinculada à literalidade de seu texto, como se texto legislado fosse, mas sim ao conjunto de precedentes que a mesma representa. Por conseguinte, temos que a súmula vinculante não constitui verdadeira exceção à distinção entre precedentes e lei debatida aneriormente, já que também a súmula vinculante, uma vez editada, nunca se torna abstrata ou desvinculada dos fatos que lhe deram causa.

justificativa pela qual nem tudo que consta do precedente vincula, havendo uma parte da fundamentação que é meramente descritiva ou hipotética, ou não-essencial, o chamado *obiter dictum*.[(337)]

Atrela-se o valor vinculante de um precedente aos fatos necessários da causa, parte que integra a *ratio decidendi*, porque o juiz cria a lei para o caso concreto, e não uma norma de grande generalidade e abstração, seara própria do legislador. Caso os tribunais pudessem editar enunciados — seja em forma de súmula, tese ou mesmo no corpo de um acórdão — sem qualquer compromisso com os fatos do caso concreto, teria sido dado aos juízes o poder de legislar, em afronta à cláusula pétrea constitucional da separação dos poderes. *Ad absurdum*, um julgador teria o poder de redigir uma codificação inteira e torná-la vinculante sem a intervenção do legislador, bastando incluí-la na decisão, caso não dependesse dos fatos materiais específicos do caso concreto. Como já dissemos antes, nada impede que o *holding* criado para o caso concreto em um precedente tenha grande alcance social, principalmente quando exarado pelos tribunais superiores, que têm jurisdição nacional. Mas tal não poderá ocorrer ao arrepio dos fatos necessários do caso concreto.

Outrossim, se pudessem ser vinculantes argumentos jurídicos desnudos, desconectados dos fatos concretos do precedente, haveria o risco de emissão de normas em sentido material, sem o devido amadurecimento decorrente do contraditório e ampla defesa exercidos quanto os fatos concretos centrais ao processo.

Ademais, como se aplicaria um precedente, não fosse comparando seus fatos? Adotar--se-ia a literalidade do texto, como se fosse um texto de lei? Em tal hipótese em curto espaço de tempo, dada a infinita variabilidade dos fatos, se incorreria no mesmo problema do texto de lei cuja literalidade não aparenta resolver as nuances e peculiaridades dos novos casos concretos que inevitavelmente surgem. É que, havendo dúvida quanto à aplicabilidade de um texto de súmula ou precedente a novos casos concretos, se não se consultassem os respectivos fatos, para comparação, se teria de buscar inspiração apenas na literalidade do seu texto, como se fosse uma lei — ensejando a interpretação do texto do precedente que interpretava o texto de lei (com o mesmo risco de interpretações divergentes e dispersão jurisprudencial), portanto tornando o precedente uma inutilidade. Melhor então seria apenas interpretar a lei e ter a jurisprudência como meramente persuasiva, como dantes.

Naturalmente, conforme debatido anteriormente, bem como conforme as recentes regras processuais introduzidas em nosso ordenamento, os precedentes não vinculam em abstrato (como uma lei), mas apenas em seu estrito contexto fático, que guia a sua aplicação direta (*following*) assim como a análise de similaridade para fins de sua extensão por analogia (*analogizing*) ou não aplicação por dissimilaridade (*distinguishing*), ou mesmo para a verificação de sua superação (*overruling*).

9.3. Fatos e a mudança de função de súmulas e da jurisprudência

O novo sistema impõe no longo prazo mudanças profundas na visão que tradicionalmente tínhamos da jurisprudência, onde os fatos não eram tão preponderantes, já que desnecessária uma comparação fática aprofundada para colacionar julgados meramente persuasivos, utilizados como um simples reforço argumentativo.

Súmulas eram meros atalhos de fundamentação, dando maior visibilidade a entendimentos cristalizados — "iterativa e notória," ou "pacífica e remansosa" jurisprudência, ou outras

(337) Ver 7.4.2 Por que *Obiter Dictum* não vincula?

expressões utilizadas no jargão forense, denotando a força de um determinado entendimento jurisprudencial por sua permanência, constância, estabilidade e notoriedade. Assim, havendo tais entendimentos reiterados, a edição de uma súmula traria a vantagem de desestimular a litigiosidade ou recorribilidade contrária a tais entendimentos, além de servir para encurtar a argumentação, estando na referência a uma súmula implicitamente adotados os fundamentos que a ensejaram.

Não havia necessidade de maior cuidado na pesquisa dos fatos dos precedentes que ensejavam uma súmula, uma vez que se tratava de matéria por todos conhecida na jurisdição, já que "iterativa e notória" jurisprudência. Ademais, até então não sendo vinculantes tais súmulas, se desconfiasse quanto à sua aplicabilidade, o juiz simplesmente as omitiria, ao invés de ter de recorrer aos fatos que a ensejaram para fins de aplicá-la ou afastá-la por *distinguishing,* conforme art. 489, § 1º, VI, do atual CPC. Portanto, no regime anterior, a edição da súmula era uma atividade quase administrativa, votando-se em abstrato o melhor verbete para representar uma tese pacificada em reiterados casos concretos julgados.

Isto mudou drasticamente. Súmulas e outros instrumentos ligados à uniformização (e.g., IRDR, IAC etc.) não representam necessariamente o registro de um iterativo e notório entendimento de um tribunal. Antes pelo contrário, pode representar um rompimento, uma mudança de rumo da jurisprudência determinada por tal tribunal, ou uma unificação de entendimentos conflitantes dentro da sua área de jurisdição. Pode não se tratar de um entendimento notório nem iterativo, mas justamente um entendimento novo, ainda desconhecido dos juízes da respectiva jurisdição e dos jurisdicionados ou mesmo uma guinada de 180 graus, um *overruling*. Em que pese o sistema objetive estabilização, por outro lado se tem pressa. Não mais se deseja que um determinado conflito de entendimentos jurídicos leve 10 ou 20 anos para ser pacificado. As técnicas de recursos repetitivos são exemplo disso, acelerando ou encurtando os caminhos para a uniformização de jurisprudência, bem como impondo a observância dos entendimentos uniformizados.

Assim, no novo sistema se torna necessário o aprofundamento das comparações fáticas entre o caso concreto e o precedente, já que este pode não ser notório nem iterativo (sendo necessário examinar os fatos até mesmo para compreender o alcance do precedente), bem como já que o exame dos fatos do precedente se traduz em garantia democrática de que os juízes continuarão tendo independência funcional para julgar seus casos concretos.

Quanto à esta última questão, já abordamos antes em diversos momentos o perigo de a literalidade do texto de uma súmula ou ementa ser tomado como a *ratio decidendi* de um julgado, transformando tais instrumentos em texto de lei, geral e abstrata, e transformando o juiz em um autômato despido de independência funcional, o que seria inconstitucional. O atrelamento de precedentes e súmulas aos fatos de seus casos de origem, para fins de *following, analogizing, distinguishing* ou *overruling,* é elemento essencial da técnica de precedentes em todos os países que a utilizam, e é também a regra ora positivada em nosso ordenamento, como veremos adiante.

9.4. O atrelamento aos fatos do precedente como garantia de democracia e independência no processo decisório

Todo cuidado é pouco para que não permitamos que o uso deturpado de precedentes — pela sua literalidade e desvinculados de seus fatos originais — destrua os benefícios das novas técnicas introduzidas em nosso país, empobrecendo e inutilizando nosso incipiente sistema de precedentes.

Reiteramos, entretanto, aquilo que dissemos antes[(338)] sobre a profundidade da fundamentação com precedentes: não é que sempre que se citar qualquer precedente haverá necessidade de dedicar vários parágrafos à sua aplicabilidade e significado, mas apenas quando estes estiverem efetivamente controvertidos (*at issue*). Na ausência de maiores controvérsias, por exemplo, a mera citação de um verbete de súmula, e uma frase sobre sua conexão com o processo, pode bastar. A pressa do dia a dia dos profissionais do direito nem permitiria agir de forma diversa — aliás, o objetivo do sistema é justamente trazer maior celeridade, e não enfadonhas discussões onde inexistiria necessidade.

O aprofundamento ou refinamento do trabalho com precedentes, portanto, deverá se focar exatamente naquelas situações em que o sistema se arrastava, qual seja, aquelas situações de eternização dos dissensos jurisprudenciais.

Assim, havendo alegação de dissenso jurisprudencial (devidamente fundamentada, naturalmente, já que o respectivo ônus argumentativo é das partes), juízes de todas as instâncias devem dedicar atenção para verificar se o conflito jurisprudencial é real e atual, amadurecendo o debate e fundamentando a adoção de determinado posicionamento, até que se chegue ao momento processual em que disponíveis instrumentos de uniformização de jurisprudência, por exemplo os incidentes de resolução de demandas repetitivas (IRDR) e de assunção de competência (IAC).

Preocupa-nos, entretanto, o risco de que as técnicas de uniformização, de julgamentos de casos repetitivos, de repercussão geral, ou outros instrumentos de massificação dos efeitos do julgado, dado o interesse público que transcende o interesse individual do caso concreto, acarretem excessiva objetivação ou abstração do julgamento, negligenciando os fatos do caso concreto. Isto seria a derrota de nosso novo sistema de precedentes, que nada mais seria do que um natimorto.

Omitir ou ignorar os fatos do(s) "caso(s)-teste" utilizado(s) como base para a uniformização ou pacificação de um tema, faria da respectiva decisão instrumento abstrato de controle de legalidade (prerrogativa análoga à que a constituição reserva apenas para as ações de controle concentrado de constitucionalidade), tornando tal tese hermética à adaptabilidade aos casos concretos pelos juízes dos casos futuros, transformando tais teses em verdadeiras leis abstratas.

Como já dissemos múltiplas vezes nesta obra, tal seria duro golpe à independência dos magistrados, cuja pulverização de poder de aplicação da lei (em contraste à excessiva concentração nas cúpulas) constitui uma das mais sábias garantias democráticas e republicanas do cidadão, obtidas a duras penas e sacralizadas na Constituição de 1988 para que nunca mais as perdêssemos.

Assim, há que se otimizar a jurisprudência, uniformizando-a, para que os tribunais superiores não precisem julgar cem mil vezes a mesma questão de direito, mas por outro lado tal uniformização deverá ser feita com cautela, com grande zelo para com os fatos, permitindo uma comparação diligente entre os fatos do precedente e dos casos concretos, bem como uma análise pontual de eventuais diferenças destes últimos. Do contrário, se omitidos os fatos nos precedentes e exarados verbetes abstratos, como se fossem ordens, estaríamos diante de uma (inadvertida ou intencional) tentativa de comando e supressão da independência dos juízes. Como dissemos antes, todo o cuidado é pouco, em uma imatura democracia como a nossa.

---

(338) Ver em: 8 FUNDAMENTAÇÃO COM PRECEDENTES.

9.5. O USO INTENSIVO DOS FATOS DO "CASO-TESTE" — EXEMPLO DA SUPREMA CORTE AMERICANA

De toda a discussão, fica clara a centralidade dos fatos para a compreensão e aplicação de precedentes. Em que pese o precedente resulte, em última análise, em uma conclusão ou tese de direito, esta nunca é criada no vácuo, mas sim deriva de situações e problemas do mundo real, que foram ferrenhamente debatidos pelas partes, e depois apreciados nas decisões dos juízes das instâncias inferiores. A dialética de tal processo é que traz à corte responsável pela palavra final em tal questão uma riqueza de elementos fáticos e argumentos jurídicos, servindo o contexto fático como pano de fundo e ilustração do problema, permitindo à corte unificadora a melhor visualização das nuances e dos possíveis desdobramentos futuros de cada uma das teses defendidas.

É por tal razão que a Suprema Corte americana, por exemplo, não julga qualquer entendimento jurídico em tese, inexistindo por lá a figura do controle concentrado de constitucionalidade. Assim, em que pese seus julgados tenham efeito vinculante de todo o Judiciário, por conta do *stare decisis*, bem como sejam em regra espontaneamente seguidos por entes públicos e privados, dada a respeitabilidade e notoriedade de suas decisões, seus julgamentos nunca serão abstratos. Tal corte busca, dentre os milhares de casos que buscam sua manifestação através dos *writs of certiorari*, escolher um ou mais que melhor exemplifiquem os fatos subjacentes à questão jurídica a ser debatida. Admitido o *certiorari*, os advogados das partes do caso-teste terão voz para fazer a sustentação oral, com breve exposição das suas teses e sendo submetidos a duras rodadas de perguntas por parte dos *Justices*, que testam a tese pretendida à vista dos fatos do caso concreto e à vista de situações hipotéticas (*hypos*) verificando a conveniência da tese caso aplicada a tais situações futuras. Falam ainda o *Attorney General's Office*[339] e entidades de pertinência temática reconhecida com o debate dos autos, como *amici curiae*. Logo, quando adota uma decisão de repercussão nacional, a Suprema Corte americana se amparou em um robustamente debatido e sedimentado quadro fático do(s) caso(s) concreto(s) escolhido(s), da ferrenha argumentação das partes, que geralmente contratam escritórios especializados na argumentação perante a Suprema Corte, além do *Attorney General's Office* e de entidades ligadas à questão jurídica debatida no processo.

Tal sistemática presumivelmente ajudou a inspirar regramento da discricionária escolha dos temas com repercussão geral e dos respectivos casos-teste representativos da controvérsia objeto de recurso extraordinário, sistemática que se irradiou para os julgamentos de casos repetitivos e assunção de competência, no CPC de 2015. O novo *codex*, absorvendo e adaptando à nossa realidade a milenar experiência dos sistemas de *common law*, é claro quanto à importância dos fatos no novo sistema (abordaremos mais adiante tal regramento, com mais detalhe).

Entretanto, em que pese evidente a importância dos fatos no sistema de precedentes positivado em nosso CPC, considerando que a caneta do legislador não possui o condão de alterar uma tradição jurídica do dia para a noite, renovamos aqui o alerta para que não nos descuidemos ou menosprezemos os fatos em nossa novel sistematização jurisprudencial, notadamente na confecção dos precedentes destinados a resolver os conflitos repetitivos ou

---

(339) Podendo estar presente o próprio *Attorney General*, pelo *Solicitor General* ou algum *Assistant Attorney General*, no exercício de tais funções. Nos EUA, o Escritório do Attorney General lembra a Procuradoria-Geral da República antes de 1988, quando a persecução criminal ainda não havia sido separada das funções de advocacia de defesa da União. Quanto ao cargo de *Attorney General*, nos EUA ainda acumula algumas funções de nosso Ministro da Justiça, só que com o poder limitado pela estabilidade no cargo (*tenure*) de diversas agências de *law enforcement* ligadas ao *Department of Justice* (DOJ), como o FBI e Escritório das Prisões Federais (FBP), e os *US Marshals*.

em massa. A excessiva abstração ou generalização dos fatos do caso-teste traz ínsito o risco de transformá-lo em instrumento de supressão prematura do necessário debate jurídico e da independência judicial.

Da mesma forma, à vista de eventual generalização ou abstração excessiva dos fatos concretos na linguagem literal do precedente, deverá o intérprete não descuidar da doutrina básica dos precedentes, debatida anteriormente (focada em Goodhart, Schauer e Wambaugh,[(340)] mas extensiva a uma plêiade de doutrinadores de renome internacional), a qual foi recebida em nosso CPC,[(341)] não olvidando que poderá recaracterizar os fatos do precedente de forma menos abstrata, segundo as categorias jurídicas de assimilação que forem relevantes para a questão jurídica debatida nos autos. O intérprete não está preso à literalidade de uma regra jurídica enunciada pela corte prolatora do precedente, mas sim aos fatos vistos como necessários por tal corte para o atingimento da respectiva conclusão, fatos estes que serão comparados com os fatos do caso concreto para fins de aplicação ou distinção do precedente, segundo categorias de similitude relevantes para o debate jurídico em questão. Se o julgador dos casos posteriores abrir mão da prerrogativa de examinar analiticamente e comparativamente precedentes e o caso atual, estará permitindo o engessamento futuro do direito, obstando sua evolução à vista das nuances das novas situações de fato, bem como permitindo um controle pela cúpula incompatível com a independência judicial.

9.6. A centralidade dos fatos no CPC 2015 e na Lei 13.015/2014

Embora na versão final do CPC de 2015 tenham sido excluídos alguns dispositivos mais explicativos quanto às técnicas de precedentes, dispositivos que entendemos teriam sido salutares, ainda assim temos que a normatividade positivada no *codex* é suficiente para sua compreensão e aplicação sistemática. Do texto fica clara a função primordial dos fatos subjacentes para delimitar o alcance de um precedente, bem como para informar sua aplicação a casos similares ou não aplicação, quando dissimilares, característica basilar do sistema.

Veja-se que o sistema impõe a cominação de nulidade para decisões em que "*se limitar a invocar precedente ou enunciado de súmula, sem identificar seus <u>fundamentos determinantes</u>* [ratio decidendi/holding] *nem demonstrar que o <u>caso sob julgamento</u>* <u>[seus fatos]</u> *<u>se ajusta àqueles</u> fundamentos* [following, analogizing]" (art. 489, §1º, V, do CPC). De forma similar, havendo tal arguição analítica pelas partes, não poderia o julgador "*deixar de seguir enunciado de súmula, jurisprudência ou precedente invocado pela parte, <u>sem demonstrar a existência de distinção</u>* [distinguishing] *no caso em julgamento <u>ou a superação</u> do entendimento* [overruling]" (art. 489, § 1º, VI, do CPC) (sublinhados e adendos entre colchetes nossos). Ademais, também há previsão de nulidade para decisões que não expliquem na fundamentação, minimamente, a relação de uma norma ou conceito jurídico indeterminado citados com os fatos do caso concreto (art. 489, § 1º, I e II, do CPC), conexão esta essencial não apenas para a compreensão da decisão, mas para que ela própria possa servir de precedente para casos similares futuros.

Portanto, é obrigatória a comparação fática entre o precedente e o caso concreto (e da hipótese de incidência da lei ao caso concreto, naturalmente), ressalvando aqui o que já dissemos antes quanto à limitação de tal nulidade para os casos em que a aplicabilidade do

---

(340) Ver 7.3.2 Identificando a *ratio decidendi* ou *holding*.

(341) A vinculação do sistema de precedentes aos fatos do respectivo caso concreto será abordada no tópico a seguir.

precedente é efetivamente controvertida, tendo as partes se desincumbido previamente de seus ônus argumentativos quanto à analítica arguição acerca da aplicabilidade ou não de tais precedentes.

Além do art. 489 do CPC, exemplifica a essencialidade dos fatos para delimitar a aplicabilidade dos precedentes o art. 926, § 2º, também do CPC. Tal artigo determina que os tribunais uniformizem sua jurisprudência e especifica que "*ao editar enunciados de súmula, os tribunais devem ater-se às circunstâncias fáticas dos precedentes que motivaram sua criação.*" Duas considerações importantes são necessárias quanto a tal §2º.

Em primeiro lugar, naturalmente, não é apenas quanto às sumulas que a necessidade de atrelamento aos fatos existe, sendo isto indissociável da técnica de precedentes. Ocorre que os demais precedentes vinculantes, por exemplo o IAC ou os julgamentos de casos repetitivos (na segunda instância ou nos tribunais superiores), já são por natureza julgamentos de casos concretos, onde espera-se que os fatos sejam profundamente amadurecidos e debatidos, dando base e limites objetivos para a discussão jurídica a ser através de tal aresto pacificada. O art. 489, comentado anteriormente, já faz referência à necessidade de exame e comparação dos fatos, e na confecção do precedente, evidenciando que os fatos do caso concreto devem ter destaque na respectiva fundamentação. Quanto às súmulas, entretanto, o legislador acertadamente entendeu necessária uma advertência específica, destinada a romper com a tradição anterior em que se aplicavam súmulas sem maiores considerações às peculiaridades dos precedentes que elas se destinavam a representar. Isto não implica que, quanto aos precedentes, inexista a mesma vinculação às respectivas circunstâncias fáticas.

A segunda consideração é que não apenas ao editar as súmulas, as circunstâncias fáticas dos respectivos precedentes são determinantes, devendo o juiz do caso posterior, se existir dúvida acerca da aplicabilidade e alcance de uma súmula, também verificar a correspondência dos fatos do seu caso concreto com aqueles dos precedentes que ensejaram a súmula. Naturalmente, não se editariam as súmulas à vista de tais circunstâncias fáticas se estas circunstâncias não devessem também ser observadas na sua interpretação e aplicação. Afinal, súmula não é texto de lei, não deve ser interpretada, *stricto sensu*, como se faz a exegese do texto legal. Súmula é uma mera visualização ou resumo da *ratio decidendi* (segundo a visão do tribunal que a editou) de um ou mais precedentes que a ensejaram, e estes sim devem ser "interpretados". O § 2º do art. 926, assim, se completa com os incisos V e VI do § 1º do art. 489 do CPC, que obrigam à demonstração de congruência entre os fundamentos determinantes do precedente e os fatos do caso concreto, bem como à demonstração de que eventual denegação da aplicação de súmula invocada pela parte decorreu de distinção fática no caso em julgamento (ou superação do entendimento).

Quanto ao processo do trabalho, ao qual os dispositivos acima são aplicáveis por força dos arts. 769 da CLT e 15 do CPC, ainda se acrescem mais alguns dispositivos elucidativos do novo sistema, dos quais destacamos os §§ 16 e 17 do art. 896-C, incluídos pela Lei n. 13.015 em 2014, portanto quase simultaneamente à final aprovação do novo CPC. Tais normas são mais uma evidência da adoção sistêmica da vinculação a precedentes em nosso sistema, bem como da essencialidade dos fatos para a operação do mesmo:

> Art. 896-C da CLT ... §16. A decisão firmada em recurso repetitivo não será aplicada aos casos em que se demonstrar que a situação de fato ou de direito é distinta das presentes no processo julgado sob o rito dos recursos repetitivos [distinguishing].
>
> § 17. Caberá revisão da decisão firmada em julgamento de recursos repetitivos quando se alterar a situação econômica, social ou jurídica, caso em que será respeitada a segurança jurídica das relações firmadas sob a égide da decisão anterior, podendo o Tribunal Superior do Trabalho modular os efeitos da decisão que a tenha alterado [overruling] (sublinhados e observações em colchetes nossas).

Finalmente, veja-se que tais normas não se aplicam exclusivamente ao processo do trabalho. Aqui o legislador foi um pouco mais longe do que no CPC ao falar de critérios para *distinguishing* e *overruling*, razão pela qual, no processo civil, nada impede que se utilizem os conceitos acima, em interpretação sistemática. Enquanto o art. 489, § 1º, VI, do CPC se limitou a dizer que não se considera fundamentada decisão que "*deixar de seguir ... precedente invocado pela parte, sem demonstrar a existência de distinção*", o §16 acima transcrito vai adiante ao dizer que tal distinção pode ser "*de fato ou de direito*". Por outro lado, o art. 927, § 4º, do CPC se limitou a determinar que o *overruling* de um precedente dependeria de "*fundamentação adequada e específica,*" sem brindar o intérprete com indicações do que seria uma fundamentação suficiente para autorizar a superação de um precedente. O § 17 transcrito acima, entretanto, autorizou a revisão de tese firmada "*quando se alterar a situação econômica, social ou jurídica*". Em se tratando de norma sobre o mesmo assunto, ainda mais quando editadas num intervalo de cerca de apenas um ano, nada impede que se utilizem os §§ 16 e 17 do art. 896-C da CLT para complementar o sentido das referências à distinção e superação de precedentes, contidas no CPC.

9.7. A importância dos fatos na evolução dos precedentes — estudo de caso — Harris v. Forklift Sys.

9.7.1. Fatos eloquentes obrigam a jurisprudência a evoluir — *distinguishing*

Se a própria atividade legislativa já não mais cogita da utópica pretensão à completude ou infalibilidade — utopia que por algum tempo inspirou os desdobramentos da revolução francesa e o movimento pelas codificações — muito menos se poderia pensar que um precedente, uma vez estabelecido, nunca poderá ser alterado, restringido por sucessivas exceções, ou mesmo descartado.

O precedente nada mais é do que a solução de um caso concreto, da qual se extrai por indução lógica alguma generalização que poderá ser aplicada a novos casos. A amplitude e alcance de tal generalização — e portanto o campo de aplicação futura do precedente mais amplo ou mais restrito — depende de como se caracterizam os fatos "materiais" ou necessários do precedente, havendo um espectro com infinitos graus de abstração possíveis, do mais concreto (limitando a aplicação futura praticamente apenas a casos idênticos) aos mais abstratos (encaixando tais fatos em categorias jurídicas, ou categorias de assimilação cada vez mais amplas, permitindo que se reconheça uma similaridade juridicamente relevante com um maior número de casos).

Assim, a caracterização dos fatos e o grau de generalidade e abrangência da resultante *ratio decidendi* verbalizada pela própria corte prolatora do precedente pode posteriormente se revelar equivocada. Pode tal corte, ao resolver o caso concreto de tal precedente, ter cogitado de formular sua fundamentação caracterizando os fatos em categorias mais amplas, resultando em uma regra mais ampla. Pode naquele momento pensar ser apropriada tal caracterização mais ampla, à vista do caso concreto que se lhe defrontava, bem como cogitando a aplicabilidade futura de tal *ratio*.

No entanto, a mesma surpresa que a infinita riqueza dos fatos do mundo real causa ao aplicador do direito que não encontra a correspondente solução no texto da lei (a chamada lacuna) também ocorre, de forma não muito diferente, com os precedentes. Há novas situações fáticas, diferentes daquelas cogitadas pela corte do precedente, e que surpreenderão o julgador do novo caso concreto, mostrando-lhe que a caracterização dos fatos verbalizada no precedente foi excessivamente ampla, resultando em uma *ratio* abrangente demais e portanto inapropriada ou equivocada, já que abrangendo um fato que não devia ter abrangido.

Em tal caso, o juiz do caso atual possui liberdade intelectual para recaracterizar os fatos, mantendo intacto o núcleo do precedente original, mas restringindo-o para hipóteses de aplicabilidade mais próximas aos seus exatos fatos concretos, reconhecendo então uma distinção relevante em relação aos fatos do novo caso (*distinguishing*) para fins de não aplicação do precedente ao caso atual.

Tal reinterpretação de um precedente não está limitada à corte que o prolatou, podendo os juízes das cortes inferiores também fazê-lo, analogamente ao que fazem na interpretação da norma legal. O que não podem fazer as cortes inferiores com um precedente vinculante é simplesmente ignorá-lo ou discordar do mesmo. No entanto, havendo um argumento defensável de que a linguagem literal do precedente é muito ampla, e que o caso concreto sob julgamento demonstra a necessidade do reconhecimento de uma exceção ou distinção, o juiz possui independência funcional para lançar tal argumento.

A técnica de precedentes vinculantes não impõe proibições absolutas, mas sim ônus argumentativos, como refere Schauer.[(342)] Então, de tal decisão haverá recurso e a própria corte prolatora do precedente se pronunciará se concorda ou não com a recaracterização mais restrita ou concreta dos fatos do precedente, e se concorda ou não com a exceção reconhecida na instância inferior. Tal decisão superior, por sua vez, adere ao precedente original, confirmando ou rechaçando a exceção cogitada no juízo *a quo*.

Outras possibilidades de não aplicação de precedentes em razão da infinita variabilidade dos fatos são, e.g., quando se reconhece um fato "material" a mais no caso concreto, que não existia no precedente, um fato "material" a menos, não estando presentes no caso atual todos os fatos do precedente. Novos casos podem surgir, inclusive, em que o contraste entre o caso atual e o precedente faz o intérprete ver que, no precedente, um determinado fato que se tinha como essencial ou "material", na realidade não o era, ou que a caracterização de um fato material no precedente se deu de forma tão específica ou concreta que indevidamente restringiu a aplicação do precedente, negando sua aplicação a casos onde seria cabível.

Esta última hipótese é justamente a situação de *Harris v. Forklift Systems, Inc*, 510 U.S. 17 (1993), um caso de discriminação no emprego em razão do gênero, em razão de um ambiente de trabalho discriminatoriamente nocivo. A gravidade dos fatos de tal caso concreto e a situação de iníqua injustiça que se criaria caso se deixasse tal tipo de situação desamparada pelo direito atraíram a atenção da Suprema Corte dos EUA, que assumiu o encargo de unificar a divergência jurisprudencial entre os tribunais regionais (o dissenso entre as cortes de apelação federais é chamado de *circuit split*). O caso da autora havia sido tido como improcedente pelo 6º Circuito, em razão de uma interpretação restritiva e mais literal que este dava a um precedente da própria Suprema Corte, enquanto que o 9º Circuito caracterizava de forma mais ampla os fatos do mesmo precedente, o que daria guarida a casos como o da autora.

Vejamos o acórdão em tela, na íntegra, a fim de observar como são tratados os fatos nos precedentes americanos, bem como aproveitando tal texto para observar na prática várias características de um precedente já debatidas anteriormente.

Para que o leitor aproveite melhor o exercício, partindo do pressuposto que a melhor maneira de lidar com matéria tão complexa como precedentes é o aprendizado experiencial (*learning by doing*), como nos *case books* utilizados das universidades americanas, recomendamos que

---

(342) SCHAUER, p. 580. Ver ainda 7.3.2.6.2 Categorias de assimilação articuladas na própria decisão.

primeiro se leia o roteiro de perguntas a seguir, depois se leia a tradução do caso, marcando no livro os trechos pertinentes e fazendo anotações em uma folha separada. Após, recomendamos a leitura das perguntas acompanhadas das respostas e alguns debates relevantes, localizados após a tradução do caso.

9.7.2. Roteiro de perguntas — *Harris v. Forklift Sys, Inc*, 510 U.S. 17 (1993)

1 — Quem era a autora?

2 — Quem era a ré?

3 — Quais os fatos principais?

4 — Qual o pedido e sua base jurídica?

5 — Como o caso chegou à Suprema Corte (*procedural posture*)?

6 — Qual o maior obstáculo jurídico ao pedido?

7 — Qual exatamente a questão jurídica a ser respondida pela Suprema Corte (*issue — question presented*)?

8 — Qual a *ratio decidendi* (fatos necessários + resposta à questão jurídica que resolve o caso)?

9 — Qual o argumento da Corte para amparar o *holding* (*rule — reasoning*)?

10 — Quais as tutelas deferidas ou resultado (*disposition of the case*)?

9.7.3. Tradução[343] — *Harris v. Forklift Sys, Inc.*, 510 U.S. 17 (1993)

TERESA HARRIS, AUTORA v. FORKLIFT SYSTEMS, INC.

Suprema Corte dos Estados Unidos — N. 92-1168

Sessão de 13 de outubro de 1993, Acórdão de 9 de novembro de 1993.

Repositórios de Jurisprudência [*Reporters*] 510 U.S. 17; 114 S. Ct. 367; 126 L. Ed. 2d 295; 1993 U.S. LEXIS 7155; 62 U.S.L.W. 4004; 63 Fair Empl. Prac. Cas. (BNA) 225; 62 Empl. Prac. Dec. (CCH) P42,623; 93 Cal. Daily Op. Service 8330; 93 Daily Journal DAR 14212; 7 Fla. L. Weekly Fed. S 655.

Voto (*Opinion*)

[*18] [***300] [**369][344] *JUSTICE* O'CONNOR redigiu o voto condutor, pela Corte.

Neste caso nós consideramos a definição de um "meio ambiente discriminatoriamente abusivo" (também conhecido como "ambiente de trabalho hostil") nos termos do Título VII da Lei dos Direitos Civis [Civil Rights Act] de 1964, 78 Stat. 253, emendado, 42 U.S.C. § 2000e et seq. (1988 ed., Supp. III).

I

Teresa Harris trabalhou como gerente na Forklift Systems, Inc., uma empresa de aluguel de equipamentos, de abril de 1985 até outubro de 1987. Charles Hardy era o presidente da Forklift.

---

(343) Tradução e comentários pelo autor, em setembro de 2016. Os comentários do autor se encontram em notas de rodapé. Em meio ao texto se encontram os correspondentes números de página da publicação no repositório de jurisprudência original, utilizados para a *pin point citation*, citação pontual ou de trecho específico.

(344) Os números entre colchetes correspondem à paginação original nos três principais repositórios de jurisprudência que publicaram este caso, a fim de facilitar a *pin point citation*, ou a citação de um ponto específico do texto, indicando a correspondente página.

O *Magistrate* [espécie de juiz federal de primeiro grau auxiliar] concluiu que, durante o contrato de Harris na Forklift, Hardy frequentemente a insultou em razão de seu gênero e frequentemente a fez objeto de insinuações sexuais indesejadas. Hardy disse a Harris em várias ocasiões, na presença de outros empregados, "Você é uma mulher, o que você sabe?" e "Nós precisamos um homem como gerente de aluguéis"; pelo menos uma vez ele lhe disse que ela era "um asno de mulher" [*dumb ass woman*] [cita a página]. Novamente em frente a terceiros, ele sugeriu que "fossem a um motel negociar um aumento [para Harris]." Id., em A-14. Hardy ocasionalmente pedia a Harris e outras empregadas mulheres para que pegassem moedas do bolso da frente em suas calças. *Ibid.* Ele jogava objetos no chão em frente a Harris e outras mulheres, e então as pedia para que pegassem. Id., at A-14 to A-15. Ele fazia insinuações sobre as roupas de Harris e das outras mulheres. *Id.*, at A-15.

Em meados de agosto de 1987, Harris reclamou a Hardy sobre sua conduta. Hardy disse que estava surpreso que Harris tivesse se ofendido, disse que estava apenas brincando e se desculpou. *Id.*, at A-16. Ele ainda prometeu que pararia e, em razão de tal promessa, Harris ficou no emprego. *Ibid.* Entretanto, no início de setembro, Hardy recomeçou: Quando Harris estava efetuando o fechamento de um negócio com um dos clientes da Forklift, ele a perguntou, novamente em frente a outros empregados, "O que você fez, prometeu ao cara . . . algum [sexo] sábado à noite"? *Id.*, at A-17. Em 1º de outubro Harris colheu seu pagamento e se demitiu.

Harris então processou Forklift, alegando que a conduta de Hardy criara um ambiente de trabalho abusivo para ela em razão de seu gênero. A Corte Distrital dos Estados Unidos para o Distrito Central do Tennessee [*juízo (singular) de primeiro grau federal*], adotando o relatório e recomendação do *Magistrate*, entendeu ser um "caso apertado" ["*a close case*"] *id.*, at A-31, mas julgou **[***301]** que a conduta de Hardy não criara um ambiente abusivo. A corte entendeu que alguns dos comentários de Hardy "ofenderam **[**370]** [Harris], e teriam ofendido uma mulher mediana [*reasonable woman*]," *id.*, at A-33, mas que não eram tão severos a ponto de afetar seriamente o bem-estar psicológico [de Harris]. Uma gerente mediana [*reasonable*] do sexo feminino, sob tais circunstâncias teria se sentido ofendida por Hardy, mas estas condutas não chegariam ao ponto de interferir com sua performance laboral.

Nem tampouco acredito que [Harris] tenha sido subjetivamente ofendida a ponto de sofrer lesão... Ainda que Hardy possa em alguns momentos ter genuinamente ofendido [Harris], eu não acredito que ele criou um ambiente de trabalho tão envenenado a ponto de se tornar intimidatório ou abusivo a [Harris]. Id., at A-34 to A-35.

Ao focar no bem-estar psicológico da empregada, a Corte Distrital estava seguindo o precedente do Circuito [correspondente tribunal de apelação, segundo grau]. Ver *Rabidue v. Osceola Refining Co.*, 805 F.2d 611, 620 (CA6 1986), *certiorari* denegado, 481 U.S. 1041, 95 L. Ed. 2d 823, 107 S. Ct. 1983 (1987). A Corte de Apelação dos Estados Unidos para o Sexto Circuito confirmou [a mencionada sentença] em uma decisão breve e não publicada. Julgamento disponível em 976 F.2d 733 (1992).

Nós deferimos *certiorari*, 507 U.S. 959 (1993), para resolver o conflito entre os Circuitos [equivalentes aos Tribunais Regionais] sobre se a conduta, para ser indenizável como assédio por "ambiente laboral abusivo" (nenhuma questão de assédio sexual *quid pro quo* está aqui presente), deve seriamente afetar o bem-estar psicológico [de um empregado] ou levar a parte autora a "sofrer lesão" ["*suffer injury*"]. Comparar *Rabidue* (pressupondo sérios efeitos no bem-estar psicólogo); *Vance v. Southern Bell Telephone & Telegraph Co.*, 863 F.2d 1503, 1510 (CA11 1989) (o mesmo); e *Downes v. FAA*, 775 F.2d 288, 292 (CA Fed. 1985) (o mesmo), com *Ellison v. Brady*, 924 F.2d 872, 877-878 (CA9 1991) (rejeitando tal pressuposto).

[*21] II

HN1[(345)] O Título VII da Lei de Direitos Civis de 1964 torna "*uma prática laboral ilegal um empregador . . . discriminar qualquer indivíduo a respeito de sua remuneração, termos, condições e privilégios de emprego em razão de sua raça, cor, religião, sexo ou origem nacional.*" 42 U.S.C. § 2000e-2(a)(1).[(346)]

(345) Tal sigla HN significa *headnotes*, indicando o trecho de onde a editora as extraiu. As editoras ou serviços de busca jurisprudencial por assinatura principais nos EUA são Westlaw, Lexis Nexis, em um primeiro plano, e Bloomberg, secundariamente. *Headnotes* são frases transcritas ou parafraseadas da decisão contendo elementos importantes da *ratio decidendi* ou outros entendimentos jurídicos importantes para citação em casos futuros. São criadas após a publicação do acórdão, por advogados contratados de tais editoras, para servir de auxílio na pesquisa jurisprudencial, lembrando vagamente as ementas, típicas de nosso sistema.

(346) A Lei dos Direitos Civis (*Civil Rights Act*), em seu conhecido Título VII (capítulo da norma que coíbe a discriminação no emprego, abrangendo não apenas discriminação racial, mas também por gênero, religião ou origem nacional) regula a questão citada anteriormente da seguinte forma: *Unlawful employment practices*

Como deixamos claro em *Meritor Savings Bank, FSB v. Vinson*, 477 U.S. 57, 91 L. Ed. 2d 49, 106 S. Ct. 2399 (1986), este dispositivo "*não está limitado à discriminação 'econômica' ou 'tangível'. A expressão 'termos, condições e privilégios de emprego' evidencia a intenção do legislador no sentido de 'atingir todo o espectro de tratamento díspar de homens e mulheres' no emprego,*" o que inclui fazer pessoas trabalharem em um ambiente laboral hostil ou abusivo. *Id.*, at 64, citando *Los Angeles Dept. of Water and Power v. Manhart*, 435 U.S. 702, 707, n.13, 55 L. Ed. 2d 657, 98 S. Ct. 1370 (1978) (algumas citações internas omitidas). ***HN2*** Quando o local de trabalho está permeado de "*intimidação discriminatória, ridicularização e insulto*", 477 U.S. at 65, que são "*suficientemente severos ou amplos a ponto de alterar as condições de emprego da vítima e criar um ambiente de trabalho abusivo*", id., at 67 (colchetes e aspas internos omitidos), o Título VII foi violado.

[***302] Esta regra [*standard*], que ora reafirmamos, toma um caminho intermediário entre tornar indenizável qualquer conduta que é meramente ofensiva e requerer que a conduta cause lesão psicológica tangível [doença psiquiátrica comprovada ou a correspondente somatização física]. Como indicamos em *Meritor*, ***HN3*** "*a mera verbalização de um . . . epíteto que engendra sentimentos de ofensa em um empregado*", *ibid.* (aspas internas omitidas) não afeta as condições de trabalho a ponto de implicar o Título VII. A conduta que não é severa ou ampla [no tempo ou no espaço/situações] o suficiente para criar um ambiente objetivamente hostil ou abusivo — um ambiente que uma pessoa mediana [razoável] acharia hostil ou abusivo — está além do alcance do Título VII. Da mesma forma, se a vítima não percebeu subjetivamente o ambiente como abusivo, a conduta não alterou efetivamente suas condições de emprego, [*22] e não há violação ao Título VII.

Entretanto, o Título VII entra em ação antes que o assédio leve a um colapso nervoso. Um ambiente de trabalho discriminatoriamente abusivo [**371], mesmo um que não afete seriamente o bem-estar psicológico do empregado, pode frequentemente prejudicar o desempenho do trabalho, desencorajar o empregado a continuar no emprego, ou impedi-lo de progredir em sua carreira. Ademais, mesmo sem considerar efeitos tangíveis, o próprio fato de a conduta discriminatória ter sido tão severa ou ampla que criou um ambiente de trabalho abusivo a empregados por causa de suas raça, gênero, religião ou origem nacional ofende ao amplo mandamento isonomia no trabalho, preconizada pelo Título VII. A apavorante conduta alegada em *Meritor* [assédio sexual com exigência de favores sexuais e estupro] e a referência naquele caso a ambientes "*tão pesadamente poluídos com discriminação a ponto de destruir completamente a estabilidade emocional e psicológica de trabalhadores de minorias,*" id., at 66, citando *Rogers v. EEOC*, 454 F.2d 234, 238 (CA5 1971), *certiorari* denegado, 406 U.S. 957, 32 L. Ed. 2d 343, 92 S. Ct. 2058 (1972), simplesmente apresenta alguns exemplos extremos de assédio. Os mesmos não marcam as fronteiras do que seria indenizável.

Nós assim entendemos que a Corte Distrital errou ao requerer que a conduta "seriamente afetasse o bem-estar psicológico da autora" ou a levasse a "sofrer lesão". Tal análise pode desnecessariamente focar a atenção do julgador dos fatos [que pode ser o juiz ou o júri, conforme o caso] em danos psicológicos concretos, um elemento que o Título VII não requer. Certamente o Título VII proíbe condutas que seriamente afetam o bem-estar psicológico de uma pessoa razoável, mas a norma não está limitada a tais condutas. ***HN4*** Desde que o ambiente seja razoavelmente perceptível como hostil ou abusivo, e que seja efetivamente percebido de tal forma, *Meritor*, *supra*, at 67, não há necessidade para que também haja lesão psicológica.

Isto não é, e por sua natureza nem pode ser, uma fórmula matematicamente precisa. Nós não precisamos hoje responder a todas questões [*23] que podem ser suscitadas, nem enfrentar especificadamente os novos regramentos da Comissão de Oportunidades Iguais de Emprego (EEOC), *ver* 58 Fed. Reg. 51266 (1993) (futura 29 CFR §§ 1609.1, 1609.2); ver ainda 29 CFR § 1604.11 (1993). Entretanto, podemos afirmar que ***HN5*** a aferição se o ambiente é "hostil" ou "abusivo" poderá ser feita apenas olhando para as circunstâncias. Estas podem incluir a frequência da conduta discriminatória, sua severidade; se é fisicamente ameaçadora ou humilhante, ou uma mera verbalização ofensiva; se irrazoavelmente interfere [***303] com a performance de trabalho do empregado. O efeito no bem-estar psicológico do empregado é, naturalmente, relevante para determinar se o empregado efetivamente percebeu o ambiente como abusivo. Mas enquanto o dano psicológico, como qualquer outro fator relevante, pode ser levado em conta, nenhum fator, isoladamente, é exigível.

(a) Employer practices: It shall be an unlawful employment practice for an employer— (1) to fail or refuse to hire or to discharge any individual, or otherwise to discriminate against any individual with respect to his compensation, terms, conditions, or privileges of employment, because of such individual's race, color, religion, sex, or national origin; or ... (42 U.S. Code § 2000e–2).

III

Forklift, em que pese admita que não há fundamento para que se exija que a conduta seriamente afete o bem-estar psicológico, argumenta que a Corte Distrital ainda assim aplicou corretamente a regra de *Meritor*. Nós discordamos. Ainda que a Corte Distrital tenha concluído que o ambiente de trabalho não era "*intimidatório ou abusivo para [Harris]*", App. to Pet. for Cert. A-35, assim o fez baseada na conclusão de que a conduta não era "*tão severa a ponto de se esperar que a autora seria seriamente afetada em seu bem-estar psicológico*", *id.*, at A-34, e que Harris não foi "*subjetivamente tão ofendida a ponto de sofrer lesão*", *ibid.* A aplicação, pela Corte Distrital, de tais *standards* equivocados pode ter influenciado suas conclusões finais, especialmente considerando que a Corte entendeu que se tratava de um "*caso apertado,*" *id.*, at A-31.

Nós assim reformamos o julgamento da Corte de Apelações e devolvemos à origem [*remand*] para prosseguimento consistente com este acórdão.

É assim ordenado.

Votos Concorrentes: SCALIA; GINSBURG

[*24] JUSTICE SCALIA, convergindo [*concurring*].

Meritor Savings Bank, FSB v. Vinson, 477 U.S. 57, 91 L. Ed. 2d 49, 106 S. Ct. 2399 (1986), decidiu que o Título VII proíbe assédio sexual que toma a forma de ambiente laboral hostil. A Corte afirmou que assédio sexual é indenizável [*actionable*] caso "*suficientemente* [**372] *severo ou amplo* [*pervasive*] *a ponto de alterar as condições de emprego da vítima e criar um ambiente de trabalho abusivo.*" Id., at 67 (citando *Henson v. Dundee*, 682 F.2d 897, 904 (CA11 1982)). O acórdão de hoje aclara que a conduta questionada deve ser tão severa ou ampla a ponto de "*criar um ambiente de trabalho objetivamente hostil ou abusivo — um ambiente que uma pessoa razoável entenderia como hostil ou abusivo.*" *Ante*, at 21.

"Abusivo" (ou "hostil," que neste contexto tomo como tendo o mesmo significado) não me parece um *standard* muito claro — e não acho que clareza seja melhorada pela adição do advérbio "objetivamente" ou apelando para a noção do que uma "razoável pessoa" entenderia quanto ao significado de tais vagas palavras.

O acórdão de hoje lista um número de fatores que contribuem para a abusividade, ver *ante*, at 23, mas já que não diz quanto de cada seria necessário (tarefa impossível) nem tampouco identifica qualquer fator que, isoladamente, seja determinante, adiciona pouca certeza jurídica à questão. Para fins práticos, a decisão [holding] de hoje deixa o júri virtualmente sem orientação para decidir se uma conduta ligada ao sexo promovida ou permitida por um empregado é grave [*egregious*] o suficiente para amparar a condenação a uma indenização [*damages*]. Poder-se-ia dizer que a subsunção dos fatos ao conceito de "negligência" (uma questão tradicionalmente deixada para o júri) não é muito mais claro e certo do a decisão quanto aos fatos necessários para caracterizar "abusividade". Talvez sim. Entretanto a classe de autores que buscam reparação por negligência está limitada àqueles que sofreram efetivamente dano, enquanto sob esta lei, [***304] "abusividade" deve ser o filtro para aferir se houve o próprio dano, abrindo mais vias expansivas de judicialização.

Feito o registro, desconheço alternativa ao caminho adotado pela Corte hoje. Um dos fatores mencionados na lista não exaustiva dada pela Corte — se a conduta arbitrariamente [*unreasonably*] [*25] interfere com a performance laboral do empregado — se tornada um requisito absoluto, propiciaria melhor orientação a júris e aos empregadores. Entretanto, não vejo base para tal limitação no texto da lei. Aceitando a interpretação dada em *Meritor* para o termo "condições de emprego" como sendo o direito vigente, o teste legal não é se a performance no trabalho foi prejudicada, mas se as condições de trabalho foram discriminatoriamente alteradas. Desconheço outro teste mais fidedigno quanto a estas vagas expressões legais do que aquele que a Corte hoje adotou. Por tais razões, acompanho o voto da Corte.

JUSTICE GINSBURG, convergindo.

Hoje a Corte reafirma o *holding* de *Meritor Savings Bank, FSB v. Vinson*, 477 U.S. 57, 66, 91 L. Ed. 2d 49, 106 S. Ct. 2399 (1986): "*[Um] autor pode demonstrar uma violação ao Título VII provando que a discriminação baseada em gênero criou um ambiente de trabalho hostil ou abusivo.*" A questão nodal que o Título VII examina é se os membros de um sexo estão expostos a termos ou condições desvantajosas de emprego a que os membros do outro sexo não estão expostos. Ver 42 U.S.C. § 2000e-2(a)(1)[artigo da Lei dos Direitos Civis] (declarando que é ilícito discriminar no que pertine, inter alia, a "termos" or "condições" de emprego). Como a Comissão de Oportunidades Iguais de Emprego

(EEOC) enfatizou,[(347)] o exame do julgador deve estar centrado, predominantemente, em se a conduta discriminatória desarrazoadamente interferiu na performance laboral da vítima. Para mostrar tal interferência, "*o autor não precisa provar que sua produtividade tangível diminuiu como resultado do assédio.*" *Davis v. Monsanto Chemical Co.*, 858 F.2d 345, 349 (CA6 1988). É suficiente provar que uma pessoa mediana [*reasonable*] submetida a tal conduta discriminatória entenderia, como ocorreu com a autora, que o assédio alterou suas condições de trabalho de modo a "*tornar mais difícil a realização do trabalho.*" Ver *ibid. Davis* versava sobre discriminação racial, mas tal diferença [*26] não altera a análise; salvo nos raros casos em que presente uma "qualificação ocupacional de boa-fé,"[(348)] ver *Automobile Workers v. Johnson Controls, Inc.*, 499 U.S. 187, 200-207 (1991) (interpretando o a seção 42 U.S.C. §2000e-2(e)(1)), o Título VII declara práticas discriminatórias baseadas em raça, gênero, religião e origem nacional igualmente ilegais.

O voto da Corte [majoritário], o qual acompanho, afigura-se em harmonia com o ora exposto neste voto concorrente.

9.7.4. Respostas — Harris v. Forklift Systems, Inc.

9.7.4.1. Quem era a autora?

TERESA HARRIS era uma gerente em empresa de empilhadeiras.

9.7.4.2. Quem era a ré?

FORKLIFT SYSTEMS, INC., empresa de aluguel de empilhadeiras e outros equipamentos.

9.7.4.3. Quais os fatos principais (*statement of facts*)?

Os fatos reconhecidos pelo juízo de primeiro grau, e que não foram alterados em segundo grau, eram que o presidente da companhia (Charles Hardy) insultava Harris frequentemente, na presença de outros empregados, em razão de ser mulher, e.g.: "*Você é mulher, quem é você pra saber?*" "*Nós precisamos de um homem como gerente de aluguéis.*" Quando Harris estava fechando um negócio com um cliente, tal chefe perguntou em frente a outros empregados "*O que você fez, prometeu ao cara... algum [sexo] sábado à noite*?" O chefe ainda se insinuava sexualmente, sugerindo que fossem num motel negociar o aumento, pedindo a Harris e outras empregadas que pegassem moedas do bolso da frente em suas calças, ou jogando objetos no chão e pedindo que Harris e outras mulheres pegassem. O chefe também fazia insinuações inapropriadas sobre as roupas da autora e de outras mulheres na empresa. Quando Harris reclamava, o chefe dizia que pararia, mas após algum tempo repetia as mesmas práticas, até que a autora não mais aguentou e pediu demissão.

9.7.4.4. Qual o pedido e seu fundamento

A tese de Harris em face da ré Forklift era de que conduta do presidente Hardy criara um ambiente de trabalho abusivo para ela em razão de seu gênero, portanto discriminato-

(347) O EEOC atuou na qualidade de *amicus curiae* ("*see Brief for United States and Equal Employment Opportunity Commission as Amici Curiae 9-14*").

(348) Ver *Automobile Workers v. Johnson Controls, Inc.*, 499 U.S. 187, 200-207, 113 L. Ed. 2d 158, 111 S. Ct. 1196 (1991) (interpretando 42 U.S.C. § 2000e-2(e)(1)) (Citação constante do corpo de texto original). *Bona fide occupational qualification* — BFOQ — é uma exceção à regra de não-discriminação. Trata-se de uma discriminação excepcionalmente justificada por necessidade de serviço, e.g. personagem em filme conforme perfil de idade, sexo e raça previsto no roteiro (nota deste autor).

riamente. A autora pede indenizações porque tal meio ambiente discriminatoriamente hostil ou abusivo violava o Título VII da Lei dos Direitos Civis [*Civil Rights Act*] de 1964, ***42 U.S.C. § 2000e et seq.*** *(1988 ed., Supp. III)*:[349]

> 42 U.S. Code § 2000e-2 — Práticas ilícitas no emprego
>
> (a) Práticas do empregador — É considerada prática ilícita do empregador—
>
> (1) deixar de ou recusar-se a contratar, ou demitir, ou de qualquer forma **discriminar qualquer indivíduo quanto à remuneração, termos e condições de trabalho em razão da raça, cor, religião, sexo e origem nacional de tal indivíduo**;...

No caso, o assédio gerava ambiente de trabalho discriminatoriamente hostil, apenas para as mulheres, já que os homens não sofriam assédio similar — os comentários e atitudes ofensivas eram relativos ao gênero. Tal demonstração de que o assédio está vinculado a uma conduta discriminatória, embora irrelevante no direito do trabalho brasileiro (onde a indenizabilidade dos danos morais consta da própria Constituição), nos EUA é essencial, já que não existe base legal ou jurisprudencial para a indenização por assédio em geral,[350] que não seja contra uma das categorias protegidas pelas normas anti-discriminação. Atualmente, o direito antidiscriminação laboral é a parte mais importante e mais litigada do enxuto direito do trabalho americano.

9.7.4.5. Como o caso chegou à Suprema Corte (procedural posture)?

O processo em tela chegou à Suprema Corte americana através do chamado *writ of certiorari,* incidente processual através do qual se solicita a tal corte o recebimento do apelo extraordinário. A seleção dos recursos que serão aceitos é discricionária, não mais do que duas centenas por ano. Antes de chegar à Suprema Corte, houve acórdão sem fundamentação da *U.S. Court of Appeal for the 6th Circuit*, que em decisão sem fundamentação, apenas confirmou (*affirmed*) a sentença de 1ª instância.

O julgador do caso em primeira instância entendeu ser um "caso apertado" (*"a close case")* mas, seguindo o que entendeu ser o caminho indicado por precedentes da própria Suprema Corte e do 6º Circuito, julgou que a conduta do chefe da autora não chegar ao ponto

---

(349) 42 U.S. Code § 2000e-2 — *Unlawful employment practices*
(a) Employer practices — It shall be an unlawful employment practice for an employer — (1) to fail or refuse to hire or to discharge any individual, or otherwise to discriminate against any individual with respect to his compensation, terms, conditions, or privileges of employment, because of such individual's race, color, religion, sex, or national origin; or ...

(350) Tamanha discussão acerca da indenizabilidade de um assédio óbvio pelo empregador pode parecer ao jurista brasileiro supérflua ou desnecessária, tendo em vista que em nosso direito a dignidade da pessoa humana é um princípio constitucional, a indenizabilidade do dano moral está prevista na própria Constituição, e a jurisprudência tem aplicado o instituto de forma relativamente ampla. Nos EUA, entretanto, tradicionalmente, meras ofensas verbais não ensejam indenização — embora desagradáveis, se têm como normais os desentendimentos entre pessoas, tendo-se receio que qualquer desavença gere um novo processo judicial. Nos EUA receia-se um acesso mais amplo ao Judiciário, já que o processo é bastante caro e complexo, frequentemente envolvendo diversas pessoas, por força da sistemática do júri. Assim, tal demonstração de que o assédio está vinculado a uma conduta discriminatória, embora desnecessária no direito do trabalho brasileiro, nos EUA é essencial. O dano moral puro, por ofensas ou assédio não discriminatório, ou comentários ofensivos, xingamentos, rudeza etc., não costumam ser indenizáveis. Os danos morais por sofrimento psicológico (*pain and suffering*) costumam ser indenizáveis apenas quando acessórios a uma outra causa de pedir reconhecida (por exemplo, quando a causa de pedir são lesões corporais negligentemente causadas, ou como no caso em tela, em que há discriminação ilícita etc.). O dano moral puro, que ofende a sentimentos e sensibilidades pessoais, só é indenizável nos EUA quando atinge patologicamente a vítima, chegando a causar transtornos psicológicos, psiquiátricos ou a somatização de doenças físicas, seja de forma intencional (*Intentional Infliction of Emotional Distress* — IIED) ou culposa (*Negligent Infliction of Emotional Distress* — NIED).

de criar um ambiente abusivo, para os fins da lei anti-discriminatória em tela. Entendeu que alguns dos comentários do chefe ofenderam Harris e teriam objetivamente ofendido uma mulher mediana (*reasonable woman*), mas que não eram

> **tão severos a ponto de afetar seriamente o bem-estar psicológico** [de Harris]. Uma gerente mediana [reasonable] do sexo feminino, sob tais circunstâncias teria se sentido **ofendid**a por Hardy, mas estas condutas **não chegariam ao ponto de interferir com sua performance laboral.** Nem tampouco acredito que [Harris] tenha sido subjetivamente **ofendida a ponto de sofrer lesão** [injury] . . . Ainda que Hardy possa em alguns momentos ter genuinamente **ofendido** [Harris], eu não acredito que ele criou **um ambiente de trabalho tão envenenado a ponto de se tornar intimidatório ou abusivo** a [Harris] (grifos nossos).

Veja-se que a Suprema Corte citou tal trecho da decisão de primeiro grau porque o mesmo ilustrava exatamente o ponto onde havia divergência jurisprudencial entre os Regionais, motivo do recebimento discricionário do recurso. Nos EUA, a presunção é de que duas instâncias de julgamento são suficientes, não haveria razão para remeter a um terceiro julgamento, salvo se a Suprema Corte discordasse do rumo da jurisprudência dos Regionais, ou se houver divergência entre os Regionais.

No caso ora estudado, verificou-se que a decisão do juízo de primeiro grau, confirmada (sem fundamentação, presumindo-se que adotou a fundamentação do primeiro grau) pela Corte de Apelação do 6º Circuito,[351] apenas estava seguindo o precedente do próprio 6º Circuito, que por sua vez interpretava a jurisprudência da Suprema Corte (*Meritor Savings Bank, FSB v. Vinson, 477 U.S. 57 (1986)*, cujos fatos envolviam assédio sexual com exigência de favores sexuais repetidamente e estupro) de forma restritiva, entendendo que a indenizabilidade dependeria de fatos tão graves quanto aqueles contidos neste precedente. Entretanto, outro Circuito dava interpretação diversa para o mesmo precedente da Suprema Corte, entendendo que casos como o da autora já ensejariam as indenizações pretendidas. A divisão jurisprudencial entre os tribunais regionais (*circuit split*) foi o que motivou o recebimento do recurso pela Suprema Corte:

> Ao focar no bem-estar psicológico da empregada, a **Corte Distrital estava seguindo o precedente do Circuito** [tribunal de segundo grau]. Ver *Rabidue v. Osceola Refining Co., 805 F.2d 611, 620 (**CA6** 1986)*, certiorari denegado, *481 U.S. 1041, 95 L. Ed. 2d 823, 107 S. Ct. 1983 (1987)*. A Corte de Apelação dos Estados Unidos para o Sexto Circuito confirmou [a mencionada sentença] em uma decisão breve e não publicada. Julgamento disponível em *976 F.2d 733 (1992)*.
>
> Nós deferimos certiorari, 507 U.S. 959 (1993), para resolver o conflito entre os Circuitos sobre se a conduta, para ser indenizável como assédio por 'ambiente laboral abusivo' (nenhuma questão de assédio sexual quid pro quo está aqui presente), deve 'seriamente afetar o bem-estar psicológico [de um empregado] ou levar a parte autora a sofrer lesão' ['*suffer injury*']. Comparar *Rabidue* (pressupondo sérios efeitos no bem-estar psicológico); *Vance v. Southern Bell Telephone & Telegraph Co.*, 863 F.2d 1503, 1510 (CA11 1989) (o mesmo); e *Downes v. FAA*, 775 F.2d 288, 292 (CA Fed. 1985) (o mesmo), com *Ellison v. Brady*, 924 F.2d 872, 877-878 (CA9 1991) (rejeitando tal pressuposto).

9.7.4.6. Qual o maior obstáculo jurídico ao pedido?

O pleito da autora esbarrava em um entendimento vinculante a nível regional (na área de jurisdição do 6º Circuito, abrangendo Michigan, Ohio, Kentucky e Tennessee), veiculado no precedente *Rabidue v. Osceola Refining Co., 805 F.2d 611, 620 (**CA6** 1986),* que entendia que a indenizabilidade dependeria de fatos tão graves quanto aqueles contidos no precedente da Suprema Corte, *Meritor Savings Bank, FSB v. Vinson, 477 U.S. 57 (1986)*. Os fatos deste último envolviam assédio sexual com exigência de favores sexuais repetidamente, inclusive de

(351) Seria equivalente, no nosso Sistema, a um Tribunal Regional Federal "da 6ª Região".

forma forçada. Assim, considerando que o referido precedente da Suprema Corte mencionava ambientes de trabalho "*tão pesadamente poluídos com discriminação a ponto de destruir completamente a estabilidade emocional e psicológica de trabalhadores de minorias,*" alguns Circuitos entenderam que a indenizabilidade dependia de sério comprometimento do bem-estar psicológico ou doença física ou psicológica da vítima, inclusive o 6º Circuito, a que vinculada a autora.

Tendo em vista a técnica de vinculação aos precedentes, quando assumiu o caso o advogado já sabia que o processo seria longo, e que a autora apenas seria vitoriosa:

(1) Se o próprio 6º Circuito reconhecesse que os fatos concretos se enquadravam como um ambiente "*tão pesadamente poluídos com discriminação a ponto de destruir completamente a estabilidade emocional,*" (o problema é que nos EUA o dano moral não se afere in *re ipsa*, obrigando o/a autor(a) a demonstrar o impacto concreto; neste caso a autora era psicologicamente forte e o juízo de primeiro grau entendeu que ela não chegou a ser afetada, seja em sua saúde, seja em seu desempenho profissional — em que pese o assédio tenha culminado com seu pedido de demissão);

(2) Se o 6º Circuito reconsiderasse (*overruled*) seu entendimento, à vista da revoltante eloquência dos fatos trazidos pela autora, passando a focar na gravidade do tratamento e não mais tanto no impacto sobre a vítima;

(3) Ou se a Suprema Corte admitisse *certiorari* para unificar os entendimentos conflitantes dos Circuitos e se inclinasse pela corrente do 9º Circuito (com jurisdição sobre a costa oeste).

9.7.4.7. Qual a questão jurídica a ser respondida pela Corte (issue / question presented)?

A delimitação da questão jurídica (*issue / question presented*) controvertida espelha a própria delimitação da *ratio decidendi*. A questão jurídica não é uma pergunta contendo apenas elementos de direito, no vácuo. Trata-se da pergunta acerca do acerto de uma determinada consequência jurídica, no contexto de determinados fatos "materiais" ou necessários. No caso em estudo, poderíamos estruturar a questão (*frame the issue*) da seguinte forma, por exemplo:

- QUANDO presentes reiterados insultos e insinuações sexuais públicas, ainda que não demonstradas sequelas físicas, psicológicas ou prejuízo à produtividade (e.g., sem precisar demonstrar, com perícia médica) PODE o meio ambiente de trabalho ser considerado discriminatoriamente abusivo para fins de indenização por discriminação no emprego, 42 U.S.C. § 2000e-2?[352]

Vejamos a composição da *question presented,* nesta formulação:

FATO "A" necessário — *reiterados insultos de cunho sexual —* fato incontroversamente necessário;

FATO "B" não necessário — *que resultem em sequelas físicas, psicológicas ou prejuízo à produtividade* — a controvérsia jurídica é justamente se a conclusão seria válida *sem* tais fatos — logo, se tais fatos seriam desnecessários (*imaterial facts*);

---

(352) 42 U.S. Code § 2000e-2 — *Práticas ilícitas no emprego*

(a) Práticas do empregador — É considerada prática ilícita do empregador

(1) deixar de ou recusar-se a contratar, ou demitir, ou de qualquer forma discriminar qualquer indivíduo quanto à remuneração, termos e condições de trabalho em razão da raça, cor, religião, sexo e origem nacional de tal indivíduo;...

PERGUNTA — bastaria o fato A para configurar um meio ambiente de trabalho discriminatoriamente abusivo para fins de indenização por discriminação no emprego, 42 U.S.C. § 2000e-2?

Observe-se que a própria formulação da questão jurídica controvertida pode ser utilizada como forma de persuasão do magistrado. Por outro lado, o juízo, ao delimitar o ponto de direito controvertido, na decisão, poderá acatar uma das versões da *question presented* pelas partes, ou formular a sua própria síntese da questão jurídica a ser decidida. Por exemplo, um advogado para a ré provavelmente formularia a mesma pergunta mas enfatizaria o fato B (não presente no caso concreto) e tentaria minimizar o fato A (claro, sem alterar a verdade dos fatos), e.g.:

- TENDO EM VISTA QUE não comprovadas quaisquer sequelas físicas, psicológicas ou prejuízo à produtividade neste caso, mas meros comentários inapropriados PODE o meio ambiente de trabalho ser considerado discriminatoriamente abusivo para fins de indenização por discriminação no emprego, 42 U.S.C. § 2000e-2?[353]

Naturalmente, a formulação da questão jurídica controvertida é apenas o início do raciocínio do julgador, mas lança em sua mente o foco com o qual vai apreciar os argumentos das partes e demais elementos dos autos, constituindo parte importante da argumentação jurídica e geral, e especialmente quando envolvidos precedentes.

9.7.4.8. Qual a ratio decidendi (*fatos necessários + resposta à questão jurídica que resolve o caso*)?

Se a questão jurídica (*issue*) objeto da decisão estiver bem delimitada (*framed*) o *holding* é, em princípio, o espelho daquela, uma resposta positiva ou negativa para a pergunta formulada. Se o juiz acatar a delimitação da controvérsia jurídica conforme o primeiro exemplo acima, então uma possível formulação para o *holding* ou *ratio decidendi* ou fundamento determinante seria:

- QUANDO PRESENTES reiterados insultos e insinuações sexuais públicas, o meio ambiente de trabalho PODE ser considerado discriminatoriamente abusivo para fins de indenização por discriminação no emprego, 42 U.S.C. § 2000e-2, MESMO QUE não demonstradas sequelas físicas, psicológicas ou prejuízo à produtividade?

Nesta formulação temos:

FATO "A" NECESSÁRIO — *reiterados insultos de cunho sexual* — fato incontroversamente necessário;

CONCLUSÃO JURÍDICA — basta a presença do fato A para configurar um meio ambiente de trabalho discriminatoriamente abusivo para fins de indenização por discriminação no emprego, 42 U.S.C. § 2000e-2.

Aqui o fato B, tido como desnecessário, é mencionado junto com a *ratio* apenas evitar dúvida, já que o caso chegou à Suprema Corte justamente para resolver tal dúvida.

---

(353) 42 U.S. Code § 2000e-2 — *Práticas ilícitas no emprego*
(a) Práticas do empregador — É considerada prática ilícita do empregador—
(1) deixar de ou recusar-se a contratar, ou demitir, ou de qualquer forma discriminar qualquer indivíduo quanto à remuneração, termos e condições de trabalho em razão da raça, cor, religião, sexo e origem nacional de tal indivíduo;...

Observe-se assim, conforme a doutrina de Goodhart, explicitada anteriormente,[354] o FATO B (efetivo impacto na vítima, com sequelas físicas ou psicológicas, ou com prejuízo à produtividade) foi expressamente visto pela Suprema Corte como *immaterial* ou desnecessário. Logo resta vinculante que o fato A é suficiente para levar à indenizabilidade por discriminação laboral. O fato B, portanto, acaba constituindo *obiter dictum*, mas a *sua exclusão como pressuposto da indenizabilidade não deixa de ter, indiretamente, um caráter vinculante*, tendo em vista que a corte deixa claro que basta o fato A. Logo, em que pese a *ratio* seja tecnicamente o fato A + a consequência (indenizabilidade por discriminação), qualquer citação futura a este precedente não estaria completa sem a menção ao fato B, como expressamente excluído da categoria de fato material ou necessário.

Uma outra consideração sobre a exclusão do fato B é que não se trata de uma mudança de posicionamento da Suprema Corte. O precedente original (*Meritor*) nunca teve o fato B como "material" ou necessário. Em *Harris*, como veremos adiante, a Suprema Corte aclarou que em *Meritor*, quando relatava as atrocidades da situação (repetida exigência de favores sexuais e até mesmo estupro), apenas descrevia a graves peculiaridades de tal caso, mas nunca teve a intenção de estabelecer estas como fatos necessário para a indenizabilidade por ambiente laboral discriminatório. Na realidade, quem enxergou tal fato como necessário foram alguns tribunais de apelação (circuitos), o que entretanto foi corrigido pela Suprema Corte em *Harris*.

Finalmente, não se olvide que os mesmos fatos materiais podem ser caracterizados ou recaracterizados com diferentes graus de abstração, do mais concreto para o mais abstrato, conforme seja relevante para a relação jurídica debatida.[355] Quanto mais detalhes e mais concreta a caracterização do fato A, o precedente (*Harris*) abrangerá em aplicação direta (*following*) um menor número de situações fáticas futuras, enquanto que se tal caracterização for mais abstrata. Por exemplo, "reiteradas ofensas relacionadas ao gênero," seria uma categoria mais ampla que "reiterados insultos e insinuações sexuais públicas", nesta hipótese se exigindo que as ofensas sejam públicas e que tenham conotação sexual ou libidinosa, portanto restringindo a aplicabilidade do precedente.

Quanto à posição da *ratio decidendi* no texto, esta varia, e frequentemente não está enunciada de forma clara, ficando sempre para o intérprete a tarefa de extraí-la. Quanto ao peticionamento das partes acerca de complexas questões envolvendo precedentes, nos EUA, costuma-se seguir a estrutura de CREAC (debatida anteriormente), com uma proposta de *ratio* geralmente exposta no item C (conclusão). A organização e objetividade são importantes fatores de persuasão do julgador, ainda mais quando se integram fontes legisladas com um complexo conjunto de fontes jurisprudenciais. Em decisões judiciais, entretanto, nota-se que a argumentação se foca em delimitar o problema jurídico posto, enfrentar argumentação das partes e apresentar uma conclusão para o problema, mas nem sempre formulando uma frase ou parágrafo concisos que sumarizem a *ratio decidendi* do caso (como fazemos em nosso sistema quando tentamos condensar precedentes em um curto verbete de súmula). Tal tarefa é tradicionalmente deixada para os julgadores dos casos posteriores, que têm liberdade para aferir quais fatos foram tidos como materiais pelo juízo do precedente, qual grau de abstração com a qual tais fatos materiais serão caracterizados, bem como para *sintetizar* (transcrevendo tal síntese no novo caso) a *ratio* do precedente.

9.7.4.9. Qual o argumento da Corte para amparar o holding (reasoning)?

Reasoning, ou fundamentação propriamente dita, é a parte principal de um precedente, onde contidas as etapas C.R.E.A.C. (conclusão-regra-explicação-aplicação-conclusão), como

---

(354) Ver supra 7.3.2.5 Onde está a ratio? Fatos tratados pelo juiz como 'materiais' + decisão neles baseada.
(355) Ver 7.3.2.6 Regras de Relevância — a caracterização dos "fatos materiais" com maior ou menor abstração — categorias de assimilação — Schauer.

vimos anteriormente.[356] Antecipa-se a solução do problema ou conclusão, depois enunciam-se as regras legisladas ou jurisprudenciais aplicáveis, a seguir explicam-se a interação, vigência e funcionamento de tais regras, aplicam se as mesmas aos fatos do caso concreto, e ao final se apresenta a conclusão jurídica do argumento.

Como vimos anteriormente, a organização da argumentação jurídica com precedentes é ensinada aos estudantes de direito americanos seguindo o acrônimo CREAC, que acaba guiando o raciocínio jurídico de advogados e juízes, embora estes, por questões de concisão e à vista da necessidade de focar o argumento nos pontos principais levantados por ambas as partes, costumem redigir de forma mais livre, nem sempre ficando clara a separação entre as partes do argumento (conclusão-regra-explicação-aplicação-conclusão).

Por exemplo, em *Harris*, um acórdão curto, a corte não sentiu necessidade de antecipar a conclusão logo no início do argumento, embora a tenha mencionado na primeira frase do parágrafo seguinte (*"Esta regra* [*standard*], *que ora reafirmamos, toma um caminho intermediário entre tornar indenizável qualquer conduta que é meramente ofensiva e requerer que a conduta cause lesão psicológica tangível* [doença psiquiátrica comprovada ou a correspondente somatização física]*")*. Em outros acórdãos, entretanto, notadamente os mais longos ou com mais de um *issue*, as cortes costumam mencionar logo no início seu posicionamento. No entanto há claramente um parágrafo de "R", onde enunciadas as regras legisladas e jurisprudenciais aplicáveis, seguido de uma seção "E" mais longa e uma curta seção "A" — já que a dúvida neste caso é mais a correta leitura dos padrões exigidos em *Meritor*, do que propriamente a dúvida se os fatos de Harris de aplicariam a tal precedente. Vejamos.

9.7.4.9.1. "R" — REGRA — APRESENTAÇÃO DAS REGRAS LEGISLADAS E JURISPRUDENCIAIS APLICÁVEIS

Este início da argumentação apresenta, de forma coesa e concisa, geralmente sintetizada no texto de um parágrafo único (não em longas transcrições, citações em bloco), todas as fontes legisladas, administrativas ou jurisprudenciais aplicáveis ao caso, de uma forma que faça sentido para a argumentação quanto ao ponto de direito controvertido. Neste caso, a Suprema Corte utiliza duas fontes. Parte de um artigo da Lei dos Direitos Civis que define a discriminação no emprego. Logo após, cita *Meritor*, onde a própria Suprema Corte definiu que tal discriminação não se dá exclusivamente sob a forma econômica ou "tangível" (discriminação ao selecionar para contratação, demissão, transferência, função, turno e outras condições objetivas de trabalho), reconhecendo que também se inclui o ambiente de trabalho "*discriminatoriamente hostil ou abusivo* ... [permeado de] *intimidação discriminatória, ridicularização e insulto, ... suficientemente severos ou amplos a ponto de alterar as condições de emprego da vítima e criar um ambiente de trabalho abusivo.*"[357] Vejamos tal parágrafo "R":

---

(356) Ver 8.6 C R E A C.

(357) Como dissemos anteriormente, tamanha discussão acerca da indenizabilidade de um assédio óbvio pelo empregador pode parecer ao jurista brasileiro supérflua ou desnecessária, tendo em vista que em nosso direito a dignidade da pessoa humana é um princípio constitucional, a indenizabilidade do dano moral está prevista na própria Constituição, e a jurisprudência tem aplicado o instituto de forma relativamente ampla. Nos EUA, entretanto, tradicionalmente, meras ofensas verbais não ensejam indenização. Tradicionalmente, se têm como desagradáveis mas normais os desentendimentos entre pessoas, tendo-se receio que qualquer desavença gere um novo processo judicial, que nos EUA é bastante caro e complexo, frequentemente envolvendo diversas pessoas, por força da sistemática do júri. Assim, tal demonstração de que o assédio está vinculado a uma conduta discriminatória, embora desnecessária no direito do trabalho brasileiro, nos EUA é essencial, já que não existe base legal ou jurisprudencial para a indenização assédio em geral, que não seja contra uma das categorias protegidas pelas normas antidiscriminação. Embora os danos morais, no sentido de sofrimento psicológico (*pain and suffering*) seja comumente indenizado junto com danos materiais por decorrência de diversas causas de pedir (por exemplo,

O Título VII da Lei de Direitos Civis de 1964 torna "uma prática laboral ilegal um empregador... discriminar qualquer indivíduo a respeito de sua remuneração, termos, condições e privilégios de emprego em razão de sua raça, cor, religião, sexo ou origem nacional". 42 U.S.C. § 2000e-2(a)(1). Como deixamos claro em *Meritor Savings Bank*, FSB v. Vinson, 477 U.S. 57, 91 L. Ed. 2d 49, 106 S. Ct. 2399 (1986), este dispositivo "não está limitado à discriminação 'econômica' ou 'tangível". A expressão 'termos, condições e privilégios de emprego' evidencia a intenção do legislador no sentido de 'atingir todo o espectro de tratamento díspar de homens e mulheres' no emprego, o que inclui fazer pessoas trabalharem em um ambiente laboral hostil ou abusivo. Id., at 64, citando *Los Angeles Dept. of Water and Power v. Manhart*, 435 U.S. 702, 707, n.13, 55 L. Ed. 2d 657, 98 S. Ct. 1370 (1978) (algumas citações internas omitidas). Quando o local de trabalho está permeado de "intimidação discriminatória, ridicularização e insulto", 477 U.S. at 65, que são "suficientemente severos ou amplos a ponto de alterar as condições de emprego da vítima e criar um ambiente de trabalho abusivo", id., at 67 (colchetes e aspas internos omitidos), o Título VII foi violado.

9.7.4.9.2. "E" — EXPLICAÇÃO DA INTERAÇÃO, VIGÊNCIA E FUNCIONAMENTO DAS REGRAS CITADAS

A parte "E" do argumento, ou "explicação", trata dos argumentos de direito em tese, antes de aplicá-los aos fatos do caso concreto. Debate a interação, vigência e funcionamento das regras legisladas e jurisprudenciais sintetizadas no parágrafo "R", retomando-as de forma mais analítica, onde necessário. No presente caso, havendo apenas uma norma legislada e um precedente da Suprema Corte aplicáveis, o debate foi relativamente simples, focando-se no significado e limites do precedente em tela, para fins de mostrar qual das interpretações dadas pelas instâncias inferiores estaria correta, se a mais restritiva ou a mais ampla.

O segmento "E" do argumento, entretanto, pode se tornar bastante complexo, conforme a numerosidade de fontes envolvidas, eventual conflito entre elas, dúvida sobre sua vigência etc. Por exemplo, se a resolução do caso concreto depende de aferir a aplicabilidade de um ou mais precedentes, é necessário que no segmento "E" tais precedentes sejam explicados, sintetizando-se seus fatos "materiais" ou necessários, a conclusão jurídica adotada e o porquê da mesma, relativamente a cada um dos precedentes relevantes. Ademais, em tal momento da argumentação, é examinada e interpretada a legislação positivada pertinente, ou regras das Agências Administrativas, bem como examinados os efeitos futuros da decisão, o interesse público e social (*public policy*), qual a melhor direção do ponto de vista prático, inclusive mediante a conjectura de hipotéticas situações de fato futuras (*hypos* ou *hypotheticals*) "testando" a praticidade ou desejabilidade do resultado prático do *holding* proposto.[358]

No presente caso o segmento "E" se limita a detalhar a interpretação do precedente *Meritor*, da própria Suprema Corte, explicando que a gravidade dos fatos constou apenas para descrever a peculiar situação lá ocorrida, mas não que tal gravidade tenha sido tida como fato "material" ou necessário, exigível para fins de restringir futura indenizabilidade apenas a situações de gravidade equivalente. A explicação da Suprema Corte é que o padrão adotado é um caminho intermediário, não bastando "*qualquer conduta que é meramente ofensiva," mas não chegando ao extremo de condicionar a indenizabilidade a que* "a conduta cause lesão psicológica tangível." Vejamos:

Esta regra [standard], que ora reafirmamos, toma um caminho intermediário entre tornar indenizável qualquer conduta que é meramente ofensiva e requerer que a conduta cause lesão psicológica tangível

---

quando a causa de pedir são lesões corporais negligentemente causadas), o dano moral puro, cuja causa de pedir sejam comentários ofensivos, xingamentos, rudeza etc., não costumam ser indenizáveis. O dano moral puro, que ofende a sentimentos e sensibilidades pessoais, só é indenizável nos EUA quando atinge patologicamente a vítima, chegando a causar transtornos psicológicos, psiquiátricos ou a somatização de doenças físicas, seja de forma intencional (*Intentional Infliction of Emotional Distress* — IIED) ou culposa (*Negligent Infliction of Emotional Distress* — NIED).

(358) Ver um maior exame do segmento "E" do argumento em 8.6.3 Explicação do funcionamento e interação das regras mencionadas.

> [doença psiquiátrica comprovada ou a correspondente somatização física]. Como indicamos em *Meritor*, "a mera verbalização de um... epíteto que engendra sentimentos de ofensa em um empregado", *ibid.* (aspas internas omitidas) não afeta as condições de trabalho a ponto de implicar o Título VII. A conduta que não é severa ou ampla [no tempo ou no espaço/situações] o suficiente para criar um ambiente objetivamente hostil ou abusivo – um ambiente que uma pessoa mediana [razoável] acharia hostil ou abusivo – está além do alcance do Título VII. Da mesma forma, se a vítima não percebeu subjetivamente o ambiente como abusivo, a conduta não alterou efetivamente suas condições de emprego, [*22] e não há violação ao Título VII.
>
> Entretanto, o Título VII entra em ação antes que o assédio leve a um colapso nervoso. Um ambiente de trabalho discriminatoriamente abusivo [**371], mesmo um que não afete seriamente o bem-estar psicológico do empregado, pode frequentemente prejudicar o desempenho do trabalho, desencorajar o empregado a continuar no emprego, ou impedi-lo de progredir em sua carreira. Ademais, mesmo sem considerar efeitos tangíveis, o próprio fato de a conduta discriminatória ter sido tão severa ou ampla que criou um ambiente de trabalho abusivo a empregados por causa de suas raça, gênero, religião ou origem nacional ofende ao amplo mandamento isonomia no trabalho, preconizada pelo Título VII. A apavorante conduta alegado em *Meritor* [assédio sexual com exigência de favores sexuais e estupro] e a referência naquele caso a ambientes "tão pesadamente poluídos com discriminação a ponto de destruir completamente a estabilidade emocional e psicológica de trabalhadores de minorias," *id.*, at 66, citando *Rogers v. EEOC*, 454 F.2d 234, 238 (CA5 1971), *certiorari denegado*, 406 U.S. 957, 32 L. Ed. 2d 343, 92 S. Ct. 2058 (1972), simplesmente apresenta alguns exemplos extremos de assédio. Os mesmos não marcam as fronteiras do que seria indenizável.

Ainda na seção "E" da argumentação, a Suprema Corte reconhece que o juízo *a quo* errou ao entender que a indenizabilidade dependia de que a conduta do empregador "*seriamente afetasse o bem-estar psicológico da autora*" ou a levasse a "*sofrer lesão*", bem como reconheceu que a "*aferição se o ambiente é 'hostil' ou 'abusivo'*" não é nem pode ser "*uma fórmula matematicamente precisa,*" e que tal avaliação "*poderá ser feita apenas à luz do caso concreto*":

> Nós assim entendemos que a Corte Distrital errou ao requerer que a conduta "seriamente afetasse o bem-estar psicológico da autora" ou a levasse a "sofrer lesão". Tal análise pode desnecessariamente focar a atenção do julgador dos fatos [que pode ser o juiz ou o júri, conforme o caso] em danos psicológicos concretos, um elemento que o Título VII não requer. Certamente o Título VII proíbe condutas que seriamente afetam o bem-estar psicológico de uma pessoa razoável, mas a norma não está limitada a tais condutas. Desde que o ambiente seja razoavelmente perceptível como hostil ou abusivo, e que seja efetivamente percebido de tal forma, *Meritor, supra*, at 67, não há necessidade para que também haja lesão psicológica.
>
> Isto não é, e por sua natureza nem pode ser, uma fórmula matematicamente precisa. Nós não precisamos hoje responder a todas questões [*23] que podem ser suscitadas, nem enfrentar especificadamente os novos regramentos da Comissão de Oportunidades Iguais de Emprego (EEOC), ver 58 Fed. Reg. 51266 (1993) (proposed 29 CFR §§ 1609.1, 1609.2); ver ainda 29 CFR § 1604.11 (1993). Entretanto, podemos afirmar que aferição se o ambiente é "hostil" ou "abusivo" poderá ser feita apenas à luz do caso concreto. O efeito no bem-estar psicológico do empregado é, naturalmente, relevante para determinar se o empregado encontrou um ambiente abusivo. Entretanto, o dano psicológico, como qualquer outro fator relevante, deve ser considerado, mas não é exigível.

Observe-se, ainda, no parágrafo transcrito imediatamente acima, o cuidado que a Suprema Corte americana tem de não "legislar", pronunciando-se fora daquilo que seria essencial para resolver o caso concreto, portanto *obiter dictum*, sem força vinculante ("*Nós não precisamos hoje responder a todas questões [*23] que podem ser suscitadas, nem enfrentar especificadamente os novos regramentos da Comissão de Oportunidades Iguais de Emprego (EEOC), ...*"). Se desejasse se pronunciar sobre tais regramentos, aguardaria que surgisse um *writ of certiorari* onde a validade dos mesmos estivesse sendo concretamente debatida, como condição necessária para a resolução do caso concreto, onde então tal questão integraria o *holding* ou *ratio decidendi* vinculante, portanto útil para pacificar a jurisprudência. Nos mais diversos jugados da Suprema Corte americana, assim como no das cortes inferiores, se observa o cuidado que o juiz de *common law* tem para não se pronunciar sobre questões que sejam desnecessárias.

A Suprema Corte, como tribunal máximo do país, tem de dar o exemplo, e assim tem feito, seguindo os critérios tradicionais do *common law* e do *stare decisis*, portanto irradiando para todo o sistema a mensagem de que tais técnicas continuam sendo exigíveis. Caso aproveitasse um caso com fatos materiais A, B e C para regular situações D, E e F, tal seria uma inutilidade, já que juízes inferiores poderiam ignorar tal parte do precedente, corretamente identificando-a como *obiter dictum*. Ademais provavelmente geraria insegurança jurídica e mais dissenso jurisprudencial, já que haveria aqueles juízos que seguiriam tal entendimento ante a hierarquia da corte prolatora, e outros que não o seguiriam, por ser *dicta*. Assim, qual a utilidade de utilizar um caso A para pacificar situações D, E, e F, se nada será pacificado já que ausente o efeito vinculante em sentido estrito? Finalmente, note-se o perigo do uso de *dicta* pela Suprema Corte, já que se a própria corte máxima se utiliza de um caso X para regular situações estranhas ao mesmo, todas as demais cortes do país podem se sentir legitimadas a fazer o mesmo, ferindo de morte a própria sistemática dos precedentes vinculantes.

9.7.4.9.3. "A" — APLICAÇÃO DAS REGRAS LEGISLADAS E JURISPRUDENCIAIS AOS FATOS DO CASO CONCRETO

Finalmente, a parte "A" do argumento, ou aplicação (*application*) do direito debatido ao caso concreto, é onde se coteja o direito explicado com os fatos presentes, verificando a subsunção dos mesmos à hipótese de incidência fática da norma legislada, ou comparando tais fatos aos fatos dos precedentes para verificar sua aplicabilidade ou distinção, ou ainda tecendo considerações sobre o acerto ou erro das instâncias inferiores no tratamento dos fatos do caso. Neste acórdão, o foco é justamente o último mencionado. A Suprema Corte não vê maiores controvérsias quanto à adequação dos fatos do caso atual em relação ao seu precedente em *Meritor*, residindo a maior controvérsia do caso na interpretação que tribunais regionais diversos deram aos pressupostos de indenizabilidade inferidos de *Meritor*. Uma vez dirimida tal questão de direito na parte "E" do argumento (explicação da regra), resta apenas aclarar o erro na qualificação jurídica dada aos fatos pelo juízo *a quo*, baseada na interpretação equivocada da *ratio* do precedente:

> Forklift, em que pese admita que não há fundamento para que se exija que a conduta seriamente afete o bem-estar psicológico, argumenta que a Corte Distrital ainda assim aplicou corretamente a regra de *Meritor*. Nós discordamos. Ainda que a Corte Distrital tenha concluído que o ambiente de trabalho não era "intimidatório ou abusivo para [Harris]", App. to Pet. for Cert. A-35, assim o fez baseada na conclusão de que a conduta não era "tão severa a ponto de se esperar que a autora seria seriamente afetada em seu bem-estar psicológico", *id.*, at A-34, e que Harris não foi "subjetivamente tão ofendida a ponto de sofrer lesão", *ibid.* A aplicação, pela Corte Distrital, de tais standards equivocados pode ter influenciado suas conclusões finais, especialmente considerando que a Corte entendeu que se tratava de um "caso apertado," *id.*, at A-31.

9.7.4.10. *QUAIS AS TUTELAS DEFERIDAS OU RESULTADO* (DISPOSITION OF THE CASE)?

O dispositivo (*disposition*) da sentença (*order and opinion*) ou acórdão (*appellate opinion*) não necessita estar separada do restante da decisão, e geralmente não é identificado com formatação diferente do resto do texto, como em nossa praxe forense. Costuma ser um parágrafo final, identificando quem vence o processo ou determinado pedido, ou se o recurso é provido ou improvido. Em sede recursal, nos EUA, não é comum que se concedam quaisquer tutelas, mas apenas reformar (*reverse*) e devolver à origem (*remand*), a fim de que as tutelas apropriadas sejam analisadas e deferidas em conformidade com o entendimento de direito fixado. Aliás, uma ação como a de Harris costuma ter diversas teses e causas de pedir, sucessivamente, uma vez que no direito processual americano também impera regra análoga ao princípio da eventualidade que informa nosso processo pátrio. Assim, considerando que o recurso nos EUA pressupõe a alegação de pontos específicos de erro (*points of error*), corrigido em segundo grau tal ponto de erro, o processo costuma ser devolvido à origem para harmonização do julgamento com tal ponto corrigido. Com muito mais ênfase isto ocorre com o recurso à Suprema Corte, admitido discricionariamente, apenas quanto a um ponto de direito bastante específico, não se aventurando a Suprema Corte a opinar sobre questões fora daquele ponto para o qual admitiu o recurso. É assim que decidiu a Suprema Corte em *Harris*:

> Nós assim reformamos o julgamento da Corte de Apelações e devolvemos à origem [remand] para prosseguimento consistente com este acórdão.
>
> É assim ordenado.

Passando pela corte de segundo grau (*appellate court*), o processo foi devolvido ao juízo de primeiro grau (*trial court*), para harmonização do julgado. No primeiro grau, houve manifestação das partes sobre o impacto que a decisão da Suprema Corte teria nas tutelas pretendidas na inicial, seguida de um "Relatório e Recomendação" (*Report and Recommendation*) de um *Magistrate*(359) adotado na íntegra pelo juiz federal pleno, conforme *Harris v. Forklift Sys, Inc.*, 1994 U.S. Dist. LEXIS 19928:

> Em decorrênciado com a fundamentação (*Memorandum*) juntada contemporaneamente, a Corte ADOTA o Relatório e Recomendação em sua totalidade.
>
> De acordo, a Corte aqui DEFERE ao autor julgamento [no sentido de crédito] no valor de $151,435, e juros contados desde 31 de agosto de 1994, até que paga tal condenação referente à alegações de ambiente hostil (hostile environment) e rescisão indireta (*constructive discharge claims*), DEFERE honorários advocatícios custas a serem apurados, e EMITE "injunção" (*injunction* — ordem de fazer ou não fazer, sem relação com nosso mandado de injunção) contra o réu proibindo-o de adotar conduta de natureza hostil em face de mulheres idêntica ou similar àquela julgada ilícita neste caso e ORDENA *Forklift Systems*, Inc. a estabelecer uma política anti-assédio, da forma como recomendado pelo EEOC.

9.7.5. A EFICÁCIA SOCIAL DOS PRECEDENTES VINCULANTES — MAIOR EFETIVIDADE SOCIAL DAS AÇÕES INDIVIDUAIS NOS EUA — CONDENAÇÕES HABITUALMENTE ELEVADAS E POSSIBILIDADE DE MEDIDAS DE TUTELA COLETIVA NAS AÇÕES INDIVIDUAIS — OBEDIÊNCIA ESPONTÂNEA POR FORÇA DO *STARE DECISIS*

Veja-se, a propósito de tal *decisum* a grande força e eficácia social imediata que as decisões judiciais atingem nos EUA, como subproduto da certeza de sua aplicação futura a casos similares (*stare decisis*) combinada com a rigidez e gravidade das condenações, mesmo em ações individuais.

Embora nos EUA os processos sejam em menor número, uma condenação em ação individual frequentemente chega a valores muito altos, e pode vir acompanhada de medidas que no Brasil são possíveis apenas em ações coletivas, como a ordem judicial para que o réu se abstenha de novas atitudes de assédio idênticas ou análogas, bem como a ordem para implementar políticas de prevenção de assédio sexual em conformidade com as diretrizes da agência administrativa competente (*Equal Employment Oportunity Comission — EEOC*). Foi a ré condenada a pagar à autora $ 151,435 (atualmente $ 248.914,71 ou R$ 796.523,87, conforme inflação em dólar de 1994 a 2017 e taxa de câmbio de dezembro de 2017), mais juros, custas e honorários advocatícios (que considerando o tempo e complexidade do processo, nos EUA podem chegar facilmente aos $ 150.000,00 ou $ 200.000,00. Além disso, houve

(359) Espécie de juiz federal auxiliar, de jurisdição limitada, o qual prolata sentença em casos de menor valor ou complexidade, ou prolata seu "relatório e recomendação" em alguns processos maiores, por delegação do juiz federal pleno, recomendação esta que costuma ser adotado na íntegra pelo juiz federal pleno.

ordem judicial para que a empresa se abstivesse de novas condutas hostis contra mulheres, bem como a ordem de estabelecer uma política anti-assédio, da forma como recomendado pelo EEOC — presumivelmente algum tipo de ouvidoria, um canal isento para reclamações e denúncias, e/ou políticas de conscientização e educação para alertar e prevenir tais situações. Como ordens para obrigações de fazer, seu descumprimento gera prisão e multas elevadas, por desrespeito à corte ou *contempt of court.* Veja-se assim que as ordens judiciais em tela na realidade transbordam o interesse meramente reparatório individual da autora e atuam na tutela coletiva preventiva, a fim de que outras mulheres parem de sofrer ou não venham a sofrer tais degradações.

Por outro lado, veja-se que tais medidas de tutela coletiva como as adotadas em face de *Forklift*, assim, como o elevado valor da condenação, causam imediato impacto no mercado, seja em matéria trabalhista, tributária, responsabilidade civil, direito financeiro, bancário e outras. A sociedade rapidamente busca se adequar para prevenir o custo (e prejuízo à reputação empresarial) decorrente de tais ações. À vista do tradicional sistema do *stare decisis*, os jurisdicionados de antemão sabem que precedentes como *Harris* serão efetivamente seguidos em todos o país. O precedente vinculante sinaliza para a sociedade que aquele entendimento surgido na ação X, por exemplo em *Harris*, será seguido uniformemente em nível nacional (se uniformizado pela Suprema Corte) ou regional-estadual (se uniformizado respectivamente por um Circuito federal, ou uma Suprema Corte estadual). O Judiciário, como um todo, potencializa em elevado grau sua efetividade e eficácia social, através da segurança jurídica e certeza da aplicação dos precedentes, como decorrência do *stare decisis.*

10. DINÂMICA DA APLICAÇÃO DOS PRECEDENTES NO BRASIL, E A CURIOSA POSIÇÃO DE INSTRUMENTOS *SUI GENERIS*, COMO SÚMULAS, RECURSOS REPETITIVOS, REPERCUSSÃO GERAL, UNIFORMIZAÇÃO DE JURISPRUDÊNCIA E RECLAMAÇÃO

Falar sobre precedentes no Brasil é difícil, já que praticamente uma página em branco, uma história que se inicia, em contraste aos mil anos de evolução dos precedentes nos sistemas de *common law*. Os instrumentos aqui positivados, por sua vez não são revolucionários, mas sim evolucionários, inspirados em modelos estrangeiros, mas implantados a partir daquilo que já tínhamos: nossa cultura jurídica de uso da jurisprudência persuasiva; a consolidação de entendimentos cristalizados em súmulas; o crescimento dos poderes monocráticos dos relatores para sumariamente negar seguimento ou progressiva obstaculização à subida de recursos em matérias já pacificadas nos tribunais *ad quem;* a previsão constitucional de uma modalidade de súmula vinculante; a limitação dos recursos à nossa Suprema Corte quando discricionariamente entendida a presença de repercussão geral etc. Longo caminho se percorreu e ainda não se conseguiu lograr a almejada pacificação da jurisprudência, aceleração do processo e redução da litigiosidade e recorribilidade.

Por isso, optou o legislador através do novo CPC dar mais um passo evolutivo (como dissemos, não chega a ser revolucionário, uma vez que já era esse o rumo traçado nas últimas duas décadas) criando instrumentos de demandas e recursos repetitivos (arts. 976 e 1036, respectivamente), que apressam a lenta decantação de entendimentos conflitantes por meio de um incidente dotado de eficácia vinculante com o potencial de resolver centenas ou milhares de lides repetitivas em uma única assentada. Ampliou-se ainda um incidente análogo, de assunção de competência, para questões de direito "*com grande repercussão social, sem repetição em múltiplos processos,*" ou quando conveniente prevenir ou compor "*divergência entre câmaras ou turmas do tribunal*" (art. 947, *caput* e § 4º, do CPC). Convocou-se a magistratura brasileira para "*uniformizar sua jurisprudência e mantê-la estável, íntegra e coerente*" (art. 926 do CPC), devendo observar obrigatoriamente os precedentes do art. 927 do CPC, sob pena de reclamação, em alguns casos (art. 988 do CPC). Ademais, impôs-se a nulidade das decisões pela observância ou inobservância de precedentes sem a devida fundamentação (art. 489, § 1º do CPC),[360] ônus este que pesa mais sobre o segundo grau de jurisdição, o qual deve sanar eventual nulidade e desde logo julgar o mérito, quando a causa estiver madura para imediato julgamento (art. 1.013, § 3º, IV, do CPC de 2015[361]).

---

(360) Comando destinado aos casos em que as partes antes tiverem se desincumbido de seu ônus argumentativo de demonstrar analiticamente a aplicabilidade ou inaplicabilidade de determinado precedente, jurisprudência ou súmula, e que os mesmos sejam relevantes para o debate de questão de direito efetivamente controvertida e necessária para a resolução do pedido. Do contrário, *ad absurdum*, poderiam as partes se limitar a citar números de diversos julgados e transformar o juiz em um auditor do processo, obrigando-o a aprofundar-se em um a um dos precedentes superficialmente citados pelas partes, o que se afigura inconveniente e inviável. Ver discussão focada neste tópico em 8.1 Dever de fundamentar a aplicação de precedentes ou não aplicação de precedentes invocados analiticamente pela parte sob pena de nulidade — art. 489 do CPC.

(361) CPC 2015, art. 1.013. *A apelação devolverá ao tribunal o conhecimento da matéria impugnada. ... § 3º Se o processo estiver em condições de imediato julgamento, o tribunal deve decidir desde logo o mérito quando: ... IV — decretar a nulidade de sentença por falta de fundamentação.*"

Para navegar tal emaranhado de inovações, de forma pragmática e compreensível, sem excessos teóricos e buscando a utilidade imediata para o estudante e o aplicador do direito, construiremos o raciocínio de baixo para cima, percorrendo o trajeto desde a base até o topo. Acompanhe-nos nesta trilha.

10.1. Alerta inicial — a estrita vinculação do precedente aos seus fatos como garantia democrática de independência e isenção do Judiciário

Antes de qualquer consideração sobre a aplicação prática dos precedentes em nosso ordenamento, é necessário reiterar que a mais importante de todas as recomendações é a extrema cautela. Em tempos difíceis, como os atuais, com crises institucionais em vários setores, crises morais, políticas, econômicas e criminais, o país necessita de um Judiciário forte, isento, e independente — uma garantia da aplicação técnica e objetiva do direito, uma garantida do Estado de Direito e da Democracia.

De um lado, tem-se que os precedentes vinculantes vieram para dar eficiência e celeridade para o processo judicial, segurança jurídica e previsibilidade dos entendimentos. É necessário que a sociedade saiba de antemão qual a interpretação correta das leis e da Constituição, a fim de que possa portar-se em conformidade, reduzindo litigiosidade e recorribilidade. No entanto, a vinculação dos juízes aos precedentes comporta um risco, o de que tal seja utilizada de forma distorcida, de modo a controlar a magistratura nacional. Caso se permita que cortes superiores, a pretexto de julgar um caso concreto, exarem entendimentos vinculantes amplos que de longe excedam os fatos postos sob seu julgamento, na prática se lhes estaria outorgando o poder de legislar, usurpando a função de outro poder e amordaçando os juízes da respectiva jurisdição. Tal desvio impediria os diversos juízes de desenvolver o direito de forma independente, quanto a novos conjuntos de fatos, diversos daqueles já apreciados nos precedentes.

É por isso que a tradição milenar do *common law* desenvolveu a distinção entre *ratio decidendi*, a parte necessária da decisão, portanto vinculante, e *obiter dictum*, não essencial, meramente explicativa, descritiva, hipotética, ou simplesmente uma excessiva generalização em relação aos fatos efetivamente existentes no precedente. Em tal senda, no século XVII chegou-se a afirmar que *obiter dictum*, ou *gratis dictum* (*"uma decisão dada na corte, se não necessária ao julgamento nos autos, o qual poderia ter sido prolatado sem ou com contrária decisão"*), nem poderia ser considerada uma decisão judicial. [(362)]

No mesmo sentido lecionava Wambaugh (o mesmo autor do teste da inversão), desde 1894, citando em seu amparo vários precedentes da época:

> Nenhum dictum é autoridade vinculante (*authority of the highest sort*). Dar-lhe tal força seria dar a juízes o poder de decidir antecipadamente um caso que não se lhes foi posto, um caso meramente hipotético, e vincular através de tal decisão a corte que adjudicará tal caso hipotético pode se tornar um problema prático. Isto constituiria poder de legislar e, ainda pior, um poder exercido sem o pleno contraditório em tal caso hipotético. Não obstante, algum peso é apropriadamente conferido ao *dictum*, um peso similar àquele conferido aos textos dos eruditos doutrinadores; neste sentido um *dictum* é autoridade [persuasiva], com seu peso variando conforme a erudição da corte e quantidade de debate da corte sobre o ponto coberto pelo *dictum*.[(363)]

Assim como Wambaugh, praticamente a unanimidade da doutrina especializada sustenta o mesmo. O efeito vinculante dos precedentes deve se limitar às conclusões jurídicas vinculadas aos fatos efetivamente presentes no respectivo caso concreto.

---

(362) VAUGHAN, C.J., *in Bole v. Horton* (1673) Vaugh. p. 360, 382, *apud* DUXBURY, Neil. *The nature and authority of precedent*. Ed. Cambridge University Press, 2008. p. 67.

(363) WAMBAUGH, Eugene. The study of cases: a course of instruction in reading and stating reported cases, composing head-notes and briefs, criticizing and comparing authorities, and compiling digests. 2ª ed., Little, Brown & Co., 1894. p. 19. Ver ainda, supra, 7.4 Obiter dictum.

Em nossa realidade, ainda mais considerando que o sistema apenas engatinha e que a cultura dos precedentes ainda não está sedimentada, temos de ter sempre em mente que o intérprete do direito não pode ter uma atitude servil ante a literalidade dos seus termos. Afinal, como Goodhart já desvendou há quase sete décadas, a *ratio decidendi* não é encontrada necessariamente na fundamentação:[(364)]

> "(1) O 'princípio' de um caso não é encontrado nas razões dadas na decisão. (2) O 'princípio' não é encontrado na regra de direito enunciada na decisão. (3) O 'princípio' não é encontrado pela consideração necessariamente de todos os fatos identificáveis no caso e na decisão. (4) O 'princípio' do caso é encontrado considerando (a) os fatos tratados pelo juiz como 'materiais' [essenciais], e (b) sua decisao baseado nos mesmos. (5) Na busca pelo 'princípio' é também necessário estabelecer quais fatos foram tidos como 'imateriais' [não-essenciais] pelo juiz, já que o 'princípio' pode depender tanto das inclusões quanto das exclusões [de fatos]."

Tal vinculação aos fatos foi absorvida em nosso sistema de precedentes e é mencionada expressamente, por exemplo, ao se cominar a nulidade para a decisão que *"se limitar a invocar precedente ou enunciado de súmula, sem ... demonstrar que o caso sob julgamento* [seus fatos] *se ajusta àqueles fundamentos"* e onde o julgador *"deixar de seguir enunciado de súmula, jurisprudência ou precedente invocado pela parte, sem demonstrar a existência de distinção* [fática] *no caso em julgamento* (art. 489, § 1º, V e VI, do CPC). Na mesma senda, o art. 926, e o seu respectivo § 2º, que determina que *"ao editar enunciados de súmula, os tribunais devem ater-se às circunstâncias fáticas dos precedentes que motivaram sua criação* (sublinhados nossos)."

Logo, entender possível que as cortes, ao editarem súmula, ou julgarem precedentes, dotam de autoridade vinculante considerações estranhas aos fatos dos autos, feriria de morte o sistema de precedentes, constituindo ainda uma carta branca para legislar. Tal cercearia a independência funcional do juiz do caso posterior para interpretar a *ratio decidendi* em seu contexto fático e para o aplicar ou distinguir conforme as peculiaridades do novo caso concreto. Ademais, como bem observou Wambaugh, o julgador estaria julgando fatos estranhos ao caso, *sem o pleno contraditório quanto a tal situação hipotética,* sem ter como ver na prática os reais desdobramentos e todas as nuances de tal situação, em concreto, havendo portanto maior risco de erro. Finalmente, quanto à reclamação, que é uma medida antipática mas necessária para romper a tradição da dispersão jurisprudencial, sua má utilização colocaria em risco a legítima função judicante no país, transformando-a em ferramenta de arbítrio, "avocação" seletiva de processos e afastamento do juiz natural.

Retomando o que dissemos no início,[(365)] o precedente nada mais é que coerência, isonomia, uma questão de justiça. Se em um caso é decidido X, quando repetida exatamente mesma questão e circunstâncias, o jurisdicionado tem o direito a que seu caso, se for idêntico, seja também decidido X. Como a criança cujo irmão obteve alguma vantagem ou benesse dos pais e, em situação idêntica protesta: *"eu também quero*!" Não é preciso grande esforço mental para verificar que, em um precedente, o que vincula é a repetição de uma situação fática, cujo tratamento, por lógica, se espera seja o mesmo. Se alguém pretender algo diverso, decidindo algo que não os fatos que lhe são postos, como poderá outro jurisdicionado dizer *"eu também quero"*? Tal decisão estranha aos fatos do caso concreto seria, como pacífico na doutrina especializada, *obiter dictum*, sem valor vinculante. Do contrário, se a aceitarmos como vinculante, estaríamos dando azo a uma disfarçada e ilegítima forma de legislação, já que norma geral e abstrata, desvinculada de um caso concreto.

---

(364) GOODHART, Arthur L. Determining the ratio decidendi of a case. *The Yale Law Journal*, v. 40, n. 2, 1930, p. 182. Ver ainda, supra, 7.3.2.4 A *ratio decidendi* não coincide necessariamente com a fundamentação explicitada.
(365) Ver 2.2 O precedente está na lógica do dia-a-dia.

Exatamente por tais razões, todos devemos estudar e compreender os exatos limites da nova técnica de precedentes vinculantes, dada a gravidade de seus possíveis efeitos colaterais, a fim de que policiemos seu correto uso, evitando que tal salutar e lógico instituto seja deturpado para transformar-se em instrumento de arbitrariedades.

10.2. Uso dos precedentes no peticionamento pelas partes

O novo sistema de precedentes brasileiro, que absorve em parte a experiência dos países anglo-saxões na matéria, é mais uma evolução do que já tínhamos do que uma revolução ou rompimento com a tradição anterior. As duas décadas anteriores de minirreformas processuais já sinalizavam a intenção de progressivamente fortalecer a eficácia jurídica da jurisprudência pacificada nos tribunais, principalmente os superiores, deixando de ser estritamente persuasiva, a fim de evitar a insana repetição, milhares de vezes, da discussão das mesmas questões jurídicas.(366)

Mas o que muda na prática? Muda algo no peticionamento desde o primeiro grau ou apenas na fundamentação dos recursos? Será preciso abandonar a forma de fundamentação utilizada até então, explicitando o fato, arguindo o direito positivo, colacionando uma súmula eventualmente aplicável e colando uma ou mais ementas de julgados que exemplifiquem o direito que se pretende ver aplicado?

Não necessariamente.

Se a mudança objetivada pelo legislador foi justamente obter maior celeridade e eficiência no processo, não pode a novidade importar em uma complexidade desnecessária, introduzindo um ônus argumentativo maior em questões de direito não controvertidas (*not at issue*), que não demandem maiores e mais aprofundadas explicações. Raciocinar o contrário encontraria óbice na realidade da assoberbada prática profissional. Assim, para aqueles assuntos em que o direito se encontra sedimentado, a invocação de normas positivadas e de precedentes, vinculantes ou não, poderia ser feita de forma sucinta, sem a necessidade maiores incursões nos fatos do precedente, quando a adequação do caso concreto ao precedente for óbvia.

Em questões onde os entendimentos quanto ao direito aplicável, entretanto, estiverem divididos, ou onde se pretende invocar a aplicação de um determinado precedente não vinculante, ou de um precedente vinculante para o qual a aplicabilidade ao caso concreto não seja óbvia, o peticionante deverá tomar uma decisão estratégica:

- Aprofunda desde já a argumentação sobre um ou mais precedentes, provocando já na sentença a manifestação analítica sobre tais questões precedenciais;
- Ou argumenta de forma mais superficial, apenas invocando um ou mais julgados como meros exemplos do entendimento pretendido.

Tal escolha importa em consequências quanto ao tipo de fundamentação que o julgador está obrigado a prolatar.

Como dissemos em tópico acerca da fundamentação com precedentes,(367) não há como dar uma interpretação literal ou extensiva ao § 1º do art. 489 do CPC, como se determinasse a fundamentação exaustiva quanto a todas as normas positivas, precedentes e súmulas aplicados pelo juízo ou invocados pela parte, sob pena de inviabilizar a prestação jurisdicional no país. Antes pelo contrário, simples interpretação sistemático-teleológica aponta para a necessidade de uma fundamentação: "*(1) suficiente (e não exaustiva) para a compreensão da aplicação,*

(366) Ver discussão mais aprofundada sobre o tema em 3. Por que precisamos de precedentes?

(367) Ver sobre o tema, 8.1 Dever de fundamentar a aplicação de precedentes ou não aplicação de precedentes invocados analiticamente pela parte sob pena de nulidade — art. 489 do CPC.

na decisão, de uma determinada norma positiva, precedente ou súmula; (2) suficiente (e não exaustiva) dos precedentes, jurisprudência e súmulas que tenham sido ***invocados pelas partes de forma analítica, ou seja, desincumbindo-se de seu ônus argumentativo de demonstrar (ela, a parte) que o caso sob julgamento efetivamente se ajusta à tese dos julgados invocados****."*[368] Não pertence ao julgador o primeiro ônus de examinar, um a um, os fatos das dezenas de julgados possivelmente invocados nas decisões, como um auditor, aprofundando um debate que as próprias partes não se preocuparam em instruir. Assim, o *ônus argumentativo das partes*, demonstrando logicamente a congruência entre os fatos do precedente e os do caso concreto antecede ao ônus de fundamentação do juízo, do § 1º do art. 489 do CPC.[369]

Não poderia a parte pretender, e.g., em uma petição com vinte e três pedidos (não incomum, por exemplo, no processo do trabalho), invocar cinquenta e sete precedentes e pretender que o juízo os enfrente um a um. Seguramente, perderá a atenção do julgador pelo caminho. Tal situação não é exclusiva da conjuntura brasileira. Nos Estados Unidos, por exemplo, uma das principais recomendações quanto à argumentação jurídica (especialmente a nível recursal) é que se concentrem nos argumentos de direito mais fortes, utilizando os correspondentes precedentes de forma objetiva, concisa e persuasiva, evitando dispersar a atenção e perder credibilidade com o julgador, povoando a peça com argumentações frágeis ou de importância secundária.

Assim, caso a parte opte pela segunda alternativa, com uma fundamentação não analítica dos precedentes invocados, tem de estar consciente de que a sentença presumivelmente manterá congruência com a profundidade da argumentação das partes, não adentrando em detalhadas comparações fáticas naqueles pontos onde as próprias partes não se dedicaram a fazê-lo. Em tal hipótese, entretanto, nada impediria que as partes deixassem para aprofundar o debate precedencial em sede de recurso, conforme necessário, já que enquanto o primeiro grau está mais focado na identificação da verdade histórica dos fatos e na confecção da primeira solução para os pedidos, o segundo grau é que tem como atribuição principal corrigir eventual erro e unificar o direito regionalmente.

Idealmente, todavia, um efetivo debate acerca dos precedentes aplicáveis deveria iniciar já no primeiro grau, a fim de que chegasse já maduro às instâncias que o podem efetivamente uniformizar. A escolha daqueles poucos pontos de direito efetivamente controvertidos para fins de aprofundamento do debate — onde a jurisprudência não esteja pacificada ou em que haja dúvida quanto à aplicabilidade de um precedente ou não — seria salutar.

10.2.1. Quais precedentes ou jurisprudência utilizar?

10.2.1.1. Precedentes vinculantes

Os precedentes vinculantes são, em sentido lato, aqueles do art. 927 do CPC e mais o recurso de revista com transcendência e o recurso extraordinário com repercussão geral, art. 988, § 5º, II, aí divididos entre aqueles vinculantes em sentido estrito — cuja inobservância dá ensejo à reclamação, art. 988 do CPC — e aqueles que são obrigatórios sistemicamente, mas

---

(368) *Idem.*

(369) Ver 8.1.2 Dever de fundamentar quando deixar de seguir súmula, jurisprudência ou precedente invocado pela parte. Tal é o posicionamento, por exemplo, adotado pelo Tribunal Superior do Trabalho, que quanto ao processo do trabalho registrou que *"é ônus da parte, para os fins do disposto no art. 489, § 1º, V e VI, do CPC, identificar os fundamentos determinantes ou demonstrar a existência de distinção no caso em julgamento ou a superação do entendimento, sempre que invocar precedente ou enunciado de súmula"* (art. 15, VI, da IN 39 do TST, aprovada pela Resolução n. 203, de 15.03.2016).

não sujeitos a reclamação. Não havendo maiores dúvidas quanto à sua aplicabilidade, uma fundamentação mais aprofundada seria dispensável. Entretanto, a infinita complexidade e variabilidade dos fatos pode fazer surgir hipóteses em que a sua aplicabilidade não seja óbvia. Outrossim, poderão surgir hipóteses em que, e.g., a literalidade de uma súmula ou da tese firmada em um IRDR tenha por demais excedido e distado dos fatos concretos do caso que lhe deu base, portanto incorrendo em *obiter dictum*, situação que deve ser argumentada e demonstrada quando se pretende afastar tal parte de um precedente.

No primeiro caso, por exemplo, poderia a parte arguir que o mesmo raciocínio incidente no precedente deveria aplicar-se ao presente caso, cujos fatos são análogos (explicar de que forma os fatos se comparam), inexistindo justificativa lógica que os distinga e impeça a aplicação presente da mesma solução antes dada ao precedente. Trata-se da técnica de aplicação por analogia. No segundo exemplo, o argumento seria o oposto. Em que pese a tese ou súmula, ou mesmo a fundamentação veiculada no precedente, tenham na sua literalidade um caráter mais abstrato ou geral, aparentando abranger os fatos do presente caso concreto, na realidade os fatos do precedente — A, B e C — são bastante diversos daqueles do caso atual quanto aos aspectos juridicamente relevantes para a relação jurídica debatida. Assim, não poderiam os fatos do precedente e do caso atual figurar nas mesmas categorias de assimilação,[370] impondo-se o reconhecimento de distinção (*distinguishing*) para fins de não aplicação de tal precedente ao caso concreto.

10.2.1.2. Jurisprudência persuasiva da mesma jurisdição — "eu também quero"

Um dos aspectos mais belos do novo sistema é a obrigação de coerência lógica da jurisprudência (art. 926 do CPC), que se irradia por todos os graus de jurisdição, o que permite, mesmo em primeiro grau, que se invoque tratamento isonômico àquele dado em sentenças de juízos vinculados a um mesmo regional, ou em acórdãos de órgãos fracionários. Veja-se que, em que pese o art. 926 do CPC diga que "*os tribunais devem uniformizar sua jurisprudência e mantê-la estável, íntegra e coerente*," e embora compita aos tribunais a uniformização, não apenas a estes incumbe manter a jurisprudência "*estável, íntegra e coerente*." Antes pelo contrário, o inciso VI do § 1º do art. 489 do CPC expressa que não estaria fundamentada a "*sentença*" que "*deixar de seguir enunciado de súmula, **jurisprudência** ou precedente invocado pela parte, sem demonstrar a existência de distinção no caso em julgamento ou a superação do entendimento*". Como não se pode presumir que o legislador utilizou palavras supérfluas ou sinônimas, havendo na mesma frase as palavras *precedente* e *jurisprudência*, naturalmente se compreende que a remissão a *precedente* se refere aos precedentes vinculantes ou obrigatórios do art. 927 do CPC, e *jurisprudência* aqueles precedentes não vinculantes, como os julgados de órgãos fracionários do tribunal, ou mesmo as decisões de primeiro grau.

Assim, pode o jurisdicionado exigir tratamento isonômico ao dado em uma sentença ou decisão interlocutória, ou num acórdão de turma ou câmara, ainda que tal julgado não seja vinculante, desde que o respectivo entendimento de direito já não esteja superado por entendimento pacificado na jurisdição em tela. Vejamos.

Para invocar o tratamento dado em caso idêntico em uma sentença, não basta juntar "subsídios jurisprudenciais" (juntar uma ou mais sentenças, na íntegra), até porque, se não é vinculante, o juízo não está obrigado a segui-la, ainda mais quando se trata de outro órgão jurisdicional de mesma hierarquia. Caso a invocação de tais subsídios seja feita, tal será útil

---

(370) Ver 7.3.2.6 Regras de Relevância — a caracterização dos "fatos materiais" com maior ou menor abstração — categorias de assimilação — Schauer.

apenas para mostrar ao juízo uma sugestão de solução para o feito. Não servirá entretanto para que a parte se desincumba de seu ônus argumentativo para provocar uma fundamentação mais analítica por parte do julgador, na forma do art. 489, § 1º, VI.

Para atingir tal finalidade, por ética e honestidade intelectual, a parte terá de pesquisar se já existem outras correntes jurisprudenciais sobre a mesma questão de direito em idêntica ou análoga situação fática, exemplificando-as e explicando-as (fatos necessários + conclusão jurídica + motivação), bem como, caso a questão já conste de julgados de órgãos fracionários no tribunal da respectiva jurisdição, exemplificar tais entendimentos no âmbito do tribunal, explicitando ainda quais seriam as tendências majoritária e minoritária. Tentar induzir o juízo a erro, distorcendo o direito jurisprudencial envolvido, e.g. que a corrente jurisprudencial invocada já se encontra superada, poderia ser inclusive considerado litigância de má-fé (art. 77, II, do CPC[(371)]). Comparativamente, nos EUA, onde a técnica dos precedentes é a base de toda a argumentação jurídica, as penalidades são severas para advogados (e não as partes, já que se presume que quem tem obrigação de conhecer o direito é o advogado e não a parte) que distorcem (*misrepresent*) o direito jurisprudencial (*case law*) aplicável ao caso.[(372)]

Ao final, a parte deve argumentar sobre por que determinado entendimento deveria prevalecer sobre o outro, seja do ponto de vista da melhor hermenêutica, seja pela harmonia com a jurisprudência de outros regionais ou dos tribunais superiores, seja por política judiciária, interesse público, equidade etc. Havendo duas correntes defensáveis, afirmar simplesmente que uma deve prevalecer sobre a outra, sem justificar, é argumento que não terá muita utilidade.

Quanto à invocação de acórdãos de órgãos fracionários de um tribunal, o raciocínio é o mesmo, devendo a parte comparar os entendimentos vigentes e explicar porque um deveria prevalecer sobre o outro. Naturalmente, se a questão já estiver pacificada por súmula, IRDR, IAC, ou outra "*orientação do plenário ou do órgão especial aos quais estiverem vinculados*" (art. 927, V, do CPC), então a discussão restaria praticamente sepultada, salvo por algum excelente argumento para tentar a árdua tarefa de obter um *overruling*.

Finalmente, quanto à fundamentação do juiz de primeiro grau, face à argumentação analítica das partes mencionada anteriormente (portanto desincumbindo-se de seu ônus argumentativo prévio), teria o juiz de primeiro grau de se pronunciar também mais analiticamente sobre a matéria (art. 489, § 1º VI):

1 — explicando porque opta por uma das correntes existentes (e.g. por que a corrente X materializa a melhor interpretação do direito pertinente, porque é a corrente dominante na região, porque está em consonância com a tendência majoritária dos tribunais superiores, por política judiciária, interesse público, equidade etc.);

---

(371) CPC, art. 77. *Além de outros previstos neste Código, são deveres das partes, de seus procuradores e de todos aqueles que de qualquer forma participem do processo: ... II — não formular pretensão ou de apresentar defesa quando cientes de que são destituídas de fundamento;*

(372) Diz a regra processual federal FRCP 11(b) que *ao apresentar à corte uma petição postulatória, moção ou outros documentos* [*papers*], *seja assinando-os, protocolando-os, ou ainda que apenas advogando com base nos mesmos, um advogado* [ou parte, se não representada por advogado] *automaticamente certifica* [se responsabiliza] *que, no melhor do seu conhecimento, informação e crença formados após investigação razoável para as circunstâncias: ... as demandas* [*claims*], *defesas ou outras teses jurídicas* [*legal contentions*] *estão amparadas no direito existente ou por um argumento não temerário* [*nonfrivolous*] *pela extensão, modificação ou superação do direito existente, ou pelo estabelecimento de nova regra de direito* [*establishing new law*] (FRCP 11(b)(2)). Esta regra responsabiliza apenas ao advogado (FRCP 11(c)(5)(A)), a quem se atribui o dever de conhecer o direito legislado e jurisprudencial, bem como o de elaborar teses defensáveis e não temerárias ou procrastinatórias, mas sim amparadas na legislação e precedentes existentes, ou ao menos em um bem fundamentado argumento para a alteração do direito jurisprudencial existente.

2 — explicando porque rejeita a(s) corrente(s) existente(s), com argumentação similar à do item anterior, só que se posicionando de forma diversa daquela dos julgados invocados. Afinal, se ainda inexiste precedente vinculante em vigor para determinada jurisdição, é função do julgador contribuir para o respectivo debate, expondo seu posicionamento, ainda que diferente dos demais julgados de eficácia meramente persuasiva colacionados. Assim, há uma óbvia impropriedade técnica no inciso VI do § 1º do art. 489 quando diz que não está fundamentada a decisão em que o julgador *"deixar de seguir ... jurisprudência ... invocado*[a] *pela parte, sem demonstrar a existência de distinção no caso em julgamento ou a superação do entendimento"*. Se a jurisprudência não é vinculante, o julgador de primeiro grau não precisa justificar sua não adoção pelo *distinguishing*. Na realidade, pode dela discordar, ainda que os fatos do caso concreto sejam exatamente idênticos, desde que fundamentadamente. A uniformização dos eventuais dissensos deverá ser promovida pelo tribunal (art. 926 do CPC).

Mas então existe alguma utilidade em gastar tempo e esforço investindo na fundamentação com precedentes não vinculantes, se o juiz pode deles discordar livremente?

Claro que sim. Em primeiro lugar, um argumento bem trabalhado (não um genérico "recorte-e-cole") ancorado em um precedente persuasivo e nos fatos dos autos pode ser determinante para o convencimento do julgador, o qual poderá adotar a correspondente fundamentação.

Em segundo lugar, tal bom argumento, se rejeitado fundamentadamente, deixará o debate bastante vivo nos autos, maduro para discussão em sede recursal — onde o foco maior vai além da resolução do problema individual, centrando-se na harmonização da jurisprudência na região (art. 926 do CPC). Se novamente rejeitado, em segundo grau, tal argumento baseado em precedentes persuasivos da própria região, então haverá dissenso jurisprudencial no tribunal, sujeito à provocação de Incidente de Resolução de Demandas Repetitivas (IRDR — se for uma questão repetitiva, naturalmente), ou de Incidente de Assunção de Competência (IAC — se envolvida *"relevante questão de direito,"* e *"conveniente a prevenção ou a composição de divergência entre câmaras ou turmas do tribunal,"* conforme art. 947, § 4º, do CPC, ou quando presente "grande repercussão social", conforme *caput* do mesmo artigo).[(373)]

Assim, ainda que inicialmente rejeitada a argumentação com base em um precedente persuasivo, e.g. uma sentença ou acórdão de órgão fracionário sujeitos a um determinado tribunal, a insistência em tal argumentação poderá provocar a manifestação do respectivo tribunal para uniformizar tal entendimento, gerando assim um precedente vinculante.

10.2.2. Como estruturar a invocação analítica a precedentes para se desincumbir de seu ônus argumentativo prévio

Reportamo-nos aqui alguns tópicos basilares da fundamentação com precedentes, desenvolvidos com detalhe acima, notadamente quanto à aplicação direta[(374)] e analógica[(375)]

---

(373) Ainda tido vigente conforme art. 896, §§ 3º e 4º da CLT, agora com detalhamento pela via regimental, tendo em vista a revogação do CPC de 1973, onde antes constava sua sistemática. Disto discordamos, entendendo-o revogado junto com a revogação do código de 1973. Assim, qualquer referência ao antigo IUJ deveria agora ser considerada ao IRDR ou IAC, conforme o caso, já que estes substituíram o IUJ no CPC 2015. Ver adiante 10.4.5 Incidente de uniformização de jurisprudência (IUJ) no processo do trabalho — ainda viável por previsão regimental ou retirado do ordenamento jurídico?

(374) Ver 7.5 Aplicação direta (*following*) da *ratio decidendi*.

(375) Ver 7.7 Analogia (*analogical reasoning*).

de precedentes, e a não aplicação por distinção.[376] Importante ainda a referência aos tópicos anteriores "*Equilíbrio entre a complexidade da fundamentação completa com precedentes e a necessária concisão*,"[377] sobre a estruturação do argumento seguindo o acrônimo "*C R E A C*" (conclusão-regra-explicação-aplicação-conclusão),[378] e "*Como citar um precedente*".[379]

10.3. Raciocinando com precedentes na sentença

Da mesma forma que para quem peticiona perante o primeiro grau as mudanças não são tão intensas, pelo menos em um primeiro momento também não serão para o juiz de primeiro grau.

Como já mencionamos antes,[380] há entendimentos pacificados há décadas, sumulados ou não, cuja aplicabilidade frequentemente pode ser explicada em uma linha, ou que pode já estar contida nas frases ou parágrafos anteriores à sua menção, ou mesmo implícita na fundamentação e compreensível a partir do contexto. Uma interpretação sistemática do art. 489, § 1º, V, do CPC, em tal senda, revela que a fundamentação exigida é aquela suficiente para a compreensão do julgado, e não necessariamente uma fundamentação analítica ou exaustiva.[381] Assim, uma fundamentação mais aprofundada, com comparação entre os fatos de precedentes e casos concretos, fica reservada aos casos em que efetivamente houver dúvida ou controvérsia quanto à aplicabilidade de tal precedente, seja quanto à sua extensão a fatos não obviamente por ele cobertos, seja pela aferição das distinções relevantes entre os fatos concretos do precedente e do caso atual, afastando uma tese ou súmula que, por sua literalidade aparentavam atingir o caso atual.[382]

Na mesma senda, quando invocados pela parte súmula, jurisprudência ou precedente, o inciso VI do mesmo parágrafo único não impõe uma fundamentação exauriente, mas apenas suficiente. Considerando que, em regra, tais invocações são meramente exemplificativas de um determinado ponto de direito que se pretende ver aplicado, sem aprofundamento analítico no efetivo conteúdo fático de tais julgados, nem comparação com os fatos do caso atual, não pertence ao julgador o primeiro ônus de examinar, um a um, os fatos das dezenas de julgados geralmente invocados nas decisões. Tem o juiz o dever de fundamentar analiticamente a não aplicação de um precedente, súmula ou "jurisprudência" apenas quando as partes previamente se desincumbirem de *seus ônus argumentativos*, demonstrando logicamente a congruência entre os fatos do precedente e os do caso concreto.[383]

Qualquer interpretação diversa revelaria o puro desconhecimento da realidade pela qual passa o Judiciário brasileiro, e contradiria a própria exposição de motivos do projeto de lei que deu origem ao novo *codex*, na qual se coloca como um dos principais objetivos para as respectivas inovações legislativas, no cumprimento da garantia constitucional à razoável duração do processo. É fato notório que as cortes brasileiras já se encontram no limite de sua capacidade instalada, sem perspectivas, num horizonte próximo, de criação de novas Varas e de

---

(376) Ver 7.8 Distinção (*distinguishing*).

(377) Ver 8.4 Equilíbrio entre a complexidade da fundamentação completa com precedentes e a necessária concisão.

(378) Ver 8.6 C R E A C.

(379) Ver 8.7 Como citar um precedente.

(380) Ver 8.1 Dever de fundamentar a aplicação de precedentes ou não aplicação de precedentes invocados analiticamente pela parte sob pena de nulidade — art. 489 do CPC.

(381) *Idem*.

(382) O assunto já foi abordado detalhadamente, em 7 ALGUNS CONCEITOS EM MATÉRIA DE PRECEDENTES.

(383) Ver 8.1.2 Dever de fundamentar quando deixar de seguir súmula, jurisprudência ou precedente invocado pela parte.

cargos de juízes e servidores, embora enfrentando um crescimento exponencial de ajuizamentos e de recorribilidade. Assim, uma fundamentação mais analítica ou exauriente dos precedentes, pelo juiz, adentrando seus fatos e comparando-os com o caso concreto, será reservada aos casos em que o próprio direito estiver efetivamente controvertido, ou seja, as partes se desincumbirem de seu ônus argumentativo demonstrando de que forma o direito se encontra controvertido e justificando a solução proposta, como a comparação fática entre o precedente invocado e o caso concreto.

No entanto, enquanto o sistema principia, tais discussões mais detalhadas são raras, tendendo a perpetuar-se em um primeiro momento, nas decisões de primeiro grau, a praxe argumentativa até agora vigente. Em adição ao fato de partes e seus advogados ainda não terem se adaptado à nova sistemática argumentativa, ainda existem relativamente poucos precedentes estritamente vinculantes (sujeitos a reclamação).

Mas se em regra as mudanças decorrentes da nova sistemática não se fazem já sentidas tão intensamente no primeiro grau, existe algo de impacto imediato, em tal instância de jurisdição?

Temos que sim. Além das ações diretas e súmulas vinculantes do STF, que já possuíam tal natureza vinculante, progressivamente irão se formando outros precedentes vinculantes em sentido estrito, elencados no art. 988 do CPC, cuja inobservância poderá surpreender o julgador com o ajuizamento de reclamações. Ademais, ante os termos dos arts. 926 e 927 do CPC, é responsabilidade de todas as instâncias a manutenção da estabilidade e uniformidade da jurisprudência, razão pela qual o julgador deve também estar atento e observar a todos os demais precedentes obrigatórios do art. 927 do CPC, ainda que ausente a coercibilidade da reclamação. Trata-se de uma mudança de atitude perante a jurisprudência, cedendo em entendimentos pessoais vencidos ou superados regionalmente ou nacionalmente, em prol da segurança jurídica e coerência do sistema, beneficiando o jurisdicionado.

Tal mudança de atitude não deve se limitar apenas aos precedentes obrigatórios ou vinculantes, mas englobar a jurisdição e a jurisprudência como um todo. O princípio da uniformidade e estabilidade da jurisprudência irradia do art. 926 do CPC para todo o sistema (ver, e.g., art. 489, § 1º, VI, que impõe o dever de fundamentação mesmo quanto à jurisprudência persuasiva invocada pela parte),[384] devendo o julgador sempre ter em mente o direito do jurisdicionado de receber o mesmo tratamento jurídico em situações idênticas.

Em tal senda, para garantir isonomia aos jurisdicionados, as questões de direito relevantes tendem a ser unificadas, razão pela qual, na dúvida entre duas correntes igualmente defensáveis, presume-se mais recomendável aderir à majoritária. Da mesma forma na dúvida entre seguir um julgado invocado pela parte e um entendimento pessoal, se ambos forem igualmente defensáveis e para a mesma situação de fato, deve-se presumir preferível a adoção da decisão que se harmoniza com os julgados já existentes na mesma jurisdição, ainda que persuasivos — salvo se houver argumento decisivo em contrário. Naturalmente, podem surgir casos onde a situação concreta seja diversa, recomendando solução diferente daquela do precedente, e portanto sua não aplicação por *distinguishing*, independente de tal precedente ser vinculante ou não.

Ante o exposto, verifica-se que em que pese reduzido o impacto imediato dos precedentes vinculantes sobre o trabalho do juiz de primeiro grau, o conhecimento dos limites e dinâmica dos precedentes permearão doravante toda a atividade judicante, se fazendo vital para o enfrentamento das situações que se tornarão cada vez mais comuns, mesmo na jurisdição de primeiro grau. Vejamos um exemplo, a seguir.

---

(384) Ver a ressalva condicionando tal dever ao ônus argumentativo prévio da parte, em 8.1.2 Dever de fundamentar quando deixar de seguir súmula, jurisprudência ou precedente invocado pela parte.

10.3.1. Exemplo de argumentação com precedentes, sob o ponto de vista do primeiro grau de jurisdição

As situações em que o conhecimento da dinâmica dos precedentes guiará o raciocínio do julgador serão progressivamente mais frequentes, principalmente à medida que se tornarem mais numerosos os precedentes vinculantes ou obrigatórios. Mas tal raciocínio não se limita a decisões quanto a seguir ou não seguir determinado precedente, podendo surgirem situações, a qualquer momento, em que uma análise mais crítica da jurisprudência se torne necessária.

Vejamos um exemplo, atinente a uma prestação de informações em conflito de competência, que envolveu interessante questão precedencial.

Na unidade onde atuamos como juiz do trabalho, surgiu um caso emblemático de descumprimento de uma ordem judicial de reintegração de um trabalhador legalmente dotado de estabilidade no emprego, na qualidade de dirigente sindical.[385] Foram reiteradas as determinações de efetiva reintegração, sob pena de persecução criminal dos responsáveis pela desobediência e de multa coercitiva do art. 536, § 1º, e 537, *caput*, do CPC. Não surtindo efeito a advertência para ensejar o correto cumprimento completo da ordem, mesmo com o comparecimento de oficial de justiça acompanhado de força policial (simulou-se o cumprimento momentaneamente, mas no próximo dia mandaram o trabalhador "aguardar em casa") passou-se de imediato à execução provisória da multa, na forma do § 3º do art. 537 do CPC. Afinal, a imediatidade da coerção pecuniária é uma das poucas medidas efetivas para compelir ao cumprimento, a exemplo deste caso, onde as demais medidas falharam. Feito o bloqueio do valor em conta bancária da ré, este resultou frustrado, razão pela qual expedido mandado de arresto de créditos de tal empresa junto a um tomador de serviço, pelo valor da multa (que neste momento já havia sido confirmada pelo correspondente Tribunal Regional do Trabalho, ainda em valor substancial).

No entanto, sobreveio liminar do Superior Tribunal de Justiça em conflito de competência com o juízo da recuperação judicial, recentemente deferida à ré, suspendendo quaisquer atos expropriatórios na reclamação trabalhista e designando o juízo da recuperação para resolver provisoriamente eventuais medidas urgentes. Para exemplificar o "*firme entendimento no sentido de que é do Juízo de falências e recuperações judiciais a competência para o prosseguimento dos atos de execução decorrentes de processos movidos contra o devedor*," foram transcritas as seguintes ementas:

> CONFLITO DE COMPETÊNCIA. JUÍZO DA EXECUÇÃO FISCAL E JUÍZO DA VARA DE FALÊNCIAS E RECUPERAÇÕES JUDICIAIS. EMPRESA SUSCITANTE EM RECUPERAÇÃO JUDICIAL. COMPETÊNCIA DO JUÍZO FALIMENTAR PARA TODOS OS ATOS QUE IMPLIQUEM RESTRIÇÃO PATRIMONIAL. 1. As execuções fiscais ajuizadas em face da empresa em recuperação judicial não se suspenderão em virtude do deferimento do processamento da recuperação judicial, ou seja, a concessão da recuperação judicial para a empresa em crise econômico-financeira não tem qualquer influência na cobrança judicial dos tributos por ela devidos. 2. Embora a execução fiscal, em si, não se suspenda, são vedados atos judiciais que reduzam o patrimônio da empresa em recuperação judicial, enquanto for mantida essa condição. Isso porque a interpretação literal do art. 6º, § 7º, da Lei n. 11.101/05 inibiria o cumprimento do plano de recuperação judicial previamente aprovado e homologado, tendo em vista o prosseguimento dos atos de constrição do patrimônio da empresa em dificuldades financeiras. Precedentes. ... (CC 116.213/DF, Rel. Ministra Nancy Andrighi, Segunda Seção, julgado em 28.09.2011, DJe 05.10.2011).

> CONFLITO DE COMPETÊNCIA. RECUPERAÇÃO JUDICIAL. EXECUÇÃO FISCAL. PRINCÍPIO DA PRESERVAÇÃO DA EMPRESA. 1) Apesar de a execução fiscal não se suspender em face do deferimento do pedido de recuperação judicial (art. 6º, § 7º, da LF n. 11.101/05, art. 187 do CTN e art. 29 da LF n. 6.830/80), submetem-se ao crivo do juízo universal os atos de alienação voltados contra o patrimônio social das sociedades empresárias em recuperação, em homenagem ao princípio da preservação da empresa. ... (CC 114.987/SP, Rel. Ministro Paulo De Tarso Sanseverino, Segunda Seção, julgado em 14.03.2011, DJe 23.03.2011).

---

(385) Omitimos o número do processo, por ora, tendo em vista que ainda não transitado em julgado.

Ao prestar informações historiando a sequência de fatos que levaram à imposição da multa, aproveitamos o ensejo para fundamentar quanto à importância da manutenção da competência acessória desta Justiça Especializada para exercer coerção suficiente para compelir o cumprimento de suas ordens judiciais, sob pena de se conferir a empresas em recuperação judicial salvo-conduto para descumprir ordens judiciais sem sofrer sanções. A questão posta — vital para a efetividade e respeitabilidade do Poder Judiciário, nos tão frequentes casos de recuperação judicial — foi a seguinte: Como compelir uma empresa em recuperação judicial cumprir uma ordem judicial? Solicitando auxílio policial? No caso em comento, tal medida foi utilizada, mas não foi o suficiente, tendo sido utilizados subterfúgios para esvaziar o cumprimento da liminar. Possuiriam empresas em recuperação judicial *carte blanche* para descumprir ordens judiciais?

Entendemos que não. O Poder Judiciário de um Estado de Direito deve dispor de meios suficientes para a coerção dos indivíduos resistentes ao cumprimento de suas ordens, inclusive empresas em recuperação judicial, cuja benesse prevista na lei objetiva o reequilíbrio econômico de quem se porta conforme a lei, a fim de que se recupere de tempos difíceis e continue a gerar emprego, mas nunca que use a lei como escudo para cometer atos ilícitos, inclusive aqueles em tese tipificados como crime de desobediência.

Em tal contexto, haveria **diferença fática essencial, que distinguiria tal caso das hipóteses fáticas abrangidas pela *ratio decidendi* dos acórdãos antes transcritos, tornando-os inaplicáveis ao caso concreto aqui exemplificado**. Em tais precedentes se discutia a possibilidade de constrição de bens de uma empresa em recuperação judicial por força de execuções fiscais — portanto meras obrigações de pagar, refletindo interesse público secundário arrecadatório do Estado. Aqui, entretanto, se tratava do interesse público primário do Estado de Direito em fazer cumprir as leis e suas decisões judiciais em favor da sociedade — não se trata neste processo de um mero crédito, como o crédito tributário (que em que pese ser privilegiado, ainda assim sua natureza é creditícia).

Tal conflito de competência decorria de uma ordem judicial de fazer, e tais ordens necessitam acessoriamente de meios de coercibilidade, através de multa, sob pena de ineficácia e descrédito. Logo, seria o típico caso para *distinguishing* dos fatos em tela em relação aos dos precedentes citados anteriormente, por tratar o caso em comento de multa pecuniária acessória a uma ordem judicial de fazer, não lhe aproveitando a mesma *ratio decidendi* daqueles precedentes citados, que versavam sobre mero direito creditício da União, sem envolver interesse público primário ou a própria respeitabilidade do Poder Judiciário.

Ademais, além da natureza do valor envolvido (interesse arrecadatório *versus* interesse na imposição de ordens judiciais), outra distinção seria de natureza teleológica ou de política judiciária (*policy argument*). Naqueles precedentes o STJ optou por privilegiar a recuperação da empresa e do emprego, ainda que ao custo de preterir as inúmeras execuções fiscais a que uma empresa recuperanda em apuros financeiros invariavelmente se encontra. No exemplo aqui debatido, entretanto, a ponderação de valores apresenta o resultado oposto: não pode a recuperação financeira do empreendimento servir de pretexto para eximir a empresa do cumprimento de ordens judiciais. Do contrário, uma pessoa jurídica em recuperação judicial estaria praticamente imune, por exemplo, para desacatar um oficial de justiça no exercício de suas funções, *longa manus* do próprio juiz. Na ponderação, pois, entre os bens jurídicos tutelados nos precedentes mencionados e neste exemplo, o bem jurídico aqui seria garantir meios necessários à própria manutenção do Estado de Direito, superior à mera recuperação financeira de um empreendimento privado, ainda mais quando agindo este de má-fé.

10.3.2. Identificando a *ratio decidendi*

A fim de evitar repetições desnecessárias, reportamo-nos ao tópico "Identificando a *ratio decidendi* ou *holding*" (subitem 7.3.2), onde focado tal tema com profundidade.

10.3.3. Quem pode identificar a *ratio decidendi*?

Não nos cabe repetir aqui o que já foi abordado com maior profundidade acima,[386] salvo para reiterar que o juiz de primeiro grau que aplica um precedente não é escravo da literalidade deste. Se com a lei positivada abstrata de há muito se abandonou a ilusão de os juízes poderiam ser meras "boca da lei", aplicando a literalidade de uma legislação "perfeita", com muito mais razão isto se dá com relação aos precedentes. Nestes, o texto não adquire a natureza de lei abstrata e portanto não pode ser interpretado gramaticalmente ou literalmente. O texto do precedente importa, isto sim, para que se apreenda quais foram os fatos que embasaram a decisão (fatos "materiais"), e a partir daí se faça a comparação com os fatos do caso presente, para fins de lhe aplicar a mesma solução ou não.

Quem faz este trabalho comparativo e adaptativo, é o juiz do caso presente. Aliás, como já dissemos antes, por mais que o juiz do precedente se esforçasse, nunca haveria de prever todas as possíveis situações fáticas a serem "cobertas" pelo precedente, acabaria por incidir em problema análogo às lacunas da norma legislada. Em segundo lugar, se a corte do precedente tentasse enunciar uma *ratio* bastante abstrata, excedendo ou desviando de seus fatos originais, tal não seria visto pelas cortes subsequentes como *ratio,* mas sim como *obiter dictum.*

Assim, cabe ao julgador da corte posterior desenvolver um raciocínio indutivo, extraindo do caso particular uma regra, princípio, conclusão jurídica geral o suficiente para permitir sua aplicação para um grupo relevante de situações ou pessoas, mas não a ponto de negligenciar os fatos do caso precedente.

Tal raciocínio não é muito diferente quando se trata de uma súmula. Em que pese na maior parte dos casos o texto da súmula seja suficiente para a compreensão dos seus fatos subjacentes, o intérprete deve ter em mente que não é sua literalidade que vincula, mas sim os precedentes que a súmula representa. Havendo dúvida, não poderá o intérprete promover exegese de seu texto, como se fosse uma lei, mas sim recorrer aos respectivos precedentes, a fim de extrair a original *ratio decidendi* que a súmula se propõe a representar. Mesmo quanto à súmula vinculante constitucional, considerando a cláusula pétrea que estabelece a separação dos poderes, não se pode interpretar o correspondente regramento como autorizando o STF a criar um comando geral e abstrato como uma lei, prerrogativa exclusiva do poder legislativo. Tal súmula vincula, mas não por sua literalidade, e sim também pelo precedente que sumariza, ao qual se deve buscar, quando houver dúvida em relação à aplicabilidade quanto a um caso concreto. Afinal, representando uma decisão judicial, a súmula é sempre concreta (vinculada à solução de um caso concreto, em um contexto fático concreto) e nunca abstrata ou com "vida própria", independente, autônoma em relação ao precedente.

Logo, seja em relação a precedentes, seja em relação a súmulas, tem o intérprete independência funcional para avaliar se tais súmulas ou precedentes efetivamente abarcam o caso concreto (em tal caso aplicando-os, mesmo que pessoalmente não concorde com o respectivo entendimento) trabalho que pode ser óbvio, mas que por vezes será o centro de uma complexa discussão de direito. Assim como existem lacunas na lei, também existirão diversas situações fáticas — em um mundo complexo e rico de novas situações — para as quais inexiste

(386) Ver 7.3.2 Identificando a ratio decidendi ou holding.

qualquer precedente (*case of first impression*), ou para as quais os fatos não se adequam claramente ao espírito do precedente, ainda que a literalidade de sua redação pareça indicar o contrário (*distinguishing*) — situações que impõem a cuidadosa análise e comparação do contexto do precedente e do caso concreto, pelo juiz do caso concreto.

10.4. Raciocinando com precedentes no segundo grau de jurisdição

Enquanto a argumentação analítica com precedentes no primeiro grau será em um primeiro momento naturalmente mais rara ou pontual, temos que no segundo grau de jurisdição, o foco muda de imediato, a partir do CPC de 2015.

Ainda que no primeiro grau o foco seja a obtenção da verdade e extração das consequências jurídicas, o do segundo grau é, no novo sistema, mais jurídico que fático, tendo em vista que "*os tribunais devem uniformizar sua jurisprudência e mantê-la estável, íntegra e coerente*," conforme art. 926 do *codex*. Para fazer isto, necessária — aqui sim — uma revolução. Não se concebe mais que um órgão fracionário de um tribunal julgue contra um entendimento uniformizado pelo próprio tribunal, ou mesmo ignorando entendimentos não vinculantes de outras turmas do mesmo tribunal, sob pena de perpetuar a pulverização e fragilidade da jurisprudência, tornando o art. 926 do CPC letra morta.

Ao divergir de outra turma, portanto, impende que o órgão fracionário suscite o apropriado incidente de recursos repetitivos ou de assunção de competência, a fim de que seja esta divergência unificada, salvo se questão secundária, de somenos importância para deslinde da controvérsia.

Vejamos.

10.4.1. *Stare decisis* horizontal? Impedimento de criar jurisprudência conflitante

O art. 926 e seguintes do CPC de 2015 inauguram um novo paradigma no cuidado dos tribunais com sua própria jurisprudência. Reza tal artigo que "*os tribunais* ***devem*** *uniformizar sua jurisprudência e mantê-la* ***estável, íntegra e coerente***". O verbo "dever" não deixa dúvida quanto à obrigatoriedade de manter a jurisprudência íntegra e coerente, portanto não conflitante ou dispersa.

Diante disso, é inafastável o seguinte questionamento: pode um órgão fracionário de um tribunal simplesmente ignorar acórdãos de seus pares dos outros órgãos do mesmo tribunal, decidindo em contrário, sem qualquer compromisso com a integridade da jurisprudência de tal tribunal? Ou deveria tal órgão fracionário, para discordar, necessariamente se desincumbir do ônus argumentativo quanto aos fundamentos determinantes dos julgados conflitantes, ato contínuo suscitando o colegiado competente para pacificar o conflito jurisprudencial?

Considerando que, em boa hermenêutica, não se podem extirpar palavras do texto ou presumir que sejam supérfluas ou desnecessárias, a obrigatoriedade de uma jurisprudência sistêmica, íntegra e coerente, do art. 926 do CPC, impede que os órgãos fracionários de jurisdição coordenada incorram em jurisprudência conflitante sem suscitar o instrumento adequado para a sua imediata uniformização. Conforme se tratar de matéria repetitiva ou não, seriam cabíveis respectivamente os incidentes de resolução de demandas repetitivas (IRDR) ou de assunção de competência (IAC). Na seara do processo do trabalho, não mais se poderia cogitar do incidente de uniformização de jurisprudência (IUJ) após a revogação da referência legislativa expressa ao

IUJ na CLT (§§ 3º a 6º do art. 896 da CLT) pela Lei n. 13.467/2017 (Reforma Trabalhista). Se no processo civil o IUJ foi substituído pelo IAC e IRDR (conforme existente repetição em massa ou não), no processo do trabalho agora também inexistem quaisquer referências ao IUJ, podendo-se concluir por sua efetiva revogação.

A força do Judiciário em produzir efeitos na vida em sociedade está da força de sua jurisprudência. Se os próprios juízes não respeitam sua jurisprudência, por que haveria a sociedade de fazê-lo?

É por tal razão que nas jurisdições de *common law* existe não apenas o *stare decisis* vertical, ou a observância dos precedentes de órgãos jurisdicionais superiores, mas também o *stare decisis* horizontal, observância de precedentes pela própria corte que os emitiu (salvo nos raríssimos casos de *overruling*), e observância de precedentes de órgãos fracionários de uma corte reciprocamente, sendo os eventuais dissensos levados para uniformização *en banc*, pelos respectivos plenários.(387)

Por exemplo, quanto aos tribunais de "Circuitos" federais americanos, as decisões prolatadas por "painéis"(turmas) de três juízes de segundo grau não podem ser *overruled* por outro "painel" e devem ser observadas por todos os integrantes do respectivo tribunal.(388) Ao contrário da praxe que imperava aqui antes do código de 2015, não se permite nos EUA, à guisa de independência funcional, que turmas de um tribunal ignorem ou divirjam das demais turmas do mesmo tribunal federal. Objetiva-se que a jurisprudência de qualquer composição fracionárias de uma *U.S. Court of Appeals* seja vista como uniforme e vinculante pelos jurisdicionados e juízes de primeiro grau da respectiva jurisdição. Se não fosse uniforme, não haveria como ser vinculante. Do contrário, qual dos entendimentos conflitantes vincularia? Evita-se assim a proliferação de dissenso também entre as cortes de juízes de primeiro grau (*trial courts*) e a desnecessária recorribilidade pelo jurisdicionado.

Lá, havendo divergência irreconciliável de um "painel" em relação a precedentes de outros órgãos fracionários do mesmo tribunal, é acionado o respectivo pleno (*en banc*) para *rehearing* ("re-oitiva" da argumentação das partes no recurso) no caso concreto em que surgida a divergência irreconciliável, a fim de solucioná-la, proferindo novo julgamento para o mesmo recurso, desta vez com a força precedencial da composição plenária do tribunal algo similar a nossa IAC. Em tal sentido a Regra 35 das Regras Federais do Procedimento de Apelação (*Federal Rules of Appellate Procedure* — FRAP) que menciona que o juiz do tribunal pode requerer o julgamento do recurso *en banc*, o que depende da aceitação pela "*maioria dos juízes do circuito.*"(389) Logo, embora as turmas não tenham liberdade para prolatar decisões conflitantes umas com as outras, tampouco estão obrigadas de forma absoluta a seguir o precedente de outra turma da qual discordem, podendo provocar a atuação uniformizadora

(387) Ver, e.g., 4.4 Stare decisis nos EUA — quais julgados vinculam?

(388) KANNAN, Phillip M. The Precedential Force of Panel Law. Marquette Law Review, v. 76, 1993, p. 755-756, (citando mais de uma dezena de acórdãos federais em tal sentido). Disponível em: <http://scholarship.law.marquette.edu/cgi/viewcontent.cgi?article=1666&context=mulr>. Ver ainda 4.4.5.1 Em nível federal, uma turma não pode divergir de outra — mas sim provocar manifestação do pleno (*en banc*).

(389) Regras Federais do Procedimento de Apelação (*Federal Rules of Appellate Procedure* — FRAP) *Rule 35. En Banc Determination (a) When Hearing or Rehearing En Banc May Be Ordered. A majority of the circuit judges who are in regular active service and who are not disqualified may order that an appeal or other proceeding be heard or reheard by the court of appeals en banc. An en banc hearing or rehearing is not favored and ordinarily will not be ordered unless: (1) en banc consideration is necessary to secure or maintain uniformity of the court's decisions; or (2) the proceeding involves a question of exceptional importance. ... (f) Call for a Vote. A vote need not be taken to determine whether the case will be heard or reheard en banc unless a judge calls for a vote.* Disponível em: <https://www.law.cornell.edu/rules/frap/rule_35>.

do pleno, que caso discricionariamente aceite, terá competência funcional para (re)julgar o recurso objeto do dissenso — cuja decisão plenária, aí sim, vinulará a todos os desembargadores do mesmo tribunal.

Aqui no Brasil, como vimos, o art. 926 do CPC de 2015 impõe procedimento similar. A redação é impositiva, não se podendo presumir que uma norma seja meramente programática ou despida de cogência, como uma mera recomendação. Os juízes dos tribunais, a quem tal artigo se destina, são os primeiros que devem extrair de tal norma sua eficácia plena, e não torná-la natimorta. Assim, surgindo uma questão de direito em que a turma com o recurso *sub judice* não consiga concordar com o entendimento sobre a mesma questão já prolatado pelas demais turmas do mesmo tribunal, não poderá simplesmente decidir contraditoriamente ao que outros órgãos fracionários decidiram, como se tais julgados inexistissem. Deverá suscitar o incidente apropriado, IRDR ou IAC, conforme o caso.(390)

Finalmente, caso a turma ou câmara eventualmente decida de forma dissonante, ignorando a jurisprudência contrária de outros órgãos fracionários do mesmo tribunal, deve haver regramento regimental impondo o art. 926 do CPC, determinando a uniformização, *ex officio* ou por provocação das partes. Uma possibilidade interessante é, por analogia ao art. 1.030, II, do CPC,(391) em se percebendo o dissenso interno, ainda que em exame de admissibilidade de recursos aos tribunais superiores, seja o processo devolvido à origem para retratação ou para que seja suscitado o correspondente incidente — IRDR ou IAC. A devolução de recurso de natureza extraordinária ao tribunal de origem quando verificado que a divergência é interna ao tribunal, não entre tribunais, era norma constante do salutar § 4º do art. 896 da CLT, infelizmente revogado pela Lei n. 13.467/2017. Entendemos, entretanto, que a ideia de devolução do recurso pelos tribunais superiores para unificação de sua cizânia interna é benéfica e está implícita no art. 926 do CPC de 2015. Logo, temos que regionalmente os tribunais superiores (em geral, não apenas o TST) podem regular a matéria, baixando recursos à 2ª instância, para que esta cumpra o seu papel, solucionando a divergência interna seja por meio de IAC, seja pelo IRDR.(392)

10.4.2. Na vigência do CPC 1973, a uniformização de jurisprudência e a assunção de competência eram subutilizados

O dever de uniformização de jurisprudência já constava do *codex* processual anterior. Mesmo assim, não estava sendo na prática encarado como obrigatório. O incidente de uniformização de jurisprudência (IUJ) era suscitado raramente, havendo uma geral tolerância dos tribunais com a jurisprudência pulverizada e conflitante. Inexistiam mecanismos que impusessem tal uniformização, tendo sido tradicionalmente raras as súmulas em nível de tribunais de

---

(390) Quanto ao IUJ — incidente de uniformização de jurisprudência, havia corrente majoritária que entendia como não tendo sido revogado no processo do trabalho, tendo em vista os §§ 3º a 6º do art. 896 da CLT, com redação dada pela Lei n. 13.015/2014. No entanto, tais parágrafos foram revogação pela Lei n. 13.467/2017 (Reforma Trabalhista), retirando da CLT a referência expressa ao IUJ. Mais adiante, abordaremos que para aqueles que acatarem a permanência do IUJ pela via regimental, os procedimentos revogados (do CPC de 1973) não podem continuar sendo utilizados, sugerindo-se a adoção de procedimentos similares ao regramento do IRDR e IAC. Ver adiante 10.4.5 Incidente de uniformização de jurisprudência (IUJ) no processo do trabalho — ainda viável por previsão regimental ou retirado do ordenamento jurídico?

(391) Art. 1.030. do CPC — ... *presidente ou ao vice-presidente do tribunal recorrido, que deverá: ... II —* ***encaminhar o processo ao órgão julgador para realização do juízo de retratação****, se o acórdão recorrido divergir do entendimento do Supremo Tribunal Federal ou do Superior Tribunal de Justiça exarado, conforme o caso, nos regimes de repercussão geral ou de recursos repetitivos*; (Incluído pela Lei n. 13.256, de 2016)

(392) Ver adiante 10.4.5 Incidente de uniformização de jurisprudência (IUJ) no processo do trabalho — ainda viável por previsão regimental ou retirado do ordenamento jurídico?

segunda instância. Os tribunais e seus órgãos fracionários se consideravam livres para discordar, mesmo de entendimentos uniformizados ou sumulados pelo próprio tribunal ou cortes superiores, já que tais precedentes se encontravam despidos de eficácia vinculante.

O IUJ do CPC de 1973 se tratava originalmente de incidente que cindia o julgamento de um recurso, ficando a questão jurídica objeto de dúvida ou controvérsia afetada ao pleno ou órgão regimentalmente competente, e uma vez decidido o incidente, prosseguia-se no órgão fracionário, aplicando a tese fixada no incidente e decidindo-se as demais questões do recurso — resultando em uma decisão subjetivamente complexa. Competia a qualquer dos juízes do órgão fracionário, ao dar seu voto, solicitar o "*pronunciamento prévio do tribunal acerca da interpretação do direito*" quando houvesse divergência interna, entre os órgãos fracionários do tribunal (art. 476 do CPC de 1973). Se a turma ou câmara reconhecesse a divergência, seria suspenso o julgamento e lavrado o correspondente acórdão identificando a mesma, com cópia para todos os juízes do tribunal (art. 477). O pleno ou órgão regimentalmente competente faria novo juízo de admissibilidade do incidente e, reconhecendo a divergência, fixaria a tese a ser observada, com cada juiz emitindo seu voto em exposição fundamentada, após a manifestação do chefe do Ministério Público atuante perante o tribunal (art. 478). Caso obtida a maioria absoluta dos membros do tribunal, a tese fixada seria objeto de súmula e constituiria "*precedente na uniformização da jurisprudência*" (art. 479 do código revogado).[393]

Alexandre de Freitas Câmara, à época do código anterior, já previa que, com a positivação do incidente de assunção de competência no § 1º do art. 555 do CPC de 1973 (parágrafo introduzido pela Lei n. 10.352/2001),[394] tenderia o IUJ a se tornar obsoleto, já que a assunção de competência seria mecanismo "*mais eficiente na prevenção ou composição dos dissídios*" jurisprudenciais, pois neste incidente não ocorreria "*uma cisão da competência, mas assunção dela*."[395] Dizia Câmara que enquanto no IUJ um órgão fixava a solução da questão de direito e outro julga o recurso em concreto, em decisão subjetivamente complexa, no IAC a competência para julgamento do próprio recurso seria assumida pelo o pleno ou órgão especial (conforme regimento interno), julgando a causa e não apenas a questão de direito. Tal técnica — antes já existente no Regimento interno do STJ (art. 14) e a partir de 2001 estendida para os demais tribunais — seria, no entender de Câmara, mais célere e efetiva, e por isso prevaleceria.[396]

Tal previsão se concretizou em parte.

---

(393) CPC 1973 — *Art. 476. Compete a qualquer juiz, ao dar o voto na turma, câmara, ou grupo de câmaras, solicitar o pronunciamento prévio do tribunal acerca da interpretação do direito quando: I — verificar que, a seu respeito, ocorre divergência; II — no julgamento recorrido a interpretação for diversa da que lhe haja dado outra turma, câmara, grupo de câmaras ou câmaras cíveis reunidas. Parágrafo único. A parte poderá, ao arrazoar o recurso ou em petição avulsa, requerer, fundamentadamente, que o julgamento obedeça ao disposto neste artigo.*
Art. 477. Reconhecida a divergência, será lavrado o acórdão, indo os autos ao presidente do tribunal para designar a sessão de julgamento. A secretaria distribuirá a todos os juízes cópia do acórdão.
Art. 478. O tribunal, reconhecendo a divergência, dará a interpretação a ser observada, cabendo a cada juiz emitir o seu voto em exposição fundamentada. Parágrafo único. Em qualquer caso, será ouvido o chefe do Ministério Público que funciona perante o tribunal.
Art. 479. O julgamento, tomado pelo voto da maioria absoluta dos membros que integram o tribunal, será objeto de súmula e constituirá precedente na uniformização da jurisprudência. Parágrafo único. Os regimentos internos disporão sobre a publicação no órgão oficial das súmulas de jurisprudência predominante.
(394) CPC 1973 — art. 555. *No julgamento de apelação ou de agravo, a decisão será tomada, na câmara ou turma, pelo voto de 3 (três) juízes.* § 1º *Ocorrendo* ***relevante questão de direito****, que faça conveniente* ***prevenir ou compor divergência entre câmaras ou turmas do tribunal****,* ***poderá*** *o* ***relator*** *propor seja o recurso julgado pelo órgão colegiado que o regimento indicar; reconhecendo o* ***interesse público na assunção de competência****, esse órgão colegiado julgará o recurso* (Incluído pela Lei n. 10.352, de 2001).
(395) CÂMARA, Alexandre de Freitas. *Lições de Direito Processual Civil*. 13. ed. Lumen Juris, 2006. p. 53-54.
(396) *Ibidem*.

O IUJ dos arts. 476 a 479 do *codex* anterior, que já era pouco utilizado em segunda instância, não foi repetido no CPC de 2015 por ser incompatível com o novo sistema um incidente de julgamento abstrato, apenas da questão de direito. Já a assunção de competência do art. 555, § 1º do código revogado, em que pese também fosse subutilizada sob a égide do regime anterior, foi repetida no art. 947 do novo código, incrementada com o efeito vinculante sobre "*todos os juízes e órgãos fracionários*" (§ 3º do mesmo artigo). Presumivelmente, entendeu o legislador ser supérflua a coexistência do IUJ com o IAC, já que este, agora dotado de efeito vinculante e atrelado ao caso concreto, o que é necessário no novo sistema de precedentes, serviria melhor ao espírito do novo regramento. Além de aprimorar o IAC, destinado aos casos não (massivamente) repetitivos, o CPC 2015 introduziu ferramenta de julgamento de controvérsias de direito surgidas em massa, em demandas repetitivas, o incidente de resolução de demandas repetitivas (IRDR — arts. 976 a 987 do novo CPC), também dotado de efeito vinculante.

Tem-se que o legislador optou por sepultar o julgamento de questões de direito em tese — como ocorria no julgamento cindido entre o colegiado do IUJ e órgão fracionário suscitante — substituindo tal instituto pelo sistema IAC-IRDR, dotando de efeito vinculante o julgamento de um caso concreto, em harmonia com a doutrina de precedentes vinculantes absorvida do direito comparado, conforme estivemos expondo anteriormente.

Não que fosse impossível amarrar a tese firmada em IUJ aos fatos subjacentes do acórdão fracionário onde suscitado o IUJ. Entretanto, a experiência demonstrou que os debates de uniformização de jurisprudência, sob este formato em plenário, sem a responsabilidade de julgar o recurso de origem, acabavam resultando em pouco ou nenhum debate pelo colegiado do IUJ acerca das nuances fáticas do caso concreto. Sob tal sistemática, um acórdão de IUJ era algo muito pobre de fundamentação acerca do caso concreto para poder guiar a aplicação (*following*) ou distinção (*distinguishing*) do precedente em comparações com os fatos dos casos concretos futuros. Tal aridez do acórdão que julga um IUJ e dá base a uma súmula contribui para que as súmulas sejam vistas como comandos normativos abstratos, como uma norma legislada (que pejorativamente podemos nominar como "súmula-lei").

Assim, temos que o legislador andou bem em revogar o IUJ, consolidando a uniformização de jurisprudência em segundo grau através do IRDR ou IAC, conforme se tratando de questões de direito repetitivas em massa ou não, dotados de efeito vinculante a todos os juízes da respectiva jurisdição, portanto mais aptos a romper a tradicional dispersão jurisprudencial que motivou a mudança do sistema. Vejamos mais algumas considerações sobre o IAC e o IRDR, para o processo em geral, e posteriormente sobre a revogação tardia do IUJ especificamente no processo do trabalho.

10.4.3. Incidente de assunção de competência — IAC

10.4.3.1. Origem em mecanismo de composição de divergências do STJ

O instituto em tela não é novo e já existia, inicialmente como mecanismo de composição ou prevenção de divergência interna no Regimento do STJ.[397] Em 2001 estendido a

(397) **RISTJ**, Art. 14. "*As Turmas remeterão os feitos de sua competência à Seção de que são integrantes: ... II — quando convier pronunciamento da Seção, em razão da relevância da questão, e para prevenir divergência entre as Turmas da mesma Seção* (na redação atual, dada pela Emenda Regimental n. 24, de 2016, ainda foi acrescida no inciso III referência expressa ao IAC do CPC 2015: "III — *nos incidentes de assunção de competência*"). O Regimento interno do STF também possui dispositivo similar: **RISTF**, Art. 22. *O Relator submeterá o feito ao julgamento do Plenário, quando ... Parágrafo único. Poderá o Relator proceder na forma deste artigo: a) quando houver matérias em que divirjam as Turmas entre si ou alguma delas em relação ao Plenário. b) quando em razão da relevância da questão jurídica ou da necessidade de prevenir divergência entre as Turmas, convier pronunciamento do Plenário.*"

todos os tribunais por força do §1º do art. 555 do CPC de 1973 (introduzido pela Lei n. 10.352/2001).[398] Em tal norma, cabia a assunção da competência para julgar o recurso (o caso concreto recorrido, não apenas a tese de direito) pelo "*órgão colegiado que o regimento indicar*" quando houvesse "*interesse público na assunção de competência*", e "*relevante questão de direito*" que tornasse conveniente "*prevenir ou compor divergência entre câmaras ou turmas do tribunal.*" Em que pese subutilizado sob a égide do CPC de 1973, foi mantido no art. 947 do novo código, mas ganhou importantes novas cores, agora dotado de efeito vinculante sobre "*todos os juízes e órgãos fracionários*" (§ 3º do mesmo artigo). Vejamos seus aspectos mais importantes, conforme o CPC de 2015.

10.4.3.2. Legitimidade e Pressupostos

É o relator quem pode, de ofício ou a requerimento da parte, do Ministério Público ou da Defensoria Pública, requerer a remessa do processo ao colegiado competente, previsto regimentalmente (o plenário, órgão especial, seção etc.). Sua finalidade é afetar um recurso importante ou em que haja divergência jurisprudencial irreconciliável a um colegiado maior, com eficácia vinculante (conforme o § 3º). Pressupõe que, embora não haja repetitividade massiva ("*múltiplos processos.*" — e.g. como ocorreu por ocasião de alguns planos econômico do governo, cujas medidas afetam centenas ou milhares de pessoas), envolva "*relevante questão de direito*", com "*grande repercussão social*" (art. 947, *caput*), ou "*a respeito da qual seja conveniente a prevenção ou a composição de divergência entre câmaras ou turmas do tribunal*" (§ 4º).

10.4.3.3. Inapropriado para processos de massa, mas possível para questões de pouca repetitividade

Diz o art. 947, *caput*, que a assunção de competência é admissível quando a questão de direito em que tela, em que pese de grande repercussão social, não se repita em "*múltiplos processos.*" Em tal caso não seria cabível o IAC, mas sim o IRDR, com a suspensão de tais processos. Da própria literalidade, entretanto, parece-nos claro que não é qualquer repetitividade que afasta o IAC. Afinal, sempre que se pretende prevenir ou compor divergência (§ 4º), é porque alguma repetitividade é passível de existir. Assim, a linha divisória entre o IAC e o IRDR não é a mera repetitividade, mas sim a repetitividade massiva, em números significativos. Tratando-se de questão de direito relevante e que venha a se repetir em alguns casos atuais ou futuros (do contrário, não haveria divergência a solucionar), é cabível o IAC, que é instrumento mais simplificado que o IRDR, já que ausente a suspensão de processos contendo a mesma discussão de direito — característica presente no IRDR, incidente preconizado para enfrentamento das lides de massa.

10.4.3.4. Excepcional repercussão social ou divergência jurisprudencial relevante

No *caput* do art. 947 do CPC consta o cabimento em caso de relevante questão de direito com grande repercussão social. Já no § 4º, novamente consta relevante questão de direito, mas ao invés de grande repercussão social, menciona-se a conveniência de prevenção ou a composição de divergência.

---

(398) CPC 1973 — art. 555. *No julgamento de apelação ou de agravo, a decisão será tomada, na câmara ou turma, pelo voto de 3 (três) juízes.* § 1º *Ocorrendo* ***relevante questão de direito****, que faça conveniente* ***prevenir ou compor divergência entre câmaras ou turmas do tribunal****,* ***poderá*** *o* ***relator*** *propor seja o recurso julgado pelo órgão colegiado que o regimento indicar; reconhecendo o* ***interesse público na assunção de competência****, esse órgão colegiado julgará o recurso* (Incluído pela Lei n. 10.352, de 2001).

A leitura conjunta de tais dispositivos mostra que o IAC cabe: *ou* nos casos de grande repercussão, *ou* quando conveniente prevenir ou compor divergência entre turmas, desde a correspondente questão jurídica não seja irrelevante ou secundária. Colocando-se de outra forma, sempre deverá se tratar de uma questão de direito relevante (não se precisaria acionar o pleno ou outro colegiado competente para uniformizar jurisprudência para questões jurídicas de importância ínfima), aí incluídas as questões de grande repercussão social e as divergências de entendimento entre turmas em uma questão de direito necessária para solucionar o recurso.

Inexistindo ainda divergência jurisprudencial efetiva, entretanto, não se pode sufocar o salutar e necessário debate, antes mesmo que tal debate ocorra. Por tal razão, a hipótese do *caput*, "grande repercussão social" deve ser interpretada estritamente, não como "alguma" repercussão social, ou "qualquer" repercussão social. Temos que para a compreensão correta da expressão "grande repercussão social", em tal contexto, o intérprete deve ter em mente "grande" como sinônima de *excepcional* repercussão social, sob pena de vulgarizar o instituto, dando azo à criação de decisões vinculantes no IAC sem suficiente maturação. Vejamos, com mais detalhe.

10.4.3.5. Foco na composição de dissensos — aspecto preventivo, antes da efetiva ocorrência de divergência, deve ser excepcional

Andou mal o legislador ao colocar no *caput* do art. 947, denotando ser a principal hipótese de cabimento do IAC, a questão de direito "*com grande repercussão social.*" Nessa parte era melhor a redação do código anterior, que no art. 555, § 1º mencionava apenas a "*relevante questão de direito, que faça conveniente prevenir ou compor divergência entre câmaras ou turmas do tribunal*". Questões de grande repercussão social seriam situações excepcionais que, por sua importância, receberiam atenção do órgão que uniformiza jurisprudência, antes mesmo do dissenso surgir, portanto preventivamente. No sistema de precedentes, não é aconselhável que se sufoque o debate jurisprudencial, debate este que é salutar para que se chegue ao momento de uma decisão uniformizadora vinculante de posse de todos os melhores argumentos.

A excessiva aceleração da prolação de uma decisão que corte ou sufoque o debate pode ocasionar que se engesse a jurisprudência antes mesmo que ela exista, em um determinado tema. Assim, não é demais ressaltar que a hipótese do *caput* do art. 947 deve ser vista com cautela e aplicada com prudência, apenas em casos que, em que pese não multitudinários (o que ensejaria IRDR) tenham impacto social muito grande, e.g., cujo efeito possa atingir a muitas pessoas, serviços públicos ou essenciais etc.

Pelos mesmos motivos, a prevenção de dissenso do § 4º do mesmo artigo também deve ser vista com reserva, já que, como dissemos, o debate é salutar e necessário a consolidação da jurisprudência. Assim, não se pode interpretar "*prevenir*" em tal norma como a possibilidade de remeter ao colegiado uniformizador uma questão de direito nova, antes mesmo de ser decidida por ao menos um órgão fracionário. Entendemos que "prevenir" se refere à possibilidade de uma turma, ao notar que iria decidir contra o entendimento já prolatado por outra turma — o que é vedado pelo art. 926 do CPC — suspenda o julgamento e o remeta a tal colegiado ampliado, evitando que o dissenso se forme, mediante prolação de um acórdão em IAC, vinculante.

10.4.3.6. Dever de uniformizar — não mera conveniência discricionária

Não podemos olvidar da obrigatoriedade de jurisprudência coerente e não conflitante (art. 926 do CPC: "*Os tribunais devem uniformizar sua jurisprudência e mantê-la estável, íntegra e coerente*"). Assim, em uma óbvia interpretação sistemática dos arts. 947 e 926 do CPC, se percebe que o legislador incorreu em erro ao não retificar o texto herdado do art. 14 do Regimento Interno do STJ e do § 1º do art. 555 do CPC de 1973. Se a uniformização é obrigatória, não pode justamente o instrumento que se propõe a realizá-la ser tido como facultativo, conforme "*conveniente a prevenção ou a composição de divergência entre câmaras ou turmas do tribunal*" (CPC 2015, art. 947, § 4º). Seria possível ter como um juízo de conveniência apenas o eventual uso para prevenção de um dissenso ainda inocorrido (veremos adiante que tal prevenção não é recomendável), mas nunca para um dissenso existente. Trata-se de um deslize técnico, tendo-se copiado o texto do código anterior, de época em que inexistia o sistema de precedentes vinculantes, portanto incompatível com o sistema atual. No § 4º de tal artigo, ao invés de "*conveniente,*" devemos ler "*necessária*".

Assim, em uma leitura sistemática do art. 947 com o art. 926 do CPC, havendo dissenso jurisprudencial efetivo, estando um órgãos fracionários inclinado a prolatar decisão em conflito com o entendimento já externado por outro órgão do tribunal, *deverá necessariamente* o respectivo relator propor "*que seja o recurso, a remessa necessária ou o processo de competência originária julgado pelo órgão colegiado que o regimento indicar*" (§ 1º). Com isso, evita-se a ofensa ao art. 926 do CPC, assim como a derrocada de todo o novo sistema, que de nada valeria se os órgãos fracionários pudessem livremente decidir de forma conflitante.

10.4.3.7. Efeito vinculante e vantagem sobre o antigo IUJ

Comparando-se o IAC à antiga sistemática do IUJ, tem-se duas principais vantagens daquele sobre este. Primeiramente, o julgamento do IAC não é cindido em uma apreciação do direito em tese pelo pleno ou órgão especial, pouco preocupada com os fatos concretos do caso, como ocorria no IUJ, dificultando sua compatibilização com o sistema atual, que ancora a aplicabilidade de um precedente a casos futuros conforme a similaridade relevante entre os fatos de um e outro.[399] Finalmente, destaca-se a atribuição do efeito vinculante ao "*acórdão proferido em assunção de competência vinculará todos os juízes e órgãos fracionários,*" salvo se houver "revisão de tese" (*overruling*). Um instrumento de uniformização de jurisprudência sem efeito vinculante não estaria dotado da necessária força para mudar a longa tradição jurídica pátria de inobservância dos precedentes.

10.4.4. Incidente de resolução de demandas repetitivas — IRDR

A crônica crise do Judiciário brasileiro — com a elevadíssima recorribilidade e incontrolável dispersão jurisprudencial que sobrecarregam todo o sistema — levou a várias tentativas de reforma dando progressivamente mais força à jurisprudência, sem entretanto solucionar o problema. Não era incomum que as mesmas questões de direito, até mesmo quando já pacificadas nas cortes superiores, tivessem de ser julgadas novamente, *ad infinitum*, milhões de vezes, em sucessões de recursos que obtinham nas instâncias inferiores resultados díspares em razão da falta de vinculação aos precedentes.[400] Em tal grave contexto, nem mesmo a vinculação aos precedentes, isoladamente, resolveria o problema, tendo em vista o longo tempo que leva a formação de um precedente nos tribunais superiores, portanto apto a pacificar a

---

(399) Ver extensa exposição sobre o tema, em 7.3.2.6 Regras de Relevância — a caracterização dos "fatos materiais" com maior ou menor abstração — categorias de assimilação — Schauer.
(400) Ver 3.1 Crise do sistema — explosão de recorribilidade — Poder Judiciário sobrecarregado e uma visão de processo exaurida.

jurisprudência nacionalmente. Seria preciso alguma ferramenta que acelerasse a formação de precedentes em casos multitudinários e gerasse economia processual. Tal economia se daria pela sustação de um trâmite desnecessário, enquanto estivesse em formação tal precedente, bem como pela aplicação imediata aos demais casos idênticos, sem por outro lado sufocar o debate jurisprudencial prematuramente, antes mesmo que se iniciasse. Nos países de *common law*, tal ferramenta inexiste, havendo de um lado a observância obrigatória de precedentes, por outro as ações coletivas (*class action*, nos EUA), mas não um instrumento de aceleração da formação e aplicação de precedentes em casos de massa. A inspiração mais próxima acabou sendo tomada do "procedimento-modelo" alemão, com a ideia da utilização de uma causa--piloto, mas aqui restringindo-se o julgamento centralizado à matéria de direito. Vejamos.

10.4.4.1. Inspiração alemã — procedimento-modelo (Musterverfahren)

Leciona Dierle Nunes que a principal inspiração no direito comparado para a o IRDR foi o procedimento-modelo (*Musterverfahren*) alemão.(401) Narra o autor que o instituto surgiu em razão de demandas repetitivas de aproximadamente 15 mil acionistas que teria sido prejudicadas por informações falsas a respeito do patrimônio da Deutsche Telekom (DT), todas perante a corte distrital de Frankfurt (foro da bolsa de valores pertinente), envolvendo mais de setecentos e cinquenta advogados diferentes, e pedidos superiores a cento e cinquenta milhões de euros. Como se passaram três anos sem que uma única audiência fosse designada, parte dos autores apresentou queixa ao Tribunal Constitucional Federal por negativa de acesso à justiça, queixas que, ainda que rejeitadas, provocaram a atuação do legislador, que criou a lei de procedimento-modelo para o mercado de capitais (*KapitalanlegerMusterverfahrengesetz* — KapMuG, em 2005). Tal lei foi a seguir incorporado ao *Zivilprozessordnung* (ZPO).(402)

Como principais características do procedimento-modelo, pode-se dizer que se trata de um incidente (e não um processo autônomo como uma ACP ou *class action*) em que escolhido um "processo representante" (que cubra o maior número de questões fáticas e jurídicas da controvérsia), suspendendo-se as demais ações em 1ª instância, instruindo-se a demanda perante o tribunal, com audiências, produção de provas, e decisão resolvendo as questões de *fato e de direito* (não apenas o direito), e aplicando-se o padrão decisório. Este, não é aplicado mecanicamente, mas sim como um ponto de partida, um princípio de julgamento, podendo ser complementado por contraditório adicional nas causas sobrestadas, emitindo-se a correspondente decisão em cada uma.(403)

10.4.4.2. Nos EUA, as lides de massa são equacionadas de um lado pelo stare decisis, *do outro pelas* class actions

Em nosso sistema, as lides de massa não eram solucionadas, quanto ao direito aplicável, de forma racional, já que as mesmas questões de direito faziam toda a *via crucis* até os tribunais superiores, que julgavam milhares de vezes as mesmas questões. Quanto ao ajuizamento, a Lei da Ação Civil Pública e o Código de Defesa do Consumidor não foram capazes de criar

---

(401) NUNES, Dierle. *O IRDR do Novo CPC*: este "estranho" que merece ser compreendido. Justificando.com, 18.02.2015, disponível em <http://justificando.cartacapital.com.br/2015/02/18/o-irdr-novo-cpc-este-estranho-que-merece-ser-compreendido/>.

(402) *Ibidem*.

(403) *Ibidem*.

uma ação coletiva que se difundisse a ponto de concentrar as lides de massa, em razão do rol limitado de legitimados. Lides com milhares de lesados por situações fáticas em comum continuam sendo ajuizadas em regra individualmente, abarrotando as cortes.

Nos EUA, os dois lados de tal cálculo são equacionados pelo *stare decisis* e pelas *class actions*.

Lá, por um lado tem-se a jurisprudência vinculante, que traz a segurança jurídica de que um determinado precedente das cortes superiores será aplicado em todas as instâncias inferiores. Tal desestimula o ajuizamento bem como a recorribilidade contra entendimento pacificado,(404) até porque as ações têm custo muito alto, e partes e advogados podem ser duramente penalizados por uma lide temerária, tornando uma aventura jurídica muito cara e perigosa.

No outro ângulo de tal raciocínio, tem-se que as ações coletivas americanas (*class actions*) são mais convidativas para a concentração das lides de massa do que as ações civis públicas brasileiras. Não estamos aqui defendendo as *class actions*, até porque a própria doutrina americana as tem criticado com relação a abusos cometidos pelos advogados que as patrocinam e o pouco ou nenhum controle exercido pela classe dos individualmente lesados. Nos limitamos aqui a constatar que, do ponto de vista sistêmico, as *class actions* se popularizaram como instrumento de lides de massa, diminuindo a pulverização dos ajuizamentos e obtendo grande eficácia social, já que grandes empresas preferem sanar espontaneamente ou mesmo preventivamente os vícios ou lesões apontados nas *class actions*, do que arcar com os graves impactos de um *judgment* negativo em tais ações, aliado à publicidade negativa e prejuízo à imagem. Quanto ao número de ajuizamentos, considerando o alto custo de um processo individual em tal sistema, é natural que muitas lesões em massa, individualmente, não compensariam o ajuizamento. Tal nicho de litigiosidade é naturalmente assumido por escritórios de advocacia que bancam o custo de tal lide em prol de uma classe numerosa de individualmente lesados, visando a obter retorno vultoso, em caso de procedência, dado o grande porte de tais ações.(405)

10.4.4.3. Ação civil pública é insuficiente para racionalizar as lides de massa — o IRDR é a nova aposta para equacionar a questão

Como dissemos antes, a perversa combinação de uma livre dispersão jurisprudencial, ausência de instrumentos efetivos para a pacificação dos entendimentos, e o insuficiente uso das ações coletivas para concentrar as lides de massa, levaram nosso sistema judiciário à exaustão,

(404) Salvo se existir um bom argumento para *distinguishing,* ou em caso de dissenso (*split*) entre as cortes supremas estaduais ou circuitos federais, ou ainda, em raríssimas hipóteses, no caso de precedentes antigos para os quais o contexto social os tornou obsoletos, *overruling*.

(405) Nas *class actions* indivíduos lesados em direitos individuais homogêneos, coletivos ou difusos, ajuízam em pequenos grupos de *named plaintiffs* (autores efetivamente presentes, nominados na lide) e pedem a "certificação" como representantes de toda a classe de autores (determinável ou mesmo indeterminada) que tenham sofrido a mesma lesão. De acordo com a Regra Federal de Processo Civil — FRCP 23(a), "Um ou mais membros de uma classe pode acionar ou ser acionado como parte representante de todos os membros da classe somente se: (1) *a classe for tão numerosa que o litisconsórcio [joinder] de todos os membros seria impraticável* [NUMEROSIDADE — *numerosity*]; (2) *houver questões de direito e de fato comuns a toda a classe* [COMUNHÃO DE QUESTÕES — *commonality*]; (3) *demandas [claims] ou defesas das partes representantes forem típicas das demandas ou defesas da classe* [TIPICIDADE — *tipicality*]; (4) *e as partes representantes forem justa e adequadamente proteger os interesses da classe* [REPRESENTAÇÃO ADEQUADA — *adequacy*]. FRCP 23(a), disponível por exemplo em: <https://www.law.cornell.edu/rules/frcp/rule_23>.

morosidade e falta de efetividade, com a proliferação do ajuizamento multitudinário de ações idênticas, assim como da subida de milhares ou milhões de recursos contendo as mesmas questões de direito. Vemos, e.g., nossas varas da Justiça Estadual abarrotadas por ações de operadoras de telefonia ou outros "grandes litigantes", em ações que poderiam ter sido concentradas em uma lide coletiva desonerando o sistema. A situação é similar na Justiça Federal, com inúmeros questionamentos repetitivos de atos do governo, seja em matéria de servidor público, tributos, planos econômicos, etc. Já na Justiça do Trabalho, a intensa variedade fática de cada caso dificultaria o ajuizamento coletivo, mas a falta de uniformidade vinculante quanto a questões de direito comuns a milhares destes processos ajuda a abarrotar os seus tribunais regionais e o TST.

Em todos os casos, o amplo acesso à Justiça proporcionado pelo custo relativamente baixo ou a gratuidade de justiça (necessários em um país de péssima distribuição de renda como o nosso), aliado ao baixo uso das ações coletivas e a elevada dispersão jurisprudencial — acabam fazendo com que o sistema seja onerado com milhares ou milhões de ações ou recursos praticamente idênticos.

No CPC de 2015, a intenção era enfrentar o problema das lides de massa pelos dois lados. Democratizaram-se as ações coletivas pela possibilidade de conversão da lide individual em coletiva, como ocorre nas *class actions* (que iniciam como individuais, até que aceitas e "certificadas" em favor de uma classe), bem como trouxeram o efeito vinculante a um rol considerável de decisões judiciais e criaram um instituto original, inspirado no procedimento-modelo alemão, o incidente de resolução de demandas repetitivas — IRDR. Como a conversão das ações individuais em coletivas foi vetada pela Presidência da República (que optou por postergar a solução de tal problema para uma legislação específica sobre lides coletivas), mais importância ainda ganha o IRDR, no esforço para racionalizar as lides de massa.

10.4.4.4. IRDR x IAC

O incidente de assunção de competência (IAC) é o sucessor natural do antigo IUJ. Trata-se de incidente hábil a deslocar a competência funcional a um colegiado superior para dirimir divergência jurisprudencial entre órgãos fracionários (bem como para questões de excepcional repercussão social[406]). É o instituto do atual CPC que mais se aproxima do sistema de precedentes vinculantes dos países de *common law*, onde se julga um caso concreto cujo entendimento vincula as decisões posteriores dos juízes da mesma instância e instâncias inferiores, da respectiva jurisdição. Já o IRDR incorpora tal técnica, mais a imediata aplicabilidade a múltiplos casos pendentes sobre a mesma questão, que têm seu trâmite suspenso no aguardo da fixação do entendimento sobre a correspondente questão de direito. As diferenças entre IAC e IRDR decorrem dessa aplicabilidade imediata a múltiplos casos pendentes, típica deste último. Vejamos.

10.4.4.5. Natureza de incidente processual, dependente de um caso concreto

O incidente de resolução de demandas repetitivas — IRDR — é *incidente processual e recursal*, já que pode ser suscitado pelo juiz, ainda que em primeira instância (art. 977, I, do CPC) e a tese fixada se aplica de imediato a todos os casos pendentes na área de jurisdição

(406) Ver "10.4.3.4 Excepcional repercussão social ou divergência jurisprudencial relevante" e "10.4.3.5 Foco na composição de dissensos — aspecto preventivo, antes da efetiva ocorrência de divergência, deve ser excepcional".

do respectivo tribunal, ainda que em primeira instância (art. 985, I, do CPC). Já o IAC, em que pese não possa ser suscitado na primeira instância de jurisdição, também é incidente processual e recursal, já que se aplica tanto a recursos, quanto à remessa necessária ou processo de competência originária do tribunal (art. 947, *caput*, do CPC). Por outro lado, resta claro que o IRDR não se trata de recurso nem de ação autônoma, inclusive independendo da iniciativa das partes, podendo ser suscitado mesmo pelo juiz ou relator, *ex officio* (art. 977, I, do CPC). Trata-se, assim, de mero incidente, dependente inicialmente de um processo em concreto onde suscitado. Como já discorremos longamente antes, a estrita vinculação aos fatos do caso concreto é um a garantia democrática de separação entre os poderes e do juiz natural, impedindo o juiz de camufladamente legislar. A função precípua do julgador é julgar um caso concreto, e o precedente vinculante dá a esta solução do caso concreto efeitos futuros ou, nos julgamentos de casos repetitivos, também efeitos presentes junto aos casos repetitivos pendentes. Se decidir abstratamente, estará o juiz invadindo a seara do legislador, sem no entanto submeter-se ao sufrágio popular e ao processo legislativo, através do qual se espera que as escolhas legislativas sejam controladas pela sociedade.

10.4.4.6. Desistência ou abandono pelas partes do caso concreto — necessidade de manter um caso concreto afetado ao incidente

Sua natureza ganha um contorno *sui generis* no caso de desistência pelas partes do caso concreto em que suscitado. Tendo em vista o aspecto objetivo e interesse público na resolução de um conflito cujo interesse transborda a lide meramente individual, dizem os §§ 1º e 2º do art. 976 do CPC que "*a desistência ou o abandono do processo não impede o exame de mérito do incidente*", em tal caso devendo o Ministério Público assumir a titularidade do incidente.

Entretanto, isto não dá carta branca para que os juízes do colegiado competente julguem abstratamente, desvinculados dos fatos "materiais" ou necessários que constavam do processo concreto abandonado ou desistido. Do contrário, como aplicar posteriormente a tese de um IRDR que não tem fatos? Interpretando-a por seu texto literal, como uma lei? Como verificar a aplicabilidade de "*precedente invocado pela parte, sem demonstrar a existência de distinção* [fática] *no caso em julgamento*" (art. 489, § 1º, VI, do CPC) em relação a tal precedente, se tal precedente não estiver ancorado em fatos? Seria o princípio do fim de nosso nascente sistema de precedentes. Nos países de *common law*, a aplicação inteligente da experiência adquirida nos precedentes — comparando seu contexto fático com o contexto dos novos casos — foi o que permitiu a longevidade milenar do sistema. Aqui, se transigirmos quanto à exigibilidade de vinculação aos fatos de *todos os precedentes, sem exceção*, abriremos brechas para que acabemos aplicando entendimentos gerais e abstratos, sob a máscara de precedentes judiciais, na realidade ilegítimas formas de legislação.

Em tal contexto, como resolver tal grave problema, tendo em vista que o legislador não cuidou de esclarecer tal dúvida ao redigir os §§ 1º e 2º do art. 976 do CPC? Parece-nos que interpretar tais parágrafos extensivamente — entendendo dispensável o caso concreto afetado em caso de desistência ou abandono das partes — não seria uma hipótese viável.

Em primeiro lugar, o próprio regramento do IRDR, no art. 978, parágrafo único, do CPC, prevê que o órgão colegiado competente para julgar o incidente e de fixar a tese jurídica "*julgará igualmente o recurso, a remessa necessária ou o processo de competência originária de onde se originou o incidente*". Logo, há norma expressa vinculando a decisão no incidente à simultânea decisão no caso concreto afetado, sem qualquer exceção. Em segundo lugar, todo novo regramento de precedentes depende da comparação das circunstâncias fáticas dos precedentes e do caso concreto, para viabilizar sua aplicação (*following*) ou distinção (*distinguishing*) (ver, e.g., art. 489, § 1º, VI, do CPC). Finalmente, permitir que o colegiado uniformizador decida em abstrato, sem a vinculação a um caso concreto afetado, tornaria sua decisão inútil para fins de uniformização. Sendo desnecessária para resolver um caso concreto, seria *obiter dictum*, portanto não integrando os fundamentos determinantes ou *ratio decidendi*, conforme a doutrina pacífica em matéria de precedentes.

Dispensar a presença de um caso concreto afetado, quando houver desistência ou abandono, seria um erro hermenêutico, em termos de interpretação sistemática e teleológica. Assim, restam duas possibilidades hermenêuticas:

> (1) **Estaria a homologação de uma desistência ou a extinção por abandono obstados até o trânsito em julgado do IRDR**. Em razão do interesse público, que ultrapassa a lide individual, o Ministério Público assumiria a titularidade do incidente (§§ 1º e 2º do art. 976 do CPC), e reflexamente, de forma restrita apenas para fins de instrução do incidente, a titularidade do caso concreto afetado, à semelhança do que já ocorre com as ações civis públicas, onde na "*desistência infundada ou abandono da ação por associação legitimada, o* ***Ministério Público ou outro legitimado assumirá a titularidade ativa***" (Lei n. 7.347/1985, art. 5º, § 3º).
>
> (2) Caso se homologasse a desistência do caso concreto afetado, **bastaria afetar um novo caso concreto,** dentre os diversos casos suspensos no aguardo da resolução do incidente.

Tem-se como aceitável tanto uma hipótese como a outra, as quais inclusive não são excludentes, podendo o relator incumbido do incidente optar por qualquer uma destas opções, mas nunca permitir que o incidente prossiga sem um caso concreto afetado. Logo, confirma-se que o IRDR é um incidente de natureza concreta, dependente de um processo efetivamente pendente de julgamento, e nunca abstrato ou autônomo, ainda que as respectivas partes pretendam desistir ou abandonar o processo, o que seria suprido através da intervenção do Ministério Público, com ou sem a afetação de mais um caso concreto.

10.4.4.7. Cabimento

Ao contrário do paradigma "procedimento-modelo" alemão, onde no processo-piloto são dirimidas questões de direto e de fato comuns, gerando um padrão decisório a ser adaptado a cada caso concreto,[(407)] no IRDR apenas questões comuns de direito são dirimidas. De acordo com o art. 976, I, II, e § 4º, do CPC, existem quatro pressupostos a serem observados para aferir o cabimento do incidente, três positivos e um de ordem negativa: (1) controvérsia sobre a mesma questão unicamente de direito; (2) efetiva repetição de processos que contenham tal controvérsia de direito comum; (3) que cause risco de ofensa à isonomia e à segurança jurídica; (4) desde que inexista em tribunal superior, no âmbito de sua competência, afetação de recurso para definição de tese sobre a mesma questão de direito.

> (1) **Controvérsia sobre a mesma questão "unicamente de direito"**: Não podemos olvidar que o direito, aplicado em um caso concreto, nunca está em seu estado "puro", em tese, dissociado dos fatos. O direito se examina de forma abstrata apenas nas ações

---

(407) Ideia não tão distante de nossa ação civil pública, onde a sentença coletiva (genérica, conforme art. 95 do CDC) acerca de direitos individuais homogêneos em regra necessita, em sede de liquidação, instrução incidental quando à peculiaridade fática de cada substituído, a fim de apurar o *quantum* devido a cada um.

de controle concentrado de constitucionalidade. Nos demais casos, sempre há o contexto fático como pano de fundo, e é nesse contexto fático que se forma o precedente que se pretende tenha efeito vinculante. O direito debatido alheio aos fatos "materiais" ou necessários do caso concreto não integra os *fundamentos determinantes, holding* ou *ratio decidendi*, constituindo isto sim *obiter dictum*, sem valor vinculante precedencial. Logo, quando se fala em "questão de direito", a norma não se refere ao direito em abstrato, mas a aplicação do direito aos fatos do caso concreto, qual a qualificação ou consequência jurídica dada ao conjunto de fatos do caso concreto à vista das normas legisladas ou jurisprudenciais já existentes. Assim, não cabe IRDR para debater, e.g., a ***existência*** de um fato comum a múltiplas vítimas (e.g. houve falha humana quanto a um acidente aéreo ou no desabamento de uma ponte? — este debate fático poderia ocorrer no "procedimento-modelo" alemão, mas não aqui). Caberia IRDR, entretanto, para aferir a ***qualificação jurídica*** *de um fato comum* (e.g. foi ilícita a retenção da poupança por ocasião do Plano Collor?) ou de *fatos enquadráveis em uma mesma categoria* (e.g. as vendas inadimplidas podem ser excluídas da base de cálculo dos tributos X e Y?). Assim, o direito no caso concreto afetado (caso-teste ou caso-piloto) será dirimido à vista dos fatos de tal caso concreto, ainda que tendo em mente a repetitividade de tais fatos em outros processos, com a mesma dúvida jurídica. Entretanto, como veremos, a aplicação da tese do IRDR aos demais casos sobrestados ou aos casos futuros não é automática, dependendo da correspondência do contexto fático destes com o contexto fático do caso paradigma. Logo, vê-se que o IRDR resolve a questão de direito, mas em um contexto concreto, dependente dos correspondentes fatos, inexistindo debate em tese, abstrato.

(2) **"Efetiva" "repetição" de processos que contenham tal controvérsia de direito comum**: Inicialmente, salta aos olhos a palavra "efetiva". Isto quer dizer que inexiste a finalidade de prevenir a repetição. Deve já existir repetição, não apenas um potencial futuro de se multiplicarem os processos. Inclusive, alguma repetição é até desejável, já que o debate jurisprudencial é salutar, e não deve ser engessado prematuramente, sob pena de se perder preciosa maturação dos argumentos, resultantes da dialética do processo, em várias lides. Ademais, a sistemática de suspender todos os processos com tal questão de direito, por seu caráter drástico, se afigura medida excepcional, para uso quando necessário evitar uma situação caótica, uma lide de massa, como indica o pressuposto a seguir (risco de ofensa à isonomia e à segurança jurídica). Assim, como já afirmamos quando examinado o IAC, para questões sujeitas a repetitividade baixa ou eventual, o IAC seria o instrumento mais apropriado, gerando precedente vinculante quando necessário solucionar divergências entre órgãos fracionários de um tribunal ou eventuais questões de grande repercussão, mas sempre sem numerosidade. Em tais casos de IAC, não há necessidade de suspensão de processos porque inexiste situação de repetição multitudinária ou desenfreada. Esta é justamente a seara do IRDR, que além de gerar precedente vinculante suspende, enquanto tramita, todos os processos contendo a mesma questão, instrumento hábil para evitar a inviabilização do Judiciário com levas de centenas ou milhares de lides idênticas. Assim, tem-se que o IRDE pressupõe *efetiva* (e não potencial) *repetitividade massiva* (e não moderada ou eventual).

(3) **Que cause "risco de ofensa à isonomia e à segurança jurídica:** Qualquer demanda que se prolifere às centenas ou milhares traduz algum risco de decisões divergentes, e portanto à segurança jurídica. No entanto, se a mera repetitividade já fosse suficiente para configurar tal risco, então o inciso II do art. 976 seria supérfluo, não precisando constar expressamente da norma. Como em boa hermenêutica não se pode presumir que o legislador tenha utilizado palavras supérfluas, sinônimas ou inúteis, ainda mais

quando lhes foi dedicado um inciso à parte dos outros pressupostos, naturalmente que o inciso II significa algo diverso que o risco decorrente apenas da elevada repetitividade. Deve haver algo a mais. Assim, temos que "risco de ofensa à isonomia e à segurança jurídica" deve significar divisão jurisprudencial existente ou iminente, da mesma forma que a expusemos quanto à "prevenção" de divergência jurisprudencial entre câmaras e turmas.(408) Se existem muitas ações e/ou recursos envolvendo determinadas questões jurídicas, mas os juízes e tribunal da jurisdição julgam todos no mesmo sentido, não se pode dizer que já exista tal risco. No entanto, se ao julgar um determinado recurso, a turma se inclina a julgar em sentido contrário ao que outras turmas do mesmo tribunal já decidiram, então, à semelhança do que ocorre com o IAC, haveria risco de iminente dissenso jurisprudencial a ser "prevenido", já que tal risco, se concretizado, ofenderia à isonomia e à segurança jurídica com a coexistência de decisões conflitantes em uma mesma jurisdição. Outrossim, ao enfrentar o processo em primeira instância, e.g., o julgador pode defrontar-se com a existência de jurisprudência das turmas do tribunal conflitante internamente, havendo portanto insegurança jurídica. Além do art. 976, II, do CPC, também o art. 926 obriga os tribunais e seus integrantes a adotarem medidas para "*uniformizar sua jurisprudência e mantê-la estável, íntegra e coerente*". Assim, combinados os arts. 926 e 976 do CPC, verifica-se ser obrigatória a instauração do IRDR em casos de massiva repetitividade de lides envolvendo a mesma questão de direito, e divergência jurisprudencial atual ou iminente entre os órgãos fracionários do mesmo tribunal.

(4) **Desde que inexista em tribunal superior, no âmbito de sua competência, afetação de recurso para definição de tese sobre a mesma questão de direito repetitiva**: finalmente, existe o requisito negativo de que, já havendo recurso afetado em tribunal superior para a mesma questão repetitiva, não se processe o IRDR localmente, por desnecessário, já que o procedimento em tribunal superior já seria suficiente para pacificar a questão nacionalmente.

10.4.4.8. Legitimidade e competência

A legitimidade para requerer sua instauração é ampla. Por ofício ou petição dirigidos ao presidente de tribunal, podem requerê-lo, respectivamente, o juiz ou relator, as partes, o Ministério Público ou a Defensoria Pública (art. 977, do CPC). A competência funcional para proceder ao juízo de admissibilidade do incidente, bem como julgar o incidente, assim como do caso concreto a ele afetado será do "órgão indicado pelo regimento interno dentre aqueles responsáveis pela uniformização de jurisprudência do tribunal" (arts. 978 e 981 do CPC).

10.4.4.9. Ampla divulgação — participação ampla de terceiros

Como o IRDR é pensado parra resolver conflitos de grande porte, multitudinários tanto em relação ao presente (repetição em casos atuais, pendentes) quanto ao futuro (tendência que surjam mais ações repetitivas sobre o mesmo tema), possui um trâmite diferenciado. Por um lado, tal trâmite comporta maior publicidade, transparência e maior participação de entidades e atores sociais relevantes para a matéria debatida (*amici curiae*), tudo com o objetivo de produzir um debate mais cuidadoso, com uma decisão mais completa e melhor refletida, já que destinada à aplicação em grande número de casos presentes e futuros.

---

(408) Art. 947, § 4º, do CPC. Ver ainda, "10.4.3.4 Excepcional repercussão social ou divergência jurisprudencial relevante" e "10.4.3.5 Foco na composição de dissensos — aspecto preventivo, antes da efetiva ocorrência de divergência, deve ser excepcional".

É por tal razão que a instauração e o julgamento do incidente estão sujeitos a ampla divulgação, por meio de registro eletrônico no Conselho Nacional de Justiça (art. 979, *caput*), devendo os tribunais manterem em banco de dados atualizados e repassarem informações ao CNJ (§ 1º), registrando as teses jurídicas com no mínimo os fundamentos determinantes da decisão concreta, indexando ainda as normas legisladas relacionadas (§ 2º), da mesma forma que ocorre nos recursos repetitivos nos tribunais superiores (§ 3º).

Quanto à ampla participação no incidente, o relator admitirá que a partes e os demais interessados, juntem documentos e requeiram diligências, seguindo-se manifestação do Ministério Público, e eventual audiência pública para oitiva de depoimentos de pessoas com experiência e conhecimento na matéria (art. 983 do CPC). Na audiência de julgamento ainda será permitida a sustentação oral do autor e o réu do processo originário, do Ministério Público, e dos demais interessados (art. 984, *caput*). Veja-se aqui novamente o cuidado que o legislador teve para que o IRDR tivesse um contraditório ampliado, com participação de *amici curiae*, característica típica das decisões de grande envergadura, como até há pouco só existia perante os tribunais superiores.

10.4.4.10. Fundamentação exauriente enfrentando todos os argumentos das partes — voto vencido

O art. 984 comporta ainda uma exigência especial de fundamentação, mais rigorosa do que aquela do art. 489, § 1º, do CPC. Aqui, o conteúdo do acórdão deverá abranger "*a análise de todos os fundamentos suscitados concernentes à tese jurídica discutida, sejam favoráveis ou contrários*" (art. 984, § 2º). Trata-se de mais uma cautela, atinente ao presumível grande alcance da decisão: não apenas se permite amplo contraditório com a presença de todas as entidades com pertinência temática com o objeto debatido (semelhante ao que ocorre no controle concentrado de constitucionalidade), mas também se obriga o colegiado a enriquecer o debate enfrentando todos os argumentos levantados pelas partes e pelos interessados, inclusive os argumentos contrários, já que estes serão de extrema relevância para melhor compreensão dialética da controvérsia, quando chegar à instância superior, para unificação nacional. Como se trata de um julgamento para resolver dezenas, centenas ou milhares de processos, não deve haver pressa ou açodamento. Ao contrário dos julgamentos rotineiros, onde os juízes não se podem dar ao luxo de dispender excessivo tempo em um determinado processo, em prejuízo dos demais, o IRDR é um processo diferenciado, já que destinado a formar precedente de alcance multitudinário, devendo ser tratado com a devida cautela, inclusive quanto à fundamentação exauriente preconizada no art. 384, § 2º.

Finalmente, quando se diz "*a análise de todos os fundamentos suscitados ... sejam favoráveis **ou contrários***" (art. 984, § 2º), isso indica duas situações. Em primeiro, o voto condutor deverá consignar robustamente os fundamentos que levaram a maioria a acatar a tese vencedora, bem como explicar por que rechaçaram os argumentos relevantes contrários. Em segundo lugar, os que votaram com a minoria terão oportunidade de consolidar seus argumentos, da mesma forma fundamentando robustamente por que votaram no outro sentido, apresentando ainda o motivo pelo qual os argumentos da maioria não seriam validos. O voto vencido (*dissenting opinion*) é parte importante do acórdão (art. 941, § 3º do CPC), e geralmente considerado valioso na tradição do *common law*, ajudando a aclarar e contrastar a argumentação vencedora, e muitas vezes servindo de base para eventual *overruling*, seja por meio da reforma, em instâncias superiores, seja por superação em casos futuros. O *dissent* de hoje pode ser o *majority opinion* de amanhã.

10.4.4.11. Técnica de processo de massa – suspensão de lides idênticas enquanto aguardam solução centralizada

Uma outra característica distintiva do IRDR é a suspensão de todos os processos sobre a mesma questão repetitiva, no aguardo da fixação da tese no incidente, com base no caso concreto afetado para julgamento. Em tal senda, admitido o incidente, o relator deve suspender todos os processos pendentes que tramitam no Estado ou na região (art. 982, I), comunicando aos correspondentes órgãos jurisdicionais (art. 982, § 1º). Superado tal prazo, entretanto, cessa a suspensão caso ainda não julgado o incidente (art. 980, parágrafo único) ou caso julgado mas não for interposto recurso especial, de revista ou recurso extraordinário contra a decisão proferida no incidente (art. 982, § 5º).

Já a dicção do § 3º do art. 982, ou suspensão nacional de todos os processos sobre o tema julgado em IRDR em um Tribunal de Justiça ou Regional, deve ser vista com ressalva. Como já dissemos antes, algum debate é necessário para a maturação da jurisprudência, e isto se constrói de baixo para cima. Por tal razão, uma medida drástica como o IRDR, que aborta tal discussão, suspendendo todos os processos sobre um determinado tema, não deve ser promovida prematuramente, sem oportunizar tal debate suficientemente, sem ao menos permitir o debate inicial na primeira instância. Temos que o momento ideal para suscitar o IRDR seria aquele em já existe uma determinada corrente de entendimento de órgão(s) fracionário(s) de um tribunal, e outra turma chegou a uma conclusão divergente, de forma irreconciliável. Assim, ao invés de lançar um julgado dissonante e dividir a jurisprudência regional, seria o momento de suscitar o IRDR (mesmo momento em que seria o caso para IAC, em situações não repetidas em massa), provocando a unificação da jurisprudência regionalmente em caráter vinculante. Seria salutar permitir a mesma rotina, ou seja, um mínimo de debate, em cada Tribunal de Justiça, ou em cada Regional. Logo, a imediata suspensão nacional de todos os processos sobre um tema, a partir de seu debate em apenas um Regional ou TJ, constituiria medida antidemocrática, dando a apenas um tribunal o poder de formatar o debate que depois, presumivelmente, seria levado a um tribunal superior, para estabelecer o precedente a ser observado nacionalmente. Assim, melhor que se evite tal extensão da suspensão nacionalmente, permitindo que mais de um tribunal enriqueça o debate, produzindo robustas discussões quanto a todos os argumentos e nuances envolvidas na questão de direito a se unificada.

Por tal razão, entendemos que a hipótese prevista nos art. 982, §§ 3º e 4º, é em regra nociva e, se for efetivamente utilizada, tal deverá ser feito em hipótese de extrema excepcionalidade, talvez para evitar algum caos ou comoção que leve a milhões de ações simultâneas. Fora de tal extrema excepcionalidade, não vemos razão para que não se siga o caminho normal, liberando-se cada tribunal para decidir, até que unificada a questão em tribunal superior.

10.4.4.12. Conteúdo da decisão – exauriente mas concisa – ancorada nos fatos do caso concreto afetado ao incidente

Uma primeira consideração, tendo em vista que o acórdão do IRDR se destina a orientar a solução de uma grande quantidade de processos atuais ou futuros, é que a fundamentação deve ser cuidadosa e exauriente, sem perder em concisão e clareza. Um acórdão enxuto, e.g. de 5 ou 10 laudas, consolidado pelo relator, sem repetições ou transcrições desnecessárias, direto ao ponto, poderá ter enorme eficácia social, sendo lido e relido por milhares de pessoas, mesmo fora do universo dos profissionais do direito. Em contraste, um acórdão de 180 páginas, com votos separados para cada votante, com repetições, transcrições e argumentação não consolidada, dificilmente será lido em detalhe. A experiência demonstra que, na pressa do dia a dia profissional, tal precedente será lido apenas superficialmente, quiçá apenas sua ementa ou tese. Quem teria tempo para se deleitar na leitura de tais 180 páginas?

Paradoxalmente, quanto maior a fundamentação, menos será ela difundida e conhecida. Assim, sem perder de vista a necessidade de concisão, clareza e legibilidade, o acórdão do IRDR deve analisar "*todos os fundamentos suscitados concernentes à tese jurídica discutida, sejam favoráveis ou contrários*" (CPC art. 984, § 2º). Isto ocorre por três razões: (1) o cuidado especial que merece uma decisão que terá tão amplo alcance e que se destina a proporcionar segurança jurídica (e não criar mais dúvida, litigiosidade e insegurança); (2) melhor orientar as dúvidas que inevitavelmente surgirão quando de sua aplicação a outros casos; e (3) enriquecer o debate nas instâncias superiores, se e quando tiver de ser uniformizada a questão em nível nacional.

Isto não quer dizer que eventuais argumentos absurdos, irrelevantes ou fora do ponto devam merecer atenção do órgão julgador. A melhor interpretação para o art. 984, § 2º, do CPC, é que tal obrigatoriedade se limita aos argumentos efetivamente vinculados à questão jurídica debatida, já que o enfrentamento de questões desnecessárias à decisão do caso seria *obiter dictum*, portanto destituído da condição de *fundamento determinante*. Tal é a posição do STF, que sugeriu, e do Legislativo, que acatou durante o *vacatio legis* do Código a alteração de análogo dispositivo quanto aos recursos extraordinários e especiais repetitivos. A redação do § 3º do art. 1038 revogada pela Lei n. 13.256/2016 era "*O conteúdo do acórdão abrangerá a análise de todos os fundamentos da tese jurídica discutida, favoráveis ou contrários*". No entanto, a redação que efetivamente entrou em vigor, por força de tal alteração, é "*O conteúdo do acórdão abrangerá a análise dos* ***fundamentos relevantes da tese jurídica discutida***." Conforme esclareceu o senador Blairo Maggi, relator do respectivo projeto de lei, "*O atual* [ora revogado] *texto do § 3º do art. 1.038 do novo Código merece ser aprimorado, para esclarecer que, na verdade, a análise dos fundamentos relevantes satisfaz o dever de fundamentação*".[(409)] Obviamente, a mesma compreensão se deve ter quanto ao art. 984, § 2º, uma vez que se trata de situação idêntica, em que pese o legislador tenha olvidado promover o mesmo aclaramento que fez no texto do art. 1.038, § 3º do Código.

Quanto aos argumentos pertinentes mas fracos ou temerários, suficiente será a mera menção e afastamento (*raise and dismiss*), em não mais que uma frase. Já quanto aos argumentos sérios ou fortes, favoráveis ou contrários à tese discutida, a fundamentação exauriente é no sentido de completude, não no de extensão. A fundamentação não precisa ser longa para ser completa. Antes pelo contrário, o argumento demasiado extenso perde foco e poder de persuasão. Longas transcrições de julgados anteriores, diversas ementas, etc, acabam sendo uma fuga do raciocínio e um fator de distração tanto para o redator quanto para o leitor de um texto jurídico. Na tradição jurídica brasileira, não é incomum que o raciocínio jurídico se perca em intermináveis transcrições de julgados anteriores. Isto não é fundamentar. Reportamo-nos à nossa recomendação,[(410)] de fundamentação concisa, limitando transcrições a um mínimo, preferencialmente, aglutinando no fluxo do texto dos parágrafos a paráfrase das normas legisladas e dos trechos pertinentes das *rationes decidendi* dos casos envolvidos. A transcrição literal seria conveniente apenas quanto a expressões ou certas partes de frase onde, por sua eloquência, haveria empobrecimento do texto pelo não uso de sua literalidade. Para comodidade do leitor, repetimos abaixo um exemplo antes mencionado de tal técnica de paráfrases e curtas transcrições, possibilitando a formação de um argumento conciso e claro, sem repetições desnecessárias:

> Como deixamos claro em *Meritor Savings Bank, FSB v. Vinson, ...*, este dispositivo "não está limitado à discriminação 'econômica' ou 'tangível'. A expressão 'termos, condições e privilégios de emprego' evidencia a intenção do legislador no sentido de 'atingir todo o espectro de tratamento díspar de

---

(409) PARECER N. 1035, DE 2015, do Relator do PLC 168/2015, Senador Blairo Maggi. Disponível em: <https://legis.senado.leg.br/sdleg-getter/documento?dm=3994977&disposition=inline>.

(410) Ver em tal sentido 8.4 Equilíbrio entre a complexidade da fundamentação completa com precedentes e a necessária concisão.

homens e mulheres' no emprego," o que inclui fazer pessoas trabalharem em um ambiente laboral hostil ou abusivo. Id., at 64, citando *Los Angeles Dept. of Water and Power v. Manhart*, ... Quando o local de trabalho está permeado de "intimidação discriminatória, ridicularização e insulto, ..., que são "suficientemente severos ou amplos a ponto de alterar as condições de emprego da vítima e criar um ambiente de trabalho abusivo", ..., o Título VII foi violado[411] (suprimimos as indexação dos julgados nos repositórios de jurisprudência americanos, marcando com reticências).

Em segundo lugar, deve a fundamentação do IRDR utilizar os fatos concretos do caso-piloto para a chegada à conclusão e para a fixação da tese a ser utilizada nos casos repetitivos. Em que pese destinado a solucionar uma grande quantidade de casos pendentes e futuros, é importante reiterar a observação de que o IRDR não é um julgamento abstrato (como uma ação direta de inconstitucionalidade, por exemplo), depende do caso concreto a ele afetado, já que um incidente, e não uma ação autônoma.[412] Tanto é assim que diz o parágrafo do art. 978 do CPC, expressamente, que o colegiado incumbido do incidente igualmente julgará "*o recurso, a remessa necessária ou o processo de competência originária de onde se originou o incidente*". Todo o novo regramento de precedentes depende da comparação das circunstâncias fáticas dos precedentes e do caso concreto, para viabilizar sua aplicação (*following*) ou distinção (*distinguishing*) (ver, e.g., art. 489, § 1º, VI, do CPC). Ademais, caso se permitisse que o colegiado uniformizador decidisse em abstrato, sem a estrita vinculação a um caso concreto afetado, isso seria ilegítima delegação para legislar, bem como tornaria sua decisão inútil para fins de uniformização, já que se fosse desnecessária para resolver um caso concreto, seria *obiter dictum*, não integrando a parte vinculante da decisão, consubstanciada nos fundamentos determinantes.

10.4.4.13. Eficácia ou alcance da decisão em IRDR

A tese jurídica fixada no IRDR alcança, dentro da mesma jurisdição, tanto os processos pendentes (objeto de suspensão quando admitido o processamento do incidente) quanto os casos futuros que versem sobre idêntica questão de direito (art. 985 do CPC). Em relação à concessionárias de serviços públicos, se o incidente tiver por objeto questão relativa ao respectivo serviço concedido, permitido ou autorizado, o resultado do julgamento será também comunicado ao órgão, ao ente ou agência administrativa reguladora competente para a fiscalização da efetiva aplicação, por parte das concessionárias, da tese adotada no IRDR (§ 2º).

10.4.4.14. Revisão (overruling)

O *overruling* ou revisão da tese jurídica firmada em IRDR poderá ser feito pelo mesmo tribunal, de ofício ou provocado pelo Ministério Público ou Defensoria Pública (art. 986 do CPC). Em que pese o CPC não tenha sido explícito quanto aos critérios que ensejariam tal revisão, é natural que não basta a mera mudança de composição do colegiado ou arrependimento, sob pena de ofensa ao art. 926 do CPC. Incumbe aos tribunais zelar pela estabilidade do direito, devendo "*uniformizar sua jurisprudência e mantê-la estável, íntegra e coerente* (art. 926 do CPC).

Logo, uma vez uniformizado o entendimento em determinado sentido, não se pode alterá-lo novamente a cada mudança de ideia ou de composição da corte, sob pena de se esvaziar a própria credibilidade e utilidade dos precedentes, enquanto fatores de pacificação social e segurança jurídica.[413] É por isso que, por exemplo, o art. 927 do CPC denota o cuidado com

---

(411) *Harris v. Forklift Sys*, 510 U.S. 17, 21 (1993). Ver transcrição complete traduzida mais adiante em 9.7.3 Tradução — *Harris v. Forklift Sys, Inc.*, 510 U.S. 17 (1993).

(412) Ver 10.4.4.5 Natureza de incidente processual, dependente de um caso concreto.

(413) Duxbury observa que um processo rígido para *overruling*, geralmente auto-imposto pelas cortes, é parte indissociável da doutrina do *stare decisis* — uma salvaguarda para evitar a injustiça, ineficiência ou outras fragilidades do sistema que adviriam de ter de julgar todos os pontos de direito como do zero, com completa discricionariedade e

o qual se deve cogitar de alterações de precedentes, podendo serem tais alterações precedida de audiências públicas, com intervenção de *amici curiae* (§ 2º), autorizando a modulação de efeitos para a alteração da jurisprudência e dos tribunais superiores ou oriunda de casos repetitivos (§ 3º).

Disse o legislador, no art. 927, § 4º, do CPC, que a modificação de súmula, jurisprudência pacificada ou de tese adotada em casos repetitivos exige "*fundamentação adequada e específica, considerando os princípios da segurança jurídica, da proteção da confiança e da isonomia*" (§ 4º). Não explicitou, entretanto, o que viria a ser tal fundamentação suficiente para autorizar a superação de um precedente.

No entanto, apenas cerca de um ano antes, o mesmo legislador, em lei destinada a modificar o processo do trabalho, autorizou a revisão de tese firmada em julgamento de recursos repetitivos "*quando se alterar a situação econômica, social ou jurídica*" (§ 17 do art. 896-C da CLT, introduzido pela Lei n. 13.015/2014). Em se tratando de norma sobre o mesmo assunto, ainda mais que editadas num intervalo de cerca de apenas um ano, nada impede que se utilize § 17 do art. 896-C da CLT para complementar o sentido das referências à superação de precedentes contidas no CPC, forte na interpretação sistemática de tais dispositivos.

10.4.4.15. Recurso em face da decisão do incidente e do respectivo caso afetado

Diz o art. 987 do CPC que do julgamento do mérito do incidente caberá recurso extraordinário ou especial (ou recurso de revista, no processo do trabalho, art. 15 do CPC). Tal recurso tem efeito suspensivo e se presume desde já sua repercussão geral, em caso de recurso extraordinário (§ 1º — presunção não absoluta, já que o art. 1035, § 3º, II, foi revogado pela Lei n. 13.256/2016 justamente para que o STF mantivesse a liberdade para decidir quais recursos extraordinários conteriam "*matérias de grande relevância econômica, política, social ou jurídica*"[(414)]). A tese jurídica adotada pelos tribunais superiores no julgamento de mérito de tais recursos será aplicada no território nacional a todos os processos sobre idêntica questão de direito (§ 2º).

O que quis dizer o legislador com "*do julgamento do mérito do incidente do incidente caberá recurso extraordinário ou especial*"? Quanto a outros incidentes como o incidente de assunção de competência (art. 947) e o incidente de arguição de inconstitucionalidade (arts. 948-949), não há qualquer detalhamento especial sobre recursos, seguindo-se o regramento ordinário de recorrer da decisão de segundo grau como um todo, no caso concreto onde surgido o incidente, aí incluída a insurgência em face do resultado do incidente — afinal, trata-se de um incidente do respectivo caso concreto.

---

ignorando a experiência judiciaria acumulada, arduamente adquirida. No entanto, a corte pode chegar à conclusão que seu precedente é inapropriado ou que a realidade social se alterou de maneira que tal precedente não é mais bem-vindo. Tendo como norte a estabilidade e segurança jurídica, observa que as cortes *overrule* seus precedentes por motivos mais fortes que a mera discordância ou alteração da composição do tribunal, mas sim visando um significativo melhoramento do direito, sem prejudicar o direito daqueles que se portaram em conformidade com o entendimento anterior, ou ainda para corrigi-los para estarem em conformidade com alterações legislativas posteriores. DUXBURY, Neil. *The nature and authority of precedent*. Cambridge University Press, 2008. p. 116-19. Ver ainda, 7.6 Superação (overruling).

(414) "*O inciso II do § 3º do art. 1.035 do novo Código deve ser revogado, por presumir, de modo absoluto, que há repercussão geral quando o acórdão recorrido tiver sido proferido em julgamento de casos repetitivos. Ora, o STF deve ter liberdade para verificar se realmente o recurso extraordinário veicula matérias de grande relevância econômica, política, social ou jurídica. O mero fato de haver demandas repetitivas não é suficiente para caracterizar essa relevância*". PARECER N. 1035, DE 2015, do Relator do PLC 168/2015, Senador Blairo Maggi. Disponível em: <https://legis.senado.leg.br/sdleg-getter/documento?dm=3994977&disposition=inline>.

Entendemos que, da mesma forma que o IAC ou que o incidente de arguição de inconstitucionalidade, *seu julgamento de mérito será recorrido no bojo do caso concreto* em que suscitado, juntamente com o mesmo. Quis o legislador apenas registrar algumas peculiaridades ou exceções em relação às regras normais dos recursos para os tribunais superiores (suspensividade do recurso, repercussão geral presumida e extensão nacional de seus efeitos, conforme parágrafos do art. 987), mas não alterar sua natureza, transformando-o numa ação autônoma abstrata (como uma ação direta de inconstitucionalidade), nunca pretendendo que o incidente prossiga desvinculado do caso concreto afetado.

Antes pelo contrário, o parágrafo único do art. 978 do CPC é claro ao estabelecer que o colegiado competente julga o incidente em conjunto com o subjacente recurso. Ademais, não faria sentido tornar abstrato o IRDR, desvinculando-o do caso concreto, quando o recursos extraordinário é um recurso concreto, assim como os recursos repetitivos nos tribunais superiores são todos vinculados a casos concretos a eles afetados. O recurso extraordinário com repercussão geral é por natureza um recurso em controle difuso de constitucionalidade, portanto atacando um caso concreto. Já os recursos repetitivos nos tribunais superiores, em que pese destinados à aplicação multitudinária, não prescindem da afetação de efetivas lides concretas, representativas da controvérsia, com "*abrangente argumentação e discussão a respeito da questão a ser decidida*" (art. 1036, §§ 5º e 6º, do CPC).

Assim, inarredável a conclusão de que o recurso mencionado no art. 987 do CPC abrange ao mesmo tempo a questão jurídica ou tese fixada no incidente, e a aplicação concreta de tal tese no caso concreto afetado, julgada simultaneamente pelo colegiado competente.(415)

Um outro imbróglio jurídico seria quando ocorrente a exceção prevista nos §§ 1º e 2º do art. 976 do CPC, quando "*a desistência ou o abandono do processo não impede o exame de mérito do incidente*," sendo sua titularidade assumida pelo Ministério Público. Caso se admitisse o prosseguimento do IRDR abstratamente, sem o vínculo com o caso concreto desistido, admitir-se-ia um recurso aos tribunais superiores abstrato, apenas para questionar em tese o precedente formado? Ou a recorribilidade ocorreria a partir da aplicação concreta da tese fixada em um dos processos repetitivos sobrestados?(416)

Tal pergunta resta prejudicada, entretanto, uma vez que a hipótese excepcional de desistência ou abandono pelas partes do processo inicialmente afetado não autoriza o tribunal a julgar o incidente abstratamente, criando norma no vácuo fático, como se legislador fosse. Precedentes são soluções de casos concretos repetidas em outros casos concretos — do contrário seriam leis, afetando o princípio da separação dos poderes. Ademais, como dissemos antes, todo novo regramento de precedentes depende da comparação das circunstâncias fáticas dos precedentes e do caso concreto, para viabilizar sua aplicação (*following*) ou distinção (*distinguishing*) (ver, e.g., art. 489, § 1º, VI, do CPC), e a prolação de uma decisão abstrata, não atrelada a um caso concreto, não seria *fundamento determinante* de nada (não seria necessária para a decisão de uma lide concreta), logo seria *obiter dictum*, sem força vinculante precedencial. Anteriormente sugerimos que, para evitar o trâmite abstrato do IRDR, ante a desistência ou abandono pelas partes, poderia ser afetado um novo caso concreto contendo a mesma questão de direito repetitiva, ou suspensa ou obstada a homologação de

(415) No mesmo sentido, p. 321.

(416) Esse é a problematização proposta por Cunha e Didier Jr, inclinando-se pela recorribilidade abstrata, desvinculada de qualquer caso concreto, alegando evolução da jurisprudência no sentido de admitir interesse recursal na própria formação do precedente. CUNHA; DIDIER JR., *op. cit.*, p. 324-25. Discordamos de tais autores, entretanto, uma vez que o sistema de precedentes brasileiro, na esteira da uníssona doutrina internacional sobre o tema, é todo atrelado aos fatos dos casos concretos, uma vez que precedentes são soluções de casos concretos repetidas em outros casos concretos — do contrário seriam leis, afetando o princípio da separação dos poderes.

desistência, prosseguindo o processo concreto através da solução dada pela lei — a condução pelo Ministério Público.[417] Logo, também na hipótese de pedido de desistência o processo concreto afetado prosseguiria ativo — seja com a promoção pelo *parquet*, seja com a afetação de outro processo repetitivo — da mesma forma ensejando recurso aos tribunais superiores em concreto, ou seja, quanto a uma efetiva lide, aí contida a discussão do incidente.

10.4.5. Incidente de uniformização de jurisprudência (IUJ) no processo do trabalho — ainda viável por previsão regimental ou retirado do ordenamento jurídico?

Na seara do processo do trabalho, seria possível cogitar o uso do incidente de uniformização de jurisprudência (IUJ), mesmo com sua substituição no novo CPC pelo regime IRDR-IAC e após a revogação da referência legislativa expressa ao IUJ na CLT (§§ 3º a 6º do art. 896 da CLT, revogados pela Lei n. 13.467/2017, Reforma Trabalhista)? Embora já dito obrigatório no texto original do art. 896 da CLT e do art. 476 do CPC 1973, o incidente de uniformização de jurisprudência — IUJ — foi um instituto que se manteve no desuso por décadas, sendo revigorado no processo do trabalho por força da Lei n. 13.015/2014, que alterou os §§ 4º a 5º do art. 896 da CLT, mas por pouco tempo. Apenas oito meses depois, o novo Código de Processo Civil silenciou sobre tal incidente, instituindo em seu lugar o IRDR, e a previsão ao IUJ na CLT foi revogada pela Lei n. 13.467/2017, Reforma Trabalhista, com efeitos a partir de 11.11.2017.

Diante do quadro de perplexidade resultante do cotejo de tais normas, que conclusão se extrai? Fora o IUJ revogado quanto ao regramento original de 1973 mas sobrevive por regulamentação pela via regimental por cada tribunal? Sobrevivia apenas no processo do trabalho, enquanto vigentes os §§ 3º a 6º do art. 896 da CLT, com redação dada pela Lei n. 13.015/14? Com a revogação destes últimos, o IUJ sai completamente do ordenamento jurídico ou a ideia de uniformização de jurisprudência decorre do art. 926 do CPC, devendo ser concretizada regimentalmente? Neste último caso, como deveria ser tal regulamentação, inspirada no regramento do CPC de1973, ou no do binômio IAC-IRDR, do CPC 2015?

Mesmo antes da Lei n. 13.467/2017 já nos inclinávamos pela inviabilidade do uso dos procedimentos previstos para o IUJ no revogado CPC de 1973 para amparar o incidente referido no então vigente § 3º do art. 896 da CLT, por incompatibilidade com a nova sistemática de precedentes do CPC 2015 (ancorada sempre nos fatos do respectivo caso concreto).

Agora, com a revogação expressa dos §§ 3º a 6º do mesmo artigo, a partir de 11.11.2017, com muito mais razão não há como ressuscitar o revogado procedimento do CPC de 1973, ainda que pela via regimental. A produção de uma jurisprudência coerente, íntegra, uniformizada, na esteira do art. 926 do CPC, não pode ser resultado de uma votação quase administrativa de uma tese abstrata e de uma súmula, a escolha de uma tese abstrata dentre as opções conflitantes. O sistema de precedentes adotado no Brasil pressupõe a cotejo dos fatos do caso atual e do precedente a fim de verificar sua similaridade relevante, a fim de determinar se viável a aplicação direta, analógica, ou a distinção e afastamento do precedente invocado.

Entendemos assim que os instrumentos para uniformização de jurisprudência atualmente possíveis no 2º Grau de jurisdição, tanto no processo civil quanto no laboral, são o IRDR e o IAC, conforme repetitiva ou não a questão objeto do dissenso.

Vejamos algumas com mais detalhe.

---

(417) Ver com mais detalhe 10.4.4.6 Desistência ou abandono pelas partes do caso concreto — necessidade de manter um caso concreto afetado ao incidente.

10.4.5.1. IUJ no processo civil foi revogado com a entrada em vigor do CPC 2015

O regramento do IUJ, previsto no CPC de 1973 é incompatível com o sistema de precedentes vinculantes do novo *codex*, razão pela qual não poderia conviver com o regramento do IAC e do IRDR, tornando-se supérfluo. É supérfluo já que a função de uniformizar estaria agora suprida pelo IAC, em caso de questões que não se repitam em massa, e pelo IRDR, em questões de intensa repetitividade. É incompatível uma vez que a tese da uniformização de jurisprudência deve ser vinculante em sentido estrito (como são os acórdãos em IAC e IRDR, ver art. 988 do CPC), sob pena de ser inócua para romper a longa tradição jurídica de dispersão jurisprudencial.

Basta ver que o IUJ sempre existiu durante a vigência do *codex* anterior e nunca foi capaz de conter a elevada dispersão jurisprudencial. A jurisprudência unificada emanada do IUJ, sendo persuasiva, era ineficaz para pacificar os respectivos entendimentos. No regime atual, caso não se considerasse revogado o IUJ, eventual acórdão e súmula resultantes do mesmo constituiriam *"a orientação do plenário ou do órgão especial aos quais estiverem vinculados"* (art. 927, V, do CPC 2015), portanto sistemicamente obrigatórios,[(418)] mas não dotados da coercibilidade da reclamação, fator importante para a imposição de sua efetiva observância, em meio a uma cultura jurídica que rechaçava a imposição dos precedentes.

Ademais, veja-se que a fundamentação do IUJ, pelo antigo sistema, com cada desembargador declarando seu voto em separado, sucintamente (art. 478 do CPC de 1973), é incompatível com a ideia de fundamentação mais exauriente (art. 489, § 1º, do CPC), dividida em voto condutor e voto vencido (art. 941 do CPC). Em suma, entendemos que a supressão do regramento do IUJ no novo código já indicava a sua substituição pelo IAC e IRDR (mesmo no processo do trabalho), não devendo ser mantida mesmo nos regimentos internos dos tribunais o IUJ.

10.4.5.2. No processo do trabalho o IUJ deveria ser considerado revogado (mesmo antes da Lei n. 13.467/2017)

Como dissemos, a revogação do regramento do IUJ no CPC de 2015 trouxe (antes da Lei n. 13.467/2017) os seguintes problemas quanto ao processo do trabalho: Sobrevivia o IUJ (inicialmente pela Lei n. 13.015/14, ou após 11.11.2017, pela via regimental) mesmo tendo sido revogada sua base no CPC? Ou a uniformização de jurisprudência deveria se dar exclusivamente pelos instrumentos remanescentes na lei, o IAC e o IRDR?

Parece-nos clara a segunda hipótese, ainda mais ante a eloquência do legislador ao revogar os §§ 3º e 6º do art. 896 da CLT pela Lei n. 13.467/2017.

Desde 1998 a CLT dizia ser obrigatória a uniformização da jurisprudência dos Tribunais Regionais do Trabalho, conforme art. 896, § 3º, da CLT, com redação dada pela Lei n. 9.756/98. No entanto, em que pese nominalmente obrigatório, o incidente era subutilizado, e as uniformizações e correspondentes súmulas, a nível de tribunais regionais, eram raras.

Em 2014, entretanto, foi criado no processo do trabalho dispositivo para compelir à uniformização a nível de tribunais regionais, antes de submeter tais divergências jurisprudenciais ao TST. Foi detectado que um dos principais motivos do abarrotamento do TST (a inacreditável cifra de aproximadamente 8.000 a 15.000 recursos de revista por ano para cada ministro)

---

(418) Vinculantes em sentido estrito são aqueles que possuem a reclamação como instrumento coercitivo, obrigatórios são os demais precedentes elencados no art. 927 do CPC, cujo texto denota obrigatoriedade e sua inobservância gera várias consequências sistêmicas, e finalmente há os precedentes persuasivos, que apenas servem como modelo ou inspiração. Ver 6.4.2 Precedentes obrigatórios.

era que os regionais não uniformizavam sua jurisprudência interna, acarretando a subida de recursos de revista para a solução de tais dissensos.[(419)] Com a inovação sugerida por ministros do TST e acatada pelo Legislativo, constatando *ex officio* ou por provocação das partes do MPT "*a existência de decisões atuais e conflitantes no âmbito do mesmo Tribunal Regional do Trabalho sobre o tema objeto de recurso de revista*" o TST determinava o retorno dos autos à origem para uniformização da jurisprudência, o mesmo podendo fazer o presidente do respectivo TRT, no exame de admissibilidade do recurso de revista (art. 896, §§ 4º e 5º, da CLT, com redação dada pela Lei n. 13.015/2014).

Não questionamos o elevado mérito da ideia de compelir a uniformização interna nos regionais antes da subida de recursos de índole extraordinária, medida que deveria até ser estendida aos recursos extraordinários e especiais, como mais um filtro para evitar o dissenso interno, dando cumprimento ao mandamento de integridade e coerência jurisprudencial do art. 926 do CPC.[(420)] No entanto, era insustentável manter em vigor da forma como estavam os §§ 4º e 5º do art. 896 da CLT quando o IUJ — a que o § 3º do mesmo artigo referia — já havia sido revogado.

Aliás, o próprio texto dos arts. 476-79 do CPC de 1973, antes de ser revogado, já criava um tormento hermenêutico para sua aplicação quando do exame de admissibilidade dos recursos de revista. Os §§ 4º e 5º do art. 896 da CLT pressupunham que já houvera julgamento do recurso ordinário e que pendia recurso de revista, quando então detectada a dissidência interna e devolvido o processo à origem (portanto *a posteriori*, com o acórdão de segundo grau já prolatado). O regramento do IUJ no art. 476 do CPC de 1973, entretanto, destinava-se a hipótese diversa, de "*pronunciamento prévio do tribunal acerca da interpretação do direito,*" com o julgamento do recurso em segundo grau ainda pendente. Um juiz de órgão fracionário, detectando a divergência, podia requerer o sobrestamento para provocar o pronunciamento do Pleno (ou outro órgão indicado regimentalmente), que se admitisse o incidente julgaria o direito questionado, para aplicação pelo órgão fracionário, que então concluiria o julgamento do caso concreto.[(421)] Portanto, o IUJ do *codex* revogado era uma manifestação do colegiado competente *a priori*, deslocando a competência funcional para julgamento de parte do recurso.

---

(419) VIEIRA DE MELLO FILHO, Luiz Philippe. *Considerações sobre a Lei n. 13.015/14*: uniformização da jurisprudência dos Tribunais Regionais. Palestra proferida na Escola Judicial do TRT da 4ª Região em 20.08.2015. Arquivada em vídeo na intranet da Escola Judicial, <http://ead.trt4.jus.br/course/view.php?id=1106>. Acesso em: out. 2015.

(420) Como dissemos anteriormente, a redação do art. 926 é impositiva, obrigando os tribunais a "*uniformizar sua jurisprudência e mantê-la estável, íntegra e coerente.*" Em boa hermenêutica, não se pode presumir que uma norma seja meramente programática ou despida de cogência, como uma mera recomendação. Os juízes dos tribunais, a quem tal artigo se destina, são os primeiros que devem extrair de tal norma sua eficácia plena, e não torná-la natimorta. Assim, surgindo uma questão de direito em que a turma com o recurso *sub judice* não consiga concordar com o entendimento sobre a mesma questão já prolatado pelas demais turmas do mesmo tribunal, não poderá simplesmente decidir contraditoriamente ao que outros órgãos fracionários decidiram, como se tais precedentes inexistissem. Deverá suscitar o incidente apropriado, IRDR ou IAC, conforme o caso. *Finalmente, caso a turma ou câmara não faça, deve haver regramento regimental que, em se percebendo o dissenso interno, ainda que em exame de admissibilidade de recostos extraordinário ou especial, seja o processo devolvido à origem para retratação ou para que seja suscitado o correspondente incidente, IRDR ou IAC.* Ver ainda 10.4.1. *Stare decisis* horizontal? Impedimento de nova jurisprudência conflitante.

(421) Alexandre de Freitas Câmara, à época do código anterior, já previa que, com a positivação do incidente de assunção de competência no § 1º do art. 555 do CPC de 1973 (parágrafo introduzido pela Lei n. 10.352/2001), tenderia o IUJ a se tornar obsoleto, já que a assunção de competência seria mecanismo "*mais eficiente na prevenção ou composição dos dissídios*" jurisprudenciais, já que neste incidente não ocorreria "*uma cisão da competência, mas assunção dela.*" Diz Câmara que enquanto no IUJ um órgão fixa a solução da questão de direito e outro julga o recurso em concreto, em decisão subjetivamente complexa, no IAC a competência para julgamento do próprio recurso seria assumida pelo o pleno ou órgão especial (conforme regimento interno), julgando a causa e não apenas a questão de direito. Tal técnica — antes já existente no Regimento interno do STJ (art. 14) e a partir de 2001 estendida para os demais tribunais — seria, no entender de Câmara, mais célere e efetiva, e por isso prevaleceria. CÂMARA, Alexandre de Freitas. *Lições de Direito Processual Civil.* 13. ed. Lumen Juris, 2006. p. 53-54. Ver ainda 10.4.2 Na vigência do CPC 1973, a uniformização de jurisprudência e a assunção de competência eram subutilizados.

Assim, o uso dos procedimentos do IUJ do revogado CPC de 1973 não era apropriado para concretizar a uniformização "*a posteriori*" determinada pelos §§ 4º e 5º do art. 896 da CLT, enquanto vigeram, nem remanesce uma opção para inspirar eventual regulamentação via regimento interno dos tribunais, tendo em vista sua incompatibilidade ou indesejabilidade em face do novo sistema de precedentes vinculantes — exata razão de sua revogação, como já vimos antes.(422) Ademais, seu regramento é supérfluo, já que a função de uniformizar estaria agora suprida pelo IAC ou IRDR (conforme o nível de repetitividade) e incompatível uma vez que a uniformização de jurisprudência sem efeito vinculante em sentido estrito (art. 988 do CPC) é inócua, como pudemos ver em mais de quatro décadas de vigência do IUJ, sem surtir o efeito da desejada pacificação jurisprudencial.

Assim, entendemos que todas as referências a "*uniformização de sua jurisprudência*", nos §§ 3º a 5º do art. 896 da CLT (enquanto vigeram), deveriam ser entendidas como remissões aos incidentes de assunção de competência (IAC) ou de resolução de demandas repetitivas (IRDR). No presente, com a revogação de tais parágrafos, a uniformização de jurisprudência, para mantê-la íntegra e coerente (art. 926 do CPC) deverá ser feita pelos incidentes previstos na lei, IRDR ou IAC, conforme o caso.

10.4.5.3. Impropriedade de usar o termo revogado "Incidente de uniformização de jurisprudência"

Em uma análise apressada, poderia parecer que o termo "incidente de uniformização de jurisprudência" poderia ainda ser utilizado no processo do trabalho, antes por força da referência nos §§ 3º a 5º do art. 896 da CLT, e a partir de 11.11.2017 (quando encerra o *vacatio legis* da norma que os revoga), pela via de regulação em regimento de tribunal. No entanto, como já referimos antes, considerando que o procedimento como um todo foi revogado, e substituído pelo IAC e pelo IRDR, seria uma impropriedade técnica continuar usando tal termo.

10.4.5.4. Vantagens comparativas da adoção do IRDR ou IAC ao invés de IUJ

Além do efeito vinculante em sentido estrito, existe outra vantagem comparativa da dupla IAC-IRDR sobre o antigo IUJ — sua fundamentação. A fundamentação do IUJ, cindida do caso concreto apenas para firmar a "interpretação a ser observada", e com todos os juízes votando em separado (art. 478 do CPC 1973)(423) na prática resultando em diversas fundamentações áridas e sucintas, sumarizando repetitivamente o principal fundamento que cada desembargador costumava utilizar e suas decisões prévias sobre o tema, contra ou a favor da tese debatida. Nada havia de errado com isso, pois atendia aos princípios informadores do instituto sob o código anterior, que nada mais era do que a sedimentação meramente persuasiva da jurisprudência majoritária.

Dentro do novo paradigma de jurisprudência vinculante, entretanto, tal fundamentação não serve. A fim de que se possa impor um determinado entendimento, mesmo a um juiz que dele discorde,(424) tal entendimento tem de ser muito claro, esclarecedor, com um aprofundamento quanto aos argumentos favoráveis e contrários, e sua amarração aos fatos do caso concreto, permitindo uma comparação responsável e honesta com o caso futuro. Do

---

(422) Ver 10.4.5.1 IUJ no processo civil foi revogado.

(423) CPC 1973, art. 478 — *O tribunal, reconhecendo a divergência, dará a interpretação a ser observada, cabendo a cada juiz emitir o seu voto em exposição fundamentada.*

(424) Esta é a verdadeira eficácia vinculante — se não impusesse a quem dela discorda, seria persuasiva.

contrário, salvo em casos óbvios, pode ser difícil saber se realmente seria o caso de aplicação do precedente (*following*) ou de distinção (*distinguishing*), técnicas basilares do novo sistema.

Tal fundamentação cuidadosa e exauriente (quanto aos argumentos relevantes) é justamente o tipo de fundamentação que o procedimento especial dos novos incidentes foi projetada para atingir, comportando a participação das partes originais dos casos concretos afetados, do Ministério Público e de *amici curiae*, envolvendo sustentações orais e mesmo audiências públicas. Enfim, trata-se de um procedimento destinado a produzir um profundo debate, essencial a decisões que terão um amplo impacto presente e futuro, talvez a centenas ou milhares de casos.[425]

Assim, ao canalizar a uniformização de jurisprudência dos TRT's para os incidentes IAC ou IRDR, ao invés do extinto IUJ, procedimentaliza-se um acórdão de maior qualidade precedencial, rompendo a tradição de uniformizar entendimentos com debates quase em tese, estranhos à típica função jurisdicional, que é dizer o direito em casos concretos, e não legislar em abstrato. O procedimento dos novos incidentes estimula o debate e contraditório mais amplos, autorizando a participação de atores sociais com interesse e *expertise* nas questões em disputa, e ainda facilita um maior aprofundamento argumentativo, tendo em vista que, ao invés de cada desembargador votar em separado com fundamentação compactada, se direciona a análise dos fundamentos contra e a favor no voto da maioria, sendo ainda designado um redator para os eventuais votos dissidentes (art. 941, § 3º, do CPC), também de forma concentrada, técnica similar à adotada nas cortes norte americanas, facilitando a posterior pesquisa jurisprudencial e aplicação de tais precedentes.

10.4.5.5. *Peculiaridade procedimental na uniformização* "a posteriori" *no processo do trabalho*

Uma última consideração se faz necessária quanto à adaptação do IRDR e do IAC à uniformização *"a posteriori"* provocada quando do exame de admissibilidade de recursos de revista (antes com os §§ 4º e 5º do art. 896 da CLT, mas mesmo após sua revogação tal uniformização pode remanescer, se mantida pela via regimental). Como compatibilizar o procedimento, já que tanto o IAC quanto o IRDR não são abstratos (e portanto dependem de uma lide em concreto), se o correspondente processo já foi julgado pelo TRT?

A questão não é intransponível. O próprio § 3º do art. 896 da CLT (ora revogado) previa a necessidade de adaptação do procedimento do direito processual comum (quando referia "*no que couber*"), havendo ainda os arts. 15 do CPC e 769 da CLT, que autorizam expressamente a aplicação subsidiária e supletiva do CPC.

Em tal senda, surgem duas opções. A primeira seria a *afetação de um novo caso* concreto, que ainda não tenha sido julgado em segundo grau, por aplicação analógica da regra de afetação dos recursos repetitivos, art. 1037 do CPC.

A segunda opção seria o *juízo de retratação*, por aplicação também analógica do art. 1030, II, do CPC. De acordo com tal regramento, após receber um recurso extraordinário ou especial e respectivas contrarrazões, se o acórdão recorrido divergir do entendimento do STF ou STJ exarado em regime de repercussão geral ou de recursos repetitivos, o presidente (ou vice-presidente) do tribunal recorrido, deve retornar o processo ao órgão que prolatou a decisão recorrida para juízo de retratação.

---

(425) Sobre a fundamentação exauriente em IAC e IRDR, quanto a todos os argumentos relevantes, ver 10.4.4.12 "Conteúdo da decisão — exauriente mas concisa — ancorada nos fatos do caso concreto afetado ao incidente" e, de uma forma mais ampla, 8 "FUNDAMENTAÇÃO COM PRECEDENTES".

Tal regra mostra que, uma vez prolatado um acórdão, não é apenas o recurso que pode modificá-lo, havendo este e uma série de outros exemplos no CPC de 2015 nos quais, por economia processual, se privilegia o juízo de retratação antes da necessidade de fazer o processo subir à instância superior — muitas vezes desnecessariamente, já que o próprio órgão *a quo* pode rever seu entendimento, para adequá-lo à objetivada uniformidade jurisprudencial comandada pelo art. 926 do CPC.

No caso de devolução dos autos pelo TST (ou pela presidência do TRT, em juízo de admissibilidade de recurso de revista), a situação não seria muito diferente, já que existiria divergência interna inaceitável e, embora ainda inexistente precedente vinculante desde já impondo a retratação em um determinado sentido, para dar cumprimento ao art. 926 do CPC, seria possível devolver o processo à turma prolatora do acórdão para retratação, mudando o sentido do acórdão e aderindo-se à corrente jurisprudencial oposta (portanto eliminando a divergência que deu base ao recurso de revista devolvido), ou suspendendo o juízo de retratação para suscitar o IAC ou IRDR, assim satisfazendo a necessidade de afetação de um caso concreto pendente, para ser julgado pelo colegiado competente em conjunto com o incidente.

10.4.6. Pode o Tribunal Regional ou Tribunal de Justiça uniformizar jurisprudência contra súmula ou orientação do plenário ou órgão especial dos tribunais superiores? Apenas se demonstrar *distinguishing* ou *overruling*. O delicado equilíbrio entre a estabilidade e a oxigenação da jurisprudência

A questão é delicada, mas a resposta é negativa, salvo em caso de demonstração fundamentada de *distinguishing* ou *(antecipatory) overruling*. Há que se ter o necessário equilíbrio entre a estabilidade e segurança jurídica, mas sem causar um engessamento absoluto que sacrifique a renovação ou evolução da jurisprudência, ou seja, sem obstar que cheguem aos tribunais superiores novos argumentos baseados em considerações fáticas não levadas em conta no precedente.

O art. 927 do CPC é peremptório ao determinar que "*os juízes e os tribunais <u>observarão</u>: ... IV — os enunciados das súmulas do Supremo Tribunal Federal em matéria constitucional e do Superior Tribunal de Justiça em matéria infraconstitucional; V — a orientação do plenário ou do órgão especial aos quais estiverem vinculados.*" Assim, embora não dotados tais precedentes — e as súmulas e orientações jurisprudenciais que os sintetizam — de coercibilidade direta através de reclamação, a norma do art. 927 é cogente e de ordem pública, devendo os juízes e tribunais naturalmente respeitarem tal imposição legal, por dever de ofício.

A função dos tribunais superiores é justamente garantir que o jurisdicionado tenha o mesmo direito em uma mesma situação fática, em qualquer parte do país. Logo, com ou sem a perspectiva de reclamação, os juízes e tribunais devem observar os precedentes e súmulas indicados no art. 927 do CPC, não havendo como se entender que aqueles indicados nos incisos IV e V sejam meramente persuasivos, apenas porque destituídos de imposição por reclamação.

Por mais que mentes razoáveis possam discordar umas das outras, é necessário que um dia tal dissenso chegue ao fim, após a palavra final dos tribunais superiores, impondo-se a observância de tais entendimentos pacificados a tribunais e juízes dos graus inferiores, ainda que estes discordem. A ideia do precedente vinculante é justamente esta — evitar que o dissenso se eternize, resolver os dissensos de uma forma mais econômica, sem que a totalidade dos processos necessite passar anos tramitando até que individualmente decididos pelos tribunais superiores, como se estes fossem uma terceira ou quarta instância de jurisdição ordinária.

No entanto, o dissenso de alguns Regionais ou Tribunais de Justiça pode ser justificado. Como evitar, no contexto da estabilização e vinculatividade de precedentes, um engessamento absoluto que sacrifique a renovação ou evolução da jurisprudência, ou seja, sem obstar que cheguem aos tribunais superiores novos argumentos baseados em considerações fáticas não levadas em conta no precedente. Vejamos.

Súmulas ou orientações[426] formadas em plenário, ou órgão especial (ou em equivalentes seções especializadas regimentalmente competentes para uniformização de jurisprudência) podem ter sua aplicação afastada se demonstrada *"a existência de distinção no caso em julgamento ou a superação do entendimento"* (como denota o art. 489, § 1º, VI, do CPC).

O que não pode acontecer, sob a égide do novo sistema de precedentes, é que um tribunal ignore o entendimento já pacificado pelo respectivo tribunal superior, como se este inexistisse. De acordo com o art. 927 do CPC, constitui afronta à lei unificar a jurisprudência de um tribunal, com ou sem a edição de súmula, contrariando o entendimento vinculante ou obrigatório superior sem examinar analiticamente tal precedente demonstrando que existem argumentos novos, baseados em considerações fáticas necessárias (ou "materiais", na expressão de Goodhart) distintas, presentes no caso concreto e não levadas em conta no precedente. Assim, não pode a corte inferior simplesmente discordar de um entendimento vinculante ou obrigatório, refutando ou contrariando os argumentos já sedimentados na corte superior em idêntico contexto fático (quanto aos fatos relevantes ou necessários para a questão jurídica debatida, claro). Deve haver fundamentação demonstrando o *distinguishing*, sob pena de nulidade da decisão, art. 489, § 1º, do CPC.

Entretanto, parece-nos que a uniformização de jurisprudência resultante em ***conclusão*** *aparentemente contrária à súmula ou orientação plenária não necessariamente afronta o art. 927 do CPC*, até porque não é tal literalidade que vincula, mas sim o conjunto dos fatos "materiais" ou necessários e a respectiva conclusão jurídica, componentes da *ratio decidendi* ou fundamentos determinantes do precedente subjacente.[427] Fundamentando-se o entendimento local em considerações fáticas diversas daquelas enfrentadas no precedente da instância superior, haveria o *distinguishing*, válido e vinculante para os juízes do respectivo estado ou região, ao menos até que rechaçado por colegiado hierarquicamente superior.

Firmado o entendimento local com base em *distinguishing* em relação ao precedente nacional, é natural que a questão por sua vez provoque recurso à instância superior, o que então levaria esta a enfrentar a peculiaridade argumentativa e fática indicada na decisão recorrida. Considerando a importância da solução de tais divergências para a unificação da jurisprudência nacional, naturalmente tal recurso seria afetado no tribunal superior para julgamento sob o rito de recursos repetitivos ou de incidente de assunção de competência, conforme o caso de repetitividade em massa ou não,[428] acolhendo o *distinguishing* proposto na instância inferior ou rejeitando-a. Neste último caso, a instância inferior seria finalmente obrigada a descartar a distinção e aderir à jurisprudência superior, agora vinculante em sentido estrito por usar uma das figuras previstas no art. 988 do CPC.

---

(426) Como "orientações," leia-se, precedentes não inclusos nos incisos I a III do mesmo artigo, e orientações jurisprudenciais dele decorrentes, em tribunais de segundo grau ou superiores, e súmulas de tribunais de segundo grau (já que as súmulas dos tribunais superiores estão inclusos no inciso IV).

(427) A discussão acerca da identificação da ratio decidendi foi abordada com profundidade em 7.3 Ratio decidendi. Para uma visão mais sintética dos critérios de identificação da *ratio decidendi*, ver 7.3.3 Síntese esquemática para a identificação da *ratio decidendi*.

(428) Todo o recurso aceito por tribunal superior por divergência jurisprudencial naturalmente pressupõe alguma repetição — do contrário não haveria divergência. O rito de julgamento de demandas ou recursos repetitivos pressupõe a massificação. Ver 10.4.4.7 Cabimento.

Quanto ao *overruling*, este não pode se dar por juízes ou tribunais de hierarquia inferior ao tribunal prolator do precedente, razão pela qual foge à pergunta em epígrafe — salvo em eventual caso de *antecipatory overruling*, quando uma corte inferior deixa de seguir um precedente porque demonstra uma linha de julgados da corte do precedente incompatíveis com este, denotando que tal precedente está implicitamente superado ou que está em vias de ser expressamente superado.(429)

10.5. Súmula — quem é essa estranha?

O título acima é uma provocação, inspirado no título de artigo do professor Dierle Nunes, em que se propõe o estudo de um novo "estranho," o incidente de resolução de demandas repetitivas (IRDR).(430) Aqui, entretanto, se propõe a rediscussão de uma velha conhecida, mas não menos "estranha" — a súmula.

Em que pese não tenha espaço na doutrina tradicional dos precedentes, oriunda dos países do *common law*, a súmula faz parte da realidade jurídica brasileira e cumpre importante função de divulgação dos principais entendimentos das cortes, embora a "supercompressão" da *ratio decidendi* dos precedentes apresente o risco do engessamento da jurisprudência ou erro de direito, caso seja aplicada (equivocadamente) por seu texto literal, ao invés de se examinarem as circunstâncias fáticas dos precedentes que as ensejaram.

Em que pese sempre presente na tradição jurídica luso-brasileira, a súmula é incompreensível para o jurista do *common law*, para quem seria inviável a lida com um verbete resumido de uma *ratio decidendi* desnudo de seu contexto fático. Quando se unifica um precedente nos Estados Unidos, não se edita uma súmula, aliás a súmula é desconhecida e até mesmo inconcebível em tal sistema. É editado um acórdão onde debatidas, à luz dos fatos do caso concreto, todas as questões de interpretação jurídica e de política judiciária, às claras, expressamente. Tal registro da fundamentação de um precedente, indissociável do mesmo, é necessário tanto para: (1) permitir o conhecimento do real debate travado pelas partes e sociedade (e eventual recurso), o que a limitação ao texto da súmula não permitiria; para (2) permitir que juízes da mesma corte ou cortes inferiores entendam os princípios e regras pacificados, no contexto fático concreto, para fins de aplicação em casos faticamente idênticos ou análogos; bem como para (3) alimentar o debate de uniformização da questão na instância superior (quando se tratar de dissenso estadual ou regional), que não pode prescindir da reunião das melhores ponderações e argumentos sobre o tema, levantados pelos tribunais locais.

10.5.1. Recepção e extinção dos assentos portugueses no Brasil

A tradição das súmulas refletida no Brasil é muito antiga, remontando à época da consolidação do Estado português.

À medida que se reconquistava a Península Ibérica aos mouros, nos séculos XII a XV, a antiga codificação da época dos visigodos (do século VII, após a queda do Império Romano e anterior à conquista moura), inicialmente utilizada pelos nascentes reinos hispanos, foi cedendo

(429) Ver, em profundidade, MARINONI, Luiz Guilherme. *Precedentes obrigatórios*. 4. ed. revista e ampliada. São Paulo: Revista dos Tribunais, 2016. p. 260-269.

(430) NUNES, Dierle. *O IRDR no novo CPC*: este "estranho" que merece ser compreendido. Justificando, 18.02.2015, disponível em: <http://justificando.cartacapital.com.br/2015/02/18/o-irdr-novo-cpc-este-estranho-que-merece-ser-compreendido/>.

terreno para novas leis, lenta e pontualmente — ainda predominava o direito não escrito em relação ao escrito, embora este progressivamente restringisse a importância daquele.[431]

Durante o processo de reconquista, o foco estava nas atividades militares e no restabelecimento de povoamento nas áreas arrasadas, retomadas dos mouros, com pouca atividade legislativa. Como consta do item III do prefácio da Universidade de Coimbra à edição de 1792 das Ordenações Alfonsinas de 1446, parte dos direitos foram preservados e observados "*só pela memória e uso, ainda que muitos fossem depois julgados, tomados em* ***assento****, e mandados escrever nos livros da Chancellaria, principalmente no tempo do Senhor Rey D. Affonso III, dos quaes Costumes derivarao depois artigos mui singulares das nossas actuaes Ordenaçoens.*[432] Vê-se, pois, que inicialmente os assentos tinham uma função de colecionar o direito costumeiro que ia sendo validado pela via judicial. Em tal contexto, eram reconhecidos como direito os costumes em geral, assim como o "*costume da Côrte ou da Casa d'El-Rei, jurisprudência da Cúria e dos tribunais que lhe sucederam.*"[433]

Tal situação não era muito diversa daquela do reino da Inglaterra na mesma época, onde as leis escritas também eram pontuais, ficando para as cortes a interpretação e construção do direito caso a caso. Não se entendia na Inglaterra, ao menos até a época de Blackstone, que as cortes criassem o direito, mas sim que os juízes apenas declaravam e organizavam o direito consuetudinário imemorial. Apenas a partir dos séculos XVIII e XIX é que se passou a reconhecer, na Inglaterra, que o direito decorrente da observância dos precedentes não decorria necessariamente da preexistência de algum costume, mas sim do fato de haver decisão judicial num determinado sentido.

Vê-se que, em Portugal, a validação judicial dos costumes também adquiria força vinculante, mas ao contrário da Inglaterra, tal vinculação não permanecia apenas no âmbito dialético da argumentação judicial, mas sim dava margem a registros resumidos equivalendo a um comando normativo (lembrando nossas atuais súmulas), e posteriormente era utilizado como base para a positivação de forma consolidada nas ordenações[434] — conforme a transcrição acima ilustra.

Mas a chancela judicial de costumes não era o único fator relevante para a compreensão da vinculatividade dos assentos em seus primeiros séculos. É que não podemos esquecer que, antes do iluminismo e da imposição do constitucionalismo aos monarcas, seus poderes em geral eram absolutos, congregando também o poder de legislar e de julgar. Assim, como o rei ainda legislava de forma insuficiente para cobrir muitas das situações concretas que surgiam nas demandas judiciais, contava com os desembargadores e regedor para dirimirem tais situações de dúvida à vista das Ordenações — podendo-se eventualmente levar a dúvida ao próprio rei — e fixando a interpretação em caráter vinculante.

Tal se fazia ainda mais importante tendo em vista a dificuldade de combinar as várias fontes de direito: as incompletas ordenações, os costumes locais validados judicialmente, a

(431) CAETANO, Marcelo. *História do Direito Português* (Súmula das lições proferidas pelo Exmo. Prof. Doutor Marcelo Caetano ao Curso do 1º ano Jurídico de 1940-41 na Faculdade de Direito de Lisboa, compilação por FERNANDES, Ernesto; RÊGO, Aníbal), Lisboa, 1941. p. 112-125.

(432) Ordenações Alfonsinas de 1446, Prefácio ao Livro I, Universidade de Coimbra, 1792. Disponível em: <http://bd.camara.gov.br/bd/handle/bdcamara/20280>.

(433) CAETANO, *op. cit.*, p. 266.

(434) Seguiram-se sucessivas consolidações da legislação, as chamadas Ordenações Alfonsinas (1446), Manuelinas (1521), e Filipinas (1603), esta última sob a união com o reino espanhol, mas que foi confirmada em vigor em 1643 quando da restauração do monarca português, D. João IV, da família Bragança. CAETANO, *op. cit.*, p. 267, 278 e 289.

aplicação subsidiária da lei "imperial" (basicamente o *corpus juris civilis* de Justiniano, chamado de *jus commune* e o entendimento sobre o mesmo dado por seus principais doutrinadores, como Acursio e Bartolo[(435)]), e a chamada legislação extravagante ("*Cartas de Lei, Alvarás com força de lei, simples Alvarás, Previsões, Decretos, Cartas Régias e Portarias... ainda os Avisos expedidos pelos Secretários do Estado e os* [já existentes] *Assentos da Casa de Suplicação e do Cível*").[(436)]

Assim, como um misto de atividade jurisdicional e interpretação autêntica pela autoridade com competência legislativa ou seus delegatários, o assento tinha eficácia vinculante, podendo inclusive ensejar a suspensão do juiz divergente (não havia independência funcional, o juiz agia em nome do rei, que retinha a autoridade jurisdicional), como exemplifica o seguinte trecho das Ordenações Manuelinas (1521):

> E assi Avemos por bem, que quando os Desembarguadores, que forem no despacho d'alguũ feito, todos ou alguũ delles teverem alguũa duvida em alguũa Nossa Ordenaçam do entendimento della, vam com a dita duvida ao Regedor; o qual na Mesa grande com os Desembarguadores que lhe bem parecer a determinará, e segundo o que hi for determinado se poerá a sentença. E se na dita Mesa foram isso mesmo em duvida, que ao Regedor pareça que he bem de No-lo fazer saber, pera a Nós loguo determinarmos, No-lo fará saber, pêra Nós nisso Provermos. *E os que em outra maneira interpretarem Nossas Ordenações*, ou derem sentenças em alguũ feito, tendo alguũ delles duvida no entendimento da dita Ordenaçam, *sem hirem ao Regedor* como dito he, seram *suspensos atee nossa Merce*. E **a determinaçam que sobre o entendimento da dita Ordenaçam se tomar, mandará o Regedor escrever no livrinho pera despois nom viir em duvida** (grifos nossos).[(437)]

A vinculatividade dos assentos portugueses foi confirmada nas Ordenações Filipinas (1603), como fonte primária de direito,[(438)] e na Lei da Boa Razão (1769), vigendo no Brasil Colônia e continuando a projetar efeitos após a independência, conforme autorizava um Decreto de 20.10.1823 (em que pese o silêncio da Constituição do Império de 1824). Os Assentos da Casa de Suplicação portuguesa foram expressamente incorporados como fonte subsidiária no direito pátrio pelo Decreto Legislativo n. 2.684/1875. Tal decreto autorizava o então Supremo Tribunal de Justiça (hoje STF) a levá-los em conta para inteligência das leis em caso de dúvidas manifestadas por julgamentos divergentes. Logo, eram tidos como obrigatórios provisoriamente, até que derrogados pelo Legislativo.[(439)]

Enquanto isso, em Portugal, com a revolução liberal de 1820 e separação dos poderes em 1822, a Casa de Suplicação saiu do controle do monarca e passou a se chamar Supremo Tribunal de Justiça,[(440)] sem a prerrogativa de emitir assentos. No entanto, na primeira metade do século XX, a insegurança jurídica fez com que se restabelecesse sistemática similar à dos antigos assentos (Decreto n. 12.523/1926), com a *ratio decidendi* dos acórdãos do Pleno em uniformização de jurisprudência dotados de força obrigatória em face do próprio Supremo (mas até então reversíveis) e das cortes inferiores. Em que pese não inicialmente positivado

---

(435) CAETANO, *op. cit.*, p. 297.
(436) CAETANO, *op. cit.*, p. 290-291.
(437) Ordenações Manuelinas (1521), Livro 5 Tit.58: *Dos Desembarguadores, e Julguadores, que nom guardam as Ordenações, ou as interpretam. E que tomam conhecimento dos feitos que lhe nom pertencem.* Disponível em: <http://bd.camara.gov.br/bd/handle/bdcamara/17841> e <http://www1.ci.uc.pt/ihti/proj/manuelinas/l5p195.htm>.
(438) Ordenações Filipinas (1603), Livro 3, Tít. 64, não deixando dúvidas de que as Ordenações e outras leis, "stylos" (assentos) e costumes do reino predominavam, prevalecendo sobre as "*Leis Imperiaes*" (*Corpus Juris Civilis* e suas glosas) e canônicas. Disponível em: < http://www1.ci.uc.pt/ihti/proj/filipinas/l3p664.htm>.
(439) FERREIRA NETO, Osly da Silva. *Os assentos no direito português e as súmulas no direito brasileiro*: efetividade, segurança e imobilidade. Evocati Revista, n. 32, 02.08.2008, disponível em: <http://www.evocati.com.br/evocati/artigos.wsp?tmp_codartigo=270 >. Acesso em: 15 out. 2016.
(440) Ver site da própria Corte Suprema Portuguesa, <http://www.stj.pt/index.php/stj/historia/curiosidades?showall=&start=1>.

o termo "assento," passou este a ser utilizado na prática e positivado no CPC português de 1939,[441] merecendo crítica da doutrina por confundir a nova sistemática de julgamentos de casos concretos a serem observados no futuro, com a antiga resolução de dúvidas em caráter abstrato, interpretação autêntica exarada por delegatários do monarca ou pelo próprio, com força de lei.[442] Em 1961 foi editado um novo CPC português (ainda vigente), enrijecendo a sistemática anterior para impedir o Supremo Tribunal de Justiça de promover o *overruling* de suas próprias decisões, e o Código Civil português de 1966, art. 2º, instituiu que "*podem os tribunais fixar por meio de assentos, doutrina com força obrigatória e geral*". No entanto, com base no (então vigente) art. 115, item 5º da Constituição Portuguesa de 1976,[443] o Tribunal Constitucional (Acórdão 810/93) reconheceu parcial inconstitucionalidade no art. 2º do Código Civil português, fixando-lhe o significado de que os assentos têm efeito vinculante apenas quanto aos juízos integrados na ordem do tribunal emitente, suscetíveis de por este terem decisões reformadas. De qualquer forma, o problemático art. 2º foi revogado em 1996.[444]

No Brasil, os assentos tiveram força de lei durante todo o Império, embora reconhecida expressamente tal característica apenas no Decreto Legislativo n. 2.684/1875, que também autorizava o Supremo Tribunal de Justiça brasileiro a expedir assentos interpretativos quanto às divergências jurisprudenciais. No entanto, com a proclamação da República, extinguiu-se a competência do Supremo Tribunal de Justiça para baixar os assentos. O problema da dispersão judicial, entretanto persistia, motivando a busca por outras formas de uniformização, como o "*prejulgado*," através do Decreto n. 16.273/1923, depois acolhido pelo CPC de 1939, precursor do incidente de uniformização de jurisprudência — IUJ, do CPC de 1973.[445]

Deste breve histórico, fica claro que os assentos portugueses e as nossas súmulas fazem parte de uma longa tradição jurídica comum entre Brasil e Portugal. Embora a partir da independência do Brasil, os dois países tenham seguido caminhos separados, as idas e vindas do instituto, de forma pendular, são similares em ambos, assim como é similar o debate para tentar compatibilizar a ideia antiga dos assentos — como resumo de precedentes uniformizados especialmente em dúvidas de direito — à moderna contemporânea concepção de separação dos poderes. Remanesce o conflito entre a necessidade de sua utilização como forma de racionalizar a jurisprudência evitando sua dispersão, em contraposição ao elevado risco de que seja na prática utilizada como lei abstrata, alijada dos fatos concretos do caso subjacente, empobrecendo e engessando a evolução jurisprudencial.

---

(441) FERREIRA NETO, *Ibidem*.

(442) *...desnatura completamente o alcance dos antigos assentos da Casa da Suplicação, ou pelo contrário, desvirtua de todo o significado dos acórdãos do tribunal pleno. Os velhos assentos eram interpretação autêntica, legislativa, e tinham, como tais, força de lei. Lavravam-se para o caso, depois, 'não vir em dúvida' (Ord. Fil., I, Tit. 3, § 5º; Ord. Man., I. V., Tit. 58, § 1º). Não julgavam 'o direito das partes no particular de cada uma delas, mas, sim, a inteligência geral e perpétua de Lei em comum benefício' (Lei de 18 de Agosto de 1769, § 2º). 'Constituíam leis inalteráveis para sempre se observarem como tais debaixo das penas ... estabelecidas, (citada lei, § 4º). Seriam observados como leis (§ 5º). Os acórdãos do tribunal pleno, nos termos do citado art. 1176, não têm força de lei, não são de modo nenhum interpretação autêntica ou legislativa. A diferença entre estes acórdãos e os velhos assentos, é portanto, capital; confundi-los é desconhecer de todo em todo o papel da Casa da Suplicação.* CARVALHO, Fernando Martins de, citado no Acórdão n. 810/93, Tribunal Constitucional de Portugal, Rel. Cons. Monteiro Diniz. *Apud* FERREIRA NETO, *Ibidem*. Os assentos, ou "stylos" da Corte, eram fonte primária de direito.

(443) Conforme o então vigente art. 115 (atualmente 112), item 5º da Constituição Portuguesa de 1976 "*Nenhuma lei pode criar outras categorias de actos legislativos ou conferir a actos de outra natureza* o poder de, **com eficácia externa**, interpretar, integrar, modificar, suspender ou revogar qualquer dos seus preceitos" (grifo nosso).

(444) FERREIRA NETO, *Ibidem*.

(445) MANCUSO, Rodolfo de Camargo. *Divergência Jurisprudencial e Súmula Vinculante*. 4 ed. São Paulo: Revista dos Tribunais, 2010. p. 227 e 232, *apud* LADEIRA, Aline Hadad. *A súmula vinculante e o precedente judicial*: reflexões críticas a partir do direito como integridade de Ronald Dworkin. Dissertação de Mestrado. Pouso Alegre — MG, FDSM, 2013. p. 32. Disponível em: <https://www.fdsm.edu.br/site/posgraduacao/dissertacoes/34.pdf>.

10.5.2. Introdução no Brasil em 1963 da jurisprudência sumulada persuasiva

Muito se fala na atualidade a respeito das súmulas e de seu papel no ordenamento jurídico brasileiro após a criação da súmula vinculante, por força da Emenda Constitucional n. 45/2004, e especialmente após a absorção de um modelo híbrido de precedentes vinculantes, inspirado nos países de *common law,* onde entretanto as súmulas inexistem. Em que pese as demais súmulas (art. 927, IV e V do CPC, não as previstas na EC n. 45) não sejam dotadas de vinculatividade em sentido estrito (sujeitas à coercibilidade por força de reclamação, art. 988 do CPC), são dotadas de obrigatoriedade, conforme literalidade do art. 927, *caput*, consolidando uma tendência de aumento de seus efeitos processuais já iniciada através de sucessivas reformas ao então vigente CPC de 1973. Assim, para evitar uma aplicação literal, pobre e equivocada de tais peculiares instrumentos jurisprudenciais brasileiros, se faz essencial que compreendamos o que as súmulas são — e principalmente o que elas *não* são.

Para tal mister, intercalaremos nossa análise com o valioso depoimento do saudoso Ministro Victor Nunes Leal, relator não apenas da emenda ao Regimento Interno do STF que em agosto de 1963 introduziu o instituto das Súmulas, como também dos seus primeiros 370 enunciados, aprovados e publicados em dezembro do mesmo ano. Trata-se, ao mesmo tempo, de testemunha ocular, e de protagonista de tal mudança, que nos brindou, em discurso perante o Instituto dos Advogados de Santa Catarina em 1981, com uma "interpretação autêntica" do instituto das Súmulas.(446)

10.5.2.1. Criação regimental da Súmula da Jurisprudência Predominante do STF, seguida pelos demais tribunais

A Súmula da jurisprudência predominante do STF se trata, na abalizada opinião do Ministro Victor Nunes Leal, de um experimento bem sucedido, um método de trabalho para *"ordenar melhor e facilitar a tarefa judicante."* Veio para facilitar a pesquisa e citação da jurisprudência do Supremo nas questões de direito repetitivas já sedimentadas, liberando a corte mais tempo para se dedicar a questões ainda não pacificadas.(447) Foi introduzida no regimento em 30.8.1963, que sofreu algumas simplificações, contando desde os anos 80 com a redação que perdura até a atualidade. Em pouco tempo, a forma de trabalho com Súmulas havia ainda sido sucessivamente, adotada no Tribunal Federal de Recursos — TFR (atual STJ — Lei n. 5.010/1966), no Tribunal Superior do Trabalho — TST (Res. Adm. 64-A/1973), e nos Tribunais dos estados (quando implantado o CPC de 1973), além de ser copiada no âmbito interno de alguns órgãos públicos.(448)

10.5.2.2. Meio termo entre a dureza implacável dos assentos e a inoperância dos prejulgados — Súmula como um método de trabalho — facilitador de pesquisa jurisprudencial e economia argumentativa — registro oficial das matérias já resolvidas dotado de alguns efeitos processuais, para focar o trabalho nos novos debates

Esclarece Nunes Leal que, à época (1963) pareceu acertada a criação de enunciados (persuasivos) que sumulassem a extensa jurisprudência predominante do STF, facilitando árduo e

(446) LEAL, Victor Nunes. *Passado e futuro da súmula do STF*. Revista de Direito Administrativo, Rio de Janeiro, v. 145, p. 1-20, jan. 2015. Disponível em: <http://bibliotecadigital.fgv.br/ojs/index.php/rda/article/view/43387>. Acesso em: 15 abr. 2017. doi:http://dx.doi.org/10.12660/rda.v145.1981.43387.

(447) *Ibidem*.

(448) NUNES LEAL, *op. cit.*, p. 2.

volumoso trabalho, dotando tais enunciados de certos efeitos processuais, mas sem a eficácia de lei dos antigos assentos da Casa de Suplicação, regulados pelas Ordenações Filipinas (Livro 1, Título 5, § 5º).(449) Atingia-se um modo formal de documentar a consolidação de sua jurisprudência, simplificando os julgamentos das questões frequentes mediante a atribuição de alguns efeitos processuais, como: negar-se provimento ao agravo para subida de recurso extraordinário, não se conhecer do recurso extraordinário ou embargos de divergência e rejeitar os infringentes quando o recurso contrariasse a jurisprudência compreendida na Súmula.(450) Na mesma senda, conforme o Ministro Aliomar Baleeiro,

> o STF criou a *Súmula* da Jurisprudência Predominante, que cataloga, em forma concisa, por números, os assuntos em que a Corte fixou interpretação de determinados dispositivos legais (...). Esta medida não só favoreceu a estabilização da jurisprudência, senão que atingiu vários aspectos práticos para tornar-se mais expedito o andamento dos feitos. Os relatores podem mandar arquivar por simples despacho agravos de instrumento e até mesmo recursos extraordinários, quando se apresentam em conflito com a *Súmula*. (...) Quando o recurso extraordinário se funda em divergência clara com qualquer verbete da *Súmula*, ao recorrente basta indicá-lo sem necessidade de provar a existência dos julgados acaso discrepantes. Cada item da *Súmula* indica o dispositivo legal a que se refere e também os acórdãos do STF que estabeleceram a jurisprudência preponderante.

Quanto ao acerto do regramento então adotado para as súmulas, o Ministro Victor Nunes Leal entende que a súmula realizou

> o ideal do meio-termo, quanto à estabilidade da jurisprudência ... entre a dureza implacável dos antigos *assentos* da Casa da Suplicação, 'para a inteligência geral e perpétua da lei' e a virtual inoperância dos prejulgados. É um instrumento flexível, que simplifica o trabalho da justiça em todos os graus, mas evita a petrificação, porque a *Súmula* regula o procedimento pelo qual pode ser modificada ... Apenas exige, para ser alterada, mais aprofundado esforço dos advogados e juízes. Deverão eles procurar argumentos novos, ou aspectos inexplorados nos velhos argumentos, ou realçar as modificações operadas na própria realidade social e econômica. Com essa precaução, a *Súmula* substitui a *loteria judiciária* das maiorias ocasionais pela perseverança esclarecida dos autênticos profissionais do direito.(451)

Narra o ministro ainda que, já vigente a *Súmula* do Supremo Tribunal, em 1964 o Prof. Alfredo Buzaid pretendia incluir no anteprojeto de Código de Processo Civil o restabelecimento dos assentos, "com força de lei" (art. 519 e p. 29 da exposição de motivos).(452) No entanto, tal processualista atenuou tal dispositivo no anteprojeto após debates em um congresso em Campos do Jordão, no qual questionado quanto à constitucionalidade do caráter coativo dado aos assentos, que implicaria em delegação legislativa ao Judiciário e restrição à independência judicial. Tal resultou na orientação posteriormente veiculada no projeto aprovado, de que a fixação da jurisprudência dominante em assentos daria aos magistrados, advogados e público diretrizes a seguir nas diversas matérias, de forma persuasiva. Assim, o CPC de 1973, acabou também seguindo, quanto às súmulas, a linha intermediária adotada no Regimento do STF desde 1963.(453)

---

(449) Os assentos lançados pela Casa de Suplicação eram de aplicação *erga omnes*, definiam o direito em tese, não eram sujeitos ao *overruling* da própria corte. Explica Nunes Leal que, conforme a Lei da Boa Razão, de 18 de agosto de 1769, em caso de dúvida ou violação da lei, a Casa da Suplicação (tribunal máximo à época) tomaria "*assento* decisivo" sobre a glosa, dos desembargadores ou do regedor — glosa esta que "*não julga o direito das partes no particular de cada uma delas, mas sim a inteligência geral e perpétua da lei em comum benefício.*" A Casa da Suplicação firmava "*a genuína inteligência da lei*", antes de julgar o direito das partes (§§ 2º, 6º, e 8º da mesma lei), e "*os assentos já estabelecidos (...) e os que se estabelecerem (...) sobre as interpretações das leis*" eram "*leis inalteráveis para sempre se observarem como tais debaixo das penas (...) estabelecidas*" (§ 4º). NUNES LEAL, *op. cit.*, p. 5. (citando a Lei da Boa Razão, *apud* ALMEIDA, Cândido Mendes de. *Código Filipino*).

(450) NUNES LEAL, *op. cit.*, p. 10.

(451) NUNES LEAL, *op. cit.*, p. 10 (citando artigo anterior de sua autoria, publicado em Rev. Dir. Pr. Civil, 5/71.

(452) NUNES LEAL, *op. cit.*, p. 5. Na mesma época, em Portugal, se discutia a introdução, no CPC português, de dispositivo similar, o que efetivamente ocorreu em 1966, norma julgada parcialmente inconstitucional em 1976, passando a vincular apenas aos próprios juízes. Ver no item 10.5.1.

(453) WALD, Arnold. Correio da Manhã, 18.04.1965, *apud* NUNES LEAL, *op. cit.*, p. 8.

10.5.2.3. Função de repertório oficial de jurisprudência — índice — facilitador da busca jurisprudencial

Como já mencionado antes, o STF pretendeu com a Súmula de sua jurisprudência, facilitar a busca ou pesquisa de precedentes, indexando os principais assuntos sedimentados, e facilitando a referência aos mesmos pela mera citação do número da correspondente Súmula. Exalta Nunes Leal, a função da Súmula como um repertório oficial simplificado da jurisprudência. Diz que quase certamente tal foi a primeira motivação da experiência da Súmula, pela "*necessidade de sistematizar os julgamentos do Tribunal, para se localizarem os precedentes com menor dificuldade*"(454) — se ainda hoje é tarefa espinhosa, imagine-se em 1963, antes de qualquer informatização, tarefa virtualmente impossível sem uma indexação criteriosa e completa. Relata o ministro que, por falta de técnicas mais sofisticadas, a Súmula nasceu e adquiriu efeitos de natureza processual. Antes, cada ministro se reportava à sua memória e testemunhava para os colegas mais modernos qual era a jurisprudência pacificada da Corte. Testemunha que, nos seus primeiros anos no STF, tentava tomar numerosas notas e sistematizá-las, para que as tivesse prontas para consulta durante as sessões de julgamento. Narra que surgiu então a ideia da Súmula, que os colegas da Comissão de Jurisprudência (Ministros Gonçalves de Oliveira e Pedro Chaves) encorajaram, e com a qual assentiram a Presidência e os demais ministros. Assim, sustenta jocosamente que a Súmula é subproduto de sua falta de memória.(455)

10.5.2.4. Função de economia processual/argumentativa — "relevância às avessas" — evitar desperdício de tempo em questões pacificadas — paralelo com a escolha discricionária dos casos relevantes da Suprema Corte Americana

O STF idealizou a Súmula da jurisprudência predominante, dotada de alguns efeitos processuais, diante "*da dificuldade, para os ministros, de identificar as matérias* ***que já não convinha discutir de novo****, salvo se sobreviesse algum motivo relevante*," a fim de que não tivesse, cada ministro, de se reportar à sua memória ou aos colegas mais antigos para saber quanto à jurisprudência pacificada da Corte.(456)

A Súmula do STF, como repositório de jurisprudência, serviria para consignar as hipóteses que se repetem com frequência, adotando-se quanto às mesmas um método de trabalho mais rápido e informal, pois tais casos já sedimentados "*ficavam despojados de importância jurídica e não se justificava perda de tempo*," uma espécie de "*princípio da relevância às avessas*."(457) Ademais considerando-se a permanente produção de novas normas legais, cada qual passível de gerar novas dúvidas, seria de interesse público o alargamento do uso das Súmulas, a fim de registrar a pacificação de cada uma das controvérsias de direito. À vista da ininterrupta eclosão de novas controvérsias, não poderia o STF contentar-se com a "*eternização das disputas antigas*," devendo lhes prolatar a palavra final o quanto antes. Entende Nunes Leal que a Súmula seria um método adequado para difundir tal palavra final, com o potencial de reduzir pleitos repetitivos, "*cujos fomentadores já estarão advertidos da próxima derrota na Alta Corte*."(458)

---

(454) NUNES LEAL, *op. cit.*, p. 14. Pelos mesmos motivos o ministro refere ainda que foi criada a Revista Trimestral de jurisprudência, com distribuição aos membros dos tribunais e juízes do país e entende que deveria ser adotada a "*computação eletrônica das decisões judiciais*" (uma visão vanguardista, considerando que o artigo foi escrito em 1981). *Ibidem*.

(455) NUNES LEAL, *op. cit.*, p. 5. O ministro Nunes Leal acabou sendo o relator da correspondente emenda regimental, bem como dos seus primeiros 370 enunciados de Súmula. *Ibidem*.

(456) NUNES LEAL, *op. cit.*, p. 14.

(457) NUNES LEAL, *op. cit.*, p. 15.

(458) NUNES LEAL, *op. cit.*, p. 17.

Por ocasião de uma visita ao STF pelo *Justice* William Brennan, da Corte Suprema dos EUA, o Ministro Victor Nunes Leal comparou a sistemática de ambas as cortes, observando que enquanto a Corte americana escolhia os casos importantes que devia julgar, no STF se passaria a separar os casos *"já destituídos de relevância jurídica, com os quais não seria justo ocupar o tempo do Tribunal"*, entendendo que indiretamente atingiria resultados comparáveis:[(459)]

> Este Tribunal (...) é de opinião, já manifestada em documento oficial, que devíamos ter, como a Corte Suprema, competência para selecionar, pela importância ou relevância pública, os casos que devêssemos julgar com ampla discussão. (...) Não dispondo do mesmo poder que tem a Corte Suprema, temos procurado resolver nosso problema de acúmulo de serviço por outros meios. Estabelecemos um mecanismo pelo qual, quando o Tribunal firma sua jurisprudência sobre certos temas jurídicos, eles perdem a relevância, sendo então julgados de modo muito sumário. É uma espécie de princípio da relevância às avessas (grifos nossos).[(460)]

Assim, firmada determinada jurisprudência, e consagrada na Súmula sob forma de um enunciado numerado, a questão passava a ser tratada de modo muito sucinto, utilizando-se a referência a tal verbete numerado, liberando o Tribunal para se aprofundar em controvérsias de direito novas, que demandavam maior atenção e tempo.

A observação do ministro de que, pela via da Súmula, se conseguiria obter indiretamente o foco nos casos mais importantes que tem a Suprema Corte americana, entretanto, se revelou excessivamente otimista. As cinco décadas que decorreram desde a implantação da Súmula pelo STF comprovam que tal solução foi insuficiente para desafogar o Excelso Pretório de uma multitude de decisões burocraticamente repetitivas — ainda que devamos admitir que o panorama certamente teria sido pior se inexistissem, já que cumpriram importante função de um mínimo de divulgação e indexação dos precedentes, simplificando sua pesquisa e referência aos mesmos.

A narrativa acima revela, entretanto, que ao menos desde aquela época, nos anos 60, já se tinha como paradigma a Suprema Corte americana quanto ao poder de escolher discricionariamente os casos de relevância nacional nos quais atuar, podendo aquela focar-se naqueles que efetivamente trouxessem algum aprimoramento para o Direito. Verifica-se que durante as décadas subsequentes, a meta de limitação dos recursos ao Supremo Tribunal continuou a informar as inovações de normas processuais. Foram sendo incrementados os efeitos processuais das súmulas e outras técnicas destinadas a focar o STF em um número menor de casos mais relevantes, culminando com a criação do pressuposto de admissibilidade da repercussão geral em recursos extraordinários e a sumula vinculante (EC n. 45/2004), a sistemática dos recursos repetitivos (arts. 543-B do CPC de 73 incluído pela Lei n. 11.418, de 2006), e a ampliação da vinculatividade dos precedentes no CPC de 2015.

10.5.2.5. *Súmula não se interpreta: seria a interpretação da interpretação — se não for clara, é inútil, devendo ser cancelada ou modificada*

Parece-nos que o ensinamento mais importante deixado pelo Ministro Victor Nunes Leal — idealizador do método de trabalho do STF a que se deu o nome de Súmula da jurisprudência predominante — é que se pode modificar ou cancelar, mas *nunca* interpretar a Súmula, quanto a seu correto significado.

Diz Nunes Leal que o que se interpreta é a norma da lei, e a Súmula é o resultado dessa interpretação pela Corte, devendo ser redigida com a maior clareza, sem qualquer dubiedade,

---

(459) *Ibidem.*
(460) *Ibidem.*

para que não falhe ao seu papel de expressar a interpretação dada pelo Tribunal. Assim, se necessário esclarecer algum dos enunciados da Súmula, melhor seria cancelá-lo e emitir outro, já que o original não estaria a cumprir seu papel de esclarecer resumidamente a solução dada pela Corte a uma determinada dúvida jurídica. Interpretar a Súmula seria a "*interpretação da interpretação.*"(461) Exemplificativamente, o ministro cita ilustrativo embate que teve com o Ministro Elói da Rocha, no STF (RJT 45/73 e ss.), onde contrariou uma tentativa de interpretar a Súmula:

> A *Súmula* não é norma autônoma, não é lei, é uma síntese de jurisprudência (...). Em alguns casos, interpretar a *Súmula* **é fazer interpretação de interpretação**. Voltaríamos à insegurança que a *Súmula* quis remediar. Quando o enunciado for defeituoso, devemos riscá-lo e redigir outro. Este é que é o método adequado, previsto no Regimento.'

A isso replicou o Ministro Elói da Rocha:

> 'Se tenho, como juiz, o poder de interpretar a mesma Constituição, poderei interpretar a *Súmula.*'
>
> 'V. Ex.ª — insisti — tem, evidentemente, o poder de interpretar qualquer decisão nossa, e, portanto, a nossa jurisprudência sintetizada na *Súmula*. Mas a *Súmula* é um método de trabalho, através do qual esta Corte tem procurado eliminar dúvidas de interpretação. Se a *Súmula*, por sua vez, for passível de várias interpretações, ela falhará, como método de trabalho, à sua finalidade. Quando algum enunciado for imperfeito, devemos modificá-lo, substituí-lo por outro mais correto, para que ele não seja, contrariamente à sua finalidade, uma fonte de controvérsia'(462) (sublinhados e grifos nossos).

10.5.3. Compreensão da natureza da Súmula da jurisprudência predominante dos tribunais a partir de sua regulamentação nos regimentos internos

Os textos dos regimentos internos dos tribunais superiores mostram que, ao adotarem a Súmula de sua jurisprudência como método de trabalho, seus integrantes tinham como pacífica sua natureza de mero resumo (por isso súmula) ou compêndio da jurisprudência — sem se confundir com a própria jurisprudência — na esteira do modelo adotado pelo STF em 1963. Veja-se que o art. 102 do RISTF reza que "*a jurisprudência assentada* [pacificada] *pelo Tribunal será* ***compendiada*** *na Súmula* [resumo, sumário] *do Supremo Tribunal Federal.*" Assim, *Súmula*, ou resumo da jurisprudência predominante do tribunal, apenas a compendia, a representa, mas com ela não se confunde.

A inclusão, alteração ou cancelamento de enunciados na Súmula é feita por maioria absoluta do Plenário (§ 1º do art. 102 do RISTF), sem estar necessariamente atrelada a algum incidente de uniformização, sendo em tal formato um mero ato administrativo da Corte, a qual cria um verbete para melhor identificar ou divulgar a jurisprudência já sedimentada na mesma.

Tal sistemática não conflita com o atual sistema de precedentes (focado nos fatos do caso concreto em que se forma cada precedente), desde que se compreenda a real natureza de uma súmula — um atalho argumentativo, uma representação de uma ou mais decisões judiciais, estas sim os verdadeiros *precedentes*, em sentido estrito. Não se pode perder de vista que súmula não é uma decisão judicial, mas sim um conveniente atalho ou resumo, para permitir que "*a citação da Súmula, pelo número correspondente, dispens*[e] *perante o Tribunal a referência a outros julgados no mesmo sentido*" (RISTF, art. 102, § 4º), tanto em decisões, quanto em petições e recursos dos advogados.

No TFR (atual STJ) as Súmulas foram implantadas com o art. 63 da Lei de Organização da Justiça Federal (Lei n. 5.010/66) "*para orientação da Justiça Federal de Primeira Instância, e dos interessados,*" após "*aprovadas pelo seu plenário*" e publicadas no DJU e nos Boletins da

---

(461) NUNES LEAL, *op. cit.*, p. 11-13.
(462) NUNES LEAL, *op. cit.*, p. 13.

Justiça Federal das Seções.[463] Os respectivos dispositivos no Regimento do TFR, similares aos do STF, foram basicamente mantidos no atual Regimento do STJ, lhe sendo peculiar a definição do que seria a jurisprudência assentada ou "*firmada*" pelo tribunal, a ser "***compendiada** na Súmula*" do STJ como sendo as decisões firmadas (1) "*por **unanimidade** dos membros componentes da Corte Especial ou da Seção, em um caso*"; ou (2) "por *maioria absoluta* em pelo menos dois julgamentos concordantes." (RISTJ, art. 122, *caput* e § 1º). Ademais, a decisão de incluir novos enunciados na Súmula do STJ também não depende de um incidente de uniformização. Antes pelo contrário, podem os novos verbetes serem propostos ao Órgão Especial ou Seção por qualquer ministro, na Turma, ou pela Comissão de Jurisprudência, quando verificarem que as Turmas *não divergem* na interpretação em determinada questão de direito (RISTJ, art. 126, *caput* e § 3º). Finalmente, destaca-se que a votação da súmula em si não pode ser considerada ato jurisdicional, já que não se trata do próprio julgamento de um caso concreto. O "*projeto de sumula*" elaborado pelo relator ou pela Comissão de Jurisprudência, pode ser votado pelo órgão competente imediatamente após o julgamento de um caso ou incidente em concreto, ou em momento posterior, ou mesmo se referir a precedentes já sedimentados no passado, como denota o art. 126, § 3º, do RISTJ, bem como são exemplo as 600 primeiras súmulas do STF, compendiadas e votadas a partir da jurisprudência anterior, já pacificada na corte.[464]

No TST, foram criadas as súmulas persuasivas a partir de 1973, por propostas dos Ministros Raymundo de Souza Moura, Tostes Malta e Lima Teixeira, devido aos "*melhores resultados do egrégio Supremo Tribunal Federal,*" sendo tal método de trabalho com a jurisprudência incorporado ao Regimento Interno por força da Res. Adm. 64-A/73.[465] Tais súmulas coexistiram por alguns anos com os prejulgados do TST, os quais eram vinculantes, previstos no art. 902 da CLT (artigo revogado pela Lei n. 7.033, de 05.10.1982).[466] Em sua versão atual, publicada em 20.11.2017, o Regimento do TST já absorveu o enriquecimento dos pressupostos para a edição de súmulas decorrente da nova redação do art. 702, f, da CLT. Examinaremos em tópico adiante as mudanças trazidas em relação à sistemática anterior de produção de súmulas em decorrência da nova redação do art. 702, f, da CLT, e por seus §§ 3º e 4º, por força da Lei n. 13.467/17 (Reforma Trabalhista).[467]

Os regramentos relativos às súmulas nos tribunais superiores ilustram a distinção entre os atos tipicamente jurisdicionais que constituem a jurisprudência ou os precedentes, em sentido estrito, e o ato administrativo de criar um verbete que resume a *ratio decidendi* de um ou mais julgados que assentam um entendimento dominante em um tribunal, para fins de facilitar a pesquisa e divulgação de tais entendimentos, por conseguinte aumentando a rapidez dos julgamentos e a observância espontânea de tais precedentes.

Assim, por mais que a Constituição (quanto à súmula vinculante) e o CPC tenham conferido nas últimas décadas diversos efeitos processuais a tais verbetes, isto não transmuta sua natureza — a de mero resumo de um ou mais precedentes, *mas que nunca serão, eles próprios os precedentes*.

---

(463) *Ibidem*.

(464) NUNES LEAL, *op. cit.*, p. 14.

(465) *Ibidem*, p. 3.

(466) Art. 902. É facultado ao Tribunal Superior do Trabalho estabelecer prejulgados, na forma que prescrever o seu regimento interno. ... § 4º Uma vez estabelecido o prejulgado, os Tribunais Regionais do Trabalho, as Juntas de Conciliação e Julgamento e os Juízes de Direito investidos da jurisdição da Justiça do Trabalho ficarão obrigados a respeitá-lo. § 5º Considera-se revogado ou reformado o prejulgado sempre que a Câmara de Justiça do Trabalho, funcionando completa, pronunciar-se, em tese ou em concreto, sobre a hipótese do prejulgado, firmando nova interpretação. Em tais casos, o acordão fará remissão expressa à alteração ou revogação do prejulgado. *(Revogado pela Lei n. 7.033, de 05.10.1982)*

(467) Ver adiante 10.5.12.2 Positivação de pressupostos quantitativos para a edição de súmulas nos tribunais trabalhistas.

Por mais que isto devesse parecer evidente, na prática todos nós sabemos que não é. As súmulas acabam sendo frequentemente tomadas por seu texto literal, esquecendo-se o operado do direito de sua natureza de mero resumo ou indexador da verdadeira jurisprudência, a qual se torna necessária examinar sempre que a questão jurídica a ser resolvida não for óbvia, e o cotejo do entendimento representado na súmula com o caso concreto a ser julgado gerar qualquer dúvida. A súmula é um mero instrumento administrativo dos tribunais, para facilitar o seu trabalho, e o trabalho dos advogados, não pode ser vista como autonomamente normativa, sob pena de se tornar uma "súmula-lei". Nem mesmo uma súmula vinculante prevista na Constituição vincula por sua literalidade, mas sim pelo precedente que a mesma representa, já que interpretação contrária da EC n. 45 seria inconstitucional, por violar cláusula pétrea da separação dos poderes.

Em síntese, a análise dos regimentos dos tribunais superiores corrobora e ilustra a seguinte compreensão acerca da natureza das súmulas, tão frequentemente olvidada: súmula não é lei, não se interpreta uma súmula. Em caso de mínima dúvida, deve(m) ser consultado(s) o(s) precedente(s) que a súmula representa(m).

10.5.4. Atualidade dos motivos originais da criação das Súmulas no STF — Súmulas são necessárias por enquanto — mudança de foco: dão publicidade imediata à uniformização de dissensos, prescindindo-se de vários julgamentos sucessivos

Infelizmente, os motivos que ensejaram a criação da sistemática das súmulas, há mais de 50 anos, ainda são atuais (ressalvada a busca de precedentes nos enormes arquivos dos tribunais, antes inviável sem um sistema de indexação, problema recentemente superado com a informatização). Vejamos:

10.5.4.1. Dispersão jurisprudencial extrema x difusão dos entendimentos pacificados

A indexação da jurisprudência predominante, através das súmulas, continua sendo uma necessidade, em um país de dimensões continentais e uma tradição jurídica que permitiu extrema dispersão jurisprudencial. Tal dispersão seria ainda maior sem as súmulas. Ademais, as súmulas dão a conhecer os principais entendimentos pacificados, tanto internamente no Judiciário, quanto para os advogados e demais segmentos da sociedade. As súmulas sempre tiveram forte efeito persuasivo junto a juízes e têm dissuadido em parte a litigiosidade ou recorribilidade contrária ao entendimento sumulado. As súmulas publicizam os entendimentos que as partes sabem que vão enfrentar caso ajuízem ação ou recurso dependente do respectivo entendimento. A dispersão jurisprudencial e necessidade de sinalizar um norte para juízes e jurisdicionados — propiciando maior segurança jurídica — foi um dos fatores que inspirou a criação da Súmula do STF em 1963, e continua sendo o problema prático que se pretendeu combater quando gestadas as inovações quanto aos precedentes vinculantes ou obrigatórios no CPC de 2015 e outras normas processuais.

10.5.4.2. Atalho argumentativo + atalho procedimental

Da mesma forma, igualmente permanece válida até o presente a motivação relatada pelo Ministro Nunes Leal, conforme acima, quanto ao uso da Súmula para simplificação tanto da fundamentação quanto do procedimento recursal quando a questão de direto debatida for repetitiva e já sedimentada pela Corte. Houve crescimento exponencial de processos e recursos no país e, em que pese o STF já venha progressivamente adotando o regime de repercussão geral (para os recursos ajuizados após a entrada em vigor de sua regulamentação, pela Lei n. 11.418/2006), nos demais tribunais ainda inexistia um mecanismo suficiente para racionalizar o volume de trabalho. Assim, o uso da referência a um enunciado de súmula — dispensando a repetição de todos os argumentos e a referência a todos os precedentes que o enunciado representa — continua sendo um importante facilitador para o trabalho na fundamentação das petições, recursos e decisões.

Naturalmente, repise-se que tal atalho de fundamentação só é viável quando a respectiva questão de direito não chegar a ser controvertida nos autos ou quando o respectivo entendimento for obviamente aplicável ao caso concreto. Diante da *mínima dúvida*, tendo a parte se *desincumbido de seu ônus argumentativo* de demonstrar que um enunciado aparentemente aplicável na realidade é *distinguishable*, por representar precedentes com circunstâncias fáticas relevantemente diferentes, ou que um entendimento aparentemente inaplicável merece aplicação por analogia (a parte que o invoca deve demonstrar o cabimento de tal analogia) deve o julgador consultar os precedentes representados no enunciado de Súmula, verificando a compatibilidade de seus fatos "materiais" ou necessários com os do caso concreto.[(468)]

O crescimento exponencial da recorribilidade, mencionada antes, também faz com que a funcionalidade da Súmula como um atalho procedimental, a partir de 1963, permaneça extremamente atual, ainda mais em um contexto no qual a observância dos precedentes se torna expressamente obrigatória (arts. 926 e 927 do CPC). Assim, os efeitos processuais, como obstáculo à subida de recursos, ou os julgamentos sumários pelos relatores dos recursos, são importantes fatores de aceleração do processo e economia de tempo, utilizando por base o conveniente repositório de entendimentos pacificados da Súmula.

Novamente ressaltamos a advertência quanto à aplicabilidade não óbvia de uma súmula: se houver qualquer questionamento, não pode ser aplicada mecânica e literalmente, já que o valor da súmula não está em seu texto (súmula não é lei ou nenhum tipo de norma cogente), mas sim o precedente que a súmula representa. Havendo fundamentado questionamento, desincumbindo-se o requerente de seu ônus argumentativo para demonstrar, e.g. uma identidade, similaridade relevante, analogia ou distinção em relação ao entendimento sumulado, a decisão deverá enfrentar tal questionamento sob pena de nulidade.[(469)]

10.5.5. Súmulas divulgam entendimento pacificado, não são instrumento para obter tal pacificação

Em que pese constasse do CPC desde 1973 a possibilidade de edição de súmula sintetizando o entendimento vencedor em um incidente de uniformização,[(470)] em sua maior parte as súmulas representavam a jurisprudência iterativa e notória do tribunal, editadas não após a uniformização de um dissenso jurisprudencial interno, mas em regra propostas para consignar

---

(468) Quanto à profundidade da fundamentação relativa à argumentação com precedentes nos reportamos, anteriormente, a 8.1 Dever de fundamentar a aplicação de precedentes ou não aplicação de precedentes invocados analiticamente pela parte sob pena de nulidade — art. 489 do CPC e 11.7.4 Equilíbrio entre a complexidade da fundamentação completa com precedentes e a necessária concisão.

(469) Tais técnicas analíticas relativas a precedentes foram debatidas em 7 ALGUNS CONCEITOS EM MATÉRIA DE PRECEDENTES.

(470) CPC 1973, Art. 479. *O julgamento, tomado pelo voto da maioria absoluta dos membros que integram o tribunal, será objeto de súmula e constituirá precedente na uniformização da jurisprudência.*

Parágrafo único. Os regimentos internos disporão sobre a publicação no órgão oficial das súmulas de jurisprudência predominante.

um entendimento sedimentado após um determinado número de decisões uníssonas de seus colegiados — número esse estipulado regimentalmente — alçado à condição de jurisprudência predominante, com consequente veiculação em súmula.(471) Como já dissemos anteriormente, o IUJ foi pouco utilizado, salvo no processo do trabalho, durante a curta vigência dos §§ 3º-6º do art. 896 da CLT em sua redação dada pela Lei n. 13.015/2014.

Súmulas eram meros atalhos de fundamentação, dando maior visibilidade a entendimentos cristalizados — "iterativa e notória," ou "pacífica e remansosa" jurisprudência, ou outras expressões utilizadas no jargão forense, denotando a força de um determinado entendimento jurisprudencial por sua permanência, constância, estabilidade e notoriedade. Assim, havendo tais entendimentos reiterados, a edição de uma súmula traria a vantagem de desestimular a litigiosidade ou recorribilidade contrária a tais entendimentos, além de servir para encurtar a argumentação, estando na referência a uma súmula implicitamente adotados os fundamentos que a ensejaram.

Não havia necessidade, por aquele que fosse citar uma súmula, de maior cuidado na pesquisa dos fatos dos precedentes que ensejavam uma súmula, uma vez que se tratava de matéria por todos conhecida na jurisdição, já que "iterativa e notória" jurisprudência. Ademais, se desconfiasse quanto à aplicabilidade uma súmula, não sendo ela vinculante, o advogado ou juiz poderia simplesmente a omiti-la, ao invés de ter de recorrer aos fatos que a ensejaram para fins de aplicá-la ou afastá-la por *distinguishing,* como ocorre atualmente por força do art. 489, § 1º, VI, do CPC de 2015.

O regime dos arts. 926 e 927 do CPC manteve tal foco, já que os instrumentos destinados à produção de consensos ou à pacificação das divergências foram outros, como os recursos repetitivos, o recurso extraordinário com repercussão geral, e os incidentes de assunção de competência e de demandas repetitivas, julgados que culminam com a divulgação da respectiva tese, dispensando-se a criação de uma súmula. Assim o território das súmulas ficou restrito aos entendimentos pacificados pelo tempo, pela repetição, e não por alguma das ferramentas de uniformização de jurisprudência.(472)

O novo sistema, assim, não alterou as súmulas quanto à sua finalidade, mas, apenas lhe deu mais força, tornando-lhe sistemicamente obrigatória (art. 927, IV e V do CPC; ver ainda item 6.4.2 "precedentes obrigatòrios"), bem como exigiu seu atrelamento aos fatos dos respectivos precedentes (art. 926, § 2º do CPC), para harmonizá-la com o novo sistema, em que os fatos do precedente são essenciais para aferir sua aplicabilidade a cada caso futuro.

10.5.6. Súmulas — risco para um verdadeiro sistema de precedentes — mas transitoriamente necessárias

A supercompressão de um precedente nas poucas linhas de um enunciado de Súmula comporta elevado risco de incompreensão e mau uso, mas se faz necessária dentro do contexto atual e ao menos no futuro imediato.

---

(471) Já referimos por exemplo os regimentos internos do TST e do STJ, que consignam tais limites numéricos de decisões num mesmo sentido, como pressuposto para a proposta de súmula, ver 10.5.3 Compreensão da natureza da Súmula da jurisprudência predominante dos tribunais a partir de sua regulamentação nos regimentos internos.

(472) Em tal sentido, por exemplo, súmula vinculante constitucional, que conforme o art. 103-A apenas poderá ser editada após *reiteradas* decisões sobre matéria constitucional. O mesmo se depreende da regulamentação regimental da edição de súmulas na maior parte dos tribunais e nos rigorosos pressupostos lançados no art. 702, f, da CLT, com redação dada pela Lei n. 13.467/2017.

A súmula, por seu texto dogmático, imperativo, ainda que seja uma tentativa de sumarizar um precedente, possui uma aparência de comando normativo. Assim, da pressa do dia a dia profissional do operador do direito, ou mesmo na falta de informação ou compreensão do instituto, corremos o risco de ver o verbete aplicado como se fora uma lei geral e abstrata, bem como que os aplicadores do direito façam exegese de seu texto, procurando lhe compreender o significado a partir de sua literalidade. Trata-se do fenômeno que pejorativamente poderíamos chamar de "súmula-lei" (em analogia aos decretos-leis, instrumentos do executivo que usurpavam a competência legislativa, em regimes autoritários), como já dissemos alhures nesta obra.

Ademais, como também já referimos[473] a pletora de acórdãos de segundo e terceiro graus no Brasil, frequentemente conflitantes entre si, tornariam inviável a adoção de um *stare decisis* amplo com relação a todos os acórdãos do país, tendo o legislador pátrio acertado em limitar o rol de precedentes vinculantes e obrigatórios, a fim de evitar tumulto e confusão. Em tal contexto, continuam validas as observações de Nunes Leal, citadas anteriormente, quanto à conveniência da Súmula como repositório de jurisprudência, índice, atalho na fundamentação dispensando a citação de outros precedentes etc.

Comparativamente, nos EUA, inexistem súmulas, mas apenas a publicação dos próprios acórdãos (todos vinculantes dentro da jurisdição de um mesmo tribunal, ainda que de órgãos fracionários) em repositórios de jurisprudência públicos e privados. A quantidade não é reduzida, embora proporcionalmente bem menor que no Brasil (a recorribilidade lotérica é desencorajada pelo elevado custo e pela previsibilidade dos entendimentos que serão seguidos — *followed* — pelo tribunal *ad quem*). Assim, a pesquisa de precedentes acaba onerando em alguma medida os processos, já que envolve horas de pesquisa de advogados (cujo valor dos honorários por hora é elevado) em sistemas de busca privados (Westlaw, LexisNexis etc.), os quais também são caros. Tais sistemas, entretanto, costumam oferecer notas introdutórias, resumos e *headnotes* (verbetes das principais partes da *ratio decidendi* do caso) pesquisáveis e interligados com outros casos que citaram ou que foram citadas no caso em tela. Ademais, os advogados americanos estão sujeitos a pesadas obrigações de ética profissional e processual, tendo o ônus de informar em suas petições todo o direito pertinente ao caso, inclusive normas ou casos que lhe desfavoreçam,[474] a fim de não induzir o juízo a erro, tudo sob o risco de sofrerem penalidades muito rigorosas.

Assim, veja-se que embora inexistam súmulas, existe um conjunto de regras e circunstâncias em boa medida garantindo que ao juízo chegarão argumentos sólidos e embasados em diligente pesquisa do direito positivado e jurisprudencial em vigor. Tanto o treinamento dos advogados norte-americanos em precedentes, desde os bancos escolares, quanto as imposições de ética e penalidades, quanto os poderosos mecanismos de busca e cotejo de precedentes, contribuem para que ao juiz sejam submetidos argumentos completos e juridicamente defensáveis com base no *case law* vigente.

No Brasil, entretanto, não existem as mesmas circunstâncias.[475] A perplexidade natural da absorção de um elemento exógeno à nossa tradição jurídica (a fundamentação analítica com precedentes) provavelmente obstaria uma imediata sedimentação das novas técnicas de

(473) Ver 6.3 Inviabilidade de vinculação irrestrita a todos os tipos de acórdãos.

(474) Embora possam buscar argumentos defensáveis de que os precedentes ruins são distinguíveis (*distinguishable*) ou superados (*overruled*), ou que não prejudicam o pedido, quando combinados aos demais precedentes (*rule synthesis*).

(475) A fim de evitar repetições desnecessárias, reportamo-nos novamente a 6.3 Inviabilidade de vinculação irrestrita a todos os tipos de acórdãos.

uso dos precedentes por aqui. Assim, temos que as súmulas constituem, por ora, importante e necessária simplificação do uso dos precedentes, a qual pode trazer mais benefícios do que malefícios, desde que se compreenda sua natureza de mera indexação ou representação de um ou mais precedentes — e não a de norma literal, geral e abstrata.

Assim, temos que por ora as súmulas são importantes em nosso ordenamento, em que pese o risco de seu mau uso seja preocupante e deva ser combatido — nunca se olvidando sua natureza de mero indexador de precedentes, sem se confundir com estes. Entendemos que a súmula se trata de um instituto em vias de extinção a ser suplantado pelos precedentes qualificados vinculantes, progressivamente — em que pese transitoriamente necessária, ao menos pelas próximas décadas, enquanto matura o novo sistema de precedentes em nosso país.

10.5.7. A SÚMULA VINCULANTE DA EC N. 45/2004 É ABSTRATA/DESVINCULADA DOS FATOS?

De tudo o que dissemos antes quanto à natureza dos enunciados de Súmula, faz-se necessário que examinemos mais detidamente a sumula vinculante constitucional, em face de sua peculiar regulamentação introduzida a partir da Emenda Constitucional n. 45/2004, que incluiu na Constituição o art. 103-A e § 1º. É que, conforme tal dispositivo, tal súmula não se limita ao âmbito do Poder Judiciário, vinculando também a administração pública, e versando sobre o "*objetivo a validade, a interpretação e a eficácia de normas determinadas*", ficando aparentemente dotada de maior generalidade e abstração que as demais súmulas e precedentes, em uma zona intermediária entre o típico julgado e a lei em sentido formal.

No entanto, o próprio *caput* do art. 103-A elucida que a edição da súmula vinculante só é cabível "*após* ***reiteradas*** *decisões sobre matéria constitucional*", o que deixa implícito que o STF não teria o poder de legislar através da súmula, mas tão somente consolidar ou resumir em tal verbete a *ratio decidendi* de vários casos concretos julgados sobre a mesma matéria. Interpretar de forma diversa o art. 103-A o tornaria inconstitucional, por ofensa à cláusula pétrea da separação dos poderes.

Logo, mesmo a Administração Pública, ao aplicar a súmula vinculante, não poderia estar atrelada à literalidade de seu texto, como se lei fosse, mas sim ao conjunto de precedentes que a mesma representa. Não se pode interpretar o correspondente regramento como autorizando o STF a criar um comando geral e abstrato (desvinculado de um julgamento de uma lide) como se lei fosse, prerrogativa exclusiva do Poder Legislativo. Tal súmula vincula, mas não por seu texto literal, e sim em conformidade com o precedente que sumariza, ao qual se deve buscar sempre que houver qualquer dúvida em relação à aplicabilidade quanto a um caso posterior. Afinal, representando uma decisão judicial, a súmula é sempre concreta (vinculada à solução de um caso concreto, em um contexto fático concreto, salvo se decorrente de um julgamento de ação de controle concentrado de constitucionalidade) e nunca abstrata ou com "vida própria" ou autônoma em relação ao precedente que a ensejou.

10.5.8. PROFUNDIDADE DA FUNDAMENTAÇÃO COM SÚMULAS

Uma das principais utilidades da súmula, é justamente a possibilidade de ser um atalho argumentativo, que em muitos casos pode dispensar a citação ou transcrição de um ou mais precedentes, bem como o debate dos correspondentes argumentos. Se a questão estiver sedimentada pela corte e nenhuma das partes tiver se desincumbido de seu ônus argumentativo de demonstrar que existe séria dúvida quanto à aplicabilidade de tal súmula, o uso da referência através do respectivo enunciado dispensa a transcrição de tais argumentos ou precedentes. Entretanto, diante da *mínima dúvida*, tendo a parte se *desincumbido de seu ônus argumentativo* de demonstrar que um enunciado aparentemente aplicável na realidade é *distinguishable*, com fatos relevantemente diferentes, ou que merece aplicação por analogia, deve o julgador verificar a compatibilidade dos fatos "materiais" ou necessários do precedente e os do caso concreto.[(476)]

Não poderá o intérprete promover exegese do texto de uma súmula, como se fosse uma lei, mas sim recorrer ao precedente, a fim de extrair a *ratio decidendi* original que a súmula se propõe a representar. Tem o intérprete independência funcional para avaliar se a súmula efetivamente abarca o caso concreto, trabalho que pode ser óbvio, mas que por vezes será o centro de uma complexa discussão de direito. Assim como existem lacunas na lei, também existirão diversas situações fáticas — em um mundo complexo e rico de novas situações — para as quais inexiste qualquer precedente (portanto, um *case of first impression*), ou para as quais os fatos não se adequam claramente ao espírito do precedente, ainda que a literalidade de sua redação pareça indicar o contrário (*distinguishing*) — situações que impõem a cuidadosa análise e comparação do contexto de precedentes e do caso concreto posterior, pelo juiz deste.

10.5.9. Risco da "*súmula-lei*"

Como abordado anteriormente, as súmulas têm alguns atrativos ou conveniências, neste nosso incipiente sistema de precedentes. No entanto, também comportam elevado risco.

A pressa do dia-a-dia profissional, a conveniência como atalho de fundamentação, ou mesmo a falta de compreensão de sua natureza de mero resumo ou sumário de um ou mais precedentes, podem levar ao empobrecimento ou achatamento do debate acerca dos precedentes, abortando prematuramente discussões relevantes acerca da aplicabilidade direta ou analógica de um precedente, ou mesmo o afastamento por distinção fática entre este e o caso concreto. Como tal análise comparativa não faz parte da formação, da cultura jurídica e da praxe do profissional jurídico brasileiro, o rápido atalho da súmula pode facilmente desbordar para seu uso literal, como se lei fosse. Tal erro de compreensão da natureza das súmulas,[(477)] entretanto, esbarra no princípio da separação dos poderes, cláusula pétrea que impede que se dê às súmulas conotação de lei (causa inclusive da extinção dos assentos vinculantes e abstratos em Portugal, em 1822, e no Brasil em 1889).

A tal vício no uso das súmulas, podemos pejorativamente chamar de "*súmula-lei,*" por analogia aos antigos decretos-lei, delegações ou usurpações da atividade legislativa utilizados no passado por regimes autoritários. Trata-se de vício análogo ao que poderíamos chamar de "*ementa-lei*" — a aplicação rasa de um precedente, limitando-se à colagem de sucessivas ementas, como se fossem vinculantes por seu próprio literal texto, ao invés de expor e adaptar a argumentação do correspondente precedente, identificando sua *ratio decidendi* e comparando os fatos do mesmo com os do caso concreto, como temos abordado amplamente.

Aplicar uma súmula por sua literalidade — como "*súmula-lei*" — engessaria a jurisprudência, obstaculizando o refinamento decorrente de sua adaptação à sempre cambiante realidade fática. A súmula "*pobre*", aquela equivocadamente entendida como desvinculada

---

(476) Quanto à profundidade da fundamentação relativa à argumentação com precedentes nos reportamos, a 8.1 Dever de fundamentar a aplicação de precedentes ou não aplicação de precedentes invocados analiticamente pela parte sob pena de nulidade — art. 489 do CPC e 11.7.4 Equilíbrio entre a complexidade da fundamentação completa com precedentes e a necessária concisão.

(477) Ver 10.5.2 Introdução no Brasil em 1963 da jurisprudência sumulada persuasiva e 11.10.5.3 Compreensão da natureza da Súmula da jurisprudência predominante dos tribunais a partir de sua regulamentação nos regimentos internos.

do precedente que a ensejou, e portanto aplicada abstratamente como se lei fosse geraria os mesmos problemas a que a lei positivada está sujeita — as lacunas e as abstrações ou generalizações excessivas.

Quanto às lacunas, havendo uma situação fática próxima mas não prevista no texto literal da súmula, se houvesse valor vinculante em sua literalidade, *ad absurdum,* estaria o intérprete obrigado a fazer a "exegese" de tal texto. No entanto, o texto de uma súmula nada mais é ele próprio do que a solução hermenêutica dada pela corte em casos concretos em que surgiu dúvida sobre a compreensão de uma determinada norma positivada. Ou seja, no dizer o Ministro Victor Nunes Leal,(478) interpretar uma súmula seria "*a interpretação da interpretação*". Ademais, da mesma forma que a lei formal nunca cobrirá toda a multiplicidade de situações reais atuais e futuras, a súmula equivocadamente tratada como lei nunca se atualizaria com a rapidez e profusão em que se altera o mundo dos fatos, ocasionando o engessamento da jurisprudência e falhando na missão de reduzir a litigiosidade.

De forma similar ocorreria com a súmula redigida em termos excessivamente abrangentes, aparentemente alcançando uma situação fática que na realidade, à vista dos fatos concretos do precedente subjacente, não devia ter abarcado.

Vejamos um exemplo, a partir de um incidente de uniformização de jurisprudência no âmbito do TRT da 4ª Região,(479) IUJ n. 0002227-68.2016.5.04.0000, quanto à abrangência da coisa julgada decorrente da homologação, em audiência, de um acordo onde a parte autora dê "*quitação plena do seu contrato de trabalho,*" sem qualquer ressalva.

A jurisprudência do tribunal se encontrava dividida. Cerca de 60% dos seus integrantes entendiam que a quitação geral sem ressalvas, homologada em juízo, obstaculizava a propositura de posterior demanda buscando indenizações por acidente do trabalho ou de doença ocupacional relativamente ao mesmo contrato de trabalho. Os demais entendiam que a pretensão acidentária não se poderia presumir em tal quitação inclusa, mas apenas "*as parcelas trabalhistas típicas que decorrem diretamente da relação jurídico-trabalhista, ficando excluídas, assim, as pretensões indenizatórias de natureza civil e extracontratual.*"(480) Em que pese ao final tenha sido decidida a uniformização em favor desta última corrente, tomemos como exemplo a hipótese da primeira linha de entendimento. A correspondente proposta de súmula (que acabou sendo rejeitada) estava redigida nos seguintes termos:

> ACORDO JUDICIAL COM QUITAÇÃO DO CONTRATO DE TRABALHO. PRETENSÕES INDENIZATÓRIAS DECORRENTES DE ACIDENTE DO TRABALHO OU DOENÇA OCUPACIONAL. COISA JULGADA. A quitação do contrato de trabalho em acordo judicial, sem qualquer ressalva, faz coisa julgada material, inclusive em relação a pretensões indenizatórias decorrentes de acidente do trabalho ou de doença a este equiparada.

Veja-se o problema, caso um enunciado como este seja confundido com uma norma geral e abstrata com eficácia de lei. A literalidade do texto parece não permitir exceções. No entanto, o que ocorreria se alguns anos depois da homologação de um acordo trabalhista nos

---

(478) Ver 10.5.2.5 Súmula não se interpreta: seria a interpretação da interpretação — se não for clara, é inútil, devendo ser cancelada ou modificada.

(479) No TRT da 4ª Região se tem seguido o entendimento de que o incidente de uniformização de jurisprudência não foi revogado no processo do trabalho, uma vez que mencionada a obrigação de "uniformização de jurisprudência", no art. 896, §§ 4º e 5º, da CLT, com redação dada pela Lei n. 13.015/2014, ainda que a referência do § 3º ao "*incidente de uniformização de jurisprudência previsto nos termos do Capítulo I do Título IX do Livro I da Lei n. 5.869, de 11 de janeiro de 1973*" tenha ficado prejudicada pela revogação de tal código. Defendemos entendimento contrário em 10.4.5.2 No processo do trabalho o IUJ também foi revogado.

(480) Acórdão do IUJ n. 0002227-68.2016.5.04.0000, do TRT da 4ª Região, publicado no DEJT de 03.10.2016 e disponível em: <http://trt4.jus.br/portal/portal/trt4/consultas/consulta_lista>.

moldes acima o trabalhador descobrisse que é portador de câncer em decorrência de asbestose[(481)] — doença insidiosa que demora anos para se manifestar — ligada a uma exposição a amianto durante o mesmo contrato de trabalho?

Quem se limitasse ao texto da súmula: (1) ou teria de considerar obstada a nova ação por coisa julgada decorrente do acordo homologado no processo anterior; (2) ou teria de "interpretar" o texto da súmula (incorrendo em "*interpretação da interpretação*", como disse o Ministro Victor Nunes Leal), entendendo que a regra consignada em seu texto poderia abarcar uma exceção, portanto fugindo da literalidade do monolítico e peremptório texto do verbete.

Qualquer uma das soluções acima seria péssima. Numa, se cometeria tremenda injustiça, já que o trabalhador ao transacionar direitos em juízo, muitas vezes por valores módicos (como diferenças devidas de depósitos de FGTS ou parcelas de sua rescisão contratual), nunca teria aceito o acordo se soubesse ser vítima de doença gravíssima decorrente do trabalho, situação que nem tinha como antever à época do acordo. Na outra situação, se estaria criando um precedente para interpretar uma súmula, que por sua vez foi criada para solucionar uma dúvida acerca da aplicação de alguma norma, portanto um emaranhado de interpretações em cascata. Como leciona Nunes Leal, melhor seria cancelar a súmula e redigir outra, já que a súmula falhou na sua finalidade de esclarecer o entendimento pacificado da corte.

A solução para tal questão é bastante simples quando se tem em mente que a súmula é uma mera referência aos verdadeiros precedentes — as decisões judiciais. No exemplo acima, o intérprete, ante a dúvida quanto ao cabimento da súmula, recorreria aos casos concretos que serviram de precedente para a mesma, identificando os fatos "materiais" ou necessários daqueles e consequentemente os limites da *ratio decidendi*. Uma vez verificados os fatos de tais precedentes, facilmente se notaria que a situação fática da asbestose — uma doença incomum e que se manifesta com grande retardo — é bem diversa daquela debatida no precedente que deu base à súmula, portanto ensejando a sua não aplicação por distinção fática (*distinguishing*) em relação ao precedente subjacente.

Presumivelmente, é em parte pelo risco de uso equivocado, como na hipótese debatida acima, que as súmulas (art. 927, IV e V do CPC 2015) ganharam no novo sistema a qualidade de obrigatoriedade sistêmica[(482)] — com incremento de seus efeitos processuais — mas não eficácia vinculante em sentido estrito — sujeita à coercibilidade por reclamação (art. 988 do CPC 2015). Salvo pela súmula vinculante constitucional, tal condição ficou reservada para os precedentes qualificados por um procedimento mais cuidadoso e sujeito à maior e mais ampla participação de partes e *amici curiae* em sua formação.

Finalmente, reiteramos que não obstante o risco de compreensão equivocada das súmulas, conforme acima, isto não elimina seu mérito como um norte, conveniente facilitador para a argumentação, especialmente em questão repetitiva, ainda assim sujeita ao cotejo fático entre a decisão concreta do colegiado e os fatos do novo caso concreto. Fica registrada a advertência para que não se incorra no descarte do precedente privilegiando apenas a literalidade da súmula que o deveria resumir.

---

(481) *Asbestose: Pneumoconiose esclerogénea grave devida à inalação, mais ou menos prolongada, de partículas de asbesto ou amianto. O amianto ou asbesto encontra-se na natureza sob a forma de crisolite, crocidolite, aniosite ou tremolite, todas elas como um mineral filamentoso que, quando inalado, atinge os bronquíolos e os alvéolos provocando uma fibrose pulmonar progressiva, que vai dar origem a uma insuficiência respiratória grave ou a uma neoplasia, pois é uma substância cancerígena. É considerada, especialmente, uma doença profissional que pode atingir todos os trabalhadores ou operários que manipulam o amianto.* Asbestose *in* Dicionário infopédia de Termos Médicos. Porto Editora, 2003-2017. Disponível em: <https://www.infopedia.pt/dicionarios/termos-medicos/asbestose>. Acesso em: 20 abr. 2017.

(482) Ver 6.4.2 Precedentes obrigatórios.

10.5.10. Antídotos para a "*súmula-lei*"

10.5.10.1. O principal antídoto para a "súmula-lei" são os fatos

A consulta aos fatos "materiais" ou necessários do(s) precedentes que deu(deram) base à súmula, e sua comparação com os do caso concreto, naturalmente desviam o raciocínio do intérprete da equivocada sacralização do texto literal da súmula. O cotejo da *ratio decidendi* do precedente que embasa a súmula com o caso concreto permite o amadurecimento e legitimidade da argumentação com precedentes, sem que as súmulas se tornem meio de arbitrariedade ou de sufocamento da independência judicial e interferência no princípio da separação dos poderes.

10.5.10.2. Texto de súmula não vincula, apenas sintetiza a ratio decidendi *de um precedente*

O segundo antídoto para a "súmula-lei" é a consciência de que o texto de súmula não vincula, apenas sintetiza a *ratio decidendi* de um precedente. Afinal, sumula não é lei. Mesmo quanto à súmula vinculante constitucional, não é a literalidade do seu texto que vincula, já que não podem nem mesmo os ministros do STF editarem lei abstrata, sob pena de ofensa a cláusula pétrea da separação dos poderes. Nunca podemos olvidar que o juiz cria a *lei para o caso concreto,* decisão cujos fundamentos determinantes, caso se trate de uma decisão elencada no art. 927 do CPC, deverão obrigatoriamente ser repetidos nos julgamentos futuros dentro da mesma jurisdição. Para conveniência de pesquisa jurisprudencial e difusão dos entendimentos predominantes de um tribunal se criam curtos enunciados que resumem (sumulam) tal *ratio decidendi*, dotando tal resumo de certos efeitos processuais para acelerar e facilitar os julgamentos que versem sobre a mesma questão pacificada. Ademais, o processo de redação do verbete da súmula é geralmente uma discussão mais pobre que aquela sujeitada ao contraditório e ampla defesa no precedente. A opção por uma redação ou outra é mera decisão administrativa da corte, e pode nem sempre colher fielmente o espirito da *ratio decidendi* do(s) precedente(s) que representa(m), e dos respectivos fatos, em afronta ao art. 926, § 2º, do CPC.(483)

10.5.11. Fundamentação usando súmulas

Não estamos aqui pretendendo demonizar o uso de uma referência rápida à súmula, por seu número e verbete, dispensando transcrição desnecessária dos correspondentes precedentes e da subjacente argumentação. Sua aplicação como importante atalho de fundamentação, consolidando em um curto verbete a *ratio decidendi* sedimentada foi justamente uma das finalidades que inspirou o STF em sua adoção nos anos 60, que foi avidamente copiada nos demais tribunais e encampada por toda a comunidade jurídica. Nada obsta que a súmula seja utilizada de forma sucinta na fundamentação, desde que compreensível no texto a sua adequação ao caso concreto, bem como desde que a própria aplicabilidade da súmula não tenha sido impugnada de forma fundamentada pelas partes, desincumbindo-se estas de seu ônus argumentativo prévio.(484)

---

(483) CPC, art. 926, § 2º *Ao editar enunciados de súmula, os tribunais devem ater-se às circunstâncias fáticas dos precedentes que motivaram sua criação.*

(484) Discutimos mais aprofundadamente tal questão em 8.4 Equilíbrio entre a complexidade da fundamentação completa com precedentes e a necessária concisão.

O problema não é esse — mas sim que a argumentação jurídica *se limite* ao texto da súmula, como se este tivesse qualquer valor vinculante autônomo, como lei abstrata. A mera citação de uma súmula será insuficiente quando houver qualquer dúvida do julgador acerca de sua aplicabilidade ao caso concreto ou quando as partes argumentarem analiticamente que os fatos do caso não se amoldam aos fatos do precedente que embasou uma súmula aparentemente aplicável, ou que uma súmula não obviamente aplicável deveria, pela correspondência fática, incidir. Em tais casos seria um *error in judicando "interpretar"* a súmula, sendo necessário adentrar na respectiva análise comparativa entre os fatos do caso concreto e aqueles dos precedentes ensejadores da súmula — como se faz com qualquer precedente.

Como já dissemos antes, entretanto, tal comparação dos fatos não deve ser feita com longas transcrições dos acórdãos que embasaram a súmula, sob pena de perder-se objetividade e concisão — e portanto a própria coesão lógica e persuasiva do texto. Impõe-se que o operador do direito *leia o precedente* e *com suas próprias palavras explique*, em uma ou duas frases, qual é a *ratio decidendi* (fatos necessários + conclusão jurídica) do precedente-base da súmula (identificando o número do processo onde exarado o precedente e demais dados necessários), comparando-a com os fatos necessários do caso concreto e concluindo pela aplicabilidade ou não.

Enfim, a súmula é o resultado indireto de séculos de tradição jurídica luso-brasileira e não pode ser tida como nociva, desde que utilizada corretamente, tendo durante muitos anos colaborado para a propagação dos entendimentos uniformizados, bem como para a visualização dos mesmos pelos juízes e pela sociedade.

10.5.12. Reforma trabalhista e súmulas no processo do trabalho

A Lei n. 13.467/17, a partir de 11.11.2017 (quando encerra seu *vacatio legis*) traz alguma perplexidade para o processo do trabalho no que pertine ao conteúdo e aos pressupostos para a criação de súmulas. Quanto ao conteúdo, parece tentar impor um severo *capitis diminutio* ao juiz do trabalho, como um autômato que se limitaria a repetir mecanicamente o que está na literalidade do texto legislado, o paradigmático juiz "boca-da-lei", idealizado na autoritária época da Revolução Francesa. Já quanto aos pressupostos para a edição de súmulas pelo TST, a lei traz para a CLT regulamentação antes prevista regimentalmente, com critérios mais rígidos, buscando aparentemente restringir a edição de súmulas. Vejamos.

10.5.12.1. Positivação de limitação ao conteúdo das súmulas e o juiz bouche de la lois

Reza o novo § 2º do art. 8º da CLT, introduzido pela Lei n. 13.467/17, que:

> § 2º Súmulas e outros enunciados de jurisprudência editados pelo Tribunal Superior do Trabalho e pelos Tribunais Regionais do Trabalho não poderão restringir direitos legalmente previstos nem criar obrigações que não estejam previstas em lei.

A mudança em tela parte de premissas grosseiramente equivocadas. Utiliza a palavra "lei" ao invés de "direito", pretendendo nitidamente limitar o julgador à literalidade do texto legal, como se o direito a ser aplicado se esgotasse em tal literalidade textual, bem como se tal literalidade fosse suficiente para resolver a infinidade de questões novas e complexas que são submetidas todos os dias ao Judiciário. Invoca para o juiz a função de mero aplicador mecânico da literalidade de leis, o utópico juiz "boca-da-lei" da revolução Francesa.

Como já dissemos antes,[485] na França revolucionária da virada do século XVII para XIX, se acreditou possível editar uma codificação perfeita e exaustiva do direito, de modo a dispensar

(485) Ver 4.1.2.2 Direito continental marcado por rupturas.

sua interpretação por juízes, os quais deveriam limitar-se a aplicar sua literalidade, como mera "boca da lei". A revolução trazia a burguesia ao poder, assim como a necessidade de romper com o sistema anterior. Logo, os juízes franceses deveriam estar estritamente vinculados às novas normas ditadas pela burguesia revolucionária, rompendo com a tradicional aplicação do direito romano, consuetudinário, e fragmentos de legislação local, até então imperantes, que beneficiavam a classe social vencida, a aristocracia. Com a revolução, as faculdades de direito foram abolidas por praticamente uma década, sendo reabertas apenas em 1808, sob rigorosa supervisão, numa atmosfera de extrema subordinação à literalidade da lei, resultando em gerações de juristas que se limitavam à interpretação gramatical dos códigos, que ficou conhecida como Escola Exegética.[486]

Não demorou muito, entretanto, para que tais utopias (de dispensabilidade da atividade hermenêutica) fossem desmentidas, havendo uma longa lista de fatores para tanto, por exemplo: (a) infinita complexidade dos fatos, sempre à frente do mais imaginativo e previdente legislador; (b) natural imprecisão e ambiguidade da linguagem, cujo sentido é decodificado tanto por quem a emite quanto pelo destinatário; (c) inviabilidade de uso de termos excessivamente concretos ou detalhados, sob pena de limitar demasiadamente o alcance da norma e deixar uma plêiade de situações futuras a descoberto; (d) necessidade de harmonizar diferentes leis, possivelmente ponderando os direitos e interesses em jogo, para lograr maior eficácia com menor sacrifício; (e) frequente existência de conflitos axiológicos e contradições ou imprecisões técnicas dentro do mesmo diploma legal; (f) subordinação das leis a regras constitucionais hierarquicamente superiores, que afetam seu significado e potencialmente as invalidam.

Ademais, o legislador aqui ignora ao menos 100 anos de doutrina, de Kelsen a Dworkin, doutrina dominante que já reconheceu e demonstrou como sendo falsa a alegação de suficiência da exegese da literalidade da norma, como se uma única solução correta existisse, com base no direito positivo. Vejamos Kelsen, por exemplo, para quem o direito positivo consegue apenas delinear uma moldura, dentro de cujos limites sempre haverá várias interpretações possíveis, igualmente legítimas, por melhor que seja a técnica de redação da norma. Para Kelsen, todas as escolas hermenêuticas falharam em demonstrar a existência de qualquer método ou fórmula para se achar uma única solução correta, entendendo que a escolha de uma dentre as várias soluções juridicamente viáveis, dentro das molduras do direito positivo, é um ato discricionário de vontade do julgador. Como Kelsen é muito citado mas raramente lido, convém transcrever o pertinente trecho de sua clássica obra "Teoria Pura do Direito", a título de ilustração:[487]

> **d) O Direito a aplicar como uma moldura dentro da qual há várias possibilidades de aplicação**
>
> Em todos estes casos de indeterminação, intencional ou não, do escalão inferior, oferecem-se várias possibilidades à aplicação jurídica. O ato jurídico que efetiva ou executa a norma pode ser conformado por maneira a corresponder a uma ou outra das várias significações verbais da mesma norma, por maneira a corresponder à vontade do legislador — a determinar por qualquer forma que seja — ou, então, à expressão por ele escolhida, por forma a corresponder a uma ou a outra das duas normas que se contradizem ou por forma a decidir como se as duas normas em contradição se anulassem mutuamente. O Direito a aplicar forma, em todas estas hipóteses, uma moldura dentro da qual existem várias possibilidades de aplicação, pelo que é conforme ao Direito todo ato que se mantenha dentro deste quadro ou moldura, que preencha esta moldura em qualquer sentido possível.

---

(486) *Ibidem*, p. 207-208.

(487) KELSEN, Hans. *Teoria Pura do Direito* [tradução de João Baptista Machado]. 6. ed. São Paulo: Martins Fontes, 1998. p. 247.

Se por "interpretação" se entende a fixação por via cognoscitiva do sentido do objeto a interpretar, o resultado de uma interpretação jurídica somente pode ser a fixação da moldura que representa o Direito a interpretar e, consequentemente, o conhecimento das várias possibilidades que dentro desta moldura existem. Sendo assim, a interpretação de uma lei não deve necessariamente conduzir a uma única solução como sendo a única correta, mas possivelmente a várias soluções que — na medida em que apenas sejam aferidas pela lei a aplicar — têm igual valor, se bem que apenas uma delas se torne Direito positivo no ato do órgão aplicador do Direito — no ato do tribunal, especialmente. Dizer que uma sentença judicial é fundada na lei, não significa, na verdade, senão que ela se contém dentro da moldura ou quadro que a lei representa — não significa que ela é a norma individual, mas apenas que é uma das normas individuais que podem ser produzidas dentro da moldura da norma geral (ênfase nossa).

Assim, considerando o exposto, a alteração trazida pelo § 2º do art. 8º da CLT, introduzido pela Lei n. 13.467/17, é inócua, já que por um lado, como vimos, o direito não se exaure na literalidade do texto legal, sendo impossível resolver as infinitas variações de situações de fato que chegam ao conhecimento do Judiciário apenas com a literalidade da norma, ainda mais ante princípios constitucionais como o do acesso à justiça e a inafastabilidade da jurisdição, sendo incompatível com nosso ordenamento o paradigma do juiz "boca-da-lei". Se nos julgamentos o juiz não pode se limitar à literalidade da norma, a criação de súmulas segue a mesma lógica, já que meras representações resumidas da *ratio decidendi* de decisões judiciais. Finalmente, caso se entenda que o legislador, no novo § 2º do art. 8º da CLT, se referiu à "lei" em sentido lato, como sinônimo de "direito", então novamente é inócuo o dispositivo, eis que assim já é como vem procedendo a Judiciário trabalhista ao julgar e ao editar suas súmulas.

10.5.12.2. Positivação de pressupostos quantitativos para a edição de súmulas nos tribunais trabalhistas

Em sua versão anterior, o Regimento do TST previa detalhadamente quais entendimentos podiam ser consubstanciados em Súmula da jurisprudência predominante do TST (RITST, vigente até 19.11.2017, art. 160), bem como o processo de sua elaboração. A criação de súmulas podia se dar por provocação da Comissão de Jurisprudência, ou por proposta assinada por dez ministros do tribunal, ou por qualquer um dos ministros que estiver em atividade jurisdicional na apreciação de recursos repetitivos. Os pressupostos quantitativos para a propositura e edição de uma súmula estavam descritos nos arts. 165 e 166 do agora revogado RITST:[488]

Art. 165. O projeto de edição de Súmula deverá atender **a um dos seguintes pressupostos:**

I — **três acórdãos da Subseção** Especializada em Dissídios Individuais, reveladores de **unanimidade** sobre a tese, desde que **presentes aos julgamentos pelo menos 2/3** (dois terços) dos membros efetivos do órgão;

II — **cinco acórdãos da Subseção** Especializada em Dissídios Individuais, prolatados por **maioria simples**, desde que **presentes aos julgamentos pelo menos 2/3** (dois terços) dos membros efetivos do órgão;

III — **quinze acórdãos de cinco Turmas** do Tribunal, sendo três de cada, prolatados por unanimidade; ou

IV — **dois acórdãos de cada uma das Turmas** do Tribunal, prolatados por **maioria simples**.

§ 1º Os acórdãos catalogados para fim de edição de Súmula deverão ser de *relatores diversos, proferidos em sessões distintas*.

§ 2º Na hipótese de **matéria revestida de relevante interesse público** e já decidida por Colegiado do Tribunal, poderá qualquer dos órgãos judicantes, a Comissão de Jurisprudência e Precedentes Normativos, a Procuradoria-Geral do Trabalho, o Conselho Federal da Ordem dos Advogados do Brasil ou Confederação Sindical, de âmbito nacional, suscitar ou requerer ao Presidente do Tribunal apreciação, pelo

(488) Versão atualizada em 25 maio 2016. Disponível em: <https://juslaboris.tst.jus.br/bitstream/handle/1939/601/2008_ra1295_atualizado.pdf>. Acesso em: 24 set. 2017.

> Tribunal Pleno, de proposta de edição de Súmula. Nesse caso, serão **dispensados os pressupostos dos incisos I a IV deste artigo**, e deliberada, preliminarmente, por dois terços dos votos, a existência de relevante interesse público.
>
> Art. 166. A edição, revisão ou cancelamento de Súmula serão objeto de apreciação pelo Tribunal Pleno, considerando-se aprovado o projeto quando a ele anuir a **maioria absoluta** de seus membros.

A Lei n. 13.467/2017, cujo *vacatio legis* terminou em 11.11.2017, traz tal disciplina para a CLT, na alínea "f" e §§ 3º e 4º do art. 702 da Consolidação, mas com critérios bem mais rigorosos que aqueles previstos no anterior Regimento do TST, além de estender tais pressupostos aos Tribunais Regionais do Trabalho. Enuncia a mencionada alínea "f" o seguinte:

> Art. 702. Ao Tribunal Pleno [do TST] compete:
>
> f) estabelecer ou alterar *súmulas e outros* enunciados de jurisprudência uniforme, pelo voto de pelo menos **dois terços de seus membros**, caso a mesma matéria já tenha sido decidida de forma idêntica por **unanimidade em, no mínimo, dois terços das turmas em pelo menos dez sessões diferentes em cada** uma delas, podendo, ainda, por **maioria de dois terços de seus membros, restringir os efeitos daquela declaração** ou decidir que ela só tenha eficácia a partir de sua publicação no Diário Oficial;

A Reforma Trabalhista incluiu ainda, no art. 702 da CLT, um § 3º que visa amplar a transparência e participação na edição de súmulas, com divulgação da sessão para estabelecimento ou alteração de súmulas com, no mínimo, trinta dias de antecedência, e possibilitar a sustentação oral pelo Procurador-Geral do Trabalho, pelo Conselho Federal da OAB, pelo Advogado-Geral da União e por confederações sindicais ou entidades de classe de âmbito nacional. Já o § 4º estende tal regime à edição e alteração ou cancelamento de súmulas pelos Tribunais Regionais do Trabalho.

Tais alterações são muito recentes e sua absorção e decantação demandará tempo. Registremos, entretanto, algumas primeiras impressões. O novo Regimento do TST, aprovado em 20.11.2017, já contempla tais alterações legislativas, notadamente nos arts. 75, VII e 172-182.

É nítida a intenção do legislador de reprimir o uso de súmulas pelos órgãos da Justiça do Trabalho. Isto fica evidente pelos acréscimos dados ao art. 702 da CLT, ora debatidos, assim como no § 2º do art. 8º da CLT, que busca limitar o conteúdo das súmulas trabalhistas.

Trata-se de guinada de 180 graus, já que pelo regime do CPC de 1973, seu art. 479 previa expressamente que quando o julgamento de um incidente de uniformização de jurisprudência (IUJ) se desse pelo voto da maioria absoluta dos membros do tribunal, tal julgamento seria objeto de súmula, portanto um caminho muito mais imediato para a edição de súmulas. Vê-se que sob tal regime, as súmulas eram encorajadas, como parte do procedimento de uniformização de jurisprudência. Já na recentíssima Lei n. 13.015, de 21.07.2014, a palavra "súmula" é repetida quatorze vezes, como importante fator de aceleração ou facilitação do processo, por exemplo servindo como prova de divergência jurisprudencial (quando a decisão recorrida conflitasse com uma súmula) ou obstando recursos contra decisões harmônicas com súmulas.

Também se destaca a atitude discriminatória do legislador quanto aos órgãos da Justiça do Trabalho, já que o também recente CPC não contém as mesmas restrições à edição de sumulas — antes pelo contrário lhes amplia a importância, tornando-lhes de observância obrigatórias, conforme art. 927 do CPC.

Em que pese o art. 702, "f", e §§ 3º e 4º, da CLT, tornem bem mais difícil a edição de súmulas na Justiça do Trabalho, entendemos que não haverá grande prejuízo para o processo do trabalho, considerando que, sob a égide do regime de precedentes vinculantes do CPC de 2015, há clara preferência pelos precedentes qualificados, formados com contraditório ampliado (permitindo inclusive a participação de *amicus curiae*) e ancorados nos fatos dos respectivos casos concretos, em relação aos verbetes de súmula. Como já dissemos nos tópicos acima, a súmula algo anacrônico, pouco compatível com o atual sistema.

Assim, embora a súmula seja útil nesta fase de transição em direção a uma verdadeira observância dos precedentes, como conveniente atalho de fundamentação e instrumento de publicização dos principais entendimentos pacificados, deve com o tempo ceder espaço aos instrumentos vinculantes de unificação de jurisprudência, como o incidente de recurso de revista repetitivo (IRRR), de resolução de demandas repetitivas (IRDR) e de assunção de competência (IAC).

Não se olvide que, considerando a obrigatoriedade "*da mais ampla e específica divulgação e publicidade*", inclusive com registro eletrônico no CNJ (art. 879, *caput*, do CPC), os tribunais mantêm banco eletrônico de dados identificando as questões de direito submetidas em tais incidentes (tanto em segundo grau quanto nos tribunais superiores, conforme § 3º), elencando as respectivas teses jurídicas com no mínimo, os fundamentos determinantes da decisão e os dispositivos normativos a ela relacionados (§ 2º). De uma consulta rápida aos sítios informatizados dos tribunais, inclusive superiores, verifica-se que tais teses, tão divulgadas e publicizadas quanto uma súmula, acabam tendo uma redação muito similar a estas, com uma ou duas frases que tentam resumir a *ratio decidendi* dos respectivos precedentes, prestando-se portanto tanto à função de conveniente atalho de fundamentação quanto a função de elemento de publicização de um entendimento uniformizado, mas sem o mesmo risco de se deslocarem dos fatos dos respectivos casos concretos.

Assim, temos que para os recursos de revistas repetitivos (e agora aquele com transcendência reconhecida), IRDR's e IAC's a edição de súmula é desnecessária, tendo em vista que a própria decisão é vinculante, e a tese resumida e publicizada cumpre funções análogas às da súmula. Já quanto à jurisprudência dominante de um determinado tribunal, a sua transformação em súmula, não se amolda com o novo sistema. Havendo divergência interna em um tribunal, o art. 926 do CPC impõe que esta seja uniformizada. Assim, realmente não faz sentido que seja transformado em súmula um entendimento para o qual haja uma maioria frágil.

Nesse contexto, entendemos que não há prejuízo com o recrudescimento dos critérios para a edição de súmula, a qual decorrerá unicamente de assuntos que sejam tão pacíficos em um tribunal que seja desnecessário o julgamento de um dos incidentes uniformizatórios. Nesses casos de questões pacificadas, a súmula cumpre a função não de pacificar, mas de registrar e divulgar um entendimento já antes pacífico, em conformidade com os pressupostos agora insculpidos no art. 702, "f", da CLT. Do contrário, se houver uma maioria frágil, se o tribunal estiver dividido quanto a um determinado entendimento, então deverá ser utilizado o correspondente incidente ou recurso uniformizatório (IAC, IRDR, IRRR, embargos do art. 894 da CLT, conforme o caso), gerando a correspondente tese, ao invés de uma súmula.

10.6. Recursos repetitivos nos tribunais superiores e recurso extraordinário com repercussão geral

A massa de recursos repetitivos nos tribunais superiores — que já eram preocupação desde várias décadas atrás, como evidencia a introdução das súmulas de jurisprudência predominante nos anos 60 — motivaram vários experimentos em termos de legislação processual, na busca de racionalizar o trabalho em tais cortes extraordinárias, lhes viabilizando o foco nas questões jurídicas mais relevantes para o país. Foram atribuídos vários efeitos processuais às súmulas, autorizando decisões monocráticas simplificadas, ou obstando a subida de recursos. Ademais foram instituídas na Constituição as súmulas vinculantes e o requisito da repercussão geral para os recursos extraordinários (EC n. 45/2004), a sistemática dos recursos repetitivos (arts. 543-B e 543-C do CPC de 73 incluídos pela Lei n. 11.418, de 2006). Tais mecanismos foram lentamente ganhando força e adquirindo espaço na cultura jurídica pátria, mas ainda não impediam que os tribunais superiores estivessem quase inviabilizados, ante a enormidade dos quantitativos de recursos a serem enfrentados. O CPC de 2015 amplia tais ferramentas, encaixando-as em um sistema de precedentes que vincula a toda a magistratura. Vejamos.

10.6.1. Recurso extraordinário com repercussão geral (antiga relevância?)

10.6.1.1. Meta de focar o STF em menos processos, de maior importância

De longa data existe a aspiração de poder limitar o trabalho do STF a poucos casos de relevância nacional — ao invés de mergulhar nossa Corte máxima em julgamentos burocráticos e sem maiores consequências para o ordenamento — a exemplo do que ocorre com a Suprema Corte americana, que escolhe discricionariamente os cerca de 200 casos que julgará anualmente, através do *writ of certiorari*.(489) Permanecem atuais as colocações do Ministro Victor Nunes Leal, quando, ainda nos anos 60, ao comparar a sistemática de ambas as cortes, observou que o STF deveria ter, como a Corte Suprema americana, "*competência para selecionar, pela importância ou relevância pública, os casos que deve*[ria] *julgar com ampla discussão,*" e que enquanto não tinha o mesmo poder, buscava resolver o problema de acúmulo de serviço por outros meios, como o método das súmulas, que registravam a jurisprudência fixada em certos temas, fazendo-os perder a relevância e autorizando um julgamento "*de modo muito sumário, ... uma espécie de princípio da relevância às avessas.*"(490)

10.6.1.2. Pressuposto de relevância quanto aos recursos por divergência, contrariedade a lei federal ou à Constituição — 1969-1988

Tal anseio foi ao menos em parte atendido entre 1969 e 1988, quando vigeu no Brasil um filtro discricionário de *relevância* quanto a boa parte dos recursos extraordinários ao STF. A EC n. 1/69 à Constituição de 1967 (na prática uma nova Constituição) delegou ao STF a possibilidade de indicar por seu Regimento Interno em quais causas caberia recurso extraordinário, considerada sua natureza, espécie ou valor pecuniário, quando houvesse alegação de contrariedade à Constituição ou lei federal, ou havendo divergência entre tribunais (CRFB 1967, EC n. 1/69, art. 119, parágrafo único). Já a EC n. 7/77 renumerou o parágrafo único para § 1º e acresceu expressamente o critério da relevância como para filtro de admissibilidade dos recursos extraordinários. Em tal senda, a redação original do art. 325 do atual RISTF (de 1980) estabelecia que não caberia recurso extraordinário nas hipóteses que elencava, salvo em caso de "*ofensa à Constituição, manifesta divergência com a Súmula do Supremo Tribunal Federal,* ***ou relevância da questão federal***"(491) (sublinhado nosso), portanto permitindo a escolha discricionária dos temas relevantes a serem enfrentados. O acolhimento da relevância era bastante informal, reunindo-se os ministros "*em sessão de Conselho*" (art. 327), reputando-se "*acolhida a arguição se nesse sentido se manifestarem quatro Ministros*" (art. 328, VII, "d"), publicando-se a ata de tal sessão com "*a relação das arguições não conhecidas, bem assim das*

---

(489) Quanto à escolha dos processos de grande relevância nas Supremas Cortes, Marinoni destaca a conhecida prática da Corte americana do *writ of certiorari*, que pressupõe "*sufficient public importance*", e exemplifica ainda o caso da Alemanha, em que acesso ao Supremo Tribunal em "*recurso de revisão*" depende a causa conter "*significação fundamental,*" e o da Argentina, em que a Corte Suprema pode não conhecer de recurso extraordinário "'*por falta de agravio federal suficiente o cuando las cuestiones planteadas resultaren insustanciales o carentes de trascendencia' (art. 280, Código Procesal Civil y Comercial de la Nación Argentina).*" MARINONI, Luiz Guilherme. *Precedentes obrigatórios*. 4. ed. revista e ampliada. São Paulo: Revista dos Tribunais, 2016. p. 306, nota 24.

(490) NUNES LEAL, *op. cit.*, p. 17. Ver 10.5.2.4 Função de economia processual/argumentativa — "*relevância às avessas*" — evitar desperdício de tempo em questões pacificadas — paralelo com a escolha discricionária dos casos relevantes da Suprema Corte Americana.

(491) RISTF, redação original do art. 325, disponível em: <http://www.stf.jus.br/arquivo/cms/legislacaoRegimentoInterno/anexo/RISTFintegral.pdf>.

acolhidas e rejeitadas," ato que dispensava motivação e era irrecorrível (art. 328, VIII e IX do RISTF, com a redação original de 1980).[492] Entretanto, tal previsão de filtro discricionário dos recursos extraordinários não foi repetida na Constituição de 1988.

10.6.1.3. Crise do Judiciário e necessidade de novo filtro recursal para STF — "repercussão geral" — precedente ainda persuasivo)

Após 1988, em que pese a continuidade das súmulas persuasivas do STF, com crescentes efeitos de aceleração de julgamento ou obstativos de recurso, e não obstante a divisão da anterior carga de trabalho com o STJ (que passou a ser a instância extraordinária para uniformização da legislação federal infraconstitucional), houve insustentável crescimento da demanda. Na falta do anterior filtro da *relevância*, e num contexto de significativo aumento de direitos constitucionalmente garantidos, a partir da Constituição de 1988, houve crescimento exponencial dos recursos para o STF, mesmo tendo-lhes sido retirada a competência para pacificar questões infraconstitucionais.

> A democratização do acesso à Justiça após a Constituição de 1988 ampliou os meios para os cidadãos buscarem seus direitos, resultando em aumento significativo no número de processos no Judiciário. Somente no Supremo Tribunal Federal (STF) os casos novos passaram de 14,7 mil em 1989 para cerca de 120 mil em 2007, de acordo com estatísticas da corte. Essa progressão geométrica na demanda — somada à pouca alteração na estrutura do Judiciário — estimulou os poderes públicos a pensarem em novos mecanismos de gestão processual, garantindo respostas mais uniformes e céleres à sociedade.[493]

Ante tal quadro, em uma nova tentativa de combate à morosidade processual, a Emenda Constitucional 45/2004 repristinou algo análogo à arguição de *relevância*, reintroduzindo em nosso sistema, após um hiato de 16 anos, a escolha discricionária e irrecorrível dos recursos extraordinários a serem admitidos, agora pelo critério que nomearam "*repercussão geral*" (CRFB, art. 102, § 3º),[494] regulamentado através da inclusão dos arts. 543-A do CPC de 1973 pela Lei n. 11.418, de 2006.

A correspondente normatização foi praticamente repetida no CPC de 2015, sendo pressuposto de admissibilidade do recurso que a questão constitucional nele versada tenha "*repercussão geral*" (art. 1035, *caput*, do CPC de 2015), ou seja, a existência de "*questões relevantes do ponto de vista econômico, político, social ou jurídico que ultrapassem os interesses subjetivos do processo*" (§ 1º), a serem demonstradas pelo recorrente (§ 2º). Já no § 3º consta presunção aparentemente absoluta de repercussão geral sempre que o recurso for em face de um acórdão (I) contrário a súmula ou jurisprudência dominante do STF (positivando o que já constava do RISTF, art. 323, §º) ou (III) tiver declarado a inconstitucionalidade de tratado ou lei federal por maioria absoluta do respectivo plenário ou órgão especial (CRFB, art. 97).

A redação original aprovada do CPC previa ainda mais uma hipótese de presunção absoluta de repercussão geral, qual seja, a de que o acórdão objeto do recurso extraordinário tivesse sido "proferido em julgamento de casos repetitivos" (art. 1035, § 3º, II, revogado). Tal hipótese nem chegou a entrar em vigor já que revogada durante o *vacatio legis* do CPC pela Lei n. 13.256/2016 justamente para que o STF mantivesse a liberdade para decidir quais recursos extraordinários conteriam "*matérias de grande relevância econômica, política, social ou jurídica.*"[495]

---

(492) *Idem.*

(493) CONSELHO NACIONAL DE JUSTIÇA, Agência CNJ de Notícias, 11/04/2016 — 09h23. Disponível em: <http://www.cnj.jus.br/noticias/cnj/81998-cnj-servico-saiba-a-diferenca-entre-repercussao-geral-e-recursos-repetitivos>.

(494) CRFB, art. 102, § 3º *No recurso extraordinário o recorrente deverá demonstrar a* repercussão geral *das questões constitucionais discutidas no caso, nos termos da lei, a fim de que o Tribunal examine a admissão do recurso, somente podendo recusá-lo pela manifestação de dois terços de seus membros.*

(495) "*O inciso II do § 3º do art. 1.035 do novo Código deve ser revogado, por presumir, de modo absoluto, que há repercussão geral quando o acórdão recorrido tiver sido proferido em julgamento de casos repetitivos. Ora, o*

Mesmo após a introdução de tal pressuposto de admissibilidade, vigente a partir do início de 2007, não houve imediata redução da carga de trabalho do STF, perdurando seu assoberbamento, ao menos até a entrada em vigor do novo CPC. Naturalmente, o problema não são apenas os recursos extraordinários, já que a Constituição imputa ao STF elevadíssima carga de trabalho, sendo notoriamente excessivos os casos de sua competência originária, especialmente quanto aos processos criminais de autoridades com foro privilegiado.

Entretanto, os recursos extraordinários também continuaram sendo motivo de sobrecarga, por dois motivos. Em primeiro lugar, considerando a exigibilidade do pressuposto de repercussão geral apenas *"aos recursos interpostos a partir do primeiro dia de sua vigência"* (art. 4 da Lei n. 11.418/2006), já havia elevado estoque de recursos extraordinários ajuizados sob o manto do regime anterior, e que portanto não poderiam ser inadmitidos, com a regulamentação do pressuposto da repercussão geral (em vigor a partir do início de 2007), retroagindo para lhes prejudicar.[496] Em segundo lugar, antes do novo CPC, os acórdãos de recursos extraordinários com repercussão geral eram meramente persuasivos, não sujeitos ao efeito vinculante em sentido estrito, coercível através de reclamação,[497] nem tampouco sobrestavam os processos contendo a mesma questão jurídica (CPC 1973, art. 543-A), salvo se além da repercussão geral houvesse também a "multiplicidade" em massa (art. 543-B, do CPC de 1973).

10.6.1.4. Repercussão geral potencializada no contexto do CPC 2015 — precedente qualificado vinculante

Para combater esta última situação, adveio a maior inovação do novo código quanto ao requisito da repercussão geral, transformando-o de um mero pressuposto de admissibilidade mais rígido (destinado a filtrar o trabalho do STF e focá-lo nas questões mais importantes, mas cujo acórdão ainda era persuasivo), para uma técnica destinada a formar precedentes de aplicação ampla e compulsória.

O CPC 2015 incluiu no § 5º do art. 1035, o poder de determinar *"a suspensão do processamento de todos os processos pendentes, individuais ou coletivos, que versem sobre a questão e tramitem no território nacional."* Tal possibilidade de suspensão estava antes presente apenas para os recursos extraordinários sujeitos à repetição em massa (CPC 1973, art. 543-B e RISTF arts. 328 e 328-A), e ainda assim de forma mais limitada, já que apenas se sobrestariam os recursos extraordinários, e não todos os processos em quaisquer instâncias (art. 543-B, § 1º, do CPC de 1973). Na prática, a linha divisória entre um recurso com repercussão geral repetitivo ou não é muito tênue, já que dificilmente uma questão que tem repercussão geral para a nação não se estaria repetindo em diversas lides. De qualquer forma, o § 5º do art. 1035 deixa o recurso extraordinário não repetitivo muito próximo do repetitivo, cuja regra de suspensividade é quase idêntica (art. 1036, § 1º). A maior diferença entre tais institutos é que, havendo

---

STF deve ter liberdade para verificar se realmente o recurso extraordinário veicula matérias de grande relevância econômica, política, social ou jurídica. O mero fato de haver demandas repetitivas não é suficiente para caracterizar essa relevância". PARECER N. 1035, DE 2015, do Relator do PLC 168/2015, Senador Blairo Maggi. Disponível em: <https://legis.senado.leg.br/sdleg-getter/documento?dm=3994977&disposition=inline>.

(496) A questão é discutida, por exemplo, em acórdão de 18.06.2015 do Plenário do STF nos autos do Recurso Especial 632.265, cujos debates ilustram a existência até o presente de estoque de recursos extraordinários interpostos sob o regime anterior e portanto julgados sem a necessidade de repercussão geral. No caso concreto, a Corte decidiu lhe converter o rito para repercussão geral, já que havia mais do que os quatro votos necessários para tal reconhecimento, a fim de poder fixar a tese com o correspondente efeito vinculante.

(497) No julgamento da Reclamação 10793, em 13.04.2011, relatada pela ministra Ellen Gracie, o STF firmou entendimento de que não cabia, sob o regramento então vigente, reclamação contra descumprimento da autoridade de decisão proferida em recurso extraordinário com repercussão geral, competindo aos tribunais de origem a solução dos casos concretos observando a "orientação fixada em sede de repercussão geral," ou seja, persuasivamente.

repetitividade (em massa, já que alguma repetição está sempre presente), haveria um procedimento especial para a afetação de casos representativos da controvérsia (art. 1036 e 1037), inclusive com a participação dos presidentes (ou vice) dos tribunais de segunda instância na escolha e envio dos processos representativos e na suspensão dos demais processos sobre tal questão, regionalmente.

Finalmente, em relação ao caráter vinculante estrito (sujeito à reclamação) dos recursos extraordinários, a redação original do CPC de 2015 foi infeliz ao atribuí-lo apenas aos repetitivos, conforme art. 927, III, combinado com a redação original do art. 988 (que silenciava quanto à repercussão geral). Ora, se a Constituição já autorizou o STF a julgar apenas os recursos extraordinários de importância *geral*, ou seja, cujas questões relevantes econômicas, políticas, sociais ou jurídicas ultrapassem o mero interesse individual do processo (art. 1035, § 1º do CPC de 2015), não faz sentido nenhum criar um sistema de precedentes vinculantes para impor nacionalmente a jurisprudência uniformizada através de precedentes qualificados, deixando de fora um dos principais de tais precedentes. A inclusão do inciso II do § 5º do art. 988 (incluído pela Lei n. 13.256/2016)[498] veio a fazer justiça ao recurso extraordinário com repercussão geral, antes mesmo do término do *vacatio legis* do novo código — ainda que de forma atécnica, já que deveria ter havido sua inclusão também no rol dos arts. 927, III, do atual CPC.

10.6.2. Recursos extraordinário e especial repetitivos

Com a inclusão, para os recursos extraordinários dotados de repercussão geral não repetitivos, dos mecanismos de suspensão dos processos pendentes sobre a mesma questão em todo o território nacional (CPC, art. 1035, § 5º) e reclamação contra o respectivo descumprimento em casos contendo a mesma questão (art. 988, § 5º, II, do CPC), estes se aproximaram bastante da sistemática dos recursos repetitivos. Todos constituem um microssistema de recursos de natureza extraordinária destinada a produzir um precedente qualificado para uniformizar a jurisprudência em nível nacional, com eficácia vinculante.

A diferença de procedimento se deve ao caráter de massa dos recursos repetitivos, que exige algumas providências diferenciadas. Assim, enquanto no recurso extraordinário não repetitivo o próprio recurso admitido pelo STF servirá como processo-piloto afetado para prolação da decisão, cuja tese servirá a todos os processos atuais e futuros contendo a mesma questão, nos recursos extraordinários e especiais repetitivos haverá uma decisão de afetação de um ou mais casos representativos da controvérsia, a partir de dois ou mais recursos representativos enviados pelo presidente ou vice presidente de tribunal de justiça ou regional federal, os quais também determinarão a suspensão dos processos pendentes na respectiva região (CPC, art. 1036, § 1º). A escolha feita pelo tribunal local não vincula o relator no tribunal superior, o qual pode também selecionar outros recursos representativos (§ 4º) ou mesmo iniciar tal procedimento de recursos repetitivos independente da iniciativa do tribunal de origem (§ 5º). Então, selecionados os recursos representativos da controvérsia, o relator do caso no tribunal superior prolatará a *decisão de afetação*, identificando a questão a ser submetida a julgamento e suspendendo os processos pendentes sobre a mesma questão nacionalmente, podendo ainda requisitar aos presidentes ou aos vice-presidentes dos tribunais locais a remessa de outros recurso representativo da controvérsia (art. 1.037, I a III). Se a questão contida num processo sobrestado for distinta daquela a ser decidida no recurso repetitivo, a parte poderá requerer

---

(498) CPC 2015, § 5º *É inadmissível a reclamação: ... II — proposta para garantir a observância de acórdão de* ***recurso extraordinário com repercussão geral reconhecida*** *ou de acórdão proferido em julgamento de recursos extraordinário ou especial repetitivos,* ***quando não esgotadas as instâncias ordinárias***.

o respectivo prosseguimento (art. 1037, § 9º). Decididos os recursos afetados e publicado o acórdão paradigma, os art. 1039 a 1041 regulam detalhadamente a aplicação do mesmo aos demais processos pendentes.

Os mesmos procedimentos se aplicam tanto para recursos especiais(499) quanto para os extraordinários (art. 1036 do CPC). Quanto aos recursos extraordinários repetitivos, não se olvide que sua admissibilidade também depende da demonstração de repercussão geral (art. 1039, parágrafo único, do CPC), lembrando que esta não é presumida quando o recurso extraordinário se der em decisão que também foi prolatada em "julgamento de casos repetitivos," como se depreende da revogação do art. 1035, § 3º, II (antes mesmo do término do *vacatio legis* do CPC, por força da Lei n. 13.256/2016 justamente para que o STF mantivesse a liberdade para escolher quais recursos conteriam "*matérias de grande relevância econômica, política, social ou jurídica.*" (500)

No mais, vale aqui o quanto já dissemos acerca dos recursos extraordinários com repercussão geral e sobre a dinâmica dos precedentes proferidos em IAC e IRDR.(501)

10.6.3. Recurso de revista repetitivo — "incidente de julgamento de recursos de revista repetitivo" — IRR

O recurso de revista repetitivo, introduzido em 2014 pela Lei n. 13.015, que incluiu na CLT o art. 896-C, segue a mesma lógica e aplica subsidiariamente o regramento dos recursos extraordinários e especiais repetitivos.(502) O TST vem chamando o presente incidente de "*incidente de julgamento de recursos de revista repetitivos*" (classe processual IRR).(503)

Será suscitado e admitido de forma discricionária ("*poderá*") quando presentes três pressupostos (§ 1º):

> (1) A **multiplicidade de recursos de revista** (multiplicidade significativa ou em massa, já que alguma repetição sempre haverá, para qualquer recurso admitido por divergência jurisprudencial); **E**
>
> (2) Fundados em **idêntica questão de direito**; **E**
>
> (3) Conforme a **relevância da matéria OU divergência entre os Ministros** da Seção ou das Turmas do TST. Assim, além de haver grande repetitividade da matéria, para justificar o uso de tal incidente ocupando o tempo da Seção Especializada ou Pleno, ou deve se tratar de questão de grande relevância ou deve ser necessário para solucionar divergência entre os ministros. Repise-se, não basta divergência entre TRTs, já que isso é uma das hipóteses de admissibilidade de qualquer recurso de revista (art. 896, "a", da CLT), a divergência deve ser dentro do próprio TST, entre seus ministros. Nesta parte, o recurso de revista repetitivo se assemelha ao incidente de assunção de competência (IAC), que depende de "*divergência entre câmaras ou turmas do tribunal*" (art. 947, § 4º, do CPC) ou "*relevante questão de direito, com grande repercussão social,*" diferindo apenas quanto à não-repetição em múltiplos processos (art. 947, *caput*, do CPC).(504)

Quanto à iniciativa, pode se dar por qualquer um dos Ministros que compõem a Seção Especializada em Dissídios Individuais, a qual, por decisão da maioria simples de seus membros, poderá afetar o recurso de revista à Seção Especializada ou ao Tribunal Pleno (art. 896-C, *caput*, da CLT).

---

(499) Quanto aos recursos especiais, a sistemática dos recursos repetitivos foi criada por força do art. 543-C, do CPC de 1973, incluído pela Lei n. 11.672/2008.

(500) PARECER N. 1035, DE 2015, do Relator do PLC 168/2015, Senador Blairo Maggi. Disponível em: <https://legis.senado.leg.br/sdleg-getter/documento?dm=3994977&disposition=inline>.

(501) Ver 10.6.1 Recurso extraordinário com repercussão geral, 10.4.3 Incidente de assunção de competência — IAC, e 10.4.4 Incidente de resolução de demandas repetitivas — IRDR.

(502) CLT, art. 896-B, substituindo-se a menção ao código revogado pelos correspondentes artigos do código atual. Ver 10.6.2 Recursos extraordinário e especial repetitivos. São pertinentes ainda algumas observações sobre a dinâmica do IRDR, cf. 10.4.4 Incidente de resolução de demandas repetitivas — IRDR.

(503) Como por exemplo mencionado no IRRR.

(504) Ver 10.4.3 Incidente de assunção de competência — IAC.

Em relação ao procedimento, no mesmo espírito do procedimento com o IRDR ou dos recursos extraordinário e especial repetitivos, serão afetados um ou mais recursos representativos controvérsia no próprio TST, *"a fim de conferir ao órgão julgador visão global da questão,"* (§§ 1º e 2º), sendo então oficiados os Presidentes dos TRTs para que suspendam os recursos interpostos em casos idênticos (§ 3º) e prestem informações acerca da controvérsia (§ 7º), podendo estes ainda admitir e encaminhar ao TST um ou mais recursos representativos da questão debatida (§ 4º). Nos recursos de revistas repetitivos também existe um contraditório ampliado, destinado à produção de um precedente com maior cuidado, ouvidas as entidades com maior conhecimento e interesse no assunto, já que destinados a produzir tese aplicável em milhares de lides. Poderá ser admitida manifestação, como *amicus curiae*, *"de pessoa, órgão ou entidade com interesse na controvérsia,"* sob a forma de assistente simples (§ 8º), e do Ministério Público, como *custos legis* (§ 9º).

Considerando que nas lides trabalhistas a regra é a significativa cumulação de pedidos (ao contrário ao que ocorre na justiça comum, onde os processos costumam ter menor cumulação objetiva, geralmente com poucas causas de pedir) o TST andou bem no detalhamento procedimental do incidente, em seu regimento interno de 20.11.2017, ao limitar a atuação do colegiado competente à questão afetada deixando os demais pontos do recurso de revista afetado para posterior julgamento por uma de suas turmas, por distribuição (art. 292 do RITST de 20.11.2017). Do contrário, o colegiado competente para o IRRR se perderia em objetos recursais estranhos à matéria do IRRR, desviando seu foco. Observa-se que a presente técnica em nada se confunde com o julgamento complexo do IUJ previsto no código de 1973, que cindia o julgamento da matéria jurídica em dissenso, devolvendo o recurso ao órgão fracionário para julgamento, aplicando tal entendimento abstrato. Aqui, do contrário, o colegiado do TST (SDI ou Pleno) incumbido do IRRR em questão julgará de forma completa o recurso de revista afetado, à vista dos fatos, limitando-se entretanto à matéria do IRRR, deixando outros objetos recursais, irrelevantes para a solução da questão de IRRR, para que sejam julgados pela turma.

Quanto à eficácia do acórdão prolatado no incidente de recurso de revista repetitivo (IRR), uma vez publicado: (I) terão seguimento denegado os recursos de revista em face de acórdãos que coincidirem com a tese fixada no IRR; (II) haverá juízo de retratação na origem, se o acórdão recorrido divergir da orientação fixada no IRR (§ 11). Nesta última hipótese, não havendo a retratação quanto ao acórdão regional divergente da tese fixada no IRR, será feito exame de admissibilidade do recurso de revista que estava suspenso (§ 12).

Como o precedente fixado em IRR é vinculante (art. 927, III, do CPC) e inclusive sujeito a reclamação (CRFB, art. 111-A, § 3º, c/c arts. 896-B da CLT e 988, § 5º, II, do CPC), naturalmente o órgão do TRT prolator do acórdão recorrido só deixará de aplicar a tese do IRR, em juízo de retratação, se demonstrar na fundamentação (sob pena de nulidade da decisão, art. 489, § 1º, VI, do CPC) que *"a situação de fato ou de direito é distinta das presentes no processo julgado sob o rito dos recursos repetitivos,"* (CLT, art. 896-C, § 16 — *distinguishing*). Em tal sentido foi detalhado o procedimento no novo regimento interno do TST aprovado em 20.11.2017, em seu art. 294, limitando as situações de não retratação aos casos em que houver distinção em razão de "hipótese fática distinta ou questão jurídica não examinada, a impor solução diversa" (art. 294 do RITST de 20.11.2017). Finalmente, apenas o próprio órgão prolator poderá revisar a decisão firmada em IRR *"quando se alterar a situação econômica, social ou jurídica, caso em que será respeitada a segurança jurídica das relações firmadas sob a égide da decisão anterior"*, podendo o TST ainda modular os efeitos de tal decisão (§ 17 — *overruling*).

10.6.4. Transcendência e o crônico problema da sobrecarga do TST

Até 1982, o TST tinha competência para emitir enunciados sobre questões de direito em caráter vinculante, os chamados *"prejulgados."* Rezava o art. 902 da CLT, revogado pela Lei

n. 7.033/82, que "*é facultado ao Tribunal Superior do Trabalho estabelecer prejulgados, na forma que prescrever o seu regimento interno. ... § 4º Uma vez estabelecido o prejulgado, os Tribunais Regionais do Trabalho, as Juntas de Conciliação e Julgamento e os Juízes de Direito investidos da jurisdição da Justiça do Trabalho* ***ficarão obrigados a respeitá-lo***" (art. 902 da CLT, revogado pela Lei n. 7033/82).(505)

Com o crescimento exponencial da demanda notadamente a partir dos anos 90, sem que as súmulas persuasivas do TST fossem suficientes para deter a inviabilização do trabalho do tribunal, foi introduzido na CLT o art. 896-A (através da Medida Provisória n. 2226/2001, em 04.09.2001), segundo o qual o TST, para fins de admissibilidade do recurso de revista, examinaria "*se a causa oferece* ***transcendência*** *com relação aos reflexos gerais de natureza econômica, política, social ou jurídica.*"(506)

No entanto, tal norma nunca foi regulamentada pelo TST e portanto permaneceu durante quase duas décadas inaplicável.(507) Em outubro de 2009 o TST chegou a instituir uma "*Comissão Temporária destinada a estudar a viabilidade da regulamentação interna do disposto no art. 896-A da CLT, que instituiu o critério de transcendência para o exame prévio no Recurso de Revista.*" No entanto, tal comissão encerrou seus trabalhos em 2010, concluindo, por maioria, pela inviabilidade de regulamentar o critério da transcendência no âmbito do TST, notadamente a "*multiplicidade de temas normalmente versados no RR*" e a "*quase intransponível dificuldade conceitual*", a decorrente dificuldade de fundamentação para evitar nulidades, o ensejo para mais recorribilidade e delonga do que já existe, ainda colocando em risco a função uniformizadora do TST pela renúncia à análise dos recursos inadmitidos.(508)

---

(505) Cuja redação se manteve mais ou menos estável quanto à obrigatoriedade dos prejulgados, desde 1943, variando mais em função de detalhes procedimentais e da nomenclatura do TST, antes "Câmara de Justiça do Trabalho" e a seguir "Conselho Nacional do Trabalho," ainda refletindo sua origem como órgão administrativo. Ver versão compilada da CLT, disponível em: <http://www.planalto.gov.br/ccivil_03/decreto-lei/Del5452.htm>. Antes da revogação, houve polêmica sobre o tema com manifestação do STF em 1977 nos autos da Representação 946: "*PREJULGADO DO TRIBUNAL DO TRABALHO. NÃO CONSTITUÍDO ATO NORMATIVO, — DADO QUE O ART. 902, PAR. 1. DA CONSOLIDAÇÃO DAS LEIS DO TRABALHO, QUE LHE ATRIBUIA TAL CARÁTER, FOI REVOGADO PELA CONSTITUIÇÃO DE 1946, — NÃO PODE SER OBJETO DE REPRESENTAÇÃO NÃO CONHECIDA.*" (STF — Rp: 946 DF, Relator: Xavier de Albuquerque, Data de Julgamento: 12.05.1977, TRIBUNAL PLENO, Data de Publicação: DJ 1º.07.1977, p. 04455 EMENT V. 01063-01, p. 00218 RTJ, v. 00082-01, p. 00044). No entanto, como a representação do Procurador-Geral da República era em face de um dos prejulgados (n. 52/75 "*Computam-se no cálculo do repouso semanal remunerado as horas extras habitualmente prestadas*") e não em face do próprio art. 902 da CLT, o STF limitou-se a afirmar *incidenter tantum* que o caráter normativo indicado no art. 902 havia sido revogado pela Constituição de 1946, para fins de considerar que o prejulgado em tela não tinha normatividade, para fins de sujeitá-lo ao controle de constitucionalidade. Extinta tal representação sem resolução do mérito, o TST continuou utilizando prejulgados, simultaneamente às sumulas de sua jurisprudência reiterada, até que em 06.10.1982, dia da publicação da Lei n. 7.033 que revogou o art. 902 da CLT, convertendo os prejulgados então vigentes em súmulas, a partir da Súmula n. 130. Ver Resolução Administrativa TST n. 102, de 06.10.82. DJ de 11.10.82, Seção 1, p. 10281. Disponível em: <https://juslaboris.tst.jus.br/bitstream/handle/1939/4690/1982_ra0102.pdf?sequence=1&isAllowed=y>.

(506) Tal dispositivo, introduzido pela Medida Provisória n. 2.226, de 04.09.2001, permanece vigente em razão do art. 2º da Emenda Constitucional n. 32/2001, que preservou a eficácia das MPs editadas em data anterior à sua publicação (12.09.2001).

(507) *TRANSCENDÊNCIA Pugna a União pela aplicação do princípio da transcendência, em face de relevância da matéria, nos termos do art. 896-A da CLT. Revela-se improcedente a invocação da transcendência, haja vista que a questão não foi regulamentada no âmbito desta Corte. Não conheço.* RR — 63000-40.2007.5.12.0043, Rel. Min. Luiz Philippe Vieira de Mello Filho, 1ª Turma, DEJT 19.04.2011. No mesmo sentido, e.g., o AIRR — 100600-19.2009.5.03.0062, Rel. Min. Emmanoel Pereira, 5ª Turma, DEJT 20.05.2011.

(508) DALAZEN, João Oreste. Ofício JODGV n. 55/2010, *apud* SOUZA, José Pedro de Camargo Rodrigues. *Apontamentos sobre a transcendência do recurso de revista*. Dissertação de Mestrado. Universidade de São Paulo, 2011. p. 216-222. Disponível em: <http://www.teses.usp.br/teses/disponiveis/2/2138/tde-31052012-154840/pt-br.php>. O Ministro Dalazen era então o Vice-Presidente do TST e presidia tal comissão, instituída pela Res. Adm. TST n. 1360/2009.

Como alternativa, tal comissão resolveu, por maioria, propor o encaminhamento de um projeto de lei que, entre outras medidas, obrigasse os Regionais a uniformizar sua jurisprudência interna e a adotar o IRDR, já em análise no então projeto de CPC, retirasse do TST o papel de uniformizador dos dissensos de jurisprudência internos dos Regionais, e estender aos recursos de revista regramento análogo ao dos recursos extraordinários e especiais repetitivos.(509) Tal anteprojeto, na maior parte, correspondeu à versão final da Lei n. 13.015/2014.

No entanto, a chamada Reforma Trabalhista (Lei n. 13.467/2017) acabou por regulamentar, pela própria via legislativa (parágrafos do art. 896-A da CLT) os critérios básicos para aferição da transcendência, por outro lado revogando em parte as alterações promovidas pela Lei n. 13.015/2014 quanto ao retorno dos processos ao regional de origem para uniformizar dissensos internos através do IUJ previsto no CPC e 1973 (§§ 3º a 6º do art. 896 da CLT). Vejamos.

10.6.4.1. Já estava na hora de regulamentar a transcendência

Como já narrado antes, houve tentativa de regulamentação do pressuposto recursal da transcendência, art. 896-A da CLT, mas a comissão de ministros do TST formada para tal mister concluiu por maioria pela inviabilidade de regulamentar o instituto, por "*quase intransponível dificuldade conceitual,*" entendendo ainda que haveria uma renúncia parcial à função uniformizadora do TST.(510) A mesma comissão sugeriu, alternativamente, a propositura de anteprojeto de lei que resultou na Lei n. 13.015/2014, introduzindo, dentre outras inovações, os §§ 3º a 6º do art. 896 da CLT, que determinava o retorno à origem dos recursos de revista opostos com base em divergência jurisprudencial interna de um determinado Regional. Enquanto vigeu tal norma, estiveram os Regionais efetivamente debruçados na tarefa de uniformizar sua jurisprudência. Concomitantemente, tanto os Regionais como o TST iniciavam na prática dos incidentes de julgamento de recursos repetitivos, com o potencial de resolver centenas ou milhares de casos de uma só vez.

No entanto, parece-nos que tais medidas não seriam suficientes para resolver o quadro de crônica sobrecarga do TST. O incidente de julgamento de recursos de revista repetitivo, embora tenha o potencial para resolver muitos recursos atuais e futuros, é um procedimento mais complexo, com um contraditório ampliado e várias manifestações de interessados, além de envolver grande número de ministros do tribunal. Tanto é assim, que até o momento tal incidente foi pouco utilizado. Em fins de 2017 havia apenas 16 IRR's cadastrados e 2 IAC's,(511) mesmo já tendo decorrido mais de dois anos desde o início da vigência da Lei n. 13.015/2014, e mais de um ano desde o início da vigência do CPC de 2015.

Ademais, a sistemática atual ainda não mostrou suficiente queda em termos de casos novos no TST.(512) Veja-se a seguir, conforme dados estatísticos do TST, a redução de cerca de

---

(509) DALAZEN, *Ibidem*, p. 216.

(510) DALAZEN, João Oreste. Ofício JODGV n. 55/2010, apud SOUZA, José Pedro de Camargo Rodrigues. *Apontamentos sobre a transcendência do recurso de revista*. Dissertação de Mestrado. Universidade de São Paulo, 2011. p 216-222. Disponível em: <http://www.teses.usp.br/teses/disponiveis/2/2138/tde-31052012-154840/pt-br.php>. O Ministro Dalazen era então o Vice-Presidente do TST e presidia tal comissão, instituída pela Res. Adm. TST n. 1360/2009.

(511) Conforme sítio do TST, "*Tabela de Recursos de Revista Repetitivos*" e "*Tabela de Incidentes de Assunção de Competência*", disponível em: <http://www.tst.jus.br/web/guest/presidencia-nurer/recursos-repetitivos>.

(512) O raciocínio vale também para os demais tribunais superiores, onde o problema da absurda sobrecarga é análogo, embora o STF já tenha dado um grande passo para a solução através do regime da repercussão geral.

26% no número de casos novos de 2014 para 2016. Embora tal redução seja significativa, ainda assim, cada Ministro do TST recebeu em 2016 impressionantes quase sete mil processos novos para julgar:

GRÁFICO 3

CASOS NOVOS POR MAGISTRADO NO TST. 2007-2016.

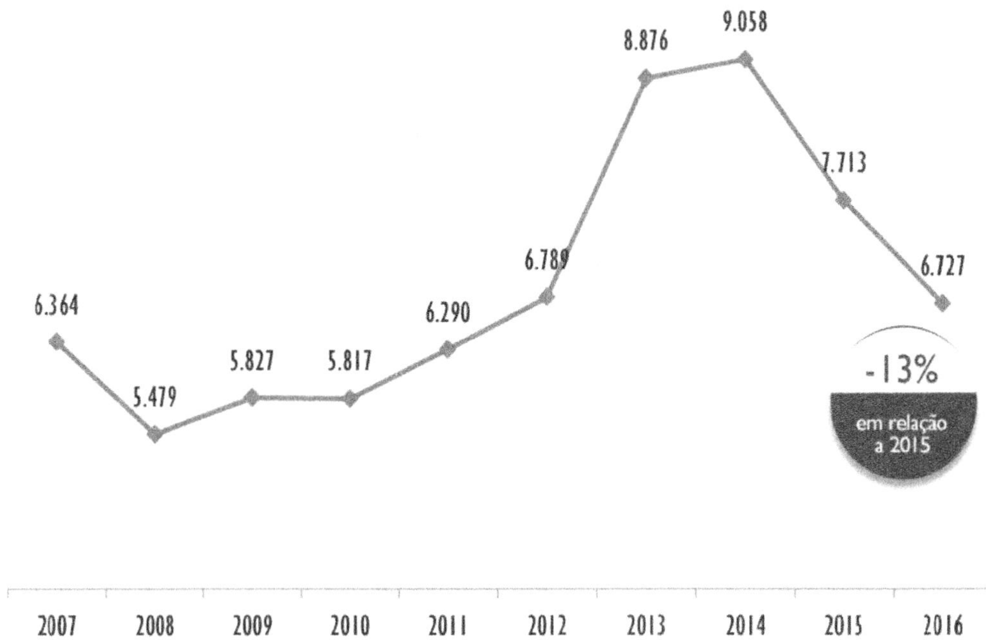

TST, Coordenadoria de Pesquisa e Estatística do TST. Relatório Geral da Justiça do Trabalho, 2016, p. 48. Disponível em: <http://www.tst.jus.br/web/estatística/JT/reatorio-geral>.

Naturalmente, prolatar quase 800 votos por mês é humanamente impossível, implicando na delegação do trabalho de minutar os votos a uma enorme equipe, transformando o ministro em um gestor de tal equipe, delegando a maior parte da redação de seus votos, conforme entendimentos e critérios preestabelecidos, reservando-se à intervenção intelectual mais imediata do ministro apenas os casos novos ou de maior complexidade ou importância — ou seja — que *transcendem* o interesse individual das partes envolvidas e importam para a própria uniformização e refinamento do direito.

Na prática, já se estão selecionando os casos "transcendentes" para atuação direta do ministro, delegando-se os demais, por serem menos relevantes ou mais rotineiros. Então não seria melhor oficializar a tal seleção por "transcendência", e continuar direcionando apenas os casos mais importantes aos ministros, os quais orientariam suas equipes a filtrarem tais casos mais importantes e a minutarem de forma muito sucinta decisão inadmitindo os casos sem transcendência, a ser referendada pelo próprio ministro relator e pelo respectivo colegiado? Quanto aos casos de menor importância, se é para delega-los para alguém (o que de qualquer forma já vem ocorrendo, conforme se presume da estatística), então que se os "delegue" às instâncias ordinárias. Basta inadmitir os recursos de revista e deixar que as respectivas demandas transitem em julgado, prevalecendo a decisão já posta pelas autoridades judiciais de primeiro e segundo graus.

Não é esta a ideia do requisito da transcendência? Liberar os ministros para focarem seus estudos, debates e energias naqueles casos que realmente venham a fazer diferença para o melhoramento do direito, deixando que aquelas situações mais rotineiras ou comuns sejam resolvidas até a segunda instância? Afinal, nunca se cogitou na doutrina pátria ou internacional a existência de um "triplo grau de jurisdição". Se duas cortes competentes e qualificadas já julgaram o processo, porque seria necessária uma terceira? Estaria a terceira mais habilitada para evitar o erro do que a segunda e a primeira? A resposta é negativa. Tribunais de vértice possuem natureza extraordinária, não preocupados com a justiça do caso concreto, mas sim com o aprimoramento e unidade nacional do direito.

Em 2010, quando funcionou a comissão de ministros do TST destinada à regulamentação da transcendência, até se poderia dizer que tinha razão tal comissão ao concluir que a restrição do recurso de revista apenas aos casos dotados de "transcendência" colocaria em risco a função uniformizadora do TST.(513) Muitos casos, ao serem considerados "não-transcendentes" sairiam das vistas do TST, o que permitiria a consolidação e perpetuação de jurisprudências regionais conflitantes em tais questões, dada a insuficiência do regramento do CPC de 1973 para impor a uniformidade jurisprudencial.

No entanto, o quadro agora é outro. Com a entrada em vigor do CPC de 2015 e suas diversas técnicas de uniformização jurisprudencial e vinculação aos precedentes, o risco de eternização de dissensos jurisprudenciais fica mais reduzido. Logo, torna-se dispensável a subida de muitos processos ao TST para imposição, um a um, dos entendimentos pacificados por tal tribunal. Escolher discricionariamente os casos mais importantes, para atuação do TST, pelo filtro da transcendência, não mais implica em renúncia à função uniformizadora de tal tribunal.

Finalmente, quanto à dificuldade de detalhar o sentido dos conceitos jurídicos abertos ligados ao requisito da transcendência, e a relativa subjetividade ou discricionariedade inevitavelmente delegada ao julgador quanto à identificação no caso concreto de tais requisitos,(514) tenho que tal receio parte da premissa fortemente arraigada em nossa cultura jurídica de que as partes teriam direito de exaurir todas as possibilidades recursais, com um minucioso exame de seu caso mesmo pelas instâncias extraordinárias. Se considerarmos que existe um direito subjetivo da parte ao "terceiro grau" de jurisdição, então realmente haveria que ser a questão mais minuciosamente regulamentada, a fim de que tal direito pudesse ser imposto e controlado. No entanto, ao contrário, se a subida de um recurso ao TST, entretanto não é um direito subjetivo da parte, mas sim decorre do interesse público na uniformização jurisprudencial e aprimoramento do direito (e não do controle da justiça do casos concretos, um-a-um), então é natural certa discricionariedade do respectivo tribunal superior para otimizar sua forma de trabalho e escolher os casos que melhor consubstanciam questões jurídicas importantes onde entende necessária sua intervenção uniformizadora, para o que se utilizam tais casos concretos como base para a discussão do direito a ser dirimido.

Assim, não se deveria ter receio de que os Ministros exerçam seu prudente arbítrio para aferir os casos mais relevantes ou transcendentes para serem analisados com profundidade pela corte. Aliás, tal é o mesmo espírito da repercussão geral, adotada quanto aos recursos

---

(513) DALAZEN, João Oreste. Ofício JODGV n. 55/2010, apud SOUZA, José Pedro de Camargo Rodrigues. *Apontamentos sobre a transcendência do recurso de revista*. Dissertação de Mestrado. Universidade de São Paulo, 2011. p. 216-222. Disponível em: <http://www.teses.usp.br/teses/disponiveis/2/2138/tde-31052012-154840/pt-br.php>.

(514) DALAZEN, João Oreste. Ofício JODGV n. 55/2010, *apud* SOUZA, José Pedro de Camargo Rodrigues. *Apontamentos sobre a transcendência do recurso de revista*. Dissertação de Mestrado. Universidade de São Paulo, 2011. p. 216-222. Disponível em: <http://www.teses.usp.br/teses/disponiveis/2/2138/tde-31052012-154840/pt-br.php>. O Ministro Dalazen era então o Vice-Presidente do TST e presidia tal comissão, instituída pela Res. Adm. TST n. 1360/2009.

extraordinários ao STF desde 2007, e como vem fazendo a Suprema Corte americana há 200 anos,[(515)] experiência replicada em diversas cortes extraordinárias do planeta. Afinal, quanto mais casos concretos subirem à instância extraordinária, menos esta estará de fato cumprindo sua missão institucional, já que, afogada na rotina e repetindo o trabalho já realizado nas instâncias inferiores, pouco poderá se concentrar em prolatar os julgamentos de interesse nacional, que servirão de paradigma para o aprimoramento e uniformização do direito. Assim entendemos que andou bem o legislador ao regular o pressuposto da transcendência inserindo os §§ 1º ao 6º do art. 896-A da CLT, por meio da Lei n. 13.467/2017.

10.6.4.2. Julgando menos em quantidade, mas com maior eficácia

Reza o novel § 1º do art. 896-A da CLT que são indicadores de transcendência, "*entre outros*" (portanto rol exemplificativo) o elevado valor da causa (para transcendência econômica), o desrespeito às súmulas dos tribunais superiores (como transcendência política), a postulação de direito social constitucionalmente garantido (como indicador de transcendência social), e a existência de questão jurídica nova (como indicados de transcendência jurídica). O relator pode denegar seguimento ao recurso de revista onde não demonstrada transcendência, decisão sujeita a agravo para o colegiado (§ 2º). Se este confirmar o voto do relator quanto à não transcendência, será lavrado acórdão sucinto, irrecorrível no âmbito do tribunal (§ 4º). Já nos agravos de instrumento em recurso de revista, a própria decisão do relator negando a transcendência é também irrecorrível (§ 5º). Finalmente, tal exame da transcendência é exclusivo dos Ministros do TST, não podendo a análise de admissibilidade pela Presidência dos TRT's abranger o critério da transcendência (§ 6º).

A transcendência como pressuposto de admissibilidade dos recursos de revista, aproxima o TST do STF (repercussão geral para fins de julgamento de recurso extraordinário) em termos de escolha discricionária dos casos com importância suficiente para serem julgados por uma corte de vértice.[(516)] Ainda que estejamos um pouco distantes da realidade da paradigmática *Supreme Court* dos Estados Unidos — que julga menos de 200 casos por ano e cada decisão impacta de forma decisiva a evolução do direito daquele país — o caminho da concentração do TST nos casos que interessem à formação de precedentes qualificados e pacificação do sistema parece ser um caminho promissor.

---

(515) Supreme Court Rule 10 (art. 10 das "Regras" ou regimento interno da Suprema Corte Americana):
Considerações regendo a apreciação do Writ of Certiorari
A apreciação do writ of certiorari não é direito da parte mas sim sujeito à discricionariedade. Uma petição de writ of certiorari *somente por razões imperiosas* (compelling reasons). *As seguintes, ainda que não determinantes* (controlling) *nem totalmente abrangentes da discricionariedade da Corte, indicam o caráter das razões que a Corte considera:*
(a) uma corte de apelação federal prolatou decisão em conflito com outra corte de apelação federal quanto à mesma importante questão; decidiu uma importante questão federal em maneira que conflita com decisão de uma corte estadual de última instância; ou de tal forma se desviou do curso aceitável e usual das práticas processuais (***judicial proceedings***)*, ou confirmou tal desvio por corte inferior, de forma a atrair o exercício do poder de supervisão desta Corte;*
(b) uma corte estadual de última instância decidiu importante questão federal de maneira que conflita com outra corte estadual de última instância ou de uma corte de apelação federal;
(c) uma corte estadual ou corte de apelação federal decidiu importante questão de direito federal que ainda não foi — mas deveria — ser sedimentada por esta Corte, ou decidiu uma importante questão federal de maneira conflitante com pertinentes decisões desta Corte.
Uma petição por writ of certiorari *é raramente deferida quando o erro alegado consiste no estabelecimento equivocado da verdade dos fatos ou na aplicação equivocada de uma regra de direito apropriadamente formulada.*
Rules of the Supreme Court of the United States, atualizadas até 19.04.2013. Disponível em: <https://www.supremecourt.gov/ctrules/ctrules.aspx>.
(516) Valem aqui, analogamente, as considerações feitas por ocasião do tópico Recurso extraordinário com repercussão geral (antiga relevância?), às quais nos reportamos.

Há vozes importantes no cenário juslaboral, entretanto, que pensam em contrário. Por exemplo, o Ministro do TST, Luiz Philippe Vieira de Mello Filho, externou grande preocupação com tal mudança legislativa, reiterando os argumentos que levaram a maioria do TST a optar por não regulamentar a transcendência, especialmente com a revogação da parte da Lei n. 13.015/2014 que impunha o amadurecimento da jurisprudência regionalmente, antes de atingir o TST (§§ 3º-6º do art. 896 da CLT).[(517)]

Tal preocupação é extremamente relevante e efetivamente existe risco de que, ausente norma legal expressa impondo a devolução dos recursos de revista à origem para antes uniformizar sua jurisprudência internas, retorne-se à anterior permissividade com tais dissensos, ainda mais ante a redução quantitativa da atuação do TST — agora limitada às questões de maior *transcendência*.

No entanto, como já referido antes, o art. 926 do CPC de 2015 obriga os tribunais a manterem sua jurisprudência íntegra e coerente, o que lhes impõe a pacificação dos conflitos internos, o que poderá se dar pelo uso das novas ferramentas de criação de precedentes qualificados, o IRDR e o IAC (conforme o dissenso seja repetitivo ou não), com possíveis adaptações pela via regimental. Em tal contexto, observando-se a imperatividade do art. 926 do CPC, não haveria prejuízo na redução quantitativa dos recursos de revista a serem efetivamente julgados pelo TST, já que possuiriam um alcance bem maior, tendo em vista o efeito precedencial. Como já referimos, a lógica do novo sistema é que, ao invés de cada Ministro julgar milhares de processos, coordenando uma equipe que repete seus entendimentos em cada um desses milhares de processos, bastará que os Ministros criem e sedimentem tais entendimentos em um ou poucos casos, os quais serão aplicados nacionalmente.

10.6.4.3. Efeito vinculante dos recursos de revista com transcendência reconhecida

Da mesma forma que os recursos extraordinários com repercussão geral reconhecida — que são vinculantes em sentido estrito, sujeitando sua inobservância a reclamação, art. 988, § 5º, II, do CPC — os precedentes formados através dos recursos de revista com transcendência reconhecida devem ser observados obrigatoriamente, sob pena de reclamação. É que a aplicação subsidiária e supletiva do CPC ao processo laboral (art. 15 do CPC, art. 769 da CPC) faz com que a regulamentação do recurso de revista seja complementada com as regras aplicáveis aos demais recursos de natureza extraordinária. Uma vez concedido o efeito vinculante ao recurso extraordinário com repercussão geral (art. 988, § 5º, II, do CPC, incluído pela Lei n. 13.256, de 2016), decorre da sistematicidade do novo modelo de precedentes vinculantes que o recurso de revista, agora sujeito a análogo filtro discricionário, também seja dotado de análogo efeito vinculante, dando-lhes ampla eficácia uniformizadora. Trata-se de situação similar à dos recursos de revista repetitivos, para os quais há norma expressa determinando sua suplementação pelas normas dos recursos extraordinários e especiais repetitivos, art. 896-B, da CLT, norma esta aplicável às revistas com transcendência reconhecida, por analogia. Segundo a nova sistemática, o TST poderá atuar de forma mais célere, julgando apenas um ou poucos recursos de cada matéria, ao invés dos milhares de recursos pertinentes — já que a eficácia precedencial dispensaria a subida de tais milhares de recursos.

---

(517) Em painel intitulado "Efeitos da Reforma Trabalhista", ocorrido no XII Encontro Institucional da Magistratura do TRT da 4ª Região, em 14.09.2017. Entende o Ministro que faltam critérios suficientemente objetivos para o filtro da transcendência, e que combinado tal instituto com a revogação dos dispositivos que ordenavam o retorno dos processos à origem para pacificar dissensos internos, há risco de deslocamento da tarefa de uniformização de dissensos regionais para o TST, transformando os regionais em instâncias de passagem.

Em boa hermenêutica, não se pode presumir que as normas possuam sentido conflitante ou assistemático. Assim, ante o novo sistema de precedentes, inaugurado pela Lei n. 13.015/14, pelo CPC de 2015, e agora pela regulamentação do pressuposto recursal da transcendência, incluída pela Lei n. 13.467/17, não há como se entender que TST teria filtro discricionário para limitar a quantidade de casos julgados, mas não poderia dar eficácia precedencial vinculante a estes casos, deixando a descoberto uma infinidade de dissensos jurisprudenciais, nacionalmente. Seria como entender que o legislador produziu norma inócua ou ilógica, impondo ao TST escolher entre abrir mão de sua missão uniformizadora da jurisprudência laboral nacional (escolhendo poucos casos e permitindo a eternização dos dissensos nos demais), ou do contrário esvaziar o sentido do pressuposto da transcendência, admitindo-a presente em qualquer processo, mesmo que multitudinariamente repetido ou pouco importante, no afã de impor artesanalmente, em cada um, o entendimento uniformizado — portanto nada mudando em relação à situação atual. Entendemos que tal interpretação seria equivocada, e que a compreensão mais sistemática e lógica do instituto previsto no art. 896-A da CLT é que este possui a mesma vinculatividade de um recurso extraordinário com repercussão geral. Assim, é essencial que a imperatividade do recurso de revista julgado sob o regime da transcendência seja resguardada por reclamação, forte no art. 988, § 5º, II do CPC, aplicável supletivamente ao recurso de revista com transcendência reconhecida (art. 15 do CPC), sugerindo-se a retificação do Regimento Interno do TST de 20.11.2017, em seu art. 210, para incluir tal hipótese de reclamação.

Finalmente, registro que outorgar efeito vinculante a um acórdão de turma do TST não é problemático, sob a perspectiva de possíveis precedentes conflitantes entre si, já que eventual conflito de entendimento entre turmas pode, no TST, ser solucionado de imediato pelo recurso de embargos, art. 894 da CLT, a ser julgado pela primeira subseção de dissídios individuais do TST (SBDI-1), acórdão que também será vinculante e sujeito a reclamação, quando prolatado em substituição a um acórdão em recurso de revista com transcendência reconhecida (art. 988, § 5º, II, do CPC, c/c, arts. 15 do CPC e 769 da CLT).

10.7. Reclamação

10.7.1. Motivos de sua expansão aos precedentes qualificados do art. 988 do CPC

Quase todas as reformas processuais das últimas décadas foram motivadas pela necessidade de racionalizar o trabalho das cortes, diminuindo a explosão de novos processos e recursos. Sabemos que tal crescimento exponencial da litigiosidade e recorribilidade foram causados, entre outros fatores, (1) por uma combinação de ampliação do acesso à Justiça, (2) aumento de direitos protegidos pela Constituição ou por lei sem a correspondente capacidade imediata de arcar com o custo de tais direitos, e principalmente (3) pela insegurança jurídica decorrente da dispersão jurisprudencial, estimulando o ajuizamento em massa e a recorribilidade até a cúpula do Judiciário, até que ocorra o lenta decantação da jurisprudência persuasiva, e pela (4) sensação de impunidade decorrente do retardamento da imposição da lei, que estimula novos descumprimentos e conflitos.

Em tal contexto, já vimos que o regime das súmulas persuasivas dos tribunais superiores (e alguns tribunais locais), e seus efeitos processuais obstativos de recursos ou aceleradores de julgamento, em muito ajudaram a divulgar os entendimentos pacificados e encorajar sua adoção sem a necessidade de que todos tais processos atingissem a cúpula do Judiciário, para a imposição de tais entendimentos diretamente em cada um de tais processo. Tais mudanças foram entretanto insuficientes, havendo elevado aumento de demanda na década de 90 e crescimento exponencial nas duas décadas seguintes.

Em tal contexto caótico, era necessário, entretanto, que os precedentes já pacificados ganhassem força vinculante, a fim de romper com uma cultura jurídica — já arraigada — de desrespeito aos precedentes pacificados pelas cortes superiores.

A independência funcional do magistrado para aplicar o direito ao caso concreto conforme sua convicção não poderia ser confundida com o poder de ignorar a última palavra dada pelas cortes superiores quanto aos dissensos de direito. Do contrário, quem daria a última palavra? Ninguém? Poderia a mesma regra positivada resultar em um direito diferente para cada cidadão, conforme o local onde escolhesse ajuizar sua demanda (o conhecido *forum shopping*)? Ou conforme a "sorte" do jurisdicionado, pela distribuição aleatória do feito a um juiz ou relator com um entendimento mais ou menos favorável?

Diante do quadro desenhado, foi necessário que o art. 926 do CPC viesse a dizer o óbvio[(518)] — que *"os tribunais devem uniformizar sua jurisprudência e mantê-la estável, íntegra e coerente,"* — além de dotar tal jurisprudência uniformizada de firme imposição às instâncias inferiores, através da expansão das hipóteses de cabimento da reclamação, conforme art. 988 do CPC. Trata-se sem dúvida de medida antipática, já que propicia um instrumento direto para cassar ou suspender decisões judiciais contrárias a um precedente qualificado, independente de recurso. No entanto, tem-se que a reclamação é um mal necessário, no estágio atual de nosso sistema, a fim de que se rompa com a cultura de elevado índice de inobservância dos precedentes consolidados nas instâncias superiores.

Curiosamente, nos países de *common law* — e.g. nos EUA — tal instrumento processual coercitivo inexiste, nem se faz necessário, sendo notória a força dos precedentes em tais sistemas. Lá precedentes são base de toda argumentação jurídica, sendo a maneira que o *common lawyer* aprende a raciocinar o direito, desde a faculdade. Seguir o precedente é algo tão natural e automático, que nem saberiam os profissionais de direito trabalhar sem amparo nos precedentes, tamanha é a segurança e confiança nos detalhamentos e aprimoramentos do direito promovidos pelas cortes, caso-a-caso. Naturalmente, existem alguns fatores que compelem o julgador a observar os precedentes, mas tais não são processuais ou diretos, mas sim culturais ou práticos. Como fator cultural que induz à observância dos precedentes, temos a cultura jurídica profundamente arraigada em tal sentido, tanto que um juiz que não segue precedentes sem fundamentar uma distinção que afaste sua aplicabilidade (*distinguishing*) é tido como incurso em erro crasso, ficando malvisto por colegas e prejudicado na consideração para indicações a cargos em instâncias superiores.[(519)] Como fator estrutural, devemos lembrar que a inobservância de precedentes em matéria de direito por um juiz de primeiro grau americano pode eventualmente anular um julgamento por júri, ensejando a devolução do processo à origem para realização de novo júri. Considerando que um único processo com júri pode interditar a pauta do julgador por uma semana, este tem todas as razões para não dar motivos a nulidades, e.g. instruindo o júri quanto ao direito aplicável com o cuidado de observar os precedentes envolvidos.

Por aqui, entretanto, nada mudaria quanto aos precedentes, sem algum instrumento que, ao menos no início, o impusesse. Até o presente, o tradicional uso da jurisprudência se dá como auxílio na persuasão ou argumento de autoridade, sendo citada apenas quando coincidente com a tese do requerente ou com aquela adotada pelo juiz. Inexiste, até o momento, sanção por omissão em elencar e enfrentar a jurisprudência contrária, mesmo que majoritária.

---

(518) E às vezes é importante que se o diga, já que o que é óbvio em determinado momento, para alguns, pode não o ser para outros, ou em outro momento, pode passar a ser questionado ou compreendido de forma diversa.

(519) De forma similar ocorre com um advogado que apresenta petição ou recurso incorreto ou incompleto quanto à citação e fundamentação com precedentes, ficando malvisto e podendo ser punido por improbidade ou negligência processual. Ver nota 307, e respectivo texto.

Ademais, o ensino jurídico é ainda positivista, replicando o modelo tradicional, e a independência dos juízes foi levada a tal extremo que permite a eternização dos dissensos jurisprudenciais, ainda que eles já tenham sido pacificados em última instância pelos tribunais superiores.

Finalmente, registra-se que, embora necessária a reclamação, seu uso abusivo, de forma expansiva, pode sim trazer risco à independência da magistratura, ao princípio do juiz natural, e a outras garantias que constituem pilares de um Estado Democrático de Direito. Vejamos seu regramento e um breve alerta quanto a seus riscos.

10.7.2. Disciplina no CPC 2015

A reclamação foi criada pela jurisprudência do STF, baseada na teoria dos poderes implícitos, até que posteriormente incluída no seu Regimento Interno (ver, e.g., arts. 9, I, "c", 70, e 156-162 do RISTF), até que inserida na Constituição (art. 102, I, "l", art. 105, I, "f", e mais recentemente o art. 103-A, § 3º — súmulas vinculantes, e art. 111-A, § 3º — extensão ao TST) e na legislação infraconstitucional, atualmente consubstanciada no ar. 988 e seguintes do CPC de 2015,[520] que ampliou seu cabimento com relação aos tipos de decisões vinculantes sujeitas à reclamação, bem como estendeu a reclamação aos tribunais de segunda instância.

10.7.3. Procedimento

Antes de adentrarmos a espinhosa temática acerca das hipóteses de cabimento, vejamos o regramento básico quanto a seu processamento. A reclamação não está mais restrita aos tribunais superiores, devendo ser proposta perante o tribunal "*cuja competência se busca preservar ou cuja autoridade se pretenda garantir*" (§ 1º do art. 988 do CPC). A reclamação comporta apenas prova documental e é direcionada ao presidente do tribunal, que a distribui ao relator do processo principal, se possível (§ 2º). Como a reclamação não se confunde nem substitui o recurso cabível, eventual superveniente inadmissibilidade ou o julgamento do recurso interposto contra a decisão reclamada não prejudica a reclamação já interposta. Entretanto, não cabe interpor reclamação após exauridos os prazos recursais e transitada em julgado a decisão a ser reclamada (§ 5º, I), já que a reclamação tampouco serve como atalho para ação rescisória.

Ao despachar a reclamação, o relator pode ordenar a suspensão do processo ou do ato impugnado, requisita informações da autoridade reclamada e determina a citação do beneficiário da decisão reclamada (art. 989 do CPC), podendo qualquer interessado também impugnar a reclamação (art. 990), e o Ministério Público contestá-la (art. 991). Se julgada procedente a reclamação, o tribunal "cassará a decisão exorbitante" ou "determinará medida adequada à solução da controvérsia" (art. 992), de imediato, mesmo antes da lavratura do acórdão (art. 993).

10.7.4. Hipóteses de cabimento

De acordo com o art. 988 do CPC, caberá reclamação da parte interessada ou do Ministério Público (I) "*preservar a competência do tribunal*" e (II) "*garantir a autoridade das decisões do tribunal,*" (III) "*garantir a observância de enunciado de súmula vinculante e de decisão do*

(520) PACHECO, José da Silva. A reclamação no STF e no STJ de acordo com a nova constituição. *Revista dos Tribunais*, v. 646, 1989, p. 19. *Apud* MARINONI, Luiz Guilherme; ARENHART, Sérgio Cruz; MITIDIERO, Daniel. *Novo Curso de Processo Civil*: tutela dos direitos mediante procedimento comum. V. II. São Paulo: Revista dos Tribunais, 2015. p. 602.

Supremo Tribunal Federal em controle concentrado de constitucionalidade," e (IV) "*garantir a observância de acórdão proferido em julgamento de incidente de resolução de demandas repetitivas ou de incidente de assunção de competência.*" Adicionalmente, embora redigido de forma atécnica, com uma dupla negação, depreende-se do respectivo § 5º que, uma vez esgotadas as instâncias ordinárias, é admissível a reclamação "*... II — proposta para garantir a observância de acórdão de recurso extraordinário com repercussão geral reconhecida ou de acórdão proferido em julgamento de recursos extraordinário ou especial repetitivos ...*" Vejamos com mais detalhe.

10.7.4.1. Observância de súmula vinculante e de decisão do STF em controle concentrado de constitucionalidade, e de acórdãos proferidos pelos tribunais de segundo grau em IRDR ou IAC

Mesmo antes da edição do novo CPC (em seu art. 988), a reclamação já era por excelência o meio de impor a observância das decisões em controle concentrado de constitucionalidade, de efeito *erga omnes* (art. 28, parágrafo único, da Lei n. 9.868/99, c/c arts. 13 a 18 da Lei n. 8.038/90) e das súmulas vinculantes do STF perante os órgãos do Judiciário e da Administração Pública (art. 7º da Lei n. 11.417/2006). Nestes casos, pode ocorrer a intervenção *per saltum*, diretamente pelo STF em atos de juízes de primeiro grau, ou mesmo da Administração.

Uma das principais novidades está no inciso IV do art. 988 do CPC, o qual, dentro da sistemática de conferir efeito vinculante àqueles precedentes destinados a pacificar questões de grande relevância ou grande repetitividade, proveu-os de coercibilidade através da reclamação. No caso dos incidentes de resolução de demandas repetitivas (IRDR) e de assunção de competência (IAC), em tribunais de segundo grau,(521) poder-se-ia duvidar de sua real utilidade, já que eventual descumprimento do precedente fixado, por juiz de primeiro grau, ensejaria a reforma em segundo grau, comportando ainda, eventualmente, pleito liminar em sede de recurso ou de mandado de segurança, conforme o caso. No entanto, a reclamação se faz útil mesmo assim.

Em primeiro lugar, em caso de IRDR, a decisão paradigma poderia ser aplicada a uma multiplicidade de processos, em primeiro e segundo graus, no âmbito da respectiva jurisdição — atuais e futuros. Para os processos ainda em primeiro grau, e portanto sujeitos a recurso para o tribunal prolator do julgamento em IRDR, a ligação direta do relator da reclamação com o juiz prolator da decisão conflitante, em procedimento sumário, comunica diretamente a inaceitabilidade de tal conflito com julgado vinculante e cassa sua decisão exorbitante,(522) obrigando-o a prolatar outra decisão em conformidade com o entendimento vinculante. Segundo o STF, a reclamação não é sucedâneo de recurso, não reformando a decisão e substituindo-a por uma da lavra do tribunal da reclamação — mais se assemelha a um remédio correicional. Assim, enquanto que no caso de recurso o processo sai da jurisdição de primeiro grau e a decisão exorbitante será reformada, frequentemente sem que o julgador *a quo* tome conhecimento de tal reforma, a reclamação propicia uma comunicação direta e rápida do erro, em procedimento sumário, pedagogicamente compelindo o julgador *a quo* a suspender a decisão dissidente e eventualmente prolatar outra em obediência ao precedente vinculante. Ademais, estando já no segundo grau outros processos sujeitos à aplicação da tese fixada no IRDR, ainda que nos pareça inconcebível que algum órgão fracionário resistiria à aplicação do

---

(521) O IAC poderia se dar também nos tribunais superiores, mas entendemos que ensejaria reclamação apenas após o exaurimento das instâncias ordinárias, por interpretação sistemática com o art. 988, § 5º, II, do CPC.

(522) CPC 2015, art. 992. *Julgando procedente a reclamação, o tribunal cassará a decisão exorbitante de seu julgado ou determinará medida adequada à solução da controvérsia.*

precedente qualificado do próprio tribunal, fica a reclamação como ferramenta para impor a conformidade, na improvável hipótese de colisão frontal e injustificada (não caberia provimento da reclamação, entretanto, e.g., em caso de fundamentado *distinguishing*, já que a tese fixada pode eventualmente se mostrar inaplicável a alguns dos processos suspensos, por alguma peculiaridade fática que os distinga de forma relevante).

Finalmente, além do aspecto prático debatido antes, para justificar a utilidade da reclamação para impor precedentes dos tribunais de segundo grau (ainda que disponível o imediato recurso), destacamos existir ainda um aspecto psicológico: a necessidade de conscientização. Não é do dia para a noite que se muda uma longa tradição ou cultura jurídica — no caso, a cultura do desrespeito aos precedentes. Assim, como já sedimentado na doutrina e na jurisprudência o caráter vinculante das decisões em controle concentrado de constitucionalidade, e depois a súmula vinculante constitucional, tendo falhado outras tentativas, a solução foi estender o mesmo regime das ações de controle concentrado aos precedentes qualificados, os quais se pretendia fossem vistos como efetivamente vinculantes. O cabimento de reclamação é a mais importante "sinalização" ou "visualização" de um precedente como efetivamente vinculante. Mentalmente, o cabimento de reclamação contra decisões contrárias, e.g., à tese de um IRDR, coloca tal tese na mesma categoria dos demais julgados para os quais sempre esteve disponível tal coercibilidade, como as súmulas vinculantes constitucionais, e as ações em controle concentrado de constitucionalidade. Ademais, como já dissemos no parágrafo acima, enquanto um recurso retira o processo das vistas do juízo *a quo*, a reclamação lhe questiona diretamente a atuação, sendo o mesmo oficiado para prestar informações acerca do motivo pelo qual, aparentemente, descumpriu precedente vinculante.

10.7.4.2. Observância de acórdão em recurso extraordinário com repercussão geral reconhecida ou de acórdão de recursos repetitivos, uma vez esgotadas as instâncias ordinárias

Antes mesmo de terminar o *vacatio legis* do CPC de 2015, ocorreram alguns retoques. Por força da Lei n. 13.256/2016, cujo projeto teve sugestão do STF, foi alterado o § 5º do art. 988 e acrescido o texto do inciso II,[(523)] incluindo expressamente o recurso extraordinário com repercussão geral dentre aqueles precedentes qualificados sujeitos à reclamação, bem como obstando a interposição de reclamação para estes, e para os recursos repetitivos (ao STF, STJ e TST), antes de esgotadas as vias ordinárias.[(524)] Por evidente, deram-se conta os eminentes ministros e o Congresso Nacional, que a instituição de uma nova gama de precedentes vinculantes — destinado à aplicação multitudinária a milhares ou milhões de processos em todo o país — inviabilizaria os tribunais superiores caso toda a controvérsia quanto à aplicação de tais precedentes a milhões de casos concretos pudesse ser levada diretamente aos tribunais superiores, ignorando as vias recursais normais. Seria um contrassenso, ao tentar racionalizar e diminuir a demanda na instância extraordinária, forçá-la a examinar, uma a uma, as controvérsias decorrentes da aplicação casuística das teses fixadas aos inúmeros casos concretos no país.

Mas então se apenas após esgotadas as instâncias extraordinárias seria cabível a reclamação, qual seria sua utilidade, já que em tal momento geralmente estaria também disponível recurso para o mesmo tribunal da reclamação?

---

(523) CPC, art. 588, § 5º É inadmissível a reclamação: ... II — proposta para garantir a observância de acórdão de recurso extraordinário com repercussão geral reconhecida ou de acórdão proferido em julgamento de recursos extraordinário ou especial repetitivos, quando não esgotadas as instâncias ordinárias. *(Incluído pela Lei n. 13.256, de 2016)*

(524) Ver 6.4.1.1 Lei n. 13.256/2016 — retoque às vésperas da entrada em vigor do CPC de 2015.

O raciocínio é o mesmo mencionado antes. Serve a reclamação pelo aspecto psicológico — o estigma da reclamação e a maior visibilidade que esta dá ao precedente — para conscientização de juízes e da comunidade jurídica em geral quanto à obrigatoriedade dos precedentes fixados. Ademais, há o aspecto prático, sendo um procedimento sumário e focado apenas no descumprimento do precedente lá indicado, tendendo a ser mais célere do que um recurso para a instância extraordinária — isto sem falar no crescente afunilamento da admissibilidade de tais recursos, que eventualmente poderia deixar algum descumprimento de precedente imune ao crivo da instância superior. Ademais, o alegado descumprimento é examinado pelo ministro relator, que colhe esclarecimentos diretamente da autoridade reclamada, a qual tem de justificar sua decisão, explanando eventual *distinguishing*, ou se retratando, sob pena de ser cassada sua decisão. Nesta última situação, parece-nos presente tanto a utilidade prática da reclamação, pela maior agilidade, quanto pelo elemento pedagógico-psicológico, prestação de informações à instância superior, eventual cassação da decisão impugnada, com a necessidade de prolação de outra em obediência ao precedente.

10.7.4.3. Preservar a competência e garantir a autoridade das decisões do tribunal — ambiguidade — risco de uso arbitrário da reclamação

"*Preservar a competência do tribunal*", e "*garantir a autoridade das decisões do tribunal*" — são hipóteses um tanto vagas para o cabimento de uma medida excepcional como a reclamação, e podem ser perigosas para a independência funcional da magistratura, e para a garantia do juiz natural, pilares essenciais da democracia e do estado de direito. Em boa hermenêutica, entretanto, as exceções devem ser interpretadas restritivamente. Não podem os tribunais superiores, e.g., a pretexto de uma alegação de descumprimento de um precedente, escolher interferir em processos em que a decisão reclamada aplicou o direito sem conflitar estritamente com a *ratio decidendi* do precedente paradigma, única parte efetivamente vinculante do mesmo. A se permitir uma interpretação elástica da função das reclamações, em tese se poderia permitir que os relatores das respectivas reclamações, monocraticamente,[525] governassem o país através de liminares.

No entanto, temos que tal risco não é tão elevado. Em que pese a vagueza do texto, trata-se de repetição do sucinto texto que introduziu o instituto da reclamação na Constituição (arts. 102, I, "l," para o STF, art. 105, I, "f," para o STJ, e recentemente o art. 111-A, § 3º, para o TST). A singeleza do texto se deve ao fato de que a Constituição não é um código processual, e não deve nem pode se ocupar de minudências das regras processuais. Nos regimentos internos do STF e do STJ, tal redação da Constituição foi espelhada com a mesma concisão (arts. 156 do RISTF e 187 do RISTJ), e nem por isso a jurisprudência desbordou para um uso abusivo da mesma.

Claro, enquanto a hipótese de cabimento da reclamação era apenas a vaga "*preservação de sua competência e garantia da autoridade de suas decisões*" (e.g. art. 102, I, "l" da CRFB), a jurisprudência ia com cautela definindo seu espaço, mas com foco no controle concentrado de constitucionalidade e nas poucas súmulas vinculantes já editadas.

No entanto, quando o art. 988, de forma atécnica, elenca as hipóteses dos incisos III e IV, além do § 5º, II, faz parecer que estas não estariam contidas na original menção à "*preservação da competência*" e "*garantia da autoridade de suas decisões*" (itens separados de uma mesma lista, presumem-se serem situações diferentes). Melhor seria ter mantido a "*preservação da competência*" e a "*garantia da autoridade de suas decisões*" no *caput*, como gênero,

(525) Já que muitas reclamações passam anos sem serem julgadas por seu colegiado.

seguindo-se o detalhamento das espécies concretas nos incisos, preferivelmente em rol exaustivo. Da forma como está, a redação do art. 988 se encontra confusa ou ambígua, podendo os incisos I e II serem compreendidos apenas se lidos restritivamente, em conformidade com a história legislativa narrada, e nos limites da jurisprudência do STF anterior à edição do CPC 2015, ou seja, que "*preservação da competência*" e a "*garantia da autoridade de suas decisões*" se referem à autoridade no controle concentrado e nas súmulas vinculantes (portanto em duplicidade com o novo inciso III do art. 988 do CPC) e na imposição do cumprimento de ordens judiciais emanadas em processos individuais, com efeitos apenas entre as mesmas partes.[(526)]

Especificamente quanto à preservação da competência do tribunal, imagine-se ação equivocadamente proposta perante foro incompetente, por exemplo uma ação criminal perante a primeira instância, quando a autoridade possua foro privilegiado. Na improvável hipótese de ocorrer tal erro crasso, e ainda mais improvável de o magistrado vinculado ao feito também não a perceber, ou a decidir ignorar, a reclamação funcionaria para anular as decisões proferidas pelo juízo incompetente e determinar a remessa do processo ao tribunal competente — quase como um conflito positivo de competência. Já a referência genérica à "*garantia da autoridade de suas decisões*" ficou praticamente supérflua, a partir do detalhamento feito nos incisos III e IV do *caput* do art. 988, e no seu § 5º, II.

No entanto, veja-se a seguir como tal questão pode se tornar mais nebulosa.

10.7.5. Uso elástico da reclamação — risco de interferência indevida — independência judicial — juízo natural — garantias do jurisdicionado — estudo de caso — reclamações relativas à atualização dos créditos trabalhistas

O uso comedido e restritivo da reclamação é um *mal necessário* — medida sem a qual não se conquistaria o rompimento da cultura de inobservância dos precedentes. No entanto, o uso elástico da reclamação, para impor fundamentos *não* determinantes (*obiter dictum*) ou mesmo para impor algo que o tribunal superior *não* decidiu, se afigura gravíssima afronta à independência judicial e ao princípio do juiz natural, garantias do próprio estado democrático de direito.

Vejamos um exemplo concreto que ilustra o risco do uso de reclamações para impor a juízes entendimentos pessoais do relator da reclamação não extraídos do precedente qualificado para o qual a reclamação acusa descumprimento.

10.7.5.1. Decisão do TST reconhecendo a inconstitucionalidade da TR para atualização dos créditos trabalhistas, na esteira de decisão do STF em caso análogo

Em sede de recurso de revista em processo entre uma empregada e o Município de Gravataí/RS discutia-se o índice de correção monetária aplicável aos créditos trabalhistas. A 7ª Turma do TST admitiu o recurso de revista por alegada violação ao art. 100, § 12, da CRFB[(527)]

---

(526) Em tal sentido, ver BRASIL. Supremo Tribunal Federal (STF). *A Constituição e o Supremo* [recurso eletrônico]. 5ª edição atualizada até a EC 90/2015. Brasília, STF, Secretaria de Documentação, 2016, p. 944-952. Disponível em: <http://www.stf.jus.br/aconstituicaoeosupremo/>.

(527) CRFB, art. 100, § 12. *A partir da promulgação desta Emenda Constitucional, a atualização de valores de requisitórios, após sua expedição, até o efetivo pagamento, independentemente de sua natureza, será feita pelo índice oficial de remuneração básica da caderneta de poupança, e, para fins de compensação da mora,*

e, na sequência, suscitou o incidente de inconstitucionalidade para a expressão "*equivalentes à TRD*",[528] contida no *caput* do art. 39 da Lei n. 8.177/91,[529] em observância à reserva de plenário, prevista no ao art. 245, § 3º do Regimento do TST e arts. 480 e 481 do então vigente CPC.

Em incidente de declaração de inconstitucionalidade (TST-ArgInc-479-60.2011.5.04.0231, acórdão de 04.08.2015, na reclamatória trabalhista 0000479-60.2011.5.04.0231), o plenário do TST então buscou extrair a *ratio decidendi* das decisões proferidas pelo STF na ADI 4.357, onde declarada a inconstitucionalidade da expressão "*índice oficial da remuneração básica da caderneta de poupança*", constante do § 12 do art. 100 da CRFB, investigando a possível aplicação analógica de tal ratio para o dispositivo que rege a atualização dos débitos trabalhistas (art. 39 da Lei n. 8.177/91). A partir dos argumentos do relator original, Ministro Ayres Britto (que foi acompanhado pela maioria do STF), o plenário do TST sintetizou que a atualização

> é instrumento de preservação do valor real de determinado bem, constitucionalmente protegido e redutível a dinheiro, como fim de resguardar o seu "poder aquisitivo" da deterioração ou perda de substância em virtude da inflação, (...) o 'índice oficial de remuneração básica da caderneta de poupança', na linha da jurisprudência do STF, não reflete a perda de poder aquisitivo da moeda (ADI 493).[530]

O pleno do TST observou ainda que o STF, na ADI 4357, proclamou a inconstitucionalidade da EC n. 62/2009 e, na parte pertinente, resolveu

> (iii) afastar a expressão *"índice oficial de remuneração da caderneta de poupança", quanto à atualização monetária dos créditos em precatórios, contido no §12 do art. 100 da CF, por manifesta violação ao direito de propriedade* (CF, art. 5º, XXII) e ao postulado da proporcionalidade, extraível da garantia do *devido processo legal substantivo* (CF, art. 5º, LIV), inegáveis *limites materiais ao poder de reforma da Constituição* (CF, art. 60, § 4º, IV); (iv) afastar, *por arrastamento, a mesma expressão ("índice oficial de remuneração da caderneta de poupança") contida no art. 1º-F da Lei n. 9.494/97*, com redação pelo art. 5º da Lei n. 11.960/2009;"[531]

Com base nas considerações acima, e outras extraídas das centenas de páginas do acórdão do STF em tela, o TST sintetizou a seguinte *ratio decidendi* do precedente de nossa Suprema Corte:

> a atualização monetária incidente sobre obrigações expressas em pecúnia constitui *direito subjetivo do credor e deve refletir a exata recomposição do poder aquisitivo decorrente da inflação* do período em que apurado, sob pena de violar o *direito fundamental de propriedade* do credor, protegido no

---

incidirão juros simples no mesmo percentual de juros incidentes sobre a caderneta de poupança, ficando excluída a incidência de juros compensatórios. (Incluído pela Emenda Constitucional n. 62, de 2009).

(528) Na atualidade, tal expressão vinha sendo considerada como impondo aos créditos trabalhistas a atualização monetária pelo indexador TR, o mesmo aplicado à correção dos depósitos em caderneta de poupança. No entanto, desde 1999, a TR passou a ser muito inferior (menos da metade) de outros indexadores, como o IPCA, INPC ou IGPM, chegando a ter percentuais irrisórios, portanto sem efetivo poder de recomposição do valor real da moeda.

(529) Lei n. 8.177/91, art. 39. ***Os débitos trabalhistas de qualquer natureza, quando não satisfeitos pelo empregador nas épocas próprias*** *assim definidas em lei, acordo ou convenção coletiva, sentença normativa ou cláusula contratual sofrerão juros de mora* ***equivalentes à TRD acumulada*** *no período compreendido entre a data de vencimento da obrigação e o seu efetivo pagamento. § 1º Aos débitos trabalhistas constantes de condenação pela Justiça do Trabalho ou decorrentes dos acordos feitos em reclamatória trabalhista, quando não cumpridos nas condições homologadas ou constantes do termo de conciliação, serão acrescidos, nos juros de mora previstos no caput, juros de um por cento ao mês, contados do ajuizamento da reclamatória e aplicados pro rata die, ainda que não explicitados na sentença ou no termo de conciliação. § 2º Na hipótese de a data de vencimento das obrigações de que trata este artigo ser anterior a 1º de fevereiro de 1991, os juros de mora serão calculados pela composição entre a variação acumulada do BTN Fiscal no período compreendido entre a data de vencimento da obrigação e 31 de janeiro de 1991, e a TRD acumulada entre 1º de fevereiro de 1991 e seu efetivo pagamento.*

(530) Acórdão do incidente de declaração de inconstitucionalidade (em controle difuso) TST-ArgInc-479-60.2011.5.04.0231, p. 15 (citando excertos do acórdão do STF de setembro de 2014 na ADI 4357).

(531) Acórdão do incidente de declaração de inconstitucionalidade (em controle difuso) TST-ArgInc-479-60.2011.5.04.0231, p. 19 (citando excertos do acórdão do STF na ADI 4357, redator para o acórdão o Ministro Luiz Fux, Plenário, DJe 26.09.2014).

art. 5º, XXII, a *coisa julgada* (art. 5º, XXXVI), a *isonomia* (art. 5º, *caput*), o *princípio da separação dos Poderes* (art. 2º) e o postulado da *proporcionalidade*, além da *eficácia e efetividade do título judicial* e provoca o *enriquecimento ilícito do devedor*.(532)

Passa então o TST a examinar, na decisão em tela, se ao dispositivo do art. 39 da Lei n. 8.177/91 caberia a aplicação do mesmo entendimento, ou se haveria alguma distinção (*distinguishing*) que a distanciasse do entendimento do STF sobre a inconstitucionalidade da aplicação de índice que não serve para recompor o poder de compra da moeda. Reconheceu o TST, entretanto, que a insuficiente recomposição do poder de compra propiciada pela TR dos créditos trabalhistas vulnerava as mesmas garantias constitucionais ventiladas pelo STF na ratio da ADI 4357,(533) sintetizada acima, inexistindo razão lógica para solução diversa que aquela dada pelo STF quanto à atualização dos precatórios.

Em que pese o TST tenha mencionado no acórdão a possibilidade de inconstitucionalidade por "arrastamento" de tal art. 39, e não obstante tal "arrastamento" na realidade se refira à possibilidade de, em controle concentrado, se extrapolar o objeto inicial da ADI e estender a declaração de inconstitucionalidade a normas correlatas ou interdependentes, tal não invalida a iniciativa do TST de, inspirado em precedente do próprio STF, exercer na sua composição plenária o controle difuso de constitucionalidade de uma norma legal. Ao final, o acórdão do TST fixa o uso do IPCA-E, citando ainda alguns precedentes do próprio STF em tal sentido e analisa quatro possíveis marcos para a fixação de uma modulação de efeitos, posicionando-se por 30/06/2009, mas preservando as situações já consolidadas quanto aos pagamentos já realizados nos processos judiciais com atualização pela TR. Determinou ainda fosse oficiado o Conselho Superior da Justiça do Trabalho para que determinasse a correspondente retificação da tabela de atualização monetária da Justiça do Trabalho.(534)

10.7.5.2. Reclamação 22012 MC / RS

Cerca de dois meses após, sobreveio decisão liminar na Medida Cautelar na Reclamação 22.012 (decisão de 14.10.2015) em face de tal decisão do TST, tendo como reclamante a Federação Nacional dos Bancos (FENABAN) e Reclamado o TST. O relator, Ministro Dias Toffoli (o qual prolatou voto vencido na declaração de inconstitucionalidade da ADI 4357, em 13.03.2013), determinou a suspensão da decisão do TST que retificava a "*tabela única*" para o IPCA-E. Em suma o relator, monocraticamente, entendeu que o uso da sistemática de recurso de revista repetitivo, com efeito prospectivo, em matéria constitucional ainda não firmada pelo STF, tinha "*o potencial de usurpar a competência do STF para decidir como última instância controvérsia com fundamento na Constituição Federal surgida nas instâncias ordinárias da Justiça do Trabalho, porquanto* ***limitada a possibilidade de conhecimento da matéria pela Suprema Corte ao caso concreto erigido pelo TST*** *como representativo da controvérsia, na hipótese de ser interposto o recurso extraordinário.*"(535)

Entendeu o ministro, ainda em *"juízo provisório"*, que o TST **apenas poderia *"conferir eficácia prospectiva*** *a suas decisões em matéria constitucional — encerrando a jurisdição nas instâncias ordinárias, em casos com fundamento em idêntica controvérsia —* ***quando esta Suprema Corte já se tenha manifestado, segundo a nova sistemática, (i) sobre o mérito da questão constitucional ou (ii) pela negativa de repercussão geral***".(536) Aponta ainda

(532) *Idem*, p. 21.
(533) *Idem*, p. 28.
(534) *Idem*, p. 57-58.
(535) RCL 22012 MC / RS, p. 9.
(536) *Idem*.

a *impropriedade de ter o TST declarado a inconstitucionalidade do art. 39 da Lei n. 8.177/91 por arrastamento* decorrente da declaração de inconstitucionalidade declarada na ADI 4357, uma vez que está apenas "*alcança dispositivo cuja eficácia normativa dependa da norma objeto da declaração de inconstitucionalidade e, portanto, se relaciona com os limites objetivos da coisa julgada.*"(537) Entende que *por não haver pronunciamento do STF sobre a constitucionalidade de tal norma* em repercussão geral ou controle concentrado, e por não poder o TST conferir eficácia prospectiva em recursos repetitivos para uma questão constitucional, não poderia o TST ter determinado a retificação da "tabela única".(538) Assim, considerando que tal tabela seria destinada a "*conferir uniformidade aos créditos trabalhistas*", "*não se limita a orientar os cálculos no caso concreto; antes,* ***possui caráter normativo geral****, ou seja, tem o condão de esvaziar a força normativa da expressão "equivalentes à TRD" contida no* caput *do art. 39 da Lei n. 8.177/91,* ***orientando todas as execuções na Justiça do Trabalho***," o relator entendeu que a sua retificação para uso do IPCA-E *usurparia a competência do STF para se pronunciar em caráter prospectivo* sobre a constitucionalidade do art. 39 mencionado.(539)

Data vênia, divergimos do eminente ministro. Impõe-se, academicamente, debater o presente caso como importante ilustração dos limites e riscos do instituto da reclamação. Ademais, ainda que a reclamação tenha sido, ao final (em 5.12.2017) julgada improcedente (vencidos o relator e o Ministro Gilmar Mendes), o presente caso merece estudo, uma vez que interessante exemplo dos perigos que podem decorrer do uso distorcido das liminares em sede de reclamação.

10.7.5.3. Impedimento de controle difuso de constitucionalidade em recurso de revista repetitivo? Apenas se o relator da reclamação declarasse incidentalmente a inconstitucionalidade do § 13 do art. 896-C da CLT.

Em primeiro lugar, veja-se que tal liminar não cita qualquer precedente do STF embasando seu entendimento de que o TST não poderia, em sede de recurso de revista repetitivo, se pronunciar sobre questão constitucional, desde respeitada a reserva de plenário para a declaração incidental de inconstitucionalidade, em controle difuso, sem efeitos *erga omnes* típico do controle concentrado de constitucionalidade. Algum efeito prospectivo, entretanto, necessariamente existirá na nova sistemática de precedentes do país.(540) Do contrário, cada ministro continuará tendo de julgar a desumana e inviável quantidade de 8 a 10 mil processos por ano, como ocorre atualmente. A sistemática de recursos de revista repetitivos, expressamente introduzida na CLT pela Lei n. 13.015/2014 é literalmente contrária à posição do ministro, em nada exigindo que se tenha de aguardar um posicionamento vinculante do STF para que o TST se pronuncie, em controle difuso, sobre questões constitucionais, ainda que em recurso repetitivo. O § 13 do art. 896-C da CLT, introduzido pela referida lei, expressamente prevê que "*caso a questão afetada e julgada sob o rito dos recursos repetitivos também contenha questão constitucional, a decisão proferida pelo Tribunal Pleno não obstará o conhecimento de eventuais recursos extraordinários sobre a questão constitucional,*" a serem processados conforme o rito do art. 543-B do CPC de 1973 (art. 1036 e ss. do CPC atual). Assim, não

---

(537) *Idem*, p. 11.
(538) *Idem*, p. 12-13.
(539) *Idem*, p. 13.
(540) "Prospectivo" no sentido de observância futura dos precedentes qualificados pelos juízes ao prolatarem suas decisões em casos concretos futuros (idênticos ou análogos) — não se confundindo com o efeito *erga omnes* das decisões de mérito nas ações de controle concentrado de constitucionalidade e das súmulas vinculante constitucionais.

poderia o ministro arguir a usurpação de competência do TST agindo ao abrigo do § 13 do art. 896-C da CLT, sem incidentalmente declarar ele próprio a inconstitucionalidade de tal norma.

10.7.5.4. Na realidade, a decisão reclamada não estava sob o regime de recurso de revista repetitivo

O segundo problema de tal liminar em reclamação é que se baseou na premissa de que o TST decidiu segundo a nova sistemática dos recursos repetitivos, o que não é verdade, já que o recurso de revista foi interposto sob a égide da lei anterior.(541) Logo, o acórdão do TST atacado que declara a inconstitucionalidade parcial do art. 39 da Lei n. 8.177/91, nem mesmo seria vinculante na forma do art. 927, III e 988, § 5º, II, do CPC — portanto se trata de um recurso de revista comum, pela sistemática anterior, em que pese extremamente persuasivo para inspirar as futuras decisões de juízes e tribunais regionais do trabalho, nacionalmente.

10.7.5.5. A "tabela única" do CSJT não é vinculante, portanto não teria o potencial de outorgar efeito prospectivo à declaração de inconstitucionalidade dada em controle difuso pelo TST

O terceiro problema de tal liminar foi reconhecer a "tabela única" de atualização monetária do TST como algo vinculante, que impõe uma eficácia prospectiva para todas as ações trabalhistas em trâmite. Caso houvesse determinado a prestação de informações sobre a mesma tabela antes de deferir liminar *inaudita altera pars*, teria recebido relato seguro de que tal tabela possui cunho administrativo, uma tentativa do TST de unificar os critérios de atualização monetária dos créditos trabalhista, tentativa esta que de forma alguma vincula os juízes, os quais são zelosos na defesa da republicana garantia de independência funcional. Tanto é assim que, por exemplo, grande parte dos juízes da 4ª Região já vinham aplicando o IPCA-E ou INPC desde 2012, a despeito de tal tabela de cálculo administrativa contemplar a TR.

10.7.5.6. Incongruência de usar a reclamação para impedir o TST de aplicar o mesmo raciocínio (ratio decidendi) da decisão que se alega desrespeitada

Em quarto lugar, incongruência de igual gravidade é, na prática, reprimir uma decisão do TST que aplica na íntegra a *ratio decidendi* ou fundamentos determinantes empregados pela maioria do STF na ADI 4357, impondo o entendimento que lá foi derrotado, ainda mais sob tecnicismos com premissas equivocadas, conforme acima. Ademais, parece-nos que um julgador que prolatou voto vencido em uma decisão vinculante do STF não deveria, por via indireta, impor decisão que é materialmente contrária ao espírito da *ratio decidendi* vencedora em tal decisão.

Finalmente, observo que toda a sistemática de observância de precedentes introduzida pelo CPC de 2015 determina que seja respeitada e replicada em decisões posteriores a *ratio decidendi* das decisões vinculantes. Na mesma senda, nada impede que os juízes dos casos futuros apliquem determinada *ratio* a casos análogos para os quais não há justificativa plausível que os diferencie (*distinguish*) impondo entendimento diverso. É isso que o art. 926 do

---

(541) Ver acórdão da 7ª Turma do TST no referido processo 0000479-60.2011.5.04.0231, de 06.05.2015, disponível em: <http://tst.jus.br/en/processos-do-tst>:" *Inicialmente, destaco que os presentes apelos serão apreciados à luz da Consolidação das Leis do Trabalho, sem as alterações promovidas pela Lei n. 13.015/2014, uma vez que se aplica apenas aos recursos interpostos em face de decisão publicada já na sua vigência, o que não é a hipótese dos autos."*

CPC quer dizer com integridade e coerência da jurisprudência. Se o STF reconhece um *direito subjetivo do credor* a que a atualização reflita *a exata recomposição do poder aquisitivo decorrente da inflação em matéria de precatórios*, com muito mais razão incide o mesmo raciocínio quando isto ocorre com créditos alimentares superprivilegiados do hipossuficiente credor trabalhista. Se o STF reconhece que a atualização dos precatórios pela TR viola o *direito fundamental de propriedade* do credor, protegido no artigo 5º, XXII, a *coisa julgada* (art. 5º, XXXVI), a *isonomia* (art. 5º, *caput*), o *princípio da separação dos Poderes* (art. 2º) e o postulado da *proporcionalidade*, além da *eficácia e efetividade do título judicial* e provoca o *enriquecimento ilícito do devedor*,[542] com muito mais razão tal ocorre quanto à atualização dos créditos alimentares trabalhistas reconhecidos definitivamente em juízo. Se a reclamação serve para manter a integridade e coerência da jurisprudência do STF, não pode ser utilizada de forma distorcida, para impor entendimento incoerente com a *ratio decidendi* de uma decisão vinculante do próprio STF, atacando a integridade de sua própria jurisprudência.

10.7.5.7. Decisão do TRT da 4ª Região reconhecendo a inconstitucionalidade da TR para atualização dos créditos trabalhistas

Tomemos ainda mais um exemplo, rica ilustração do aqui exposto — uma reclamação conexa à acima mencionada, em face de uma decisão de juízo do trabalho de primeiro grau.

No âmbito do TRT da 4ª Região (RS), diversos magistrados já vinham considerando a TR como um esvaziamento do poder de compra da moeda quanto aos créditos trabalhistas transitados em julgado, já que tal atualização se tornou nos últimos anos irrisória em face da inflação real e frente aos demais indexadores. Aplicava-se, em substituição ao INPC ou o IPCA-E, desde cerca de 2011.

Para pacificar a questão regionalmente, em 10.11.2015, no recurso de agravo de petição 0029900-40.2001.5.04.0201, a Seção Especializada em Execução do TRT da 4ª Região, suscitou a alegação de inconstitucionalidade da expressão "*equivalente a TRD*" contida no *caput* do art. 39 da Lei n. 8.177/1991, em controle difuso da constitucionalidade. Por força da reserva de plenário, tal questão foi submetida ao Tribunal Pleno, que confirmou a declaração de inconstitucionalidade, em 30.11.2015, adotando vários dos fundamentos utilizados pelo STF na análoga situação de atualização dos precatórios pela TR na ADI 4357, por exemplo:

> Interessante citar a questão de ordem na Ação Direta de Inconstitucionalidade n. 4.357, em voto do Ministro Luiz Fux, que refere no item "iii" sobre o índice oficial de remuneração básica da caderneta de poupança e sua inconstitucionalidade visto que ultraja o princípio constitucional da proporcionalidade (CRFB, art. 5º, LIV), ao impor sacrifício desmesurado ao direito fundamental de propriedade (CRFB, art. 5º, XXII).[543]

Disse ainda o Pleno do TRT4 que o Ministro Dias Toffoli, na liminar de 14.10.2015 na Reclamação n. 22012, suspendeu os efeitos da decisão prolatada pelo TST no Processo ArgInc — 479-60.2011.5.04.0231, bem como da aplicação da "tabela única" editada pelo CSJT, "*sem prejuízo do regular trâmite da Ação trabalhista n. 0000479-60.2011.5.04.0231, inclusive prazos recursais.*" Disse que tal liminar obstou apenas a suposta eficácia prospectiva *erga omnes* de tal decisão do TST em matéria constitucional, sem no entanto afetar a declaração de inconstitucionalidade restrita ao processo concreto (que a decisão monocrática referida determinou o regular trâmite) já que isto "*engloba o exercício regular do controle difuso da constitucionalidade, que é prerrogativa de qualquer órgão judicial em determinado processo específico*".

---

(542) Conforme síntese da *ratio decidendi* do STF no voto vencedor da ADI 4357, mencionada no acórdão TST-ArgInc-479-60.2011.5.04.0231, p. 21.

(543) Acórdão do Plenário do TRT4 no processo 0029900-40.2001.5.04.0201 em incidente de declaração de inconstitucionalidade, 30/11/2015.

Entendeu que mesmo que a decisão seja válida apenas para aquele processo específico, uma decisão plenária de um tribunal superior é sempre paradigmática (persuasiva) para os tribunais inferiores. Consignou demonstrativos no sentido de que entre 2009 e 2015 a TR esteve sempre ao menos cinco vezes inferior ao índice IPCA-E, não mantendo o real poder de compra da moeda, com afronta ao direito de propriedade e, também, ao princípio constitucional que impede a afronta à coisa julgada. Declarou, em sua composição plenária, a inconstitucionalidade da expressão "*equivalente a TRD*" contida no *caput* do art. 39 da Lei n. 8.177/1991, em controle difuso da constitucionalidade e em conformidade com os arts. 480 a 482, ambos do CPC de 1973 e 143 do Regimento Interno.(544) Em 15.12.2015 foi concluído o julgamento do agravo de petição em concreto, na Seção Especializada, entendendo esta que cabível a aplicação do IPCA-E, na esteira de precedentes dos tribunais superiores — mas, no caso concreto, manteve o INPC para evitar *reformatio in pejus*, uma vez que o recurso era da executada.(545)

10.7.5.8. Reclamação 24.445 MC / RS

Sobrevieram então algumas liminares em reclamações contra decisões em concreto de juízes do trabalho no âmbito do TRT4 aplicando o IPCA-E na atualização dos créditos trabalhistas em decisões de primeiro e segundo grau, das quais destacamos a liminar na Medida Cautelar na Reclamação 24445, prolatada em 28.06.2016 também pelo Ministro Dias Toffoli. Após mencionar os limites objetivos da declaração de inconstitucionalidade na ADI 4357, disse o relator que por força da liminar na Rcl 22012, estava *"suspensa a decisão do TST a que se pretendeu conferir caráter normativo geral ao determinar a retificação da tabela de atualização monetária da Justiça do Trabalho (tabela única) de acordo com novos índices*", e que a "*tabela única*" de atualização monetária do Conselho Superior da Justiça do Trabalho permanecia orientada pelo art. 39 da Lei n. 8.177/91 (TR). O ministro disse ainda que, à semelhança da liminar que prolatou na Rcl n. 23.035/RS (DJe de 16.03.2016), entendia que *a orientação jurisprudencial do TRT4 pela aplicação do IPCA-E*, portanto critérios distintos do art. 39, Lei n. 8.177/91 e da "tabela única" retornada ao índice TR por força da cautelar na Rcl n. 22.012/RS, "*configura subterfúgio à não submissão de órgão da Justiça especializada a provimento exarado* [pela] *Suprema Corte*".(546) Ao final, ordenou a aplicação da TR,(547) suspendendo a execução quanto ao valor exorbitante. Não se contentando em suspender ou cassar a decisão no caso individual, nos limites dos arts. 989, II e 992 do CPC de 2015,(548) registrou ainda que

> tendo em vista a reiteração de decisões no âmbito do TRT4 no sentido de determinar a incidência de índices de correção monetária diversos do art. 39 da Lei n. 8.177/91, com fundamento em Orientações Jurisprudenciais do Órgão e **sem a instauração do devido processo legal para fins de eventual discussão da constitucionalidade** do dispositivo legal, determino à Secretaria Judiciária desta Suprema Corte *que* ***oficie aos demais magistrados vinculados ao TRT4 para que tenham ciência*** **do teor desta decisão.**(549)

Trata-se de um uso assustador das liminares em reclamações, que coloca em dúvida o acerto da introdução do instituto da reclamação em nosso país. Se a imposição dos precedentes vinculantes, que tinha o nobre propósito de dar coerência à jurisprudência e segurança jurídica vier ao custo de sacrificar a democrática garantia de um Judiciário independente, então não terá valido à pena.

---

(544) *Idem.*

(545) 0029900-40.2001.5.04.0201, acórdão de 15.12.2015.

(546) Liminar na RCL 24445 MC / RS, de 28.06.2016, p. 4-5.

(547) "*...de acordo com o art. 39 Lei n. 8.177/91 e a "tabela única" editada pelo CSJT, observados os efeitos da decisão cautelar na Rcl n. 22.012/RS;...*"

(548) CPC 2015, Art. 989. *Ao despachar a reclamação,* ***o relator****: ... II — se necessário,* ***ordenará a suspensão*** *do processo ou do ato impugnado para evitar dano irreparável; ...* Art. 992. *Julgando procedente a reclamação,* ***o tribunal cassará a decisão exorbitante*** *de seu julgado ou determinará medida adequada à solução da controvérsia.*

(549) Liminar na RCL 24445 MC / RS, de 28.06.2016, p. 6.

A par de reiterar as observações já feitas anteriormente por ocasião da análise da Rcl 22012, acrescemos os seguintes comentários, quanto aos principais pontos desta liminar na Rcl 24445.

10.7.5.9. *Eficácia da reclamação se limita aos autos da decisão reclamada — inexiste subterfúgio para desrespeitar outra reclamação, se aquela não é vinculante fora dos respectivos autos*

O primeiro problema é que a liminar acima tenta amealhar implicitamente um efeito *erga omnes* que a decisão em Reclamação não possui, conforme estritos termos do art. 988 e seguintes do CPC. Veja-se tal conotação quando o relator afirma que não adotar a "*tabela única editada em observância à decisão cautelar na Rcl n. 22.012/RS, configura subterfúgio à não submissão de órgão da Justiça especializada a provimento exarado por esta Suprema Corte*".[550] Ocorre, entretanto, que nem a "tabela única" do CSJT vincula a qualquer juiz no país (nem nunca vinculou), nem tampouco as decisões em reclamação vinculam a um juiz fora dos autos a que tal reclamação se refere (ver arts. 927 e 988, do CPC).

Felizmente, o próprio ministro relator da reclamação 24445 parece ter em mente tais limites da eficácia de uma reclamação, já que ao oficiar a todos os magistrados vinculados ao TRT4, o fez apenas para *ciência do teor* da decisão, portanto pretendendo apenas persuadi-los ao uso da TR,[551] sem caráter de ordem judicial — já que ao fazer isto agiria ao arrepio dos arts. 988 a 993 do CPC de 2015 e dos precedentes do próprio STF, que nunca reconheceram à reclamação eficácia fora do caso concreto da decisão reclamada.

Assim, apenas para que fique claro: em que pese a reclamação exista para impor o efeito vinculante extra autos de um precedente qualificado, a reclamação por tal fato não adquire ela própria efeito vinculante fora dos autos da decisão reclamada. Ademais, o que se irá impor é apenas a *ratio decidendi* daquilo que um *precedente vinculante decidiu,* e não aquilo:

(1) que foi veiculado em um precedente ***não*** *vinculante*;

(2) que um precedente vinculante ***não*** decidiu).

10.7.5.10. *Premissa equivocada: de que o TRT4 não teria respeitado o devido processo legal para declarar a inconstitucionalidade do art. 39 da Lei n. 8.177/91*

Em segundo lugar, veja-se que uma premissa equivocada contaminou a decisão liminar em tela, conforme revela o último parágrafo da liminar. Disse o relator que determinava fossem oficiados os demais magistrados do TRT4 tendo em vista a reiteração de suas decisões aplicando indexador diverso daquele do art. 39 da Lei n. 8.177/91 (TR), "*sem a instauração do devido processo legal para fins de eventual discussão da constitucionalidade do dispositivo legal*".[552]

No entanto, cada magistrado de primeiro grau do país é dotado de competência funcional para declarar incidentalmente, em controle difuso de constitucionalidade, a inconstitucionalidade de determinada norma, não necessitando aguardar para tanto o pronunciamento do STF, nem tampouco de qualquer outro tribunal, nem havendo formalidade especial para declarar a inconstitucionalidade em primeiro grau. Infringir o devido processo legal seria, no caso, se isto fosse feito sem contraditório e ampla defesa, o que não há notícia tenha havido.

---

(550) *Idem*, p. 5.

(551) Embora em choque frontal com os fundamentos determinantes consignados no voto majoritário da ADI 4357.

(552) Liminar na RCL 24445 MC / RS, de 28.06.2016, p. 6.

Por outro lado, ainda que se cogitasse que a declaração de inconstitucionalidade feita por juiz de primeiro grau inspirada em jurisprudência ou súmula persuasiva do respectivo tribunal seria contaminada por eventual nulidade de tal súmula persuasiva, no caso dos autos tal premissa também estaria equivocada, já que a Orientação Jurisprudencial 1 transitória da Seção Especializada em Execução (em que a Seção se posiciona pelo uso do IPCA-E) foi ratificada após o julgamento do incidente de declaração de inconstitucionalidade pelo Pleno do TRT4, nos autos 0029900-40.2001.5.04.0201 (ver acima), procedimento de declaração de inconstitucionalidade em controle difuso legalmente previsto para os tribunais.

Assim, por mais esta razão, não seria apropriada a interferência da Corte Máxima do país no controle difuso de constitucionalidade realizado pelos juízes de primeiro e segundo grau, no exemplo ora debatido.

10.7.5.11. Reclamação x competência funcional absoluta quanto ao controle difuso de constitucionalidade

No uso da reclamação pelo STF (ou outros tribunais) sob a alegação de reprimir suposta usurpação de competência não pode o próprio STF usurpar a competência de todo e qualquer juiz do país de exercer o controle difuso de constitucionalidade, atividade que integra a competência funcional de cada magistrado, portanto de cunho absoluto, cuja infração dá azo à nulidade do julgado.

Para que fique claro: **O STF não possui competência funcional para, em sede de reclamação, impedir que os juízes** de primeiro e segundo grau (ou mesmo dos demais tribunais superiores) **exerçam o controle difuso de constitucionalidade de qualquer norma que seja, salvo**:

(1) aquelas para as quais já houver **expressa declaração de (in)constitucionalidade por precedente vinculante em sentido estrito** (arts. 927, I, II e III, e 988, § 5º, II, do CPC) (não é o caso da ADI 4357, porque nela o STF não emitiu qualquer juízo de valor sobre o art. 39 da Lei n. 8.177/91, não sendo necessário que todos os juízes do Brasil aguardem o pronunciamento do STF para apenas então julgarem a matéria);

(2) aquelas para as quais se tenha determinado a **suspensão de todos os processos** versando sobre a mesma questão constitucional (IRDR para o qual o STF acate extensão nacional da suspensão para todos os processos sobre a mesma questão constitucional,[553] recursos extraordinários com repercussão geral processada sob o art. 1035 do novo código,[554] ou repetitivos[555]).

---

(553) CPC 2015, art. 1029, § 4º *Quando, por ocasião do processamento do incidente de resolução de demandas repetitivas, o presidente do Supremo Tribunal Federal ou do Superior Tribunal de Justiça receber requerimento de suspensão de processos em que se discuta questão federal constitucional ou infraconstitucional, poderá, considerando razões de segurança jurídica ou de excepcional interesse social, estender a suspensão a todo o território nacional, até ulterior decisão do recurso extraordinário ou do recurso especial a ser interposto.*

(554) CPC 2015, art. 1035, § 5º *Reconhecida a repercussão geral, o relator no Supremo Tribunal Federal determinará a suspensão do processamento de todos os processos pendentes, individuais ou coletivos, que versem sobre a questão e tramitem no território nacional.*

(555) CPC 2015, art. 1036, § 1º *O presidente ou o vice-presidente de tribunal de justiça ou de tribunal regional federal selecionará 2 (dois) ou mais recursos representativos da controvérsia, que serão encaminhados ao Supremo Tribunal Federal ou ao Superior Tribunal de Justiça para fins de afetação, determinando a suspensão do trâmite de todos os processos pendentes, individuais ou coletivos, que tramitem no Estado ou na região, conforme o caso.* Art. 1.037. *Selecionados os recursos, o relator, no tribunal superior, ... proferirá decisão de afetação, na qual: ... II — determinará a suspensão do processamento de todos os processos pendentes, individuais ou coletivos, que versem sobre a questão e tramitem no território nacional;*

É que o STF, nos autos da ADI 4357 (pelo Plenário) e na Reclamação n. 22.012 (monocraticamente), naturalmente não impediu a Justiça do Trabalho de exercer o controle difuso de constitucionalidade para se pronunciar sobre norma diversa daquela tratada na ADI 4357, entendendo ou não pela inconstitucionalidade da aplicação de determinado indexador e se posicionando sobre o indexador a ser utilizado em substituição.

O exercício da atribuição de controlar difusamente a constitucionalidade das leis não usurpa a competência exclusiva do STF para julgar a constitucionalidade das leis em sede de controle concentrado, nem descumpre a ordem do ministro relator da Reclamação 22.012 dada exclusivamente ao TST, tão somente para sustar a alteração da "tabela única" de indexadores da Justiça do Trabalho, que entendeu indevidamente outorgar efeitos *erga omnes* a uma decisão no processo individual 0000479-60.2011.5.04.0231.

No mesmo sentido, com base nessa mesma consideração acerca do regular exercício do controle difuso de constitucionalidade, o Ministro Luís Roberto Barroso indeferiu liminar contra o uso do IPCA-E por juiz de primeiro grau do TRT4 na Reclamação 24714. Asseverou o ministro, *in litteris*, que:

> embora o resultado do julgamento das ADI's 4.357 e 4.425 diga respeito a débitos da Fazenda Pública e **não tenha alcançado o art. 39 da Lei n. 8.177/91**, **nada obsta que os demais juízos, com base nos fundamentos de decidir daquele julgado, realizem controle difuso de constitucionalidade**.
>
> Como se sabe, o direito brasileiro adota o **sistema misto de controle de constitucionalidade**: por via de ação **direta** (em que a competência é concentrada) ou por via **incidental** (em que a competência é difusa). No controle incidental brasileiro, todos os juízes possuem competência para a declaração de inconstitucionalidade de lei ou ato normativo no âmbito da resolução de um caso concreto, em que a alegação da inconstitucionalidade de uma norma figure como causa de pedir ou questão prejudicial à decisão sobre o pedido deduzido.
>
> Ademais, a questão trazida **não parece se confundir com aquela objeto** da Rcl 22.012, apesar da semelhança da questão de fundo dos autos originários. Com efeito, naquela reclamação discute-se a validade de alteração da FACDT/CSJT, que parece ter atribuído efeito *erga omnes* a controle difuso de constitucionalidade. **No presente caso, porém, se impugna regular controle difuso realizado por órgão jurisdicional**. É dizer, o órgão reclamado, **com base em tese firmada pelo STF** no julgamento de mérito das ADI's 4.357 e 4.425, **afirmou a inconstitucionalidade do uso da TR como índice de correção monetária dos débitos trabalhistas (art. 39 da Lei n. 8.177/91)**[556] (grifos nossos).

10.7.5.12. Congruência da reclamação com uma decisão paradigma vinculante

Finalmente, vejamos o mais essencial limite à utilização das reclamações — a fim de que não se transformem em arbitrário instrumento de indireta avocação de processos, ferindo a independência judicial e o princípio do juízo natural. Trata-se da estrita congruência da reclamação com uma decisão paradigma vinculante, conforme usos já sedimentados na jurisprudência do STF. O objeto do alegado descumprimento deve corresponder estritamente à parte vinculante (fundamentos determinantes ou *ratio decidendi*) de um dos precedentes qualificados sujeitos à reclamação (elencados nos arts. 927, I a III e 988, do CPC).

Tal congruência estrita se exige porque, em boa hermenêutica, qualquer exceção a uma regra é interpretada restritivamente — do contrário, a exceção engoliria a regra, fazendo *tabula rasa* da mesma. No caso, a regra processual é o fluxo do processo de uma instância para outra pelo regular processamento dos recursos. A reclamação, que permite uma intervenção de instâncias superiores independente da interposição de recurso, em alguns casos permitindo a supressão de instância, *per saltum*,[557] é obviamente excepcional. Nem poderíamos presumir

(556) RCL 24714 MC / RS, liminar prolatada em 09.09.2016, p. 4.

(557) CPC 2015, art. 988, I a III, já que o desrespeito aos precedentes mencionados no § 5º, II, dependem do esgotamento da instância ordinária.

que o legislador adotou um significativo rompimento de nossa tradição jurídica romano-germânica, com a introdução de precedentes vinculantes inspirados no *common law,* a fim de reduzir os milhares de recursos distribuídos a cada ministro anualmente — mas contraditoriamente permitiria a interpretação ampliativa do instituto da reclamação, por vias transversas soterrando as cortes superiores com os mesmos inconformismos que lhe chegavam sob a forma de recursos.

Em tal esteira, interpretar ampliativamente o § 4º do art. 988 do CPC(558) seria um grande equívoco, já que a ambígua redação do dispositivo, caso lida de forma frouxa, permitiria que os tribunais fossem obrigados a processar uma reclamação para todo e qualquer inconformismo, sempre que um juiz ou tribunal inferior citar um precedente seu, ou deixar de citar um precedente seu onde cogitável sua utilização, sujeitando os tribunais a milhões e milhões de novos processos — as reclamações — e sem os rígidos filtros recursais que se destinam a limitar o que chega nos tribunais superiores. Afinal, a parte sucumbente naturalmente tentará alegar que um juiz que segue uma *ratio decidendi* por analogia errou em tal aplicação analógica. Deveria isto levar o caso diretamente a nossa Suprema Corte? Nossos 11 ministros têm condições de julgar eles próprios os milhões de processos em todo o Brasil que de alguma forma citam, ou aplicam, ou deveriam ter citado seus precedentes?

Isto seria surreal.

É justamente para tais questões de massa que já foram criados os sistemas da repercussão geral e dos recursos repetitivos para o STF, a fim de que este possa com uma decisão resolver milhares ou milhões de processos. A história já provou que o caminho diverso é inviável, não tendo o STF capacidade para absorver toda a carga de processos do país, como se fosse um terceiro ou quarto grau de jurisdição. Deve o processo seguir seus caminhos recursais normais e, esgotadas as vias ordinárias, aplicados os filtros correspondentes para admissibilidade da subida do recurso ao STF, suspendendo-se todos os processos versando sobre *idêntica* questão e ao final aplicando tal decisão a todos os processos.

Em caso de algum juízo resistente deixar de aplicar a decisão vinculante do STF para *idêntica* questão, aí sim cabe a reclamação, para cassar uma eventual (excepcional) decisão que deixa de aplicar uma questão constitucional já dirimida definitivamente, em caráter vinculante.

No entanto, se o processo reclamado não é sobre questão *idêntica* àquela que constou do precedente vinculante, para que examinar centenas ou milhares de reclamações contra a analógica aplicação do raciocínio do STF a casos cheios de peculiaridades específicas? O sistema já foi formatado para que as novas questões sejam submetidas através dos meios recursais apropriados, até que suscitado algum dos incidentes destinados à uniformização dirimindo-se tal questão nova de uma vez por todas, em caráter vinculante.

Outro fator de política judiciária a ser considerado é que o afrouxamento das hipóteses de cabimento da reclamação levaria uma quantidade brutal de casos ao STF, dificultando que os mesmos fossem julgados no mérito pelo colegiado, já sobrecarregado. Assim, em razão da quantidade, acabariam sendo tratados apenas monocraticamente, pelos respectivos relatores (presumivelmente gerando a delegação a múltiplos assessores), gerando uma divergência de tratamento, conforme os díspares entendimentos de cada ministro (exemplificados anteriormente e nos próximos julgados transcritos adiante), gerando a insegurança jurídica e dispersão jurisprudencial que se pretendia evitar.

---

(558) CPC 2015, art. 988, § 4º *As hipóteses dos incisos III e IV compreendem a aplicação indevida da tese jurídica e sua não aplicação aos casos que a ela correspondam.*

Melhor não seria esperar um pouco e enfrentar a questão pelo colegiado todo, através de um precedente qualificado (recursos repetitivos, etc) que desse uma orientação sólida, uniformizada e vinculante para os juízos inferiores e para os jurisdicionados?

Finalmente, reitere-se que a interpretação elástica das hipóteses de reclamação afronta a todo o novo sistema de precedentes. Afinal, o que vincula é apenas a *ratio decidendi* ou fundamentos vinculantes — ou seja, uma conclusão jurídica extraída dentro de determinados limites objetivo-fáticos da ação — conforme já debatido nas centenas de páginas acima. Logo, quanto à ADI 4357, o que vincula aos juízes de casos futuros é justamente a conclusão pela inconstitucionalidade do uso da TR como indexador de débitos judiciais. Não há qualquer fundamento determinante de que esta ou aquela lei seja constitucional, ou que não possa ser reconhecida como inconstitucional em situações similares.

Assim, é cristalino que os demais juízes do Brasil não estão vinculados por tal precedente com relação à constitucionalidade de outras normas. Não estarão os demais juízes afrontando tal precedente apenas por se inspirarem em seus argumentos para examinarem eventual inconstitucionalidade de outra norma. Trata-se de aplicação direta do precedente (*following*). Aliás, ainda que se entenda que tal *ratio* não diz respeito a fatos materiais idênticos, nada impediria o julgador de aplicar por analogia. Aliás, faz parte de nossa tradição jurídica, tanto na colmatação de lacunas da lei, quanto no uso da jurisprudência dos tribunais persuasivamente, em situações de fato idênticas ou análogas. Agora, dentro do reforço de nosso sistema com as técnicas oriundas do *common law*, a aplicação analógica da *ratio decidendi* de precedentes será lugar-comum em nossa prática profissional, ferramenta elementar da argumentação jurídica com precedentes.

Por todo o exposto, registramos que a redação do **§ 4º do art. 988 do CPC** ("*as hipóteses dos incisos III e IV compreendem a aplicação indevida da tese jurídica e sua não aplicação aos casos que a ela correspondam*") é péssima. A única interpretação do mesmo que torna possível que o sistema de precedentes do novo CPC não pereça no seu nascimento é que ***"aplicação indevida da tese jurídica"*** se refere **apenas às hipóteses em que o próprio precedente expressamente rechaça sua aplicabilidade**.

Trata-se de interpretação teleológica e sistemática do dispositivo, em caráter restritivo, já que se trata de norma excepcional que não pode sepultar a regra geral do sistema recursal. Do contrário, como vimos, caberia reclamação de tudo, tornando supérfluo o sistema recursal e suprimindo instâncias desnecessariamente, **levando aos tribunais superiores pela via excepcional da reclamação questões que estes ainda não decidiram pela via usual — em recurso.**

Tais considerações lógicas, hermenêuticas e de política judiciária se confirmam na jurisprudência do STF, que mesmo antes do CPC 2015 já se consolidara pelo uso restritivo do instituto da reclamação, claramente firmando posição de que:

(1) **a reclamação não é sucedâneo de recurso**, não podendo ser utilizada para veicular inconformismo que deveria seguir os trâmites recursais normais;

(2) deve haver **"estrita aderência" entre a decisão paradigma**, à qual se acusa o descumprimento, e o objeto da decisão reclamada; e

(3) deve a decisão **paradigma possuir eficácia vinculante fora dos respectivos autos**.

Vejamos alguns exemplos que verberam tais limites assentados na jurisprudência do STF, veiculados em reclamações opostas exatamente no mesmo exemplo em estudo, qual seja, a declaração de inconstitucionalidade do art. 39 da Lei n. 8.177/91 por juízes de primeiro grau vinculados ao TRT4, aplicando o IPCA-E em substituição à TR.

Na Reclamação 23971, a Primeira Turma do STF (Ministros Luís Roberto Barroso — Presidente, Marco Aurélio, Luiz Fux, Rosa Weber e Edson Fachin), sob a relatoria do Ministro Fux, confirmou em agravo regimental a liminar proferida pelo relator negando seguimento à reclamação oposta em situação praticamente idêntica à acima (aplicação do IPCA-E por força do provimento parcial, pelo TRT4, de um recurso em sede de execução).[559] Em tal acórdão, a primeira turma ratificou o tradicional entendimento do STF quanto à rigidez na admissibilidade da reclamação, dependente da identidade entre o objeto do ato reclamado e a decisão paradigma — ou "*estrita aderência*" — de eficácia *erga omnes*:

> 2. **A aderência estrita entre objeto do ato reclamado e o conteúdo da decisão do STF dotada de efeito vinculante e eficácia *erga omnes* apontada** pelo reclamante é requisito para a **admissibilidade da reclamação** constitucional. Precedentes: Rcl. 5.476-AgR, Rel. Min. Rosa Weber, Primeira Turma, DJe de 06.11.2015; Rcl 22.024-AgR, rel. Min. Teori Zavascki, Segunda Turma, DJe de 29.10.2015; Rcl 20.818, rel. Min. Luiz Fux, Primeira Turma, DJe de 14.10.2015; Rcl 19.240-AgR, rel. Min. Dias Toffoli, Segunda Turma, DJe de 14.09.2015.[560]

No caso concreto, a Primeira Turma concluiu que a *ratio decidendi* do acórdão reclamado tinha fundamento jurídico diverso daqueles veiculados nas ADI's 4.357 e 4.425, assim revelando "*ausência de identidade de temas entre o ato reclamado e o paradigma desta Corte*," o que afastaria o cabimento da reclamação. Ademais, reiterou também o tradicional entendimento de que

> 4. A reclamação **não pode ser utilizada como um atalho processual destinado à submissão imediata do litígio ao exame direto desta Suprema Corte**, não se caracterizando com **sucedâneo recursal**. Precedentes: Rcl 10.036-AgR, rel. Min. Joaquim Barbosa, Plenário, DJe 1º.02.2012; Rcl 4.381 — AgR, rel. Min. Celso de Mello, Plenário, DJe 05.08.2011.[561]

No mesmo sentido a Segunda Turma (Ministros Gilmar Mendes — Presidente, Celso de Mello, Ricardo Lewandowski e Teori Zavascki, impedido o Ministro Dias Toffoli), na Reclamação 23655, que sob a relatoria do Ministro Teori Zavascki, igualmente confirmou em agravo regimental em face da liminar proferida pelo relator em situação idêntica.[562]

Em tal acórdão, o colegiado da segunda turma, impedido o Ministro Toffoli, também se amparou nos precedentes do STF que limitam o cabimento da reclamação às hipóteses em que houver "*estrita aderência entre o ato reclamado e o paradigma invocado pelo reclamante*". No caso concreto a Segunda Turma acolheu o posicionamento do relator no sentido de que no acórdão reclamado, que determinava a "*incidência do IPCA-E como índice de correção monetária de débitos trabalhistas*," inexistia a invocação do decidido pelo TST no incidente de arguição de inconstitucionalidade (processo 0000479-60.2011.5.04.0231) cujos efeitos foram suspensos pela liminar deferida na Reclamação 22012, e que portanto inexistia aderência entre o ato reclamado e o paradigma invocado pelo reclamante.[563]

Na mesma senda ainda o posicionamento do Ministro Barroso, quando do indeferimento da liminar na já citada Reclamação 24714, que traz mais detalhes quanto à questão da estrita aderência ao paradigma invocado pelo reclamante. Lá externou o Ministro Barroso que o **controle difuso de constitucionalidade exercido pelo juiz prolator do ato reclamado no âmbito do TRT4** — baseando-se em tese firmada na ADI 4357 — **não se confunde com a mencionada decisão do TST**, cuja alteração da tabela de atualização monetária foi objeto de suspensão na Reclamação 22012. Entendeu tal ministro que as liminares nas Rcl 23.035 e Rcl 24.445, **sem efeito vinculante fora dos respectivos autos, não serviam de fundamento à propositura da reclamação**. Vejamos:

---

(559) RCL 23971 AGR / RS, 11.11.2016.
(560) *Idem*, p. 1.
(561) *Idem*, p. 2.
(562) RCL 23971 AGR / RS, 11.11.2016.
(563) *Idem*.

> Ademais, a questão trazida *não parece se confundir com aquela objeto da Rcl 22.012*, apesar da semelhança da questão de fundo dos autos originários. Com efeito, naquela reclamação discute-se a validade de alteração da FACDT/CSJT, que parece ter atribuído efeito *erga omnes* a controle difuso de constitucionalidade. No presente caso, porém, *se impugna regular controle difuso realizado por órgão jurisdicional*. É dizer, o *órgão reclamado, com base em tese firmada pelo STF no julgamento de mérito das ADI's 4.357 e 4.425, afirmou a inconstitucionalidade do uso da TR como índice de correção monetária dos débitos trabalhistas (art. 39 da Lei n. 8.177/91).*
>
> No que concerne às *decisões cautelares nas Rcl 23.035 e Rcl 24.445, estas não possuem efeito vinculante para além das partes naqueles autos*, de modo que *não servem de fundamento* à propositura da reclamação.
>
> Assim, ao menos em juízo liminar, não vislumbro afronta aos paradigmas invocados. Correta ou não a decisão reclamada, ela deve ser impugnada por via recursal própria.(564)

Finalmente, no mesmo sentido a Ministra Carmen Lúcia, que antes de assumir a Presidência do STF denegou a liminar em situação idêntica, na Reclamação 24906, entendendo que "*não se demonstra identidade material entre a decisão reclamada e a decisão exarada nas Ações Diretas de Inconstitucionalidade n. 4.357 e 4.425 pelo Supremo Tribunal Federal e apontada como paradigma*" (citando em seu amparo acórdão da Segunda Turma, quanto à mesma situação, na Reclamação 18.270-AgR, relatada pelo Ministro Celso de Mello, DJe 17.02.2016).(565) Asseverou a relatora ainda que **descabida a propositura de reclamação para fazer cumprir a decisão de outra reclamação** já que estas são **processos subjetivos** e limitados às respectivas partes, **sem efeitos *erga omnes***. Vejamos:

> *Não tendo a Reclamante participado* da relação jurídico-processual estabelecida *nas Reclamações n. 22.012 e 24.445, não é juridicamente possível conhecer dessa reclamação* quanto à alegação de descumprimento de decisões proferidas naquelas outras.
>
> A jurisprudência deste Supremo Tribunal assentou **incabível reclamação** fundada em alegação de **descumprimento de decisão proferida em processo subjetivo** no qual o reclamante não tenha comparecido na condição de parte processual, pois essas decisões são **desprovidas de eficácia vinculante e efeitos *erga omnes*...**"(566)

A limitação do cabimento da reclamação em face de decisões *erga omnes* (salvo se o reclamante tiver sido parte na decisão paradigma) é sedimentada no âmbito do STF. Aliás, a Ministra Carmen Lúcia, na decisão acima, cita em seu amparo precedente do Plenário do STF, relatado pelo próprio Ministro Toffoli, Rcl 3235-AgR, DJe 05.12.2011.(567)

Em tempo, registro que sobreveio o julgamento final da Rcl 22.012, acima mencionada, em 5.12.2017, onde a 2ª turma do STF por maioria (vencidos o relator, Ministro Toffoli, e o Ministro Gilmar Mendes), entendeu que a decisão reclamada não desrespeitava o decidido pelo STF nas ADIs 4.357 e 4.425, não havendo estrita "aderência" entre a decisão reclamada e as ADIs paradigmas.

10.7.5.13. Riscos do uso ampliativo da reclamação

Em conclusão, veja-se, assim, o presente exemplo dos riscos do uso não restrito das reclamações, podendo a exceção suplantar a regra que é o processamento regular dos recursos — conforme fluxos, prazos e filtros de admissibilidade apropriados — bem como podendo inviabilizar o nascente sistema de precedentes vinculantes.

---

(564) RCL 24714 MC / RS, liminar prolatada em 09.09.2016, p. 4.
(565) RCL 24906 MC / MG, liminar prolatada em 22.08.2016, p. 7.
(566) RCL 24906 MC / MG, liminar proferida em 22.08.2016, p. 6-7.
(567) *Idem.*

No presente caso, decisões como as liminares nas Reclamações 22012, 23035 e 24445, se confirmadas pelo Colegiado, dariam à reclamação uma função inovatória, não amparada pela tradicional e sedimentada jurisprudência do STF, tolhendo a liberdade do julgador para inspirar-se persuasivamente nos argumentos do próprio STF em casos análogos, nos quais sua aplicação não seria obrigatória.

A aplicação de normas e de entendimentos jurídicos por analogia dá unidade, coerência e integridade ao sistema, sendo ínsita a toda a atividade hermenêutica de magistrados independentes. Não pode ser tolhida por tecnicismos não amparados na literalidade da lei nem pela própria jurisprudência do STF.

Aliás, se uma das maiores queixas dos tribunais superiores sempre foi em relação à excessiva pulverização dos entendimentos jurisprudenciais, que frequentemente ignoravam ou antagonizavam a jurisprudência destes, causa extremo espanto tamanha combatividade — por meio do excepcional atalho da reclamação — a entendimento jurisprudencial da Justiça do Trabalho em termos de atualização monetária que está absolutamente de acordo com os argumentos expendidos tanto pelo relator original, Ministro Ayres Britto, quanto pelo redator do acórdão, Ministro Luiz Fux, nos autos da ADI n. 4.357, objeto do estudo de caso acima.

Ou será que existiria algum *distinguishing* juridicamente decisivo que determinaria que o crédito alimentar de um trabalhador deve ser atualizado em percentual inferior à atualização de um precatório? Ou ainda, *ad absurdum*, não poderiam os juízes do Brasil aplicar por analogia raciocínios consagrados pelo próprio STF em seus votos majoritários? Deveriam todos aguardar pelo posicionamento do STF em quaisquer questões constitucionais mesmo aquelas ainda não decididas pelo mesmo nem afetadas para julgamento em repercussão geral ou recursos repetitivos? Estaria o controle difuso de constitucionalidade revogado no país? São perguntas para as quais presumimos que a resposta seja negativa. Fica a provocação, para debate, o qual não temos a pretensão de exaurir.

REFERÊNCIAS BIBLIOGRÁFICAS

BARRAL, Welber; MACHADO, Rafael Bicca. Civil Procedure and Arbitration. In: *Introduction to Brazilian Law*, 2011.

BEDE, The Venerable. *Ecclesiastical History of England*, ed. J. A. Giles, Londres, 1892.

BLACK, Henry Campbel. *Black's Law Dictionary*. 4. ed. revisada, West Publishing, St. Paul, 1968.

BLACKSTONE, William, Sir. *Commentaries on the laws of England*: in four books. 16. ed. Londres, 1825, disponível e.g, em: <https://archive.org/details/commentariesonl04blacgoog>.

BRACTON, Henry de. *Bracton De legibus et consuetudinibus Angliae*. Yale University Press, 1915.

BURNHAM, William. *Introduction to the Law and Legal System of The United States*. 4. ed. Thomson/West, 2006.

CAENEGEN, R. Van. *Birth of Common Law*, 1988.

________. Judges, Legislators & Professors, Goodhart lectures, 1984-1985, *Chapters in European Legal History*, Cambridge University Press, 2006.

________. *Uma Introdução Histórica ao Direito Privado*. Tradução de Carlos Eduardo Lima Machado. São Paulo: Martins Fontes, 2000.

CAETANO, Marcelo. *História do Direito Português* (Súmula das lições proferidas pelo Exmo. Prof. Doutor Marcelo Caetano ao Curso do 1º ano Jurídico de 1940-41 na Faculdade de Direito de Lisboa, compilação por FERNANDES, Ernesto; RÊGO, Aníbal), Lisboa, 1941.

CÂMARA, Alexandre de Freitas. *Lições de Direito Processual Civil*. 13. ed. Lumen Juris, 2006.

CLAUS, Ben-Hur Silveira (Coord.). *A Teoria da Causa Madura no Processo do Trabalho*: contribuições de magistrados da 4ª Região (RS), São Paulo: LTr, 2017.

COKE, Edward, Sir. *Institvtes of the lawes of England*, 1629. 4 volumes, disponíveis, por exemplo em: <https://books.google.com.br> e < https://archive.org/stream/secondpartofinst02coke#page/402/mode/2up>.

COQUILLETE, Daniel R. *The Anglo-American Legal Heritage*: Introductory Materials. 1999.

CROSS, Rupert; HARRIS, J. W. *Precedent in English Law*. 4. ed. Oxford University Press, 1991 (reimpressão em 2014, Nova Deli).

CUNHA, Leonardo Carneiro; DIDIER JR; Fredie. Recursos contra decisão proferida em incidente de resolução de demandas repetitivas que apenas fixa a tese jurídica. In: *Julgamento de casos repetitivos*. São Paulo: Jus Podivm, 2017.

DUXBURY, Neil. *The nature and authority of precedent*. Cambridge University Press, 2008.

EDWARDS, Linda. *Legal writing and analysis*. 3. ed. Aspen Publishers, 2011.

FERREIRA NETO, Osly da Silva. Os assentos no direito português e as súmulas no direito brasileiro: efetividade, segurança e imobilidade. *Evocati Revista*, n. 32, 02.08.2008, disponível em: <http://www.evocati.com.br/evocati/artigos.wsp?tmp_codartigo=270>. Acesso em: 15 out. 2016.

GLANVILL, Ranulf de. *Tractatus de legibus et consuetudinibus regni Angliae* (1780), disponível em latim em: <https://commons.wikimedia.org/wiki/File:Ranulf_de_Glanvill,_Tractatus_de_legibus_et_consuetudinibus_regni_Angli%C3%A6_(1780).pdf >.

GLENN, H. Patrick. *Legal traditions of the world*. 5. ed. Oxford University Press, 2014.

GOODHART, Arthur L. Determining the ratio decidendi of a case. *The Yale Law Journal*, v. 40, n. 2, 1930.

GRAY, John Chipman. *The nature and sources of the law*. 2. ed., 1921.

HALSBURY, Earl of. *Laws of England*, v. 18, 1907.

KANNAN, Phillip M. The Precedential Force of Panel Law. *Marquette Law Review*, v. 76, 1993.

KELSEN, Hans. *Teoria Pura do Direito*. Tradução de João Baptista Machado. 6. ed. São Paulo: Martins Fontes, 1998.

LADEIRA, Aline Hadad. *A súmula vinculante e o precedente judicial*: reflexões críticas a partir do direito como integridade de Ronald Dworkin. Dissertação de Mestrado. Pouso Alegre – MG, FDSM, 2013, p. 32. Disponível em: <https://www.fdsm.edu.br/site/posgraduacao/dissertacoes/34.pdf>.

LEAL, Victor Nunes. Passado e futuro da súmula do STF. *Revista de Direito Administrativo*, Rio de Janeiro, v. 145, p. 1-20, jan. 2015. Disponível em: <http://bibliotecadigital.fgv.br/ojs/index.php/rda/article/view/43387>. Acesso em: 15 abr. 2017. doi:http://dx.doi.org/10.12660/rda.v145.1981.43387.

LEWIS, T. Ellis. *The History of Judicial Precedent*, 47 L.Q. Rev. 411.

LEXIS NEXIS. *Lexis Advance Research Quick Guide for Law School*. Disponível em: <http://www.lexisnexis.com/documents/pdf/20130723045437_large.pdf>.

LINDSAY, Jack. *The Normans and Their World*, 1974.

MERRYMAN, John Henry; PÉREZ-PERDOMO, Rogélio. *The Civil Law Tradition*. 3. ed. Stanford University Press, 2007.

MACCORMICK, Neil. *Why cases have rationes and what these are*. In: *Precedent in law*. Goldstein.

MANCUSO, Rodolfo de Camargo. *Divergência Jurisprudencial e Súmula Vinculante*. 4. ed. São Paulo: Revista dos Tribunais, 2010.

MARINONI, Luiz Guilherme. *Precedentes Obrigatórios*. 4. ed. revista e ampliada. São Paulo: Revista dos Tribunais, 2016.

________. *Uma nova realidade diante do Projeto de CPC: a ratio decidendi ou os fundamentos determinantes da decisão*. Interesse Público – IP, Belo Horizonte, ano, v. 15, 2013.

MARINONI, Luiz Guilherme; ARENHART, Sérgio Cruz; MITIDIERO, Daniel. *Novo Curso de Processo Civil*: tutela dos direitos mediante procedimento comum. V. II. São Paulo: Revista dos Tribunais, 2015.

MCSWEENEY, Thomas J. Property Before Property: Romanizing the English Law of Land. *Buffalo Law Review*, v. 60, 2012.

MELLO FILHO, Luiz Philippe Vieira de. *Considerações sobre a Lei n. 13.015/14*: uniformização da jurisprudência dos Tribunais Regionais. Palestra proferida na Escola Judicial do TRT da 4ª Região em 20.08.2015. Arquivada em vídeo na intranet da Escola Judicial do TRT da 4ª Região, <http://ead.trt4.jus.br/course/view.php?id=1106> (acesso em outubro de 2015).

MITIDIERO, Daniel. *Cortes superiores e cortes supremas*: do controle à interpretação, da jurisprudência ao precedente. 3. ed. revista e ampliada. São Paulo: Revista dos Tribunais, 2017.

MONTROSE. *Annual Law Review of the University of Western Australia*, 1953.

________. Ratio Decidendi and the House of Lords, *Modern Law Review*, v. 20, 1957.

MOREIRA, José Carlos Barbosa. Importação de modelos jurídicos. *Temas de direito processual*: oitava série. São Paulo: Saraiva, 2004.

NOGUEIRA, Gustavo Santana. *Stare Decisis et Non Quieta Movere*: A Vinculação dos Precedentes no Direito Comparado e Brasileiro. Rio de Janeiro: Lumen Juris, 2011.

NUNES, Dierle. *O IRDR do Novo CPC*: este "estranho" que merece ser compreendido. Justificando.com, 18.02.2015, disponível em: <http://justificando.cartacapital.com.br/2015/02/18/o-irdr-novo-cpc-este-estranho-que-merece-ser-compreendido/>.

PACHECO, José da Silva. *A reclamação no STF e no STJ de acordo com a nova constituição*. São Paulo: Revista dos Tribunais, v. 646, 1989.

PLUCKNETT, Theodore F. T. *A Concise History of the Common Law*, 5. ed., 1956.

POLLOCK, Sir Frederick. *Essays on Jurisprudence and Ethics* (1882).

POLLOCK, Sir Frederick; MAITLAND, Frederic William. *The History of English Law Before the Time of Edward I*. 2. ed., v. 1, Cambridge University Press, reimpressão 1923.

PRITSCH, Cesar Zucatti. The Brazilian Appellate Procedure Through Common Law Lenses: How American Standards of Review May Help Improve Brazilian Civil Procedure, *University of Miami Inter-American Law Review*, v. 48:3, p. 56, maio de 2017 (48 U. Miami Inter-Am. L. Rev. 56 (2017)), disponível em: <http://repository.law.miami.edu/umialr/vol48/iss3/5>.

________. Via de mão dupla: precedentes vinculantes e o respeito às decisões de primeiro grau como faces da mesma moeda sob o novo CPC — uma visão de direito comparado. *Revista trabalhista: direito e processo* / Associação Nacional dos Magistrados do Trabalho (Anamatra). LTr, v. 14, n. 55, p. 68-92, jul./set., 2015.

________. Standards de Revisão Recursal — Uma Solução do Common Law para a Valorização das Decisões de Primeiro Grau no Brasil. In: CLAUS, Benhur Silveira (Coord.). *A Função Revisora dos Tribunais*: por uma nova realidade recursal. São Paulo: LTr, 2016.

RICHARDSON, H. G.; SAYLES, G. O. *Law and Legislation from Aethelberht to Magna Carta*, Edinburgh University Press, 1966.

ROWN, R. Allen. *The Normans*, 1984.

SCHAUER, Frederick. Precedent, *Standford Law Review*, v. 39, n. 3, p. 571, 1987.

SCHIOPPA, Antonio Padua. *História do Direito na Europa*: da Idade Média à Idade Contemporânea. Tradução de Marcos Marcionilo e Silvana Cobucci Leite. São Paulo: Martins Fontes, 2014.

SHATZ, Benjamin G. Gimme 5: *What Every Lawyer Should Know about Stare Decisis*. Los Angeles County Bar Association. Abril de 2008. Disponível em: <http://community.pepperdine.edu/law/writing-center/content/binding-effect-federal-v-california.pdf>.

SIMPSON, A. W. B. The Ratio Decidendi of a Case, *Modern Law Review*, v. 21.

SOUZA, José Pedro de Camargo Rodrigues. *Apontamentos sobre a transcendência do recurso de revista*. Dissertação de Mestrado. Universidade de São Paulo, 2011, p. 216-222. Disponível em: <http://www.teses.usp.br/teses/disponiveis/2/2138/tde-31052012-154840/pt-br.php>.

SPENCER, George. *The Equitable Jurisdiction of the Court of Chancery*. Londres, 1846, v. 1.

THOMAS, David A. Summary of Property Rights Among the Pre-Conquest Normans. *Thompson on Real Property*. 3. ed., v. 1-4, Thomas Editions, 2009.

THOMSON REUTERS. *Getting started with online research using Westlaw Next*. 2014-2015. Disponível em: <http://lscontent.westlaw.com/images/content/2014-2015_gettingstartedguide_l-389342.pdf>.

TUCKER JR, Charles E. Anglo-Saxon Law: Its Development and Impact on the English Legal System. *United States Air Force Academy Journal of Legal Studies*, v. 2, 1991.

TEIXEIRA FILHO, Manoel Antônio. *Comentários ao novo código de processo civil sob a perspectiva do processo do trabalho*. São Paulo: LTr, 2015.

The Bluebook: A Uniform System of Citation. *The Harvard Law Review Association*, 19. ed., 5ª tiragem, 2011.

WAMBAUGH, Eugene. *The study of cases*: a course of instruction in reading and stating reported cases, composing head-notes and briefs, criticising and comparing authorities, and compiling digests. 2. ed., Little, Brown & Co., 1894.

WAMBIER Teresa Arruda Alvim (Coord.). *Direito Jurisprudencial*. São Paulo: Revista dos Tribunais, 2012.

WAMBIER, Teresa Arruda Alvim; CONCEIÇÃO, Maria Lúcia Lins; RIBEIRO, Leonardo Ferres da Silva; MELLO, Rogério Licastro Torres de. *Primeiros comentários ao novo Código de Processo Civil: artigo por artigo*. São Paulo: Revista dos Tribunais, 2015

WHITTAKER, Simon; BANFI DEL RÍO, Cristian (trad.). El precedente en el derecho inglés: una visión desde la ciudadela. *Revista chilena de derecho*, v. 35, n. 1, 2008.

WILLIAMS, Glanville. *Learning the Law*, 11. ed.

ZYWICKI, Todd J. The Rise and Fall of Efficiency in the Common Law: A Supply-Side Analysis. *Northwestern University Law Review*, 2003, v. 97.

ANEXO I — LINHA DO TEMPO DOS EVENTOS QUE LEVARAM À DECISÃO DA SUPREMA CORTE DOS EUA EM BROWN V. BOARD OF EDUCATION, 1954

Fonte: EUA, ARQUIVOS NACIONAIS (National Archives), disponível em <http://www.archives.gov/education/lessons/brown-v-board/timeline.html>, tradução e notas do autor. Este anexo contextualiza a discussão acerca de *Brown x. Board of Education, acima.*[568]

1857 — *Dred Scott v. Sandford,* 60 U.S. 393 (1856)

A Suprema Corte considerou que os negros, escravizados ou livres, não poderiam ser cidadãos dos Estados Unidos. O *Chief Justice* Taney, analisando as intenções originais dos autores da Constituição de 1787, afirmou que, no momento da adoção da Constituição, os negros eram considerados uma classe subordinada e inferior de seres, "*sem direitos os quais o homem branco estivesse obrigado a respeitar.*"

Significado: A Suprema Corte negou a cidadania a pessoas negras, preparando o terreno para o seu tratamento como cidadãos de segunda classe.

1865 — Escritório dos Refugiados, Libertos e Terras Abandonadas

O Escritório de Refugiados, Libertos e Terras Abandonadas, também conhecido como Departamento dos Libertos, foi criado por um ato do Congresso em 3 de março de 1865. A sua principal missão era proporcionar medidas que ajudassem os libertos a se tornarem autossuficiente em todas as áreas da vida.

Significado: As primeiras escolas para negros foram criadas sob a direção do Departamento dos Libertos. Uma dessas escolas — Universidade Howard — acabaria por treinar e formar a maioria da equipe jurídica que derrubou *Plessy*, incluindo Charles Hamilton Houston e Thurgood Marshall.

1865 — "Códigos dos Negros"[569]

"Códigos dos Negros" foi um nome dado a leis aprovadas pelos governos dos estados do sul, estabelecidas durante a presidência de Andrew Johnson. Essas leis impuseram severas restrições aos libertos, como a proibição do direito de voto, proibindo-os de integrar júris, bem como o impedindo-os de testemunhar contra os homens brancos. Eles também foram proibidos de portar armas em lugares públicos e trabalhar em certas profissões.

Significado: Segregação começa — As escolas públicas foram segregadas, e os negros foram impedidos de servir em júris e testemunhar contra brancos.

1866 — Lei dos Direitos Civis de 1866

A Lei dos Direitos Civis de 1866 garantiu aos negros direitos econômicos básicos para contrato, litigar em juízo, bem como de ter patrimônio próprio.

Significado: A intenção desta lei era proteger a todas as pessoas nos Estados Unidos, incluindo os negros, em seus direitos civis.

1868 — A 14ª Emenda à Constituição americana[570] for ratificada.

Significado: A 14ª Emenda torna superado [*overruled*] o caso *Dred Scott v Sanford*. É garantido que todas as pessoas nascidas ou naturalizadas nos Estados Unidos são cidadãs dos Estados Unidos e do estado em que residem,

---

(568) Este anexo serve de contextualização histórica para 5.4. Tradução — *Brown v. Board of Education*, 347 US 483 (1954).

(569) NOTA DO AUTOR: Em 1865 houve a abolição da escravatura nos EUA com o fim da chamada Guerra da Secessão, mas os estados do sul intensificaram a edição de leis que evitavam que os libertos de fato e de direito se integrassem na sociedade.

(570) *14th Amendment, Section 1. All persons born or naturalized in the United States, and subject to the jurisdiction thereof, are citizens of the United States and of the State wherein they reside. No State shall make or enforce any law which shall abridge the privileges or immunities of citizens of the United States; nor shall any State deprive any person of life, liberty, or property, without due process of law; nor deny to any person within its jurisdiction the equal protection of the laws.*

bem como é determinado que nenhum estado restrinja os "privilégios e imunidades dos cidadãos, prive qualquer pessoa da vida, liberdade ou propriedade sem o devido processo legal, nem negue a qualquer pessoa a igual proteção da lei".

1873 — Os chamados "Casos dos Matadouros"

Estes casos [perante a Suprema Corte] definiram restritivamente o poder federal e esvaziaram a Décima Quarta Emenda, asseverando que a maioria dos direitos dos cidadãos permanecia sob controle dos estados.

Significado: para os estados segregacionistas, este caso viria a legitimar suas políticas baseadas na noção de que a segregação em seus sistemas de escola pública era questão de direito estadual.

1875 — Lei dos Direitos Civis de 1875

Em março, o Congresso aprovou a Lei de Direitos Civis de 1875, que proibia a discriminação em pousadas, teatros e outros locais de acomodação pública. Foi a última lei federal relativa a direitos civis editada até 1957.

Significado: foi proibida a discriminação em locais de acomodações públicas.

1883 — Casos de direitos civis

A Suprema Corte anulou a Lei de Direitos Civis de 1875, e declarou que a Décima Quarta Emenda não proíbe a discriminação por particulares ou empresas.

Significado: O Tribunal declarou que a Décima Quarta Emenda não proíbe a discriminação por particulares ou empresas, abrindo o caminho para a segregação na educação pública.

1887 — Leis "Jim Crow"(571)

As práticas de segregação racial abrangentes, conhecidas como leis "Jim Crow" surgiram e se sedimentaram. A Flórida foi o primeiro estado a aprovar uma lei exigindo a segregação em locais de acomodação pública. Oito outros estados seguiram o exemplo da Florida em 1892.

Significado: Negros praticamente desapareceram dos júris no Sul.

1896 — *Plessy v. Ferguson,* 163 US 537 (1896) (*Homer Adolph Plessy, demandante em erro v. J. H. Ferguson, o juiz da secção "A" Corte Distrital Criminal para a Paróquia de Orleans*)

Homer Plessy desafiou uma lei da Louisiana de 1890 que exigia vagões separados para negros e brancos, negando-se a se retirar da parte destinada aos brancos até que preso. A Suprema Corte decidiu que as instalações "separadas mas iguais" para brancos e negros da ferrovia não violavam a cláusula de igual proteção perante as leis, da 14ª Emenda.

Significado: *Plessy v Ferguson* estabeleceu a infame doutrina "*separado mas igual*" que se tornaria a base constitucional para a segregação.

Justice John Marshall Harlan, o "dissidente solitário" em *Plessy*, argumentou que a segregação forçada das raças carimbava nos negros um estigma de inferioridade. Essa mesma linha de argumentação se tornaria um fator decisivo na decisão *Brown v. Board of Education.*(572)

1899 — *Cumming v. Board of Education of Richmond County, Estado da Georgia*

A Suprema Corte confirmou a decisão de um distrito educacional local de fechar uma escola pública para negros devido a restrições orçamentárias, apesar de em tal distrito continuarem funcionando duas escolas públicas para brancos.

Significado: A Corte entendeu que não havia provas nos autos de que a decisão do distrito tivesse sido baseada na discriminação racial e arrazoou que a distribuição dos recursos públicos para a educação pública estava dentro do poder discricionário das autoridades escolares.

---

(571) Jim Crow era um personagem do teatro na primeira metade do séc. XIX, encenado por um ator branco com o rosto pintado de preto, em um contexto que satirizava práticas populistas do governo federal; pode ser o equivalente ao "Zé Povinho" de nossa cultura popular, mas acabou se tornando um apelido pejorativo aos negros.
(572) Veja-se a importância do voto divergente — um argumento ventilado em tal divergência foi durante déczdas utilizado para atacar a mencionada doutrina, até que em 1954 integrou o argumento utilizado para finalmente derrubá-la, em *Brown v. Board of Education.*

1908 — Thurgood Marshall nasce em Baltimore, em 2 de julho.

Significado: Thurgood Marshall se tornaria advogado principal na *Brown vs. Conselho de Educação* [e posteriormente *Justice* da Suprema Corte americana].

1908 — *Berea College v. Commonwealth of Kentucky*

A Suprema Corte confirmou a constitucionalidade de uma lei estadual proibindo em Kentucky a instrução integrada de negros e brancos, em todas as escolas e faculdades no estado.

1909 — Associação Nacional para o Avanço das Pessoas de Cor (NAACP) é fundada

DuBois, Ida Wells-Barnett, Mary White Ovington e outros fundaram a Associação Nacional para o Avanço das Pessoas de Cor (NAACP). Sua missão era eliminar o linchamento e lutar contra a injustiça racial e social, especialmente através de ações judiciais.

Significado: A NAACP tornou-se a principal ferramenta para o ataque legal contra a segregação, que mais tarde levaria ao caso *Brown v. Board of Education.*

1927 — *Gong Lum v. Rice*

Em *Gong Lum v. Rice*, a Suprema Corte considerou que um distrito educacional de Mississippi poderia exigir que uma menina sino-americana frequentasse uma escola segregada para negros, ao invés de uma escola para brancos.

Significado: A Suprema Corte aplicou a formulação "separados mas iguais" de Plessy v Ferguson para as escolas públicas.

1935 — NAACP começa a contestar judicialmente a segregação em faculdades e escolas de ensino médio.

Ajudado por seu discípulo Thurgood Marshall, Charles Hamilton Houston, da NAACP, começou a sua estratégia de desafiar a segregação em escolas de ensino superior.

Significado: Houston desenvolveu uma estratégia legal que acabaria por levar à vitória sobre a segregação nas escolas do país através de *Brown v. Board of Education.* Houston optou por iniciar pelo ataque à segregação nas faculdades de direito, com base primordialmente em duas razões. Em primeiro lugar, o estabelecimento de escolas de direito "separadas mas iguais" para estudantes negros e para estudantes brancos se mostraria demasiado caro para os estados. Em segundo lugar, os juízes brancos, oriundos de algumas das melhores faculdades de direito do país, não poderiam em sã consciência sugerir que os advogados negros receberiam ensino jurídico de igual qualidade em escolas segregadas.

1938 — *Estado de Missouri ex rel. Gaines v. Canada*

A Suprema Corte decidiu em favor de Lloyd Gaines, um estudante negro que tivera a admissão negada na Faculdade de Direito da Universidade de Missouri.

Significado: Este caso abre um precedente para outros estados tentarem 'equalizar' as instalações das escolas para negros, ao invés de integrá-los. A Corte considerou que o estado deveria fornecer Gaines 'dentro de seu território instalações para ensino jurídico substancialmente igual àquelas que o estado oferecia para as pessoas da raça branca, ainda que os negros não estivessem buscando a mesma oportunidade.'

1939 — Thurgood Marshall nomeado conselheiro especial da NAACP

Marshall sucedeu seu mentor, Charles Hamilton Houston.

Significado: Thurgood Marshall acabaria por ser o advogado do processo *Brown vs. Board of Education.*

1948 — O conselho de administração NAACP endossou formalmente a visão de Thurgood Marshall sobre estratégia para combater a segregação

Ao adotar a visão de Marshall, a NAACP decidiu dedicar seus esforços unicamente a um ataque frontal contra a segregação na educação, em vez de pressionar para a equalização das instalações segregadas.

Significado: A equipe de defesa NAACP passou a atacar o conceito de 'igual', a fim de que o conceito 'em separado', por sua vez, se tornasse vulnerável.

1948 — *Sipuel v. Board of Regents da Universidade de Oklahoma*

A Suprema Corte unanimemente considerou que Lois Ada Sipuel não poderia ter negada a admissão para uma faculdade de direito unicamente por causa de sua raça.

Significado: A Corte decidiu que a inadmissão em uma faculdade de direito estadual unicamente baseada na raça era inconstitucional.

1949 — *Briggs et al. v. Elliott et al.*

Thurgood Marshall e funcionários NAACP se reuniram com moradores negros de Clarendon County, Carolina do Sul. Eles decidiram que a NAACP iria lançar um "caso-teste" contra a segregação nas escolas públicas se encontrassem pelo menos 20 autores.(573) Em novembro, Harry Briggs e 19 outros demandantes foram reunidos, e a NAACP entrou com uma *class action* contra o Distrito Educacional do Condado de Clarendon.

Significado: Briggs v Elliott tornou-se um dos casos consolidadas pela Suprema Corte em Brown v Board of Education.

1950 — *Sweatt v. Painter*

A Suprema Corte julgou que a Faculdade de Direito da Universidade do Texas deveria admitir um estudante negro, Heman Sweatt. A Faculdade de Direito da Universidade do Texas era muito superior em suas ofertas [de disciplinas] e em recursos, em relação à faculdade de direito segregada para negros, que foi apressadamente criada em um porão no centro da cidade.

Significado: A Suprema Corte decidiu que o [estado do] Texas não forneceu educação separada mas igual, prenunciando o futuro acórdão de Brown no sentido de que 'separado mas igual é inerentemente desigual.'

1950 — *McLaurin v. Oklahoma State Regents*

A Suprema Corte invalidou a exigência da Universidade de Oklahoma de que um estudante negro, admitido a um programa de pós-graduação indisponível para ele na universidade estadual para negros, se sentasse em seções separadas ou em espaços adjacentes à sala de aula, biblioteca e refeitório.

Significado: A Suprema Corte considerou que estas restrições eram inconstitucionais porque interferiam com a sua 'capacidade de estudar, de se envolver em discussões e trocar pontos de vista com outros estudantes, e, em geral, para aprender a sua profissão.'

1950 — *Bolling v. Sharpe*

Charles Houston prestou assistência jurídica grupo de pais que, sob a direção de Gardner Bishop, tentou matricular um grupo de estudantes negros na escola para Brancos John Philip Sousa Junior High School, em Washington, DC.

Significado: O caso *Bolling* tornou-se um dos casos consolidados com *Brown v. Board of Education*. A Suprema Corte acabou por prolatar acórdão em separado para *Bolling* porque a 14ª Emenda não era aplicável a Washington, DC.(574)

1951 — fevereiro

Em 28 de fevereiro, *Brown v. Board of Education* foi ajuizado na corte distrital federal, no Kansas.

1951 — maio — *Davis et al. v. Board of Education of Prince Edward County, Virginia, et al.*

Um advogado da NAACP, Spottswood Robinson, ajuizou *Davis v. Distrito Escolar do Condado de Prince Edward*, contestando a segregação nas escolas da Virgínia.

Significado: foi outro dos casos posteriormente consolidados para decisão com *Brown vs. Board of Education*.

1951 — *Briggs et al. v. Elliott et al.*

Este caso da Carolina do Sul foi a julgamento. Thurgood Marshall e o NAACP apresentaram um vasto conjunto de laudos baseados nas ciências sociais, mostrando como a segregação prejudicava crianças negras em idade escolar — incluindo como prova o controvertido "Estudo das bonecas" do sociólogo Kenneth Clark.

Significado: A corte distrital federal negou o pedido do autor *Briggs* para a dessegregação das escolas do condado de Clarendon, e ao invés ordenou a equalização das escolas para negros.(575) O juiz Julius Waring apresentou voto dissidente.

---

(573) Que se prontificassem a figurar como autores nomeados na correspondente *class action*.

(574) DC (*District Country*), ou Distrito Federal, não está sujeito à 14ª Emenda, que obriga apenas aos estados. Aplica-se ao governo federal apenas a 5ª Emenda, que fala em devido processo legal, mas não em igual proteção das leis, em que pese para fins de 5ª Emenda a Suprema Corte tenha reconhecido que o devido processo legal tem um componente de direito "substantivo" (direito material), que abrangeria o direito à isonomia. Por tal razão, a Suprema Corte separou este caso, já que a tese jurídica seria diversa daquela que seria unificada em *Brown* (e os outros três processos de direito estadual afetados) processo em que invocada a igualdade garantida pela 14ª Emenda.

(575) Em comparação com os fatores objetivos considerados para as escolas destinadas a brancos.

1951 — Junho — *Brown v. Board of Education*

Robert Carter liderou a equipe jurídica NAACP na audiência de julgamento.

Significado: Em agosto, um painel de três juízes na corte distrital federal unanimemente entendeu em *Brown v Board of Education* que inexistia 'qualquer discriminação deliberada, intencional ou substancial' nas escolas de Topeka. A corte distrital federal constatou que as instalações físicas das escolas para brancos e para negros eram equivalentes, e que as decisões da primeira instância em *Sweatt v. Painter e em McLaurin* só se aplicavam para faculdades.

1951 — Outubro — *Gebhart et al. v. Belton et al.; Gebhart et al. v. Bulah et al.; Belton et al. v. Gebhart et al.; Bulah et al. v. Gebhart et al.*

Estes casos foram a julgamento.

1952 — Março — *Davis v. County School Board of Prince Edward County,* Virgínia

A corte distrital federal decidiu em favor do distrito educacional, sob a doutrina de 'separados mas iguais'.

Significado: A corte distrital federal rejeitou por unanimidade o pedido dos demandantes em Davis para dessegregação das escolas no condado de Prince Edward, ao invés disso determinando a 'equalização' das escolas para negros.

1952 — Abril — *Gebhart et al. v. Belton et al.; Gebhart et al. v. Bulah et al.; Belton et al. v. Gebhart et al.; Bulah et al. v. Gebhart et al.*

Um tribunal de Delaware decidiu que os autores tinham direito a admissão imediata de escolas públicas para brancos.

Significado: Em ambos os casos Gebhart, o tribunal decidiu que aos autores estava sendo negada a igual proteção da lei e ordenou que as 11 crianças envolvidas fossem imediatamente admitidas em escolas para brancos de Delaware. O conselho de educação recorreu da decisão.

1952 — Junho

A Suprema Corte anunciou que iria ouvir os argumentos orais em ***Briggs e Brown*** durante o próximo exercício, a partir de outubro de 1952.

1952 — Outubro — Houve a reunião dos casos sob *Brown v. Board of Education*

Dias antes da audiência em Briggs e Brown, a Suprema Corte anunciou o adiamento. Três semanas mais tarde, o Tribunal anunciou que também iria julgar os casos de Delaware, assim como *Davis v. Condado de Prince Edward* e o caso do *Distrito de Columbia, Bolling et al. v. Sharpe et al.*

Significado: A Suprema Corte concordou em ouvir todos os cinco casos de dessegregação de escolas coletivamente. Este agrupamento foi importante porque mostrou a segregação nas escolas como uma questão nacional, e não apenas do sul.

[Nota: A Suprema Corte acabou julgando em separado o caso Bolling v Sharpe porque a 14ª Emenda não era aplicável no Distrito de Columbia.]

1952 — Dezembro

Primeira rodada de sustentações orais em Brown e demais processos reunidos.

1953 — Setembro

Chief Justice Fred Vinson Jr. morreu inesperadamente de um ataque cardíaco no dia 8. O presidente Eisenhower nomeia o então governador da Califórnia, Earl Warren, para substituir Vinson como *Chief Justice* interino no dia 30. O Tribunal remarca a sustentação oral em Brown para dezembro.

Significado: Justice Earl Warren iria figurar como relator na decisão unânime no caso *Brown v. Board of Education.*

1953 — Dezembro

Segunda rodada de sustentações orais em *Brown v. Board of Education.*

1954 — Março

O Senado confirma Earl Warren como *Chief Justice* [equivalente ao presidente do STF].

1954 — Maio (17.05.1954) — *Brown v. Board of Education*

A Suprema Corte superou (*overruled*) parcialmente *Plessy v. Ferguson, e declarou* que a segregação racial nas escolas públicas violava a cláusula de igual proteção da 14ª Emenda.

1954 — Maio (17.05.1954) *Bolling v. Sharpe*

Nesse mesmo dia, o Tribunal considerou que a segregação racial nas escolas públicas do Distrito de Columbia violava a cláusula do devido processo legal da 5ª Emenda, em *Bolling v. Sharpe*.

A Corte agendou para outubro sustentação oral para debater as tutelas a serem adotadas em Brown, mas acabou adiando a solenidade para abril de 1955.

Significado: O Tribunal decidiu que a segregação no ensino público sancionado pelo estado era uma forma de violação da 14ª Emenda e, portanto, inconstitucional. Ato contínuo, na esteira da decisão, o Distrito de Columbia e alguns distritos escolares nos "estados fronteiriços" [na divisa entre o sul e o norte] começaram a dessegregar suas escolas voluntariamente.

As assembleias legislativas de Alabama, Georgia, Mississippi, Carolina do Sul e Virginia aprovaram resoluções de 'interposição e nulificação', que declararam a decisão da Suprema Corte como 'nula e desprovida de eficácia.'

Várias assembleias legislativas do sul editaram leis impondo sanções a quem implementasse a dessegregação, bem como planos de fechamento de escolas, autorizando a suspensão do funcionamento do ensino público e a liberação de fundos públicos para os pais que quisessem matricular seus filhos em escolas privadas.

1954 — Outubro

Após a morte súbita do *Justice* Jackson, o presidente Eisenhower nomeou John Marshall Harlan, neto do autor do voto divergente em Plessy, para preencher a vaga. Após longas audiências perante o Senado, Harlan foi finalmente empossado como juiz da Suprema Corte, em Março de 1955.

1955 — Abril

A Suprema Corte promoveu a terceira rodada de sustentações orais em Brown, desta vez relacionadas com as tutelas judiciais necessárias.

1955 — 31 de maio (Brown II)

No último dia antes do recesso, a Suprema Corte proferiu o acórdão em *Brown II*, ordenando que desagregação ocorresse com "toda a deliberada velocidade."

Significado: A decisão em 'Brown II' foi concebida para trabalhar a dinâmica da dessegregação. Devido à imprecisão do termo "toda a deliberada velocidade", muitos estados foram capazes de procrastinar a ordem do Tribunal para dessegregar suas escolas. Os obstáculos legais e sociais que os estados do sul puseram em prática ou incentivaram, em seu esforço para frustrar a integração, serviram como um catalisador para os protestos estudantis que lançaram o movimento pelos direitos civis.